Masse, Führer, Intellektuel

»Theorie und Gesellschaft«
Herausgegeben von Hans Joas und Claus Offe
Band 2

Robert Michels

Masse, Führer, Intellektuelle

Politisch-soziologische Aufsätze 1906 – 1933

Mit einer Einführung von Joachim Milles

Campus Verlag
Frankfurt/New York

CIP-Kurztitelaufnahme der Deutschen Bibliothek

Michels, Robert:
Masse, Führer, Intellektuelle : polit.-soziolog.
Aufsätze 1906 – 1933 / Robert Michels. Mit e.
Einf. von Joachim Milles. – Frankfurt/Main ;
New York : Campus Verlag, 1987.
(Theorie und Gesellschaft ; Bd. 2)
ISBN 3-593-33640-5

NE: GT

Umschlaggestaltung: Atelier Warminski, Büdingen
Satz: L. Huhn, Maintal
Druck und Bindung: Fuldaer Verlagsanstalt, Fulda
Printed in Germany

Inhalt

V. Faschismus und »Konsensustheorie«

Die Quellennachweise der aufgenommenen Texte finden sich in der Bibliographie auf S. 26 f.

Brüche und Kontinuitäten eines radikalen Intellektuellen

Zur Einführung in die Politische Soziologie Robert Michels'

Gäbe es so etwas wie eine eigene Geschichtsschreibung sogenannter »dunkler Stellen« in der Politischen Soziologie, Robert Michels wäre schon aufgrund seiner Biographie mit einiger Sicherheit einer ihrer exponiertesten »Klassiker«. Seine intellektuelle Entwicklung, die den Millionärssohn aus katholischem Elternhaus zunächst zum Anhänger eines revolutionären Syndikalismus romanischer Provenienz, dann zum Verfechter der Elitentheorie Gaetano Moscas und Vilfredo Paretos und zuletzt zum Bewunderer Benito Mussolinis und Ideologen des italienischen Faschismus werden ließ, war immer wieder Anlaß zu vielerlei Mutmaßungen und Spekulationen. So außergewöhnlich dieser Werdegang erscheint, so weit gehen auch dessen Interpretationen und Einschätzungen auseinander. Vielleicht ist es gerade jene, insbesondere für die politische Linke, zutiefst beunruhigende Biographie und intellektuelle Entwicklung, die entschieden dazu beigetragen hat, daß dem Werk Robert Michels' in der Bundesrepublik bisher nicht die Bedeutung und der Stellenwert beigemessen wurden, die ihm beispielsweise im angloamerikanischen Sprachraum zukommen. Zwar wird er des öfteren als einer der »Gründerväter« der Soziologie oder Politischen Soziologie gehandelt[1], doch ist seine »Klassizität« augenscheinlich noch nicht dermaßen ins allgemeine theoriegeschichtliche Bewußtsein vorgedrungen, wie das bei anderen »klassischen« Autoren bereits ganz selbstverständlich der Fall ist. Als Indiz und Beleg dafür mag zum einen gelten, daß Michels' 1911 erschienene Hauptschrift »Zur Soziologie des Parteiwesens« bereits seit mehreren Jahren im bundesdeutschen Buchhandel nicht mehr erhältlich ist; zum anderen sind die deutschsprachigen Veröffentlichungen, die sich explizit mit dem Michelsschen Gesamtwerk oder einem seiner Teilaspekte auseinandersetzen, ohne Mühe an den Fingern einer einzigen Hand abzuzählen.[2] So bleibt denn alles in allem der schon vor Jahren geäußerte Verdacht, daß Michels – zumindest sein berühmt-berüchtigtes »ehernes Gesetz der Oligarchie« – zwar oft bemüht und zitiert, aber selten gelesen wird, auch weiterhin fortbestehen.[3]

Im folgenden werden zunächst Biographie und Werdegang Robert Michels' in aller Kürze nachgezeichnet und die zentralen Argumente und Thesen seines umfangreichen Werkes vorgestellt (I). Daraufhin wird der Frage nachgegangen, ob und inwieweit seine persönliche und politisch-intellektuelle Lebensgeschichte einer wie auch immer gearteten »inneren Zwangsläufigkeit« folgt (II). Im abschließenden Abschnitt (III) werden die Rezeptions- und Wirkungsgeschichte des Michelsschen Denkens skizziert und einige Überlegungen zu dessen »Relevanz« für die Politische Soziologie angestellt.

I.

> »Es ist mehr als müßige Wißbegierde, die Entstehung einer Idee herauszufinden zu suchen und ausfindig zu machen, wann sie aufkam und wie sie sich entwickelte und änderte – oder nicht änderte. Der Ursprung von Ideen offenbart mehr über die Denkweise eines Menschen als seine endgültigen, definitiven Schlußfolgerungen.« (Meisel 1965: 5)

Robert Michels[4] wurde am 9. Januar 1876 als Sohn einer wohlhabenden katholischen Kaufmannsfamilie in Köln geboren. Die Unermüdlichkeit seines Großvaters, der auch Stadtrat und Mitglied der Kölner Handelskammer war, hatte das ererbte Tuchgeschäft bereits gegen Mitte des 19. Jahrhunderts zu einem in den Welthandel involvierten Millionenunternehmen expandieren und die Familie auf der sozialen Leiter ins städtische Finanzbürgertum aufsteigen lassen. Schon bald wurden auch Heiraten mit begüterten Protestanten sowie adeligen Offizieren und Beamten geduldet. Seine Großmutter entstammte einem belgisch-französischen Geschlecht, sein Vater war deutsch-italienischer, seine Mutter französisch-deutsch-italienischer Herkunft.[5] Dieser kosmopolitische Hintergrund brachte es mit sich, daß der junge Michels eine im wortwörtlichen Sinne »internationale« Ausbildung erfuhr: Nach der Schulzeit am Berliner Collège Français studierte er Geschichte und Nationalökonomie an der Pariser Sorbonne und an den Universitäten München, Leipzig und Halle. Zu seinen Lehrern zählten unter anderen Gustav Droysen, bei dem er im Jahre 1900 über ein rein historisches Thema promovierte[6], und Theodor Lindner, dessen Tochter Gisela er wenig später heiratete. Es folgten weitere Studienreisen nach Frankreich, Italien und Belgien sowie ein längerer Aufenthalt in Marburg.

In dieser Zeit kam es schon recht bald zum ersten Bruch in der Michelsschen Biographie. Er suchte – und fand – Anschluß an gesellschaftskritische und linksradikale Gruppierungen, »mit denen ihn der Abscheu gegen die staatlich-monarchische Autorität, der Überdruß an einem bedenkenlos konventionellen Leben in der sozial leichtfertigen Oberschicht und die Hoffnung auf eine gerechte Gesellschaftsordnung verbanden« (Conze 1957: 385), und wandte sich, als bourgeoiser »Renegat« und »Überläufer«, dem revolutionär-syndikalistisch orientierten Sozialismus zu.

Zunächst als Mitglied des »Partito Socialista Italiano«, seit 1903 dann auch als Aktiver im Marburger SPD-Ortsverein[7], nahm Michels an sämtlichen Auseinandersetzungen der internationalen sozialistischen Bewegung teil, ohne hierbei aus seiner Sympathie für den revolutionären Syndikalismus in Frankreich und Italien einen Hehl zu machen. Schnell unterhielt er zu den Symbolfiguren und Theoretikern dieser »neuen Strömung«, den Italienern Arturo Labriola und Enrico Leone wie zu den Franzosen Georges Sorel, Hubert Lagardelle, Edouard Berth, Paul Delesalle und Victor Griffuelhes, rege intellektuelle und freundschaftliche Beziehungen. Da im Gegensatz zum französischen und italienischen Sozialismus innerhalb der deutschen Sozialdemokratie jedoch von einer eigentlich syndikalistischen Fraktion kaum die Rede sein konnte[8], war er hier »ganz auf die linksrevolutionären, mehr oder minder marxistischen Kreise angewiesen«, und nur daraus erklärt sich sein gutes Verhältnis zu Rosa Luxemburg und Karl Kautsky, die beide syndikalistischen Vorstellungen nur wenig Interesse entgegenbrachten. Wenn er zwischen 1903 und 1905 auch auf allen nationalen Parteitagen der SPD als Delegierter auftrat und 1907 sogar eine – allerdings von vorneherein aussichtslose – sozialdemokratische Reichstagskandidatur annahm, so war seine Position innerhalb der Partei doch stets die der Opposition. Schon immer »mehr für die Arbeit wissenschaftlicher Analyse der Politik als für deren praktische Anwendung geeignet«, wie er selbst sagt (u. S. 76), vermied er zwar den offenen politischen Konflikt, entwickelte jedoch »eine lebhafte publizistische Tätigkeit im flüssigen Grenzbereich zwischen forderndem Bekennen und beobachtendem Analysieren« (Conze 1957: 385).

Michels' innerparteiliche Opposition beruhte mithin ausschließlich auf einer intellektuellen Unterstützung des Syndikalismus; war er ansonsten innerhalb der SPD eher einflußlos, wurde er doch wegen seiner Schriften geachtet. So veröffentlichte er eine ganze Reihe von überaus engagierten tagespolitischen und theoretischen Artikeln in verschiedenen syndikalistischen Zeitschriften, insbesondere in der französischen »Le Mouvement Socialiste« und der italienischen »Il Divenire Sociale«. Als Max Weber, Werner Sombart und

Edgar Jaffé sich dazu entschlossen, ihr »Archiv für Sozialwissenschaft und Sozialpolitik« auch sozialistischen Autoren zugänglich zu machen, erschienen hier seine ersten stärker wissenschaftlich ausgerichteten Arbeiten.[9] In all diesen Schriften ging es dem bereits in jungen Jahren weitgereisten Internationalisten Michels darum, die national recht verschiedenartigen Ausprägungen des Sozialismus miteinander zu vergleichen und füreinander fruchtbar zu machen. »Befaßte sich Michels einerseits mit der kritischen Analyse der deutschen Sozialdemokratie, die als Warnung an die Bewegungen in anderen Ländern gedacht war, so ging es ihm andererseits darum, auf der Grundlage der Erfahrungen der französischen und italienischen Bewegungen eine syndikalistische Theorie zu entwickeln, die dem deutschen Sozialismus als Vorbild dienen sollte.« (Beetham 1977: 9)

Bei seiner kritischen Analyse der deutschen Sozialdemokratie wandte Michels sich »gegen die Arbeiterbewegung, so wie sie geworden war« (u. S. 73).[10] Den offensichtlichen »Zwiespalt zwischen der revolutionären Phraseologie und der mehr als ängstlichen Politik« (u. S. 68) der SPD führte er auf deren ökonomisch-deterministische Auslegung des Historischen Materialismus zurück, die die fatalistische »Erwartung der automatischen Katastrophe« (Michels 1907: 219) zum Angelpunkt der Theorie erklärte und nach einer entsprechenden Strategie verlangte. Der »furchtsame Legalismus« der Sozialdemokratie, ihr Grundsatz, ihre Ziele ausschließlich im Rahmen und mit Mitteln der vorgegebenen Rechtsordnung zu verfolgen, ließ das Parlament zwangsläufig als die exklusive Arena sozialistischer Aktion schlechthin erscheinen. Ein solch »kompromißloser Parlamentarismus« hatte für die Partei nun wiederum zur Folge, daß »ihr ganzer Mechanismus lediglich auf die Erringung von Wahlsiegen zugeschnitten« (ebd.: 230) war, daß die Stimmenmaximierung zu ihrem Hauptziel wurde, dem zuliebe aus wahlstrategischen Erwägungen »auf jede starke Idee und jede kraftvolle Handlung Verzicht geleistet« (u. S. 68) werden mußte und selbst genuin sozialistische Prinzipien zum Opfer fielen. Der SPD ging es nur noch um die Sicherung und Bestandserhaltung ihrer zum »Selbstzweck« gewordenen Organisation, und ihr widerstrebte alles, »was in die Speichen ihres Räderwerkes eingreifen, ihren Organismus, oder doch wenigstens dessen äußere Form, die Organisation, bedrohen« (Michels 1907: 230) konnte.

Durch diese Selbstbeschränkung auf den Parlamentarismus als System delegierter Repräsentation leistete die deutsche Sozialdemokratie auch jener gefährlichen und unheilvollen Entwicklung Vorschub, daß politische Initiativen zu ausschließlichen Angelegenheiten der »Parteiführer« wurden, während die »Massen«, von »einem geradezu abergläubischen Respekt vor dem Gesetz und der bestehenden Verfassung beseelt« (ebd.: 219), einer zunehmenden »Apathie« verfielen, der von seiten der Partei wie auch ihrer Führer nicht oder nur wenig energisch entgegengearbeitet wurde. Statt die Massen »zu höheren Pflichten als einer im letzten Grunde ziemlich bleiernen und initiativlosen Disziplin zu erziehen«, beschränkte sich die SPD darauf, »Maschinenteilchen für ihre komplizierte Maschinerie zu gießen, disziplinierte Parteigenossen, deren höchste Eigenschaft in dem großen Plus – oder Minus? – des deutschen Volkscharakters, der organisationsfähigen Herdenqualität des Gehorchenkönnens, der Unterordnung im Verwaltungsfach« bestand (ebd.: 230). Entsprechend vernichtend fiel denn auch sein Urteil über die deutsche Sozialdemokratie seiner Zeit aus: »revolutionäre Intransigenz bei den Wahlen und antirevolutionärer Quietismus in der Gesamthaltung; Sonorität der Phrase in der Theorie, und resignierte Biegsamkeit in der Praxis; flammendes Prophetentum in den Worten und fast absolute Bewegungslosigkeit in der Tat« (ebd.: 219 f.).

Um so dringlicher erschien es Michels, innerhalb der deutschen Sozialdemokratie für eine alternative, von Grund aus revolutionäre Theorie und Praxis einzutreten. Ansatzpunkte dazu sah er im französischen und italienischen revolutionären Syndikalismus, von dem er sich eine »Neubelebung der idealen und energetischen Potenzen in der Arbeiterbewegung« (u. S. 68) erhoffte, ohne jedoch dessen Auffassungen und Grundideen in ihrer Gesamtheit zu teilen. Wie für die Syndikalisten gab es auch für Michels keinen Zweifel daran, daß einseitiger Parlamentarismus und ökonomischer Determinismus reformistische Degenerationserscheinungen darstellten, die dem revolutionären Endziel und somit einer Verwirklichung des Sozialismus letztendlich entgegenstanden. Statt fatalistisch auf die notwendig kommende Umwälzung zu warten und sich bis dahin mit parlamentarischen Kompromissen und Konzessionen zu begnügen, mußte es vielmehr darum gehen, die »revolutionäre Energie« der Arbeiterklasse durch spontane Streiks und permanente politische Agitation zu entfachen, wachzuhalten und so den Klassenkampf in großem Maßstabe vorzubereiten (vgl. Michels 1907: 176).[11]

Michels wehrte sich jedoch vehement gegen die syndikalistische These, daß jeglicher Reformismus ein zwangsläufiges Resultat einer Unterwanderung der Arbeiterbewegung durch die bürgerliche Intelligenz war. Gerade für die deutsche Sozialdemokratie wies er an verbandsstatistischem Material eine international vergleichsweise hohe proletarische »Sozialeinheitlichkeit« und, »soweit wir sie auf ihren sozialen Ursprung untersuchen, selbst in ihrer ›Führerschaft‹ einen ganz vorzugsweisen proletarischen Charakter« (u. S. 126) nach. Die Ursache für die »Verkleinbürgerung« lag vielmehr im »bureaukratischen Apparat der Partei«, der die besten Elemente des Proletariats »aus

Handarbeitern, die sie waren, zu Kopfarbeitern« machte und sie dadurch einer »radikalen Metamorphose ihrer gesellschaftlichen Funktion« (Zitate aus dem Aufsatz u. S. 121 ff.) unterzog, die sie letztendlich dem Proletariat entfremdete. Da selbst für den weitaus weniger sozialeinheitlichen PSI die Schädlichkeit bourgeoiser Bruchteile in keiner Weise beweisbar war (vgl. Michels 1906a: 703), sah er auch nicht die von den Syndikalisten postulierte Notwendigkeit, den exklusiv proletarischen Charakter des Sozialismus durch die ausschließlich proletarische Organisationsform des Syndikats wiederherzustellen. Vielmehr schien ihm, angesichts seiner eigenen Herkunft und Rolle durchaus verständlich, die Existenz einer sozialistischen Bewegung ohne bürgerliche Intellektuelle schlechthin undenkbar. Es ging ihm nicht um eine Entgegensetzung von Syndikalismus und Sozialdemokratie, sondern um die Entwicklung einer syndikalistischen Fraktion innerhalb der Partei. Michels kann mithin, was seine theoretische Position anbelangt, als »Sozialdemokrat und Demi-Syndikalist« (Cook 1971: 782) bezeichnet werden.

Michels, der in all diesen Jahren bereits verschiedentlich Lehraufträge an der Universität Marburg, der Université Nouvelle de Bruxelles sowie am Collège Libre des Sciences Sociales de Paris wahrgenommen hatte, trug sich schon bald mit dem Gedanken, sich an einer deutschen Hochschule zu habilitieren. Da er jedoch im Winter 1906/1907 in Marburg auf öffentlichen Diskussionsveranstaltungen sozialistische Agitation betrieben und damit in akademischen Kreisen erhebliche Verärgerung verursacht hatte (vgl. den Aufsatz u. S. 69 ff.), wurde ihm dies aus ganz offensichtlich politischen Gründen an den Universitäten Marburg und Jena verweigert. Selbst die leidenschaftlichen Interventionen Max Webers, welcher ihn forthin regelmäßig in seinem »salon des refusés« empfing, blieben erfolglos.[12] So zu der Einsicht gelangt, daß sich ihm in Deutschland jegliche universitäre Laufbahn verschloß, siedelte er, versehen mit den besten Referenzen Max Webers, 1907 nach Italien über, wo er sich unverzüglich an der Universität Turin bei Achille Loria habilitierte und dann Privatdozent für Nationalökonomie wurde.

Dieser Ortswechsel markierte insofern einen neuerlichen Wendepunkt in der Biographie Michels', als er an der Universität Turin die Bekanntschaft mit Gaetano Mosca machte, unter dessen Einfluß er binnen recht kurzer Zeit mehr und mehr in den Bann der Elitentheorie geriet. Nahm er noch im August 1907 als italienischer Delegierter der syndikalistischen Fraktion am 7. Internationalen Sozialistenkongreß in Stuttgart teil, so zog er sich nur wenig später sowohl aus dem PSI wie auch der SPD zurück. Mit Moscas Doktrin der »classe politica« und deren Weiterentwicklung zu einer »théorie de la circulation des élites« durch den an der Universität Lausanne lehrenden Vilfredo Pareto konfrontiert,[13] sah Michels all seine bisherigen Erfahrungen in und mit der deutschen Sozialdemokratie plötzlich in einem völlig neuen Lichte; und bereits 1908 hatte er, der Faszination des kohärenten Gedankengebäudes erlegen, die Elitentheorie in ihren wesentlichen Prämissen und Konsequenzen akzeptiert und zu seiner eigenen Sicht der Dinge und Forschungsperspektive gemacht. Von nun an galt all seine Energie und Schaffenskraft dem Versuch, seinerseits einen eigenständigen und bedeutsamen Beitrag zu der Mosca-Paretoschen Schule zu leisten. Dies war das große Anliegen seines Hauptwerkes »Zur Soziologie des Parteiwesens«, mit dessen Vorarbeiten[14] er im Jahre 1908 begann und das, Max Weber zugedacht[15], in seiner ersten Auflage 1911 in Leipzig erschien.

War Mosca und Pareto seiner Ansicht nach überzeugend der Nachweis gelungen, *daß* es in jeder Gesellschaft unvermeidlich und notwendig eine »politische Klasse« oder »Elite« geben mußte, wollte Michels nun zeigen, *weshalb* sich derartige »oligarchische Tendenzen« durch eine solch fatale Zwangsläufigkeit auszeichneten. Für diesen Versuch, den »Komplex von Tendenzen, die sich einer Verwirklichung der Demokratie in den Weg stellen«, zu analysieren, schien ihm »das innere Wesen gerade der demokratischen Parteien, und unter ihnen wieder der sozialrevolutionären Arbeiterparteien, das tauglichste und wirksamste Beobachtungsfeld« zu bieten, da jene »ihrer Entstehung und ihrer Willensrichtung nach die Negation dieser Tendenzen« darstellten und deren Nachweis hier somit als »ganz besonders triftiger Beleg für das Vorhandensein immanenter oligarchischer Züge in jeder menschlichen Zweckorganisation« (Michels 1911: 12) gelten mußte. »Michels suchte der Beweisführung eine größere Schärfe zu geben, indem er zeigte, daß die Eliten-These auch der Probe des ungünstigsten Falles standhalten konnte« (Beetham 1977: 14). Wenn er sich schon, obwohl er seine »besten Jahre an die Sache der Demokratie gesetzt« hatte, dazu entschloß, diese »auf den Seziertisch zu legen« (Michels 1911: VII), so denn auch am Beispiel einer »Vivisektion der Partei« (u. S. 76), der Sozialdemokratischen Partei Deutschlands.

Zu diesem Zwecke unternahm er den Versuch, die unterschiedlichsten intellektuellen Traditionen aufeinander zu beziehen und theoretisch zu integrieren. So beeinflußte ihn die abstrakte Logik Rousseaus und dessen Vorstellung direkter Demokratie, die mit jeglicher Form von Repräsentation und Delegation unvereinbar war.[16] Vor diesem Hintergrund schienen ihm die generellen elitentheoretischen Zweifel am Prinzip der Demokratie plausibel und nachvollziehbar. Den von ihm unter Rekurs auf Mosca und Pareto diagnostizierten Vorgang der »Oligarchisierung« suchte er dann aus organisationssoziologischer und sozialpsychologischer Sicht zu erklären, wobei letztere eindeutig dominierte und stark durch die Massenpsychologie von Gustave Le Bon, Gabriel Tarde und Scipio Sighele beeinflußt war. Bei alledem machte er sich schließlich Moscas Wissenschaftsverständnis zu eigen, demzufolge die Sozialwissenschaft einzig und allein die Suche nach allgemeinen Gesetzmäßigkeiten sozialen Verhaltens zur Aufgabe hatte und strikt von jeglicher Form sozialer Praxis und politischer Verpflichtung getrennt und unterschieden werden mußte.

Auf diesem Wege gelangte Michels zu seiner zentralen These: die mit zunehmender Größe und Komplexität der Organisation wachsende technische Unentbehrlichkeit der »Führer« einerseits und die wesensmäßige geistige Immobilität und fachliche Inkompetenz der organisierten »Massen« andererseits bedingten einander. Er formulierte sie als »Gesetz von der historischen Notwendigkeit der Oligarchie«. »Das soziologische Grundgesetz, dem die politischen Parteien – das Wort Politik hier im weitesten Sinne genommen – bedingungslos unterworfen sind, mag, auf seine kürzeste Formel gebracht, etwa so lauten: die Organisation ist die Mutter der Herrschaft der Gewählten über die Wählenden, der Beauftragten über die Auftraggeber, der Delegierten über die Delegierenden« (Michels 1911: 384). Das Dilemma, die im geradezu klassischen Sinne »tragische Situation« der demokratischen Massenbewegungen bestand mithin darin, sowohl um die Notwendigkeit der Organisation wie auch um die daraus erwachsenden Gefahren zu wissen und zwischen letzten Endes nur scheinbaren, gleichermaßen ins Verderben stürzenden Alternativen (der den Gegner begünstigenden Organisationslosigkeit oder der Oligarchisierung) wählen zu müssen. Auch wenn er sich am Ende seines Buches, dessen Ergebnisse im Grunde genommen bedauernd, einiger Hinweise auf eine »gewisse Milderung der oligarchischen Krankheit« und Ansatzpunkte zu deren sozialpädagogischer Therapie nicht enthalten konnte, stand für ihn doch fest: »Prophylaktischer Maßregeln gegen das Aufkommen der Oligarchie spottet die Entwicklung selbst. Wollen Gesetze der Herrschaft der Führer Einhalt tun, so weichen allmählich die Gesetze, nicht die Führer« (Michels 1911: 389).[17]

So »vom subversiven Gesinnungspolitiker – freilich stets in der Sphäre der Diskussion, nicht des verantwortlichen Handelns – zum Theoretiker entschleiernder politischer Soziologie geworden« (Conze 1957: 387), trat Michels, mittlerweile zum allseits anerkannten und geschätzten Wissenschaftler avanciert, im Jahre 1913 auf die Bitte Max Webers, Werner Sombarts und Edgar Jaffés hin in den Herausgeberkreis des »Archivs für Sozialwissenschaft und Sozialpolitik« ein; bis zum Kriege blieben die Beziehungen unter den Kollegen eng und freundschaftlich.

Während der turbulenten Jahre kurz vor und zu Beginn des Ersten Weltkrieges vollzog sich eine für Robert Michels' weiteren Lebensweg bedeutsame neue Wendung. Mit der demonstrativen Annahme der italienischen Staatsbürgerschaft im Jahre 1913 bekannte er freimütig, daß aus dem ehemals kämpferischen Internationalisten ein überzeugter italienischer Patriot und Anhänger des italienischen Nationalismus geworden war, dem er sich auch in seiner imperialistischen Gestalt besonders verbunden fühlte.[18] Um so härter mußte es ihn treffen, daß er sich, hauptsächlich wohl aus finanziellen Gründen, gezwungen sah, 1914 an der Universität Basel den Lehrstuhl für Nationalökonomie und Statistik zu übernehmen. Obwohl er in seinem Baseler Haus stets einen großen internationalen Freundeskreis um sich versammelte, hat er während seiner nahezu fünfzehnjährigen Lehrtätigkeit in der Schweiz nie Fuß gefaßt. Von längerer Dauer und größerer Intensität war nur seine Freundschaft mit seinem geschätzten Lausanner Kollegen Vilfredo Pareto, mit dem er sich oft traf und Ideen austauschte. Diese Beziehung lag Michels um so mehr am Herzen, als er sich im Sommer 1915 wegen zwei Zeitungsartikeln, in denen er Deutschland sowohl für den Kriegsausbruch im allgemeinen wie auch den von ihm nachhaltig begrüßten Kriegseintritt Italiens im besonderen verantwortlich machte[19], mit seinem langjährigen Freund Max Weber überworfen hatte. »In der Öffentlichkeit verteidigte Weber Michels jedoch auch weiterhin gegen die scharfen Angriffe einer großen Zahl deutscher Akademiker, denen dies als eine Art Hochverrat erschien, über den sie äußerst verärgert waren« (Mommsen 1981: 102). Aufgrund dieser heftigen Anfeindungen zog Michels sich zwar aus dem Herausgeberkreis des »Archivs für Sozialwissenschaft und Sozialpolitik« zurück, publizierte jedoch weiterhin in dieser Zeitschrift.

Noch in seiner Baseler Zeit trat Michels, wie viele andere italienische Nationalisten auch, kurz nach dem »Marsch auf Rom« im Oktober des Jahres 1922 dem »Partito Nazionale Fascista« (PNF) Benito Mussolinis bei. Hatte er sich bereits seit Kriegsende für die Entstehung des Bolschewismus sowie den Aufstieg des Faschismus in Italien interessiert und für letzteren begeistert, so kommentierte er die faschistische Machtübernahme durchweg zustimmend (vgl. dazu u. S. 265–297). Gewiß hätte Robert Michels, neben Maffeo Pantaleoni und Vilfredo Pareto, allzu gerne jenem »engeren Kreis bedeutender Menschen, die in regem Gedankenaustausch mit Benito Mussolini« (u. S. 282) standen, angehört. Aber erst nachdem er 1926 im Verlaufe eines Lehrauftrages an der Universität Rom in seinem »Corso di sociologia politica«[20] den Versuch einer »ideologischen Rechtfertigung« des Mussolini-Regimes unternommen und sich im Jahre darauf anläßlich zweier Gastprofessuren am Political Institute in Williamstown und an der University of Chicago in den Vereinigten Staaten aufgehalten hatte, erhielt er 1928 den langersehnten Ruf an die Universität und faschistische Parteihochschule Perugia, wo er fortan als von Mussolini protegierter Ordinarius Nationalökonomie lehrte und faschistisches Ideengut propagierte (vgl. Röhrich 1972: 157).[21]

Hatte Michels in seiner »Soziologie des Parteiwesens« die Herrschaft der Führer über die Geführten im Grunde noch scharf zurückgewiesen, so befürwortete er in seinem »Corso di sociologia politica« nun ebenso entschieden die elitäre Herrschaftsstruktur des Faschismus, die er mit seiner »Konsensustheorie« und, in der ihm eigenen Bedenkenlosigkeit, unter ausdrücklichem Verweis auf Max Weber als »charismatische Diktatur« zu legitimieren suchte.

Aufgrund seiner Auffassung, daß »zum Regieren Zustimmung der Mehrheit, nicht Mitwirkung der Mehrheit« erforderlich war, sah er im Faschismus »eine Herrschaft der Diktatur ... mit Genehmigung des Volkes«, die »außer in der Macht auch im Beifall der öffentlichen Meinung« ihre Basis fand. »Aus diesen Zusammenhängen ist die faszistische Konsenstheorie entstanden, welche die Volkswahl verwirft, sich aber auf die öffentliche Meinung stützt« und so auf dem Prinzip »Konsensus statt Parlament: oft nur schweigender, oft aber auch sehr lauter und greifbarer, wenn auch statistisch nicht faßbarer Konsens« (Zitate aus den Aufsätzen u. S. 182–187 und 265–304) beruhte. Um diese zunächst einmal nur postulierte Einheit zwischen Führern und Geführten näher erläutern zu können, machte Michels sich Max Webers Begriff des »charismatischen Führers« zunutze. »Wenn der Führer über so hervorragende Eigenschaften verfügt und in seiner Wirksamkeit so erfolgreich ist, daß sich die Massen die Ursachen des Erfolges nicht vorzustellen vermögen und bewußt oder unbewußt an das Spiel oder doch Mitspiel übernatürlicher Kräfte glauben, beginnt die Führung zu einer charismatischen zu werden« (u. S. 298). Damit glaubte er die Problematik des Demokratieprinzips – »Demokratie beruht auf Wahl. Wahl ist aber ›innere, logische Unmöglichkeit‹. Denn Wahl ist Willensübertragung. Der Wille ist jedoch nicht übertragbar ohne Willensentäußerung« (u. S. 183) – hinter sich gelassen zu haben: »Beim charismatischen Führertum überträgt die Masse in bewußter Bewunderung und Verehrung und fast in Form eines selbstverständlichen, freiwilligen Opfers ihren Willen auf den Führer, während in der Demokratie bei dem Akte der Willensübertragung der Anschein aufrechterhalten bleibt, als verharre der Wille potentiell in den Händen der ihn Abgebenden« (u. S. 183).

Das Konzept des »charismatischen Führers« diente Michels also dazu, den faschistisch verstandenen »Konsensus« aus dem rational erteilten Mandat der Wähler in einen irrationalen Akt der Akklamation umzudeuten, welcher unter dem Bann einer bereits etablierten Führerfigur stand. Es gab für ihn keinerlei Zweifel daran, »daß der Fascismus in Benito Mussolini eine Führernatur großen Stils gefunden hat, der ein glückliches Temperament mit scharfer Intuition für das Mögliche und Erreichbare, heiligen Glauben an sich selbst und seine Mission und eine außergewöhnliche Suggestion auf die Massen mit wirklich seltener Kühnheit verbindet« (u. S. 293). In ihm fand nicht nur der Webersche Begriff des »charismatischen Führers« seinen Prototypus und oder gar seine Inkarnation[22], sondern auch »die Maxime der Einssetzung von Führer und Staat (L'étet c'est moi) ... das Maximum ihrer Entwicklungsmöglichkeit in der Praxis« (u. S. 299).

Mit seiner Betonung der »Unentbehrlichkeit der Masse«, die er – ohne die Intelligenz und die politischen Eliten etwa aus den Augen zu verlieren (vgl. dazu die Aufsätze 7-10 in diesem Band) – bereits in seiner »Psychologie der antikapitalistischen Massenbewegungen« (1926) eingehend thematisiert hatte, entfernte Michels sich freilich in gewisser Weise von der Mosca-Paretoschen Variante der Elitentheorie, die der Nicht-Elite nur wenig Beachtung schenkte. Aufgrund des hohen Grades der für den italienischen Faschismus charakteristischen politischen Einbeziehung der Massen versuchte er vielmehr, massenpsychologische Elemente in seinen elitentheoretischen Ansatz zu inkorporieren (vgl. Michels 1926: 328–359).

Wollte man diese befremdliche politisch-intellektuelle Biographie in ein Ablaufschema bringen, so ergeben sich drei relativ klar gegeneinander abgegrenzte Phasen. Da ist zunächst eine syndikalistische Frühphase, in der als normative Leitvorstellung ein Rousseauistisches Konzept der unvermittelten Identität der revolutionären Masse mit sich selbst angepeilt wird. In einer zweiten Phase weicht dieser gesinnungsethische und theoretisch einigermaßen sterile Radikalismus der Einsicht in die – zunächst zögernd und mit Bedauern, dann zunehmend fatalistisch und objektivistisch konstatierte – Notwendigkeit der Organisation und die mit ihr unvermeidlich einhergehende elitäre Verselbständigung der Führung gegenüber der Masse; in dieser Phase wird der Einfluß von Mosca und Pareto, aber auch derjenige Max Webers maßgeblich. Doch scheint es in Michels' Denken so etwas wie heimliche Rückstände der zuvor gehegten Identitätsideale zu geben, die ihn in einer dritten Phase veranlassen, die soziale und politische Realität des italienischen Faschismus als vollendete Synthese von Elitenherrschaft und einer (der Masse der Bevölkerung freilich von oben aufgezwungenen und in der plebiszitären Akklamation manifest werdenden) »identitären« Verschmelzung von Masse und Führer zu deuten. Der faschistischen »Konsensustheorie« zufolge ist die irrationale Hingegebenheit der Masse unerläßlich als Podest und Resonanzboden charismatischer Herrschaft. Die zweite und dritte dieser Phasen verhalten sich spiegelbildlich zueinander: Während zunächst die »Notwendigkeit der Organisation« das entscheidende Denkmotiv für die Überwindung syndikalistischer

Ansätze war, wird dann die »Notwendigkeit der Masse« als eines Objektes faschistischer Zwangsvergemeinschaftung das zentrale Motiv der Spätphase.

Robert Michels starb am 2. Mai 1936 im Alter von 60 Jahren in Rom.

II.

Angesichts einer durch derartige zumindest scheinbare Widersprüchlichkeiten, erstaunliche Wendungen und zuweilen unvermittelt anmutende Brüche gekennzeichneten politisch-intellektuellen Entwicklung ist es denn auch nicht weiter verwunderlich, daß deren Interpretationen höchst unterschiedliche Akzente setzen und zu äußerst divergierenden Schlüssen und Ergebnissen kommen. Im folgenden geht es darum, die konkurrierenden Deutungsvarianten – vor allem in den Arbeiten von Pfetsch (1964), Röhrich (1972) und Beetham (1977) – in ihren Grundzügen darzustellen, miteinander zu vergleichen und auf ihre Plausibilität und Konsistenz hin zu überprüfen.

Pfetsch (1964) beschreibt Michels' Biographie als einen für die damalige Zeit durchaus charakteristischen »Wandel zwischen den Ideologien und politischen Bewegungen« (126), der seiner Ansicht nach nur auf einen gleichsam »intrinsischen Zusammenhang« zwischen den Extremen der Linken und der Rechten zurückgeführt werden kann. »Die Links-Rechts-Wendung stellt weitgehend eine organische Entwicklung dar und ist nicht durch abrupte Sprünge gekennzeichnet. Es finden sich gemeinsame Wesensmerkmale in beiden Extremen wieder« (2). Diese Gemeinsamkeiten sieht er in erster Linie in der Gegnerschaft zu einem repräsentativen und der Befürwortung eines plebiszitären Systems, die Michels und den italienischen Nationalisten und Elitentheoretikern gleichermaßen zueigen waren. Wurde dem utopischen Idealisten und mit dem Syndikalismus sympathisierenden »Revolutionsromantiker« (136) die Abkehr von der Linken dadurch erleichtert, daß sein Sozialismus »nicht ›nach der Schule‹ ausgebildet war«, so stellte seine »Hinwendung nach rechts ... nur eine Weiterführung dieser Abwendung« dar (2). Hierbei hatte ihm seine »Ablehnung einer gemäßigten Linken ... automatisch den Weg zur gemäßigten Rechten verbaut« (136). Pfetsch resümiert: »Nachdem sich die direkte Demokratie als undurchführbar erwiesen und er die repräsentative abgelehnt hatte, blieb ... nur der Weg in den Führerstaat übrig« (135).

Röhrich (1972) stellt den biographischen Werdegang Michels' als eine lebenslange »revolutionär-romantische Suche nach einer neuen Gesellschaftsordnung« dar, die stets durch »irrationale ideologische Elemente« bestimmt war und deren wechselnde Bekenntnisse nicht zuletzt auch von einer »Glaubenssuche« zeugten (175). Er sieht Michels' ursprüngliche Option für den syndikalistisch orientierten Sozialismus als Ausdruck eines jugendlichen »revolutionären Idealismus« und interpretiert so die Wendung zur akademischen Politischen Soziologie als Resultat eines Desillusionierungsprozesses, der durch die schmerzliche Erkenntnis der »Diskrepanz zwischen innerorganisatorischem Wertesystem und innerorganisatorischer Willensbildung« (169) in der SPD ausgelöst wurde. Auf diese Art und Weise mit der Realität konfrontiert, konnte Michels seine einstigen revolutionären Illusionen nicht mehr aufrechterhalten und zog sich so auf die Elitentheorie zurück, die es ihm gestattete, die oligarchischen Tendenzen der Gesellschaft zu akzeptieren. Daß Michels schließlich beim italienischen Faschismus endete, führt Röhrich auf den für dessen Charakter typischen revolutionären Geist zurück, den er für einige Zeit im Interesse einer objektiven und wertfreien Wissenschaft unterdrückt hatte: Der Verlust des Glaubens sowohl an den Sozialismus wie auch an die Demokratie »mußte durch einen neuen politischen Glauben überwunden werden« (175) – Michels fand ihn im Faschismus.

Beetham (1977) interpretiert Michels' politisch-intellektuelle Konversionen als einer inneren Zwangsläufigkeit folgend, deren entscheidendes Moment in den praktischen Implikationen bestimmter wissenschaftlicher Theorien liegt. Die Attraktivität der Elitentheorie bestand für Michels zunächst einmal darin, daß sie ihm eine logische Verlängerung seines revolutionär-syndikalistischen Skeptizismus zu sein schien. »Es besteht ein enger Zusammenhang zwischen seiner anfänglichen Analyse der Degeneration innerhalb der deutschen Sozialdemokratie und seiner späteren Oligarchisierungsthese; ein enger Zusammenhang zwischen der Ablehnung parlamentarischer Taktik durch den revolutionären Syndikalisten und der Entlarvung der politischen Demokratie als Heuchelei durch den Elitentheoretiker ... Ein Elitentheoretiker war folglich bloß ein revolutionärer Sozialist, der nicht vor dem letzten Schritt der kritischen Analyse zurückgeschreckt hatte« (16). Der Bruch mit dem revolutionären Syndikalismus wurde erst dadurch unvermeidlich, daß Michels auch die Methodologie der Elitentheorie mit ihrem Postulat der trans-historischen Suche nach allgemeinen Gesetzmäßigkeiten akzeptierte, »demzufolge der Kampf für revolutionären Wandel nicht mehr als kohärente Form politischer Praxis betrachtet werden konnte (161). Die praktischen Implikationen eben dieser wissenschaftlichen Methode bedingten dann konsequenterweise auch Michels' Wendung zum Faschismus, den er mit Hilfe politisch-soziologischer Kategorien als historisch notwendig zu rechtfertigen suchte. »Die faschistische Machtübernahme... und die Beständigkeit der Herrschaft der Führer mußten akzeptiert werden, weil sie den Erfordernissen soziologischer ›Gesetze‹ entsprachen« (178). Beethams Fazit: »Die Geschichte seiner Entwicklung gehört ... zur Geschichte der akademischen Sozialwissenschaft und der Art und Weise, in der sie während einer kritischen Phase der europäischen Geschichte sowohl zur Demoralisierung des Sozialismus wie auch zur Legitimation des faschistischen Staates beitrug« (4).

Die Stärke der überaus differenzierten Argumentation Beethams liegt zweifelsohne darin, daß sie an keiner einzigen Stelle auf irrationale Deutungsmuster zurückgreift. Stimmt er mit Pfetsch prinzipiell darin überein, daß Michels' Biographie alle Merkmale einer inneren Zwangsläufigkeit oder organischen Entwicklung trägt, so kann letzterer diese doch lediglich unter Rekurs auf einen postulierten, geradezu mystisch erscheinenden »intrinsischen Zusammenhang« zwischen Michels' politischen Extrempositionen erklären. Röhrichs Interpretation hingegen, die dem Handeln des vermeintlich emotional und affektiv reagierenden Michels von vorneherein ein gewisses Maß an Zufällig- oder Beliebigkeit unterstellt, vermag Beetham in jeder Hinsicht als »ernstlich irreführend« zurückzuweisen. Die Wendung vom Syndikalisten zum Elitentheoretiker »war weniger eine Frage der Konfrontation des Idealisten mit der ›Realität‹ als vielmehr ein Wechsel der theoretischen Annahmen, die definierten, was denn eigentlich Realität war« (Beetham 1977: 4). Auch die letztliche Entscheidung für den Faschismus und dessen Rechtfertigung kann nicht nur mit dem lapidaren Verweis auf Michels' prärationale Psyche abgetan werden. »Er unterstützte und legitimierte das Mussolini-Regime letzten Endes nicht als politischer Agitator, sondern als Sozialwissenschaftler und mit Hilfe der Kategorien seiner Politischen Soziologie« (ebd.: 4).

Somit kann die Beethamsche Deutungsvariante mit Fug und Recht als die plausibelste und in sich konsistenteste bezeichnet werden. Ihr zufolge ist Michels' bemerkenswerte Konversion vom Sozialismus zum Faschismus bereits in dessen gleichermaßen umstrittenen wie unumstrittenen Hauptwerk »Zur Soziologie des Parteiwesens« angelegt. Nach Conze steht es »mitten auf dem Wege vom Wunsch nach der idealen, sozialistisch verstandenen Demokratie bis zur Absage an eben diese Demokratie mit Konsequenzen, die unmittelbar zum Faschismus führen« (1957: 84).

III.

Es war eingangs bereits kurz davon die Rede, daß dem Werk Robert Michels' – aus Gründen, über die allenfalls spekuliert werden kann – in den bundesrepublikanischen Sozial- und Politikwissenschaften nur wenig Beachtung zuteil wurde. Die demgegenüber außerordentlich starke Rezeption in den angloamerikanischen Ländern läßt sich wohl auf das Bedürfnis der dortigen Politischen Soziologie nach einer Wendung zu einer ›realistischeren‹ Theorie der Demokratie zurückführen. Es galt, den politischen Eliten endlich auch demokratietheoretisch den Stellenwert beizumessen, den sie in der Realität der Massendemokratien von jeher einnahmen. Abschließend soll deshalb die unter anderem auch auf Michels' »Soziologie des Parteiwesens« rekurrierende Weiterentwicklung einer solchen realistisch-empirischen Demokratietheorie zu einer »Theorie demokratischer Elitenherrschaft« (Lipset 1962b: 33) skizziert werden.

Die Bemühungen der anglo-amerikanischen Politischen Soziologie um einen »realistischen Demokratiebegriff« sind durch den Versuch gekennzeichnet, die von Michels aufgewiesenen »Strukturprobleme als Momente einer Strukturkrise der modernen Demokratie ... zu ›Strukturmomenten‹ der modernen Demokratie« (Ebbighausen 1969: 62) umzudeuten. Während Michels sein »ehernes Gesetz der Oligarchie« als Nachweis sowohl der historischen Notwendigkeit des Führertums wie auch der prinzipiellen Unvereinbarkeit von Führung und Demokratie verstanden wissen wollte, suchte die sich in seiner Nachfolge wähnende Forschung zwar an jenem »Gesetz« festzuhalten, den Gegensatz zur Demokratienorm jedoch als einen bloß vermeintlichen fallenzulassen. Somit wurden gegenüber dem Problem demokratischer Legitimität einseitig die Probleme der Funktionsfähigkeit, Effizienz und Stabilität in den Vordergrund gerückt und Michels gleichzeitig als Vorbild für das intellektuelle Ethos von Sozialwissenschaftlern angesehen, die sich bereitfinden, unter dem Eindruck von empirischen Befunden und auf der Suche nach überhistorischen Gesetzeshypothesen von den eigenen radikaldemokratischen und revolutionären Ausgangsprämissen Abschied zu nehmen und die mit dem Demokratiebegriff verknüpften Ansprüche dementsprechend »realistisch« herunterzuschrauben und normativ auszudünnen.

Schumpeter darf als der Begründer der Tradition gelten, die Demokratie »auf eine politische Methode, das heißt: eine gewisse Art institutioneller Ordnung, um zu politischen ... Entscheidungen zu gelangen« (1946: 384), zu reduzieren. Präziser formuliert: »die demokratische Methode ist diejenige Ordnung der Institutionen zur Erreichung politischer Entscheidungen, bei welcher einzelne die Entscheidungsbefugnis vermittels eines Konkurrenzkampfs um die Stimmen des Volkes erwerben« (ebd.: 428). Einen Vorteil dieser Definition sah Schumpeter darin, daß sie »allen wünschbaren Raum für eine angemessene Anerkennung der lebenswichtigen Tatsache der Führung« (ebd.: 429) ließ. »Demokratie bedeutet nur, daß das Volk die Möglichkeit hat, die Männer, die es beherrschen sollen, zu akzeptieren oder abzulehnen« (ebd.: 452). In unverkennbarer Anlehnung daran definiert Lipset die Demokratie

»als ein politisches System, das regelmäßig verfassungsrechtliche Möglichkeiten für den Wechsel der Regierenden vorsieht, und als einen sozialen Mechanismus, der es dem größtmöglichen Teil der Bevölkerung gestattet, durch die Wahl zwischen Bewerbern für ein politisches Amt auf wichtigere Entscheidungen Einfluß zu nehmen« (1962a: 33). Deren Funktion bestand demnach lediglich noch in »der Bildung einer politischen Elite im Konkurrenzkampf um die Stimmen einer hauptsächlich passiven Wählerschaft« (1962b: 33). Demokratie reduzierte sich also »im Grunde genommen auf die Momente (a) der institutionell garantierten Wahl der Bevölkerung zwischen Parteien bzw. ihren weitgehend oligarchischen Führungsgruppen und (b) der Konkurrenz der oligarchischen Führungsgruppen der Parteien untereinander« (Ebbighausen 1969: 61).

Mit den Ausführungen Schumpeters – von Anthony Downs dann noch einmal zu einer »Economic Theory of Democracy« zugespitzt – und Lipsets war das Zeitalter des »End of Ideology (Daniel Bell) proklamiert und der Weg zu einer »Theorie demokratischer Elitenherrschaft« geebnet. Von deren Vertretern werden die politischen Eliten »nicht allein als die tatkräftigen, schöpferischen Kräfte der Gesellschaft betrachtet, sondern darüber hinaus als die das System erhaltende Grundlage schlechthin« (Bachrach 1970: 20). Für Sartori ist die Demokratie »so kompliziert, daß nur erfahrene und verantwortliche Eliten sie vor den Exzessen des Perfektionismus, vor dem Strudel der Demagogie und vor der Entartung der lex majoris partis bewahren können. Und aus diesem Grunde ist eine adäquate Führung für die Demokratie lebenswichtig ... Wenn der Druck von unten am stärksten ist, ist eine hervorragende Führung wichtiger denn je. Denn an diesem Punkt bringen Perfektionismus auf der einen sowie Massenmanipulation und -mobilisierung auf der anderen Seite das System aus dem Gleichgewicht« (1965: 118 f.). Um dem vorzubeugen, muß die Demokratie ein Auswahlsystem konkurrierender gewählter Minderheiten sein, die den Einfluß der Mehrheit garantieren (vgl. ebd.: 126).

Das sehr selektive Interesse des größten Teils der angelsächsischen Michels-Rezeption an der »mittleren« Phase des Autors, d.h. an seiner empirisch-generalisierenden Theorie demokratischer Elitenherrschaft und ihrem resignativen Realismus, setzt zwar eine deutliche Zäsur sowohl zur vorangegangenen wie zur späteren Phase seiner politischen und wissenschaftlichen Entwicklung, blendet aber gerade die *beiden* theoretischen und normativen Probleme aus, die sich stellen, wenn man die beunruhigende Kontinuität der intellektuellen Biographie in den Blick nimmt, in welche diese mittlere Phase eingebettet ist. Die eine dieser beiden Fragen betrifft unmittelbar und aktuell diejenigen Bemühungen der politischen Linken im Felde der Demokratietheorie, die Anschluß an Rousseauistische oder rätedemokratische Vorstellungen suchen. Hier stellt sich das Problem, wie der identitätsdemokratische Radikalismus sich so umsichtig und rechtzeitig auf die Bedingungen der Organisation, der Arbeitsteilung, der Hierarchie, der Ämter und der politischen Formen insgesamt einstellen kann, daß die Sackgasse der basisdemokratischen Emphase vermeidbar wird, aus der es dann nur noch den Ausweg der ergebenen Fügsamkeit gegenüber angeblich »ehernen« Tatsachen und Gesetzen gibt. Das umgekehrte zweite Problem stellt sich vor allem den rechtsliberalen Protagonisten des demokratietheoretischen Realismus: Diese müßten, wenn sie nur den »ganzen« Michels zur Kenntnis zu nehmen bereit wären, von der Eventualität beunruhigt sein, daß jene demokratische Elitenherrschaft in autoritär-plebiszitäre Formen umkippen und – heute womöglich sogar *ohne* förmliche Beseitigung liberaler Verfassungs- und Grundrechtsgarantien – die Bürger zum bloßen Resonanzboden populistisch-charismatischer Herrschaftsformen deformieren könnte.

Die vorliegende Auswahl von Schriften und Textausschnitten von Robert Michels verfolgt das Ziel, anhand der theoretischen Schwerpunkte (Sozialismus und Syndikalismus, Massenbewegung und Partei, Demokratie und Oligarchie, politische Eliten und Intelligenz, Faschismus und »Konsensustheorie«) die wichtigsten Aspekte, Brüche und Kontinuitäten seines politisch-soziologischen Werkes zu dokumentieren. Dieses Ziel verlangte Auswahlentscheidungen, die angesichts eines über 700 Titel zählenden, sich oft wiederholenden, zwischen akademischer und politisch-publizistischer Argumentationsweise beständig wechselnden, in drei Sprachen und an zahllosen Publikationsorten veröffentlichten und deutlich die »kleinen« Formen des Aufsatzes, des Essays oder des Kommentars bevorzugenden Gesamtwerkes gewiß bestreitbar und angreifbar bleiben müssen. Die getroffene Auswahl, die von den beiden Herausgebern der Reihe »Theorie und Gesellschaft« zu verantworten ist, stützt sich auf die in deutscher Sprache bzw. in deutscher Übersetzung vorliegenden Schriften, die in einem editorisch durchaus vertretbaren Rahmen auf ihre Kernstellen reduziert und in ihren Fußnoten zum Teil erheblich gekürzt wurden. Ein repräsentatives Verzeichnis der zugänglichen Primärquellen und der internationalen Sekundärliteratur zu Michels' Politischer Soziologie mag denjenigen Lesern von Nutzen sein, die sich mit dem hier angebotenen »Einstieg« in das Denken des durchaus aktuellen Klassikers Robert Michels nicht zufriedengeben wollen.

Bielefeld, April 1986 Joachim Milles

Anmerkungen

1 In der von Käsler (1978) besorgten Klassiker-Anthologie findet Michels z.B. ebenso Berücksichtigung wie in den von Ebbighausen 1981 und Röhrich 1977a verfaßten Monographien zur Politischen Soziologie

2 Es handelt sich im einzelnen um die Arbeiten von Ebbighausen 1969, Pfetsch 1964 und Röhrich 1972; vgl. auch die stark gekürzten Aufsatz-Versionen von Pfetsch 1966 und Röhrich 1978.

3 Vgl. dazu Conze 1957: 379, der auf Neumann rekurriert: „Obwohl es sich zweifelsohne um ein Standardwerk handelt, hat es das Schicksal so vieler Klassiker geteilt – oft zitiert und selten gelesen zu werden.« (1956: 406)

4 Was biographische Fakten und Details anbelangt, beziehe ich mich in erster Linie auf entsprechende Angaben bei Beetham 1977, Conze 1957, Cook 1971, Linz 1966 und Röhrich 1972.

5 Zur Familiengeschichte und Familientradition vgl. Conze 1957: 384 und Linz 1966: 3 f., die ihrerseits auf Michels 1930 verweisen.

6 Michels' bei der Universität Halle – Wittenberg eingereichte Inaugural – Dissertation zur Erlangung der philosophischen Doktorwürde trägt den Titel »Zur Vorgeschichte von Ludwigs XIV. Einfall in Holland«.

7 Zu seinen Marburger Aktivitäten vgl. in diesem Band S. 63–79; angesichts des Zeitpunktes seiner Abfassung ist manchen Passagen dieses autobiographischen Essays jedoch nur mit größten Vorbehalten zu begegnen.

8 Zum Revolutionären Syndikalismus in Frankreich und Italien vgl. Röhrich 1977b: 19 ff. Abgesehen von den »Lokalisten« (vgl. Bock 1969: 23 ff.), über die sich Michels höchst abfällig äußert (u. S. 74 ff.) kam es in Deutschland erst nach dem Ersten Weltkrieg zu einer nennenswerten syndikalistischen Bewegung (vgl. Bock 1969: 153 ff. und Röhrich 1977b: 52 ff.).

9 Von 1906 an kann Michels als regelmäßiger »Archiv«-Mitarbeiter gelten. Weber »ermahnte ihn, mehr intellektuelle Disziplin zu üben und klarer zwischen wissenschaftlichen und parteipolitischen Schriften zu trennen« (Mommsen 1981: 102). »Obwohl er während dieser Periode mit Weber befreundet war, übte dieser nicht den Einfluß auf ihn aus, den er später haben sollte« (Beetham 1977: 5).

10 Um die Jahrhundertwende hatten theoretisch-strategische Differenzen innerhalb der SPD die Fraktionen der »Revisionisten« auf der einen und der »Orthodoxen Marxisten« auf der anderen Seite entstehen lassen, die sich im Laufe der Auseinandersetzungen ihrerseits noch einmal in das »Marxistische Zentrum« und die »Radikale Linke« spaltete; die Hauptkontrahenten in dieser Strategiediskussion waren Eduard Bernstein, Karl Kautsky und Rosa Luxemburg. Dabei setzte sich, nicht zuletzt dank der Integrationsbemühungen August Bebels (zu einer kritischen Würdigung des SPD-Führers vgl. u. S. 231–255), der zentristische Kautsky durch und schrieb damit die Diskrepanz zwischen Theorie und Praxis der SPD als einer »revolutionären, nicht aber Revolutionen machenden Partei« zunächst einmal fest. Zum »Revisionismusstreit« vgl. Lehnert 1977: 150 ff.

11 Unter dem Eindruck der Russischen Revolution von 1905 verschärften sich die bereits im »Revisionismusstreit« entstandenen strategischen Fronten innerhalb der SPD und traten im Rahmen der sogenannten »Massenstreikdebatte« (vgl. dazu

Grunenberg 1970: 20 ff.) erneut offen zutage. Die Resolution gegen den politischen Massen- bzw. Generalstreik auf dem Mannheimer Parteitag von 1906 bedeutete das Ende einer jeden revolutionsstrategischen Perspektive. Michels' Kritik (1907: 176 ff.) der sozialdemokratischen Haltung in dieser Frage ähnelt in mancherlei Hinsicht der Rosa Luxemburgs (zu deren Sicht des Verhältnisses von Organisation und Massenaktion vgl. Kitschelt/Wiesenthal 1979).

12 Seine Verärgerung über diese Angelegenheit brachte Max Weber am 20.9.1908 in einem Artikel über »Die sogenannte ›Lehrfreiheit‹ an den Deutschen Universitäten« in der »Frankfurter Zeitung« zum Ausdruck. Spätestens von diesem Zeitpunkt an kann Weber sowohl als »kritischer Mentor« (Röhrich 1972: 32) und Förderer wie auch als enger persönlicher Freund Michels' betrachtet werden (zu deren Beziehung vgl. Mommsen 1981).

13 Die elitistischen Hauptwerke seinerzeit waren Mosca 1896 und Pareto 1902 (zu deren Gesellschaftstheorien vgl. die Arbeiten von Hübner 1967, Meisel 1958 und Meisel 1965).

14 Es handelt sich insbesondere um Michels 1908 (u.S. 133 ff.) und Michels 1909, die in vielen Passagen wortwörtlich in die Parteiensoziologie von 1911 eingegangen sind. »Obwohl sie sehr viel kürzer sind als die ›Soziologie des Parteiwesens‹, ist deren theoretische Fundierung in der elitistischen Doktrin sogar noch eindeutiger als die der späteren Arbeit.« (Beetham 1977: 12)

15 »Seinem lieben Freunde Max Weber in Heidelberg, dem Geraden, der, insofern es das Interesse der Wissenschaft erheischt, vor keiner Vivisektion zurückscheut, mit seelenverwandtschaftlichem Gruße gewidmet.« Zur Würdigung der Person und des Werkes Max Webers vgl. u. S. 256 ff.

16 »Eine Masse, die ihre Souveränität delegiert, d.h. einzelnen wenigen Männern aus ihr überträgt, dankt als Souverän ab. Denn der Wille des Volkes ist nicht übertragbar, nicht einmal der Wille des Einzelnen.« (Michels 1911: 36)

17 Den Versuch einer prägnanten Zusammenfassung der Kritik an Michels, die hier im einzelnen nicht referiert werden kann, unternimmt Beetham 1981. Sie bezieht sich jedoch in erster Linie auf die unterstellte Unzulänglichkeit der beiden grundlegenden Hypothesen, denen »technologischer Determinismus« und »psychologischer Reduktionismus« vorgeworfen wird, sowie auf seinen Demokratie- und Oligarchiebegriff.

18 Zu den Phänomenen des Nationalismus, Patriotismus und Imperialismus vgl. insbesondere Michels 1912 und Michels 1913a.

19 Es handelt sich um »Die Rede Salandras« in den »Basler Nachrichten« vom 6.6.1915 und »Zum Thema Deutschland und Italien« in der »Neuen Züricher Zeitung« vom 13.7.1915.

20 Eine englische Übersetzung der im »Corso« zusammengefaßten Vorlesungen Michels', die 1927 im italienischen Original in Mailand erschienen, besorgte Alfred de Grazia (vgl. Michels 1949).

21 Die Fakultäten in Perugia hatten die Aufgabe, »die Ideen des neuen Staatsgedankens, seiner Entwicklung und seiner Entwicklungsmöglichkeiten in das Hochschulleben einzuführen« (Michels 1928b: 565). »Die unmittelbar politische Rolle, die Michels nun für die Sozialwissenschaft akzeptiert hatte, mag nicht mit seiner früheren Insistenz auf einer klaren Unterscheidung zwischen akademischer Arbeit und

politischem Engagement übereinzustimmen scheinen. Aber er konnte dies mit reinem Gewissen akzeptieren, weil er davon überzeugt war, daß das faschistische Regime in Termini wissenschaftlicher Theorie gerechtfertigt und als historisch notwendig dargestellt werden konnte.« (Beetham 1977: 162)

22 »Bei seiner Diskussion der charismatischen Autorität hatte Weber darauf insistiert, daß es sich um eine neutrale Kategorie handelte und daß die Bezeichnung einer Person als charismatisch lediglich eine empirische Feststellung über deren Legitimität in den Augen ihrer Gefolgschaft, nicht aber eine moralische Forderung des Soziologen darstellte. Michels' Gebrauch des Begriffs zeigt, wie schwer eine solche Unterscheidung in der Praxis aufrechtzuerhalten ist ... Obwohl dies nicht der Ort ist, erneut Webers Verhältnis zum Faschismus zu thematisieren, kann leicht gezeigt werden, daß seine Behandlung des Konzepts sich selbst der Gefahr des Gebrauchs aussetzt, die Michels von ihm macht, und daß der gesamte Kontext seines Werkes der charismatischen Autorität einen positiven Beiklang gibt.« (Beetham 1977: 176) Vgl. auch Mommsen 1963.

Bibliographie

1. Schriften von Robert Michels

Nachfolgend sind, in chronologischer Reihenfolge, lediglich die unmittelbar im Text zitierten oder erwähnten Schriften Robert Michels' aufgeführt. Zur weiteren Lektüre sei auf das von Gisela Michels-Lindner besorgte, mit 731 Titeln wohl vollständige Werkverzeichnis in: Studi in memoria di Roberto Michels, Padua 1937, 37–76, verwiesen. Eine besser zugängliche, 244 Titel zählende und von Wilfried Röhrich vorgenommene Auswahl daraus findet sich in: Käsler 1978: 465–473. Die mit einem Stern versehenen Schriften sind im vorliegenden Band enthalten.

1905/1906a: Proletariat und Bourgeoisie in der sozialistischen Bewegung Italiens: Studien zu einer Klassen- und Berufsanalyse des Sozialismus in Italien, in: Archiv für Sozialwissenschaft und Sozialpolitik 21: 347–416; 22: 80–125, 424-466, 664-720

* 1906b: Die deutsche Sozialdemokratie, in: Archiv für Sozialwissenschaft und Sozialpolitik 23: 471–556 [Text und Anmerkungen erheblich gekürzt; abgedruckt sind die S. 471–474, 502 f., 509–531, 536–549, 555 f.]

1907: Die deutsche Sozialdemokratie im internationalen Verbande. Eine kritische Untersuchung, in: Archiv für Sozialwissenschaft und Sozialpolitik 25: 148–231

* 1908: Die oligarchischen Tendenzen der Gesellschaft. Ein Beitrag zum Problem der Demokratie, in: Archiv für Sozialwissenschaft und Sozialpolitik 27: 73–135 [Abgedruckt sind die Seiten 73–123 und 127–135; Anmerkungen gekürzt]

1909: Der konservative Grundzug der Partei-Organisation, in: Monatsschrift für Soziologie 1

1911: Zur Soziologie des Parteiwesens in der modernen Demokratie. Untersuchungen über die oligarchischen Tendenzen des Gruppenlebens, Leipzig
1912: Elemente zur Entstehungsgeschichte des Imperialismus in Italien, in: Archiv für Sozialwissenschaft und Sozialpolitik 34: 55–120, 470–497
1913a: Zur historischen Analyse des Patriotismus, in: Archiv für Sozialwissenschaft und Sozialpolitik 36: 14–43, 394–449
* 1913b: August Bebel, in: Archiv für Sozialwissenschaft und Sozialpolitik 37: 671–700 [Anmerkungen gekürzt]
* 1920: Max Weber, in: Baseler Nachrichten vom 14.7.1920 (wiederabgedruckt in: Bedeutende Männer. Charakterologische Studien, Leipzig, 1927, 109–118) [Anmerkungen gekürzt]
* 1924: Der Aufstieg des Faschismus in Italien, in: Archiv für Sozialwissenschaft und Sozialpolitik 52: 61–93 [Anmerkungen gekürzt]
* 1926: Psychologie der antikapitalistischen Massenbewegungen, in: Grundriß der Sozialökonomik, 9. Abteilung, 1. Teil, Tübingen, 241–359. [Abgedruckt sind die S. 284–308 (Beitrag I.1) und S. 315–328 (Beitrag II.3). Anmerkungen stark gekürzt]
* 1927: Über die Kriterien der Bildung und Entwicklung politischer Parteien, in: Schmollers Jahrbuch 51: 509–531 [Abgedruckt sind die S. 510–514 (Beitrag V.12a) und S. 529–531 (Beitrag V.12b); Anmerkungen gekürzt]
* 1928a: Grundsätzliches zum Problem der Demokratie, in: Zeitschrift für Politik 17: 289–295 [Anmerkungen leicht gekürzt]
1928b: Einige Materialien zur Geschichte und Soziologie des italienischen Hochschulwesens, in: Archiv für Sozialwissenschaft und Sozialpolitik 60: 542–576
1930: Peter Michels und seine Tätigkeit in der rheinischen Industrie, in der rheinischen Politik und im rheinischen Geschäftsleben, in: Jahrbuch des Kölnischen Geschichtsvereins 12
* 1932a: Eine syndikalistisch gerichtete Unterströmung im deutschen Sozialismus (1903–1907), in: Festschrift für Carl Grünberg zum 70. Geburtstag, Leipzig, 343–364 [Anmerkungen geringfügig gekürzt]
* 1932b: Zur Soziologie der Bohème und ihrer Zusammenhänge mit dem geistigen Proletariat, in: Jahrbücher für Nationalökonomie und Statistik, Dritte Folge, Bd. 81: 801–816 [Anmerkungen gekürzt]
* 1933: Historisch-kritische Untersuchungen zum politischen Verhalten der Intellektuellen, in: Schmollers Jahrbuch 57: 807–834 [Anmerkungen gekürzt]
1949: First Lectures in Political Sociology, translated with an introduction by Alfred de Grazia, Minneapolis

2. *Literatur zu Michels*

Die Auswahl enthält Arbeiten, die sich mit der »Soziologie des Parteiwesens« und der politisch-intellektuellen Entwicklung Robert Michels' auseinandersetzen. Darüber hinaus sind einige Abhandlungen zum geschichtlichen und geistesgeschichtlichen Hintergrund seines Werkes sowie die wichtigsten wirkungsgeschichtlich interessanten Schriften genannt. Nicht berücksichtigt werden konnte die unübersehbare Fülle parteiensoziologischer Studien, die in irgendeiner Art und Weise auf Michels rekurrieren (vgl. dazu Ebbighausen 1969: 80–89).

Bachrach, Peter 1970: Die Theorie demokratischer Elitenherrschaft. Eine kritische Analyse, mit einer Vorrede von Sheldon S. Wolin, Frankfurt/Main

Beetham, David 1977: From Socialism to Fascism: The Relation between Theory and Practice in the Work of Robert Michels, in: Political Studies 15: 3–24, 161–181

– 1981: Michels and his critics, in: Archives Europeennes des Sociologie 22: 81–99

Bock, Hans Manfred 1969: Syndikalismus und Linkskommunismus von 1918–1923. Zur Geschichte und Soziologie der Freien Arbeiter – Union Deutschlands, der Allgemeinen Arbeiter-Union Deutschlands und der Kommunistischen Arbeiter-Partei Deutschlands, Meisenheim am Glan

Burnham, James 1943: The Machiavellians. Defenders of Freedom, New York; dt.: Die Machiavellisten. Verteidiger der Freiheit, Zürich 1949

Camavitto, Dino 1936: Roberto Michels – In Memoriam, in: American Sociological Review 1: 797–799

Cassinelli, C.W. 1953: The Law of Oligarchy, in: The American Political Science Review 47: 773–784

Conze, Werner 1957: Nachwort zur Neuausgabe, in: Robert Michels: Zur Soziologie des Parteiwesens in der modernen Demokratie. Untersuchungen über die oligarchischen Tendenzen des Gruppenlebens, Neudruck der zweiten Auflage, hrsg. von Werner Conze, Stuttgart, 379–406

Cook, Philip J. 1971: Robert Michels's Political Parties in Perspective, in: The Journal of Politics 33: 773–796

Downs, Anthony 1957: An Economic Theory of Democracy, New York; dt.: Ökonomische Theorie der Demokratie, hrsg. von Rudolf Wildenmann, Tübingen 1968

Ebbighausen, Rolf 1969: Die Krise der Parteiendemokratie und die Parteiensoziologie. Eine Studie über Moisei Ostrogorski, Robert Michels und die neuere Entwicklung der Parteienforschung, Berlin

– 1981: Politische Soziologie. Zur Geschichte und Ortsbestimmung, Opladen

Gouldner, Alwin W. 1955: Metaphysical Pathos and the Theory of Bureaucracy, in: The American Political Science Review 49: 496–507

Grunenberg, Antonia 1970: Einleitung, in: Antonia Grunenberg (Hrsg.) 1970: Die Massenstreikdebatte. Beiträge von Parvus, Rosa Luxemburg, Karl Kautsky und Anton Pannekoek, Frankfurt/Main, 5–44

Hands, Gordon 1971: Roberto Michels and the Study of Political Parties, in: British Journal of Political Science 1: 155–172

Hübner, Peter 1967: Herrschende Klasse und Elite: Eine Strukturanalyse der Gesellschaftstheorien Moscas und Paretos, Berlin

Käsler, Dirk (Hrsg.) 1978: Klassiker des soziologischen Denkens, Bd. 2: Von Weber bis Mannheim, München

Kitschelt, Herbert/Wiesenthal, Helmut 1979: Organization an Mass Action in the Political Work of Rosa Luxemburg, in: Politics and Society 9: 153–202

Lehnert, Detlef 1977: Reform und Revolution in den Strategiediskussionen in der klassischen Sozialdemokratie. Zur Geschichte der deutschen Arbeiterbewegung von den Ursprüngen bis zum Ausbruch des 1. Weltkrieges, Bonn-Bad Godesberg

Linz, Juan J. 1966: Michels and His Contributions to Political Sociologie in Historical

and Contemporary Perspective, unveröffentlichte englische Fassung von: Michels e il suo contributo alla sociologia politica. Introduzione alla nuova edizione italiana, in: Robert Michels: La sociologia del partito politico nella democracia moderna, Bologna
– 1968: Robert Michels, in: Encyclopedia of the Social Sciences 10: 265–272
Lipset, Seymour Martin 1962a: Soziologie der Demokratie, hrsg. von Heinz Maus und Friedrich Fürstenberg, Neuwied/Berlin; Erstveröffentlichung: Political Man. The Social Bases of Politics, New York 1960
– 1962b: Introduction, in: Robert Michels: Political Parties, New York
Lukács, Georg 1928: Rezension »Zur Soziologie des Parteiwesens«, in: Archiv für die Geschichte des Sozialismus und der Arbeiterbewegung 13: 309–315
May, John D. 1965: Democracy, Organization, Michels, in: The American Political Science Review 59: 417–429
Medding, Peter Y. 1970: A Framework for the Analysis of Power in Political Parties, in: Political Studies 18: 1–17
Meisel, James H. 1958: The Myth of the Ruling Class. Gaetano Mosca and the »Elite«, Ann Arbor; dt.: Der Mythos der herrschenden Klasse. Gaetano Mosca und die Elite, Düsseldorf 1962
– 1965: Introduction, in: ders. (Hrsg.) 1965: Pareto and Mosca, Englewood Cliffs, S. 1–44
Mommsen, Wolfgang J. 1963: Zum Begriff der »plebiszitären Führerdemokratie« bei Max Weber, in: Kölner Zeitschrift für Soziologie und Sozialpsychologie 15: 295–322
– 1981: Max Weber and Roberto Michels. An Asymetrical Partnership, in: Archives Europeennes de Sociologie 22: 100–116
Mosca, Gaetano 1896: Elementi di scienza politica, Torino; dt.: Die herrschende Klasse. Grundlagen der politischen Wissenschaft, Bern 1950
Naschold, Frieder 1969: Organisation und Demokratie. Untersuchungen zum Demokratisierungspotential in komplexen Organisationen, Stuttgart-Berlin-Köln-Mainz
Neumann, Sigmund 1956: Toward a Comparative Study of Political Parties, in: Sigmund Neumann (Hrsg.) 1956: Modern Political Parties. Approaches to Comparative Politics, Chicago/London, 395–421
Oncken, Hermann 1913: Rezension »Zur Soziologie des Parteiwesens«, in: Archiv für Sozialwissenschaft und Sozialpolitik 36: 585–593
Pareto, Vilfredo 1902: Les systemes socialistes, Paris
Pfetsch, Frank 1964: Die Entwicklung zum faschistischen Führerstaat in der politischen Philosophie von Robert Michels. Inauguraldissertation zur Erlangung der Doktorwürde der Philosophischen Fakultät der Ruprecht-Karl-Universität zu Heidelberg, Heidelberg
– 1966: Robert Michels als Elitentheoretiker, in: Politische Vierteljahresschrift 7: 208–227
Röhrich, Wilfried 1972: Robert Michels. Vom sozialistisch-syndikalistischen zum faschistischen Credo, Berlin
– (Hrsg.) 1975: »Demokratische« Elitenherrschaft. Traditionsbestände eines sozialwissenschaftlichen Problems, Darmstadt
– 1977a: Politische Soziologie, Stuttgart – Berlin – Köln – Mainz

– 1977b: Revolutionärer Syndikalismus. Ein Beitrag zur Sozialgeschichte der Arbeiterbewegung, Darmstadt
– 1978: Robert Michels, in: Käsler 1978
Sartori, Giovanni 1965: Democratic Theory, New York – Washington – London; Erstveröffentlichung: Detroit 1962
Scaff, L.A. 1980/81: Max Weber und Robert Michels, in: American Journal of Sociology 86: 1269–86
Schmoller, Gustav 1911: Rezension »Zur Soziologie des Parteiwesens«, in: Jahrbuch für Gesetzgebung, Verwaltung und Volkswirtschaft 35: 2040 f.
Schumpeter, Joseph A. 1946: Kapitalismus, Sozialismus und Demokratie, mit einer Einleitung von Edgar Salin, Bern; Erstveröffentlichung: Capitalism, Socialism and Democracy, New York 1942
Max Weber 1922: Wirtschaft und Gesellschaft. Grundriß der Sozialökonomik, III. Abteilung, Tübingen

I
Sozialismus und Syndikalismus

1
Psychologie der antikapitalistischen Massenbewegungen

a) Die psychologischen Ursachen der Zuversicht

Die These von der wissenschaftlichen Überlegenheit (»Von der Utopie zur Wissenschaft«)

Welche Motivreihen in der Begründung des Sozialismus die primären sind, die ethischen oder die ökonomischen, ist eine alte, nie völlig zu entscheidende Frage. Das eine läßt sich allerdings sagen: historisch gefaßt, eilte die ethische Begründung des Sozialismus der wirtschaftlichen weit voraus. Es gab bereits eine gewaltige sozialistische Literatur, bevor es eine sozialistische Bewegung, ja bevor es überhaupt nur ein modernes Proletariat gegeben hat. Die sozialistische Literatur holte längstens ihre Argumente lediglich aus der Rüstkammer der Ethik. Eine wirtschaftliche Färbung erhielt sie erst dann, als eine moderne Arbeiterschaft auf den Plan trat. Wir halten dafür, daß diese wirtschaftliche Färbung auch dann noch wesentlich mehr propagandistisch-opportunistischen denn eigentlich wissenschaftlichen Charakter trug. Das Proletariat war für den Sozialismus Objekt und Subjekt zugleich. Die Sozialisten sahen ein, daß zur Durchführung ihrer sittlichen Postulate die Arbeiterklasse treffliche Dienste leisten konnte, ja daß diese Dienste unentbehrlich waren. Sie mußten die Arbeiter gewinnen. Das vermochten sie aber nur, wenn sie die Arbeiter als die wirtschaftsgegebenen Träger der Bewegung darstellten. So setzte der Prozeß ein, die sozialistische Ehtik zu verwirtschaftlichen. Den Höhepunkt erreicht dieser Versuch im Marxismus, dessen glänzendster publizistischer Vertreter, Engels, den Übergang von der ethischen zur wirtschaftlichen Begründung des Sozialismus geradezu als seine Entwicklung von der Utopie zur Wissenschaft zu bezeichnen wagte. Marx und Engels sagten wörtlich in der »Heiligen Familie«: »Das Privateigentum als Privateigentum, als Reichtum, ist gezwungen, sich selbst und damit seinen Gegensatz, das Proletariat, im Bestehen zu erhalten. Das Proletariat ist umgekehrt als Proletariat gezwungen, sich selbst und seinen bedingenden Gegensatz, das Privateigentum, aufzuheben. Das Privateigentum treibt allerdings sich selbst in seiner nationalökonomischen Bewegung zu seiner Auflösung fort, aber nur durch eine von ihm unabhängige, bewußtlose, wider seinen Willen stattfindende, durch die Natur der Sache bedingte Entwicklung, nur indem es das Proletariat erzeugt, das seines geistigen und physischen Elends bewußte Elend, die ihrer Entmenschung bewußte und darum sich selbst aufhebende Entmenschung«.[1]

So stellte der »wissenschaftliche« Sozialismus nun die soziale Massenbewegung auf eine Klasse ab. Engels machte sich über die älteren Sozialisten weidlich lustig, weil sie beabsichtigt hatten, sogleich die ganze Menschheit zu befreien, und höhnt über die einer noch unfertigen Klasse entsprechenden theoretischen Kundgebungen und Schilderungen eines auf sittlichen Forderungen und Träumen beruhenden Sozialismus. Erst das historisch erzeugte Proletariat, das aus besonderen Gründen den Sozialismus wollen mußte, verleiht Engels zufolge dem Sozialismus Ernst und Würde.[2] Der bisherige Sozialismus habe zwar die bestehende Produktionsweise und ihre Folgen kritisch beleuchtet, aber nicht mit ihr fertig werden können: »Es genügte ihm, sie als schlecht zu verwerfen. Je heftiger er gegen die von ihr unzertrennliche Ausbeutung der Arbeiterklasse eiferte, desto weniger war er imstande, deutlich anzugeben, worin diese Ausbeutung bestehe und wie sie entstehe.«[3] Der marxische Sozialismus hingegen erklärt den Gegensatz von Proletariat und Bourgeoisie aus dem Widerspruch zwischen gesellschaftlicher Produktion und kapitalistischer Aneignung.[4] Somit wurde die zum Sozialismus führende, in ihn einmündende Arbeiterbewegung ein notwendiges Erzeugnis zweier geschichtlich entstandener Klassen. Dem Sozialismus war nicht mehr die Aufgabe zugewiesen, ein völlig fertiges Gesellschaftssystem zu entwerfen, sondern lediglich den geschichtlichen wirtschaftlichen Prozeß zu untersuchen, dem die Klasse und ihr Widerstreit mit Notwendigkeit entsprangen und »in der dadurch geschaffenen Lage die Mittel zur Lösung des Konfliktes zu entdecken«.[5]

Das Streben nach Wissenschaftlichkeit, häufig verbunden mit dem hochfahrenden Bewußtsein, Exponent der Wissenschaft zu sein, war schon bei den älteren französischen und englischen Sozialisten Saint-Simon, Fourier, Owen vorhanden gewesen.[6] Nun kamen die Marxisten dazu, dem Proletariat zu erzählen, nur es sei im Besitze der reinen Wissenschaft. Aller Vormarxismus wurde damit für sie zur Prähistorie. Das Kapital wurde zur Bibel, die schlechtweg alles Wissenswerte enthielt.[7] Der Tochtersohn Marxens und Mitbegründer der französischen Arbeiterpartei, Lafargue, proklamierte in einer Polemik mit Jaurès, der historische Materialismus sei vollauf imstande, alle Vorgänge, auch die naturwissenschaftlichen, zu erklären.[8] Der offizielle Historiker der deutschen Sozialdemokratie, Mehring, hielt sich für berechtigt, den Revisionismus einfach mit der Versicherung abzutun, solange der proletarische Emanzipationskampf das Leben der modernen bürgerlichen Gesellschaft beherrsche, solange sei der Marxismus das letzte Wort aller wirklichen und ernst zu nehmenden Wissenschaft.[9] Somit wurde alle Weiterarbeit zur Exegese. Die übrigen großen Geistesrichtungen wurden entweder als bürgerlich und unwissenschaftlich verworfen oder dem System des Marxisten in irgendeiner Form einverleibt.[10] Man konnte wirklich vom Marxisten sagen, er sei der ehrlichen Meinung, von sich aussprechen zu dürfen: Nihil scientifici a me alienum puto. Die intellektualistische Note und der hohe Kothurn unfehlbarer Gottähnlichkeit ist denn auch der gesamten marxistischen Schule eigentümlich geblieben.[11] Aus ihr ist sie dann mit proudhonistischen und bergsonianischen Legierungen vom Syndikalismus übernommen worden, der sein wissenschaftliches Erstgeburtsrecht mit um so unnachahmlicherer Grandezza geltend machte, als sich in ihm die deutsche mit der französischen Crême verband.[12] Die Schädlichkeit des sozialistischen Gelehrtenhochmuts wirkte freilich mehr nach innen wie nach außen. Nach außen stieß er auf die Verknöcherungstendenzen der akademischen Volkswirtschaftslehre, wie sie auf den Universitäten gelehrt wurde, und wirkte in seinem Anprall auf sie belebend und verjüngend, sozusagen als Gegengift gegen Hörsaal- und Perückenmegalomanie.

Die Anknüpfung der Arbeiterbewegung an die Wissenschaft, vermittelt durch den Eintritt von Elementen aus den gebildeten und gelehrten Ständen, die sich rühmen konnten, mit dem ganzen Wissen des Jahrhunderts ausgerüstet zu sein (Lassalle), hatte auf die Arbeiter die Rückwirkung, ihr Selbstvertrauen zu heben. Sybel hat sich schon 1871 Mühe gegeben, seinen nationalen und liberalen Freunden die Überzeugung beizubringen, daß die Vertreter des modernen Sozialismus, wenn auch ihr System wissenschaftlich sonst nicht standhalte, wirklich mit großer wissenschaftlicher Energie auf den Schauplatz träten und ganz und gar in der Lage seien, »durch Erörterungen von scheinbarer Bündigkeit und Überlegenheit Millionen von Menschen die allerwichtigste Waffe, nämlich das gute Gewissen zu ihrer Erhebung« zu geben.[13] Das gute Gewissen zieht seine Kraft aus der Überzeugung von dem naturgewollten Zusammentreffen der gegebenen Ziele der Arbeiterklasse mit denen der Menschheit. Da sie die letzte Klasse ist, vermag die eigene Ausbeutung und Unterdrückung erst ihr Ende zu erreichen, wenn jede Ausbeutung und Unterdrückung überhaupt beseitigt ist.[14]

Das Marxsche Lehrgesetz kettete den Sozialismus an die Erfolge des Kapitalismus. Sintemalen jener nur auf dem Wege der Entwicklung dieses über sich selbst hinaus möglich war, mußte die sozialistische Bewegung alles tun, ihn zu stützen. Daher die grimmige Feindschaft aller Sozialisten dieser Richtung gegen alles Kleinbürgerliche, technisch Zurückgebliebene im Wirtschaftswesen, Kleinbetrieb und Handwerk, dessen Verschwinden im Lebensinteresse des Sozialismus läge.[15] Ihr Verderben wurde zum Auftakt der sozialistischen Gesellschaft. Dagegen mußten die Sozialisten der Dame kapitalistische Großindustrie gegenüber Hebammendienste verrichten, freilich in der tröstlichen Voraussicht, daß sie im Wochenbett bleiben werde. Das gesunde lebensfähige Kind werde dann Sozialismus heißen. Letztendlich hegten natürlich die Sozialisten für den Kapitalismus mörderische Absichten. Sie mästeten ihn mit Geist und Fett, damit er dann in seinem Fett umkomme.

Die wissenschaftliche Hybris der Sozialisten erhielt unverkennbar eine weitere Stärkung im Überlegenheitsgefühl des modernen technischen Fabrikproletariats. Die – städtischen – Industriearbeiter entfremdeten sich aber durch ihren intellektualistischen Hochmut die Sympathien auch der politisch radikal gesinnten armen ländlichen Bevölkerung, der sie außer privatbesitzlichen antikollektivistischen Aspirationen krasse Unwissenheit und Aberglauben vorwarfen und dadurch einen Herd von bösen Mißverständnissen schufen, welche in hochrevolutionären Zeiten die Bildung einer Einheitsfront von städtischem und ländlichem Proletariat verhinderten und letzteres den Gegnern des ersteren zuführte; so z.B. während der Erhebung der Pariser Arbeiterschaft in der Commune 1871.

Die Gewißheit des Sieges

1. Gründe

a) Der Automatismus der Katastrophentheorie im Marxismus

Der Marxismus gab der Lohnarbeiterschaft die Sicherheit ihrer politischen Zukunft aus der Katastrophentheorie, mit andern Worten der Theorie der Sicherheit ihres Triumphes. Die Katastrophentheorie ist freilich nicht frei von fatalistischem Einschlag, der den übrigen sozialistischen Lehrmeinungen nicht zu eigen ist. Sie ist deshalb im sozialistischen Lager selbst schärfster Kritik ausgesetzt.

Der Automatismus der Marxschen Vorstellungen[16] ließ dem menschlichen Dynamismus wenig Spielraum und förderte in gewissem Sinne den Fatalismus. Daher hat der Sozialismus in Deutschland, wo der Marxismus am tiefsten saß, die Massen zum geduldigsten Ertragen politisch unwürdiger und dem Ansehen der Nation schädlicher Zustände veranlaßt. Die Reaktion mußte ja, so glaubten die Massen, an der Naturnotwendigkeit der Entwicklung zum Sozialismus selbst zerschellen. Die pessimistische Lehre von der sozialistischen Selbstdurchsetzung durch das immanente selbsttätige Spiel der Selbstzersetzung des Kapitalismus und seinen natürlichen »Umschlag« hat, zusammen mit der Selbstzweckwerdung der arbeiterlichen Organisationen, die Energie der Arbeiterbewegung und ihren Einfluß auf den politischen Gang der Geschichte mehr wie einmal, zumal in Deutschland, gelähmt.[17]

In Zeiten der Verfolgung freilich hat dieser weltanschaulich gerichtete Passivismus auch wieder die Widerstandskraft der Gläubigen unzweifelhaft erhöht. Der Glaube in die Gesetzmäßigkeit alles Geschehens und die Sicherheit der sozialistischen Zukunft gab den Sozialisten in Not und Drangsal ein wahres »Gottvertrauen«. Die Sozialdemokraten in Deutschland haben während des Sozialistengesetzes den Versuchen der Gegner, die Arbeiterbewegung gewaltsam zu ersticken, mit lächelndem Gleichmut zugeschaut, in der felsenfesten Annahme, daß die »Umgestaltung der Verhältnisse« »organisch« und »unaufhaltsam« ist.[18]

In beiden Fällen kommt die Lehre vom naturgemäßen Entwicklungsgang dem Massenempfinden in einem seiner wichtigsten Züge entgegen, nämlich seiner individualitätsfeindlichen »erfolgsgläubigen Indolenz«.[19]

b) Die anspornende Verbitterung über die ökonomische Verunrechtung

Bereits das Lohngesetz Ricardos, wonach sich der faktische Lohn dauernd nicht über den natürlichen Lohn, der hinreicht, um den Arbeiter und seine Nachkommenschaft auf der ihnen kongruenten Kulturstufe zu erhalten, erheben kann, da jede derartige Steigerung eine übergroße Vermehrung der Arbeiter und damit ein zu gewaltiges Angebot der Arbeitskraft auslöst und infolgedessen wiederum dem Unternehmer, der durch den hohen Arbeitslohn seinen Profit geschmälert glaubt, eine neuerliche Herabsetzung des Lohnes ermöglicht, enthält im Kern die Annahme eines naturgesetzlichen Klassenkampfes zwischen den Arbeitern und den Kapitalisten, da sich die Lohnhöhe nur als die Resultante eines stetigen Kampfes zwischen diesen beiden darstellt. Indes war der Klassenkampf bei Ricardo doch schlechterdings bloß theoretische Konstruktion. Erst Karl Marx gab ihm die agitatorische Färbung und die agitatorische Kraft, indem er ihn als Waffe den Volksmassen überantwortete. Marx schenkte dem Proletariat in der Lehre vom Mehrwert die wissenschaftliche Theorie seiner Verunrechtung durch den Kapitalismus. Als Lohnarbeiter erhält nach der Mehrwerttheorie der Proletarier von dem durch seine Arbeit erzeugten Werte nur einen Teil ausgezahlt, der Lohn heißt; den andern Teil des von ihm erzeugten Wertes behält der Kapitalist für sich; das ist der Mehrwert. Diese Theorie ist rein objektiv gedacht. Karl Marx und seine Jünger haben sich stets dagegen gewehrt, sie als sittlichen Vorwurf gegen das Unternehmertum zu verwerten.

Indes es erging dieser Theorie wie der Proudhonschen Theorie von dem Diebstahlcharakter des Eigentums (la propriété c'est le vol), die ja ebenfalls objektiv gemeint war. Sie wirkte in hohem Grade aufreizend und gestaltete sich zur furchtbaren Anklage der »Ausbeutung«. Schon die parteigenössische Propagandaliteratur bemächtigte sich des in der Theorie liegenden Zündstoffes. Sie machte den Massen klar, wie sehr sie von der Kapitalistenklasse »betrogen«, wie ein erheblicher Teil ihrer Arbeitsleistung vom Kapitalisten »zurückbehalten« werde, dieser sich also »unbezahlter Arbeitskraft« bediene, sie umsonst arbeiten lasse.[20] Damit fielen alle kontraktuellen Lohntheorien. Bastiat hatte die Genesis des Lohnes als eine Art von Contrat Social dargestellt, durch welchen der wirtschaftlich Schwächere aus Liebe zur Stabilität des Ertrages der Arbeitskraft und unter Abwälzung des Geschäftsrisikos auf die wirtschaftlich Stärkeren sich freiwillig zu diesen in ein Lohnverhältnis begeben hätte. Mit dem Durchdringen der Arbeitermentalität durch die Marxsche Mehrwerttheorie befestigte sich in den sozialistischen Massen ein eigener Rechtsbegriff: das Recht auf den vollen Arbeitsertrag, d.h., das praktische Postulat, daß jeder

Arbeiter aus der gesamten Güterproduktion soviel an Wert erhalte, als er selbst durch seine Arbeit geschaffen habe.[21]

Die Mehrwerttheorie ist massenpsychologisch zur Trägerin unendlicher Verbitterung geworden. Kein Wunder deshalb, daß gerade dieser Stein des Marxschen Lehrgebäudes besonders häufig zur Zielscheibe der Kritik seitens der »bürgerlichen Ökonomie« geworden ist. An dem Sprengen dieses Steines war bei ihr nicht nur wissenschaftliches Fachinteresse, sondern auch bewußter oder unbewußter sozialer Selbsterhaltungstrieb interessiert. Indes verblieb die (mehr oder weniger verwässerte) Mehrwerttheorie in der Hauptsache Gemeingut der deutschen, slavischen und zum Teil romanischen Arbeiterschaft. Im englischen und amerikanischen Proletariat verfing sie nur bei kleinen Minderheiten.

Die »Ausbeutung« erscheint dem angelsächsischen Arbeiter nur in zwei Fällen sichtbar. Erstens wenn der Lohn so knapp, daß er zu einer, sei es auch noch so bescheidenen Lebensführung nicht ausreicht (Hungerlohn); zweitens, wenn ihm für einen zwar guten Lohn physisch über Gebühr schwere Arbeit aufgebürdet wird. Im zweiten Falle ist die Überzeugung des Ausgebeutetwerdens die natürliche Ausgeburt der Überanstrengung, schlechte Laune. Immer aber hält der Arbeiter den wachsenden Reichtum seines Arbeitgebers und Brotherrn an sich für absolut legitim. »In England, dessen Arbeiterschaft wenig zu abstraktem Denken neigt und bei der denn auch die Parole a fair day's wage for a fair day's work viel tiefer eingewurzelt ist wie der Gedanke an das ›Recht auf den vollen Arbeitsertrag‹, ist in den Industriebezirken ein kapitalistischer Unternehmer, der als ›fair employer‹ bekannt ist, noch immer ein bei den Arbeitern zugkräftiger Parlamentskandidat – wie jüngst die Wahl in Barnslay (Yorkshire) gezeigt hat –, selbst wenn ihm ein Gewerkschaftsvertreter gegenübersteht.«[22]

c) Die erdrückende Übermacht der Zahl

Feststellung

Die Sozialisten haben von jeher großen Wert darauf gelegt, wenn irgend angängig statistisch festzustellen, daß die von ihnen vertretene Volksklasse, das Proletariat, die überwiegend größte Zahl der Bevölkerung ausmacht. Im modernen Industriestaat sollen etwa zwei Drittel bis drei Viertel aus Proletariern bestehen. Aus ihren statistischen Betrachtungen leitet die Sozialdemokratie die Auffassung, in viel höherem Grade das Allgemeininteresse, d.h. das Interesse der Masse der Bevölkerung zu vertreten als jede andere politische Partei.

Somit wären die Arbeiter nicht nur die gesellschaftlich notwendigste, sondern auch die zahlenmäßig größte Klasse. Die Wirtschaft und die Demokratie stehen beide auf ihrer Seite. Sie sind »das Volk«. Die Zahl ist den Arbeitern eine Rechtsquelle ihrer Kraft. Saint-Simon forderte vom König Ludwig XVIII. die Berücksichtigung seiner Vorschläge zur Einführung des Système Industriel im Namen der Tatsache, daß die Bevölkerungsschichten, für die er sich verwende, nämlich die in Ackerbau, Handel und Industrie beschäftigten Wirtschaftspersonen, an Zahl mehr als 25 Millionen, also die große Mehrheit des damaligen Frankreich, betrügen.[23] Trotz der Ungefährlichkeit einer Statistik, hinter der kein proletarischer Wille zur Macht stand, haben die Gegner des Sozialismus in den Zeiten, als die Arbeiterfrage sozusagen noch in der Wiege lag, versucht, die Bedeutung dieser Klasse auf das geringstmögliche Maß herabzumindern. Die berühmte Enquête über die Lage der arbeitenden Klassen in Frankreich, mit der die Regierung des Landes 1848 die Académie des Sciences Morales et Politiques, und diese wiederum den Nationalökonomen Adolphe Jérôme Blanqui – den konservativen Bruder des großen Revolutionärs – betraute und die doch dazu bestimmt war, über das Elend des in rapidestem Wachstum begriffenen industriellen Proletariats Licht zu schaffen, behauptete schlankweg, daß die classes ouvrières in der grande famille des travailleurs bloß einen sehr kleinen Prozentsatz (une faible portion) ausmachten.[24] Einige Jahrzehnte später (1867) trug ein Gesinnungsgenosse von ihm, de Molinari, kein Bedenken mehr, öffentlich festzustellen, daß die nichtbesitzende Klasse zahlreicher sei, als die besitzende.

Dagegen ist inzwischen statistisch einwandfrei bewiesen worden, daß das Proletariat nicht eine Zugabe zum Begriff Volk ist, sondern daß es diesem Begriff selbst sehr nahe kommt. Für Deutschland hat Werner Sombart – in fast völliger Übereinstimmung mit Karl Kautsky – aus den Ziffern der Berufs- und Gewerbezählung von 1895 nachgewiesen, daß die proletarischen und proletaroïden Volkselemente (Einzelselbständige und Grundbesitzer von weniger als 2 ha) 67½ % der Bevölkerung ausmachen.[25] Das wäre über zwei Drittel. Noch proletarischer scheint, wenn wir den dortigen Statistiken Glauben schenken dürfen, die Bevölkerung des Zauberlandes Amerika zu sein. Im Jahre 1890 hat man ausrechnen wollen, daß fast die Hälfte der Bewohner der Vereinigten Staaten von Nord-Amerika (5.500.000 von 12.500.000 estates) ein jährliches Einkommen von unter 500 Dollars hat.[26] Ausdrücklicher noch sind die Ziffern, die uns um die Jahrhundertwende J. Graham Brooks mitteilt: Poor 4.762.500 = 38,1 %; very poor 6.250.000 = 50 %; also »Proletariat« = 88,1 %.[27] Die modernen sozialistischen Arbeiterparteien haben sich häufig den Saint-Simonschen ähnlicher Argumentationen bedient. Selbst die Marxisten hielten es nicht für unter ihrer Würde, auf das Schwergewicht der Zahl hinzuweisen. In einer der ersten Vulgarisationen der Marxschen Doktrin, die 1875 aus der Feder von C.A. Schramm erschien, wurde die Bourgeoisie angeklagt, »neun Zehntel der Menschen zur geistigen und körperlichen Verkommenheit zu verdammen«.[28]

Malthusianismus

Noch einen Weg zur Lösung ihrer »sozialen Frage« hätte es für die »klassenbewußten« Proletarier gegeben, den, welchen ihm alle bürgerlichen Ökonomisten inständig anrieten: den Malthusianismus, bestehend in der grundsätzlichen Anerkennung der Notwendigkeit der Minderung des Arbeitsangebotes durch Auswanderung, Ehelosigkeit und geschlechtliche Enthaltung.[29] Dieses Gebot der Selbstbeherrschung wurde von der antikapitalistischen Massenbewegung allerorts lebhaft abgewiesen. Nur hier und da bildeten sich Arbeitergruppen, die zwar nicht den Malthusianismus, aber doch den Neomalthusianismus (Erotik mit starker Betonung der Lebensbejahung, aber Gebrauch der Mittel zur Empfängnisverhütung) anerkannten; indes sie zogen nur einen kleinen Kreis an und spielten eher die Rolle einer Sekte als daß sie eine wirkliche Strömung bildeten. Im übrigen wirkten eine große Reihe von Gründen zur Ablehnung des eigentlichen Malthusianismus zusammen: der natürliche Stolz der jungen Bewegung, welcher der Rat zur Beschränkung der Nachkommen als Erniedrigung erschien; der Zusammenhang der Bewegung mit dem positivistischen, materialistischen, antireligiösen Geiste der Zeit; die Lebenslust und der Epikureismus; ferner die Unmöglichkeit, im Einzelfall übersehen zu können, ob der Arbeitsmarkt wirklich nur mit Schaden eine Erhöhung des Angebots der Arbeit vertrage oder nicht; die Erfahrung, daß die Vermehrung der Familie in vielen Fällen die budgetären Verhältnisse derselben eher verbessert; endlich ein politischer Gesichtspunkt: die Annahme, daß die Zukunft der Arbeitersache auf der Vermehrung der Arbeiter an Zahl ruhe.[30]

Verelendungstheorie

Unter den Sozialisten der achtundvierziger Zeit entstand eine Strömung, welche die Verelendungstheorie nicht nur als wissenschaftliche Grundlage ihrer Weltanschauung, sondern auch als politische Basis zur Erreichung ihrer heiligsten Ziele begrüßte. Ihr zufolge enthielt die Theorie einen politisch brauchbaren Kern, der sich etwa so ausdrücken ließ: je schlimmer desto besser. Sie folgte folgendem Gedankengang. Erstens: die Verelendung erhöht die Zahl der Elenden. Zweitens: die Massen werden mit immer größer werdender Wut gegen Staat und Gesellschaft erfüllt, die als für das Elend verantwortlich gelten. Die extensiv (an Zahl) gewachsenen Massen der Elenden werden also auch intensiv (gemessen am Gefühl) wachsen, d.h. mit dem Geiste der Revolution erfüllt werden. Somit wird die Verelendung zu einem Präludium zur Höllensymphonie, welche mit dem Triumphmarsch des Proletariats in der sozialen Revolution enden wird. Je lebendiger und schärfer sich das Vorspiel der Verelendung abspielen wird, desto schneller wird der Tag der ersehnten Abrechnung herannahen. Die Verelendung liegt mithin im Lebensinteresse des Sozialismus. Der Weg über das Elend führt auf den Weg zum Sozialismus. Je elender das Volk, desto baldiger die Erhebung. Die Hebung der sozialen Lage der arbeitenden Bevölkerung tut mithin der Erhebung Abbruch. Die Verelendung allein liegt im Interesse der Revolution, deren Rekruten die proletarischen Verelendeten sind. Jede Sozialreform, jedes Arbeiterschutzgesetz ist in seiner Wirkung antirevolutionär und energischer Bekämpfung wert. Die Verelendungstheorie treibt somit Wasser auf die Mühlen des politischen Radikalismus.

In Italien erblickte der bedeutende Sozialtheoretiker und Patriot Carlo Pisacane die Panazee gegen alle Verelendung in der Verelendung selbst. Er sagt: dalla miseria nasce l'odio contro la miseria che farà spuntare il giorno immancabile della vittoria finale sul manipolo sempre più restringentesi dei ricchi.[31]

Spuren ähnlicher Denkweise sind auch bei Bakunin und seiner Schule häufig anzutreffen. Ferner finden wir sie bereits bei den ältesten deutschen Revolutionären. Georg Büchner schrieb an Karl Gutzkow aus Straßburg im Juli 1835: »Das Verhältnis zwischen Armen und Reichen ist das einzige revolutionäre Element in der Welt. Der Hunger allein kann die Freiheitsgöttin, und nur ein Moses, der uns die sieben ägyptischen Plagen an den Hals schickte, könnte ein Messias werden.« Ähnlich schon vorher im März: »Aber sie sollen noch erleben, zu was der Deutsche nicht fähig ist, wenn er Hunger hat. Ich wollte, es ginge der ganzen Nation wie mir. Wenn es einmal ein Mißjahr gibt, wo nur der Hanf gedeiht, das sollte lustig gehen, wir wollten schon eine Boa-Constrictor zusammenflechten.«[32]

d) Die wirtschaftliche Unentbehrlichkeit

Ihr Ausdruck im Generalstreik

Unter den Begriff des Proletariats fallen auch die Kategorien Proletarier, deren soziale Funktion und Wertung schon von Sébastian Leprêtre de Vauban in seiner 1707 erschienenen »Dîme Royale« eine so treffliche Charakterisierung erfuhr[33], jene »manouvriers qui en faisant profession d'aucun métier en particulier, en laissent pas d'en faire plusieurs nécessaires, et dont on ne saurait se passer ... et qui font toutes les grandes besognes comme de faucher, moissonner, battre à la grange, couper les bois, labourer la terre et les vignes«, kurz jene Landarbeiter, deren ökonomische und psychologische Klasseneigentümlichkeit vor zweihundert Jahren bereits mit der des heutigen Industriearbeiters unter mehr als einem Gesichtspunkt Kontakte aufwies und die heute noch in bedeutenden, dem modernen Verkehr erschlossenen Ländern, wie z.B. in Italien, die vorzüglichste Masse eben des Proletariats bilden. Also: dont on ne saurait se passer.

Die Überzeugung ihrer funktionellen Unentbehrlichkeit im Produktionsprozeß verleiht den Proletariern das beherrschende Gefühl: alle Räder stehen still, wenn dein starker Arm es will. Das heißt, das Bewußtsein der vom Proletariat erbrachten höchsten Arbeitsleistung, gegenüber welcher die des Unternehmertums wertlos erscheine. Schon Saint-Simon hatte die hypothetischen Folgen des plötzlichen Verschwindens von dreitausend Gelehrten, Künstlern, Industriellen, Kaufleuten und Landwirten mit denen eines entsprechenden Verschwindens der dreißigtausend anscheinend wichtigsten Männer im Staate, wie Beamten, Offizieren, Richtern, Priestern und faulen Besitzern (propriétaires, fainéants) verglichen. Der letztere Fall würde wohl menschlich sehr bedauerlich sein, aber das Leben der Nation keinerlei in Betracht kommenden Störungen aussetzen. Im ersten Falle aber würde Frankreich zugrunde gehen, zu einem Körper ohne Seele werden.[34] Die späteren Sozialisten faßten den Begriff der Produzenten enger und waren folglich auch in ihren sozialen Gegenüberstellungen enger. In der sozialistischen Literatur spielt diese Überzeugung von der proletarischen Unentbehrlichkeit eine beträchtliche Rolle. Könige und Minister, Fabrikanten und Kapitalisten, heißt es, beschließen eines Tages, den ungläubigen Arbeitern ihre ökonomische Funktion ante oculos zu demonstrieren und ein paar Tage lang der Gesellschaft ihre Arbeitskraft zu entziehen. Sie enthalten sich absichtlich der Arbeit. Aber ihre Erwartung erfüllt sich nicht. Die Welt geht ruhig ihren Gang weiter; ja, da die Arbeiter weiter ihrer Arbeit nachgehen, merkt sie die Arbeitseinstellung der anderen nicht einmal.[35]

Dem ähnlichen Anschauungskreis proletarischer Kraftfülle liegt jene Wahrnehmung zugrunde, welche die vornehmlich in den achtziger Jahren des XIX. Jahrhunderts wirkende sozialistische Frauenkämpferin Anna Maria Mozzoni zu ihrem bitteren Spott über die »Macht« der herrschenden Klassen verleitete. Worin in aller Welt bestehe ihre Stärke? Doch nur in den Arbeitern im Soldatenrock und denen in der Polizeidevise. In den Arbeitern, welche mit ihren Flinten und ihren Kanonen schießen. In den Arbeitern, die ihnen die Panzerschiffe bauen und die Torpedoboote lenken. In den Arbeitern, die vor ihren Ministerien Posten stehn, ihre Bergwerke nutzbar machen, ihre Kanonen gießen, ihre Lokomotiven führen, in den Arbeitern, welche ihren Manufakturen Erfolg verschaffen, ihre Bücher und Zeitungen drucken, welche, als carabinieri verkleidet, ihre Personen und ihr Eigentum bewachen und ihre Waren über den Ozean schleppen. »Dann seid *ihr* ja die Starken, ihr Arbeiter!«[36]

Es ist selbstverständlich, daß eine solche extreme Auffassung von dem »Wert« der eigenen und dem »Unwert« der fremden Klassenleistung in praxi leicht auf eine Empfehlung des Streikes und zumal des Generalstreikes hinausläuft, dessen erstrebte Schachmattsetzung der bürgerlichen Gesellschaft ja eben auf dem Gedanken von der Indispensabilität der Arbeiterschaft beruht. Die Arbeiter sahen die Wunder der modernen Technik alltäglich unter ihrer Hände Arbeit erstehen. Sie gaben sich nicht Rechenschaft darüber, wie viel von diesen Erfolgen ihrem Fleiß, ihrer Geschicklichkeit, ihrer Intelligenz, wie viel dagegen der rechnerischen Begabung, dem Geschmack, der Fähigkeit zur Konjunkturausnutzung und dem Wagemut der »Bourgeois«, zu verdanken war. Ihnen genügte es zu wissen, daß sie »die Waren fabrizieren«, um sich die alleinige Anwartschaft auf die Vaterschaft zu vindizieren. Die Arbeiter begannen sich in ihrer Gesamtheit selber als Klasse zu fühlen. Sie wurden gewahr, daß sie als einzelne zu schwach sind, um mit den Besitzern der Arbeitswerkzeuge zu verhandeln und ihnen ihr Gebot aufzuzwingen.

Die Unentbehrlichkeit des Proletariats steht in Antithese zur Entbehrlichkeit des Proletariers. Die Unentbehrlichkeit ist nur eine kollektive. Das Resultat der individuellen Lohnarbeit geht in das Resultat der kollektiven Lohnarbeit über, geht in ihm verloren. Der Einzelarbeiter vermag es in ihm nicht wieder zu erkennen. Seine eigene Leistung verschmilzt mit der von den Massen vollbrachten Leistung unerkennbar, spurlos. Auch in dem Arbeitsprozeß ist der Einzelarbeiter isoliert. In diesem Sinne ist er, falls er nicht sehr hochentwickelter Spezialist ist, alles andere als unentbehrlich. Weder auf den Wirtschaftsleiter, noch auf dessen Beamten, noch auf den Arbeitsmarkt, noch endlich auf seine eigenen Arbeitskollegen vermag der einzelne Arbeiter wirtschaftlich irgendwelchen Einfluß auszuüben. Seine Isolierung den ihn umgebenden Menschen gegenüber bildet das seltsame Korrelat zu seinem ständigen Kontakt mit der Materie[37] und zum physischen Kontakt mit diesen Menschen selbst.

Der lohnarbeitende Produzent ist also auf die Masse angewiesen. Er »organisiert« sich in Partei und Gewerkschaft. Er wird solidarisch. Und siehe da:

So sehr der einzelne Arbeiter vom Unternehmer, so sehr hängt die Unternehmerschaft von der Gesamtarbeiterschaft ab.[38]

Der Generalstreik ist die klassischste Form der Rebellion des Produzenten gegen den Besitzer der Produktionswerkzeuge, die große Probe aufs Exempel, daß die bürgerliche Gesellschaft nicht ohne die Arbeitermassen auskommen kann. Diese – vorwiegend ethische, wenn auch auf dem Gebiete der Wirtschaft ausgefochtene – Revolte wird bisweilen auf der ganzen Linie konsequent durchgeführt und wächst sich dann zu einer Art religiöser Handlung aus, in der – für einen Moment wenigstens – der Ausnutzung des Proletariats durch die Bourgeoisie in *jeder* Form Einhalt geboten, jeder der Bourgeoisie geleistete Dienst als unrein verschmäht wird, zu einem großen Fasttag, an dem die Arbeitermassen (nötigenfalls mitfastend) den oberen Klassen nach Möglichkeit Fasten auferlegen. In diesem Sinne hat der Generalstreik vor allem einen instruktiven und pädagogischen Wert: er gibt den herrschenden Klassen einen Begriff 1. von der »wirtschaftlichen Notwendigkeit« des Proletariats, mit anderen Worten, er weist sie mit aller Deutlichkeit darauf hin, daß ihre Terminologie vom Arbeit*geber*tum unsinnig ist, d.h. daß die ökonomischen Zusammenhänge zwischen den rechtlichen Eigentümern der Produktions- und Tauschmittel und den besitzlosen, auf Lohnarbeit angewiesenen Produzenten im letzten Grunde doch etwas anders liegen, als es ihnen ihre ins Ökonomische übersetzte Herrenmoral darstellt; sowie 2. von den Gefahren und Unannehmlichkeiten, ja, zum Teil der Menschenunwürdigkeit der Berufe, in deren Ausübung die unteren Massen des Volkes ihr Leben lang ausharren müssen. Während des Generalstreiks der Arbeiterschaft in Malmö in Schweden (August 1908) haben – und das ist eine häufige Erscheinung bei großen Arbeitseinstellungen, die den Lebensnerv der Bourgeoisie selbst berühren, – in Ermangelung von Streikbrechern (die Arbeiter in Malmö waren zu 90 Prozent organisiert) die Angehörigen der obersten Bevölkerungsklassen selbst die sozialen Funktionen der Arbeiter übernommen. Allmorgendlich konnte man auf den Straßen die jungen Offiziere der Garnison mit dem Besen in der Hand an der Arbeit sehen, um die Gemeindearbeiter, vulgo Straßenkehrer genannt, zu ersetzen. Es wird erzählt, daß es besonders den feiernden Kehrichtfegern selbst große Genugtuung gewährte, die eleganten Herren als ihre Stellvertreter arbeiten zu sehen, und daß die Jugend der Stadt es sich nicht versagen konnte, täglich 5 Uhr morgens auf den Beinen zu sein, um diesen Anblick zu genießen und zu prüfen, ob die Offiziere den Besen ebenso gut zu führen wüßten wie den Säbel. Die Abfuhr der menschlichen Exkremente, die in Malmö von der Gemeinde täglich aus jedem Hause abgeholt werden, was sicher als eine recht primitive Regelung der Kanalisation zu betrachten ist, ihrerseits wurde von

Studenten besorgt, denen, um ihnen die Arbeit zu erleichtern und zu poetisieren, die Arbeitswerkzeuge – die Kotbehälter – seitens der Damen aus der guten Gesellschaft mit Blumenkränzen geschmückt worden waren.

Von allen diesen »Begleiterscheinungen« des Generalstreiks steht in den meisten über den Gegenstand handelnden Schriften nichts zu lesen, obgleich sie über das Wesen des hier in Frage stehenden Phänomens eine weit beredtere Sprache reden als z.B. die ganz willkürliche Unterscheidung der Arbeitsverweigerung in eine *friedliche* und eine *gewaltsame* Form, eine Scheidung, deren Kriterium doch nur ein rein akzidentelles ist. Handlungen wie das Umstürzen von Gaslaternen und Einschlagen der Fensterscheiben, ja selbst die eventuelle Tötung eines Polizeikommissars, stehen mit dem Generalstreik als solchem nicht in ursächlicher Verbindung; sie werden nicht einmal immer von Streikenden begangen, sondern sind oft das Werk lumpenproletarischer Elemente, die sich bei jeder Volksbewegung, auch bei solchen patriotischer und reaktionärer Tendenz, rühren.

Letzthin verstärkt jeder mit gutem Ausgang endigende Streik in den Arbeitern das Bewußtsein ihres ausschließlichen Wirtschaftswertes.

Auch das Wirtschaftsleben selbst bestärkt zum Teil die Annahme der Arbeitermassen von der Entbehrlichkeit der privatunternehmerlichen Funktionen zumal da, wo sich ein starkes Produktivgenossenschaftswesen entwickelt hat. Denn die Produktivgenossenschaft ist durch die Verteilung des Reingewinns unter die Komponenten der unternehmerlich tätigen, zusammenarbeitenden Genossengruppe als den Gegensatz zwischen Lohnarbeit und Kapital aufhebend zu betrachten. Sie ist »als Assoziation ihr eigener Kapitalist« (Karl Marx). Diese Form beweist theoretisch die Überflüssigkeit des kapitalistischen Privatunternehmers und seine restlose Ersetzbarkeit durch die Arbeitergenossenschaft. Die Lehre von der ökonomischen Berechtigung des Unternehmergewinns wird mithin hinfällig. Freilich sind der Wirksamkeit dieser Genossenschaften Grenzen gezogen. Sie sind im allgemeinen kleingewerblichen Charakters mit sichergestelltem Absatz und geringem Anlagekapital. Nur verschwindend wenig Produktivgenossenschaften bilden hiervon eine Ausnahme, insofern sie, wie die der italienischen Glasarbeiter (Flaschenmacher), mit erheblichem Betriebskapital arbeiten.

Der Festtag des ersten Mai

Letzten Grundes ist auch die vom Internationalen Sozialistenkongreß in Paris 1889 (dem ersten der neuerrichteten Internationale) empfohlene und eingerichtete Maifeier ein Kind des Gedankens von der Unentbehrlichkeit des Proletariats. Am ersten Mai soll das internationale Proletariat ein Massenaufgebot machen, damit aller Welt sein Schwergewicht vor Augen demonstriert werde. Dazu kommt noch sein Charakter als Frühlingsfest sowie als Trutzfest, an welchem der Arbeiter Umschau halten und der Bourgeoisie beweisen soll, daß er die Bestimmung der Festtage nicht mehr allein der Kirche und dem Staat zu überlassen gewillt ist. Neben der Arbeitsruhe sind noch andere Zwecke mit der Institution des Ersten Mai verwoben worden: einmal der Charakter eines Gedenktages an die ewig grünende Solidarität der Arbeiter aller Rassen und Zungen, der eines Dies Internationalis, dann auch ein sozialpolitischer Forderungstermin für die Verkürzung der Arbeitszeit auf zunächst acht Stunden.[39] Künstlerisch Gesinnte waren von der Bedeutung dieses Arbeiterfestes tief ergriffen. Als 1891 das italienische Proletariat unter dem Zittern und Wüten der übrigen Bevölkerung die Weltfeier zum ersten Male festlich beging, legte Edmondo De Amicis einer seiner Gestalten die Worte in den Mund, die Einführung der Maifeier sei ein großer Gedanke gewesen. Sie bilde sozusagen für den Sozialismus den Hebelpunkt, den einst Archimedes gesucht habe, um die Welt aus den Angeln zu heben. Der erste Mai bedeute eine internationale Mobilmachung, eine große Revue über alle Arbeiterbataillone der Welt. Sollte das wenig sein? Die Frage des Achtstundentags bedeute nur eine Vorfrage, hinter welcher der Sozialismus selbst in seiner ganzen Größe stehe, denn von nun an beginne die Aktionsperiode der Kollektivität, der Eintritt in die Linie der internationalen Weltrechte... man stehe vor dem Achtundvierzig des Proletariats! Bisher hätten die Gegner mit dem Worte Sozialismus nur die konfuse Idee einer unbestimmbaren und noch sehr weitliegenden Gefahr verbunden. Jetzt aber sei für diese Gefahr ein bestimmter Tag geschaffen, ein Tag, der alle Jahre wiederkehren werde.[40] Indes sollte der erste Mai in Wirklichkeit keinen Machtspruchcharakter erhalten, ja selbst seinen Machtprobencharakter bald verlieren und zu einer unschuldigen, auf den Abend verlegten Vorortsfeier, die tagsüber nur dann vor sich geht, wenn die Unternehmer Arbeitsruhe gestatteten oder der Tag gerade auf einen Sonntag fällt, zusammenschrumpfen. Zu einer Machtprobe erwiesen sich die Arbeiter als viel zu schwach. Im Namen der Kasse traten alsbald die Gewerkschaftsführer zu jeder anderen Art der Feier in Opposition. Die sozialistischen Parteien ihrerseits betrachteten den ersten Mai mehr vom Standpunkt der Propaganda für alle möglichen Einzelzwecke, die gerade auf der politischen Tagesordnung standen und die nun mit seiner Hilfe vor Versammlungen größerer Art breit erörtert werden konnten. Das Frühlingsfest, an welches man ursprünglich gedacht, tragen nur wenige noch im Herzen. In den modernen Literaturen hat der erste Mai immerhin einige unvergängliche Blüten getrieben.

e) Der missionäre Glaube

Die großen sozialistischen Theoretiker und Führer sind alle von missionärem Bewußtsein durchdrungen gewesen und haben sich einer missionären Sprache bedient.[41]

Die Frage, ob die sozialistische Bewegung eine Kulturmission zu erfüllen habe, zerfällt, bei Lichte besehen, in eine Reihe von Einzelfragen, die wenig miteinander gemeinsam haben. Wird die Frage danach gestellt, ob die Bewegung im Sinne des kulturellen Fortschritts liege, so ist sie unbedingt zu bejahen. Kultur ist ohne Streit und Kampf undenkbar. Die Weckung der Bedürfnisse und der Wunsch nach ihrer Befriedigung, also die Entstehung von Unzufriedenheit mit dem Status quo ist die wesentlichste Triebfeder jeden Fortschritts überhaupt, bei deren Versagen jede Kultur stillsteht. Die Beispiele Chinas und der arabischen Völker bilden für diese These den historischen Beweis. Wobei natürlich unter Fortschritt hier nur solcher technischer Art verstanden werden muß und wir auf das eudämonologische Problem nicht eingehen (der Wert des kontemplativen Lebens steht also hier außer Frage).

Die Berufung, die Welt von allen Fesseln zu erlösen, leitet die Sozialdemokratie wesentlich von einer theoretischen Prämisse ab, nämlich der, daß das Proletariat die einzige Klasse sei, die bloß von ihrer eigenen Arbeit und nicht auch von der Ausbeutung anderer lebe. Diese Annahme ist freilich nicht völlig einwandfrei: die kleinbäuerlichen und kleinhandwerkerlichen Volksteile (Einzelselbständige) sind nicht ohne weiteres als Ausbeuter fremder Arbeit zu betrachten, obgleich sie allerdings vielfach auf mindestens jahreszeitliche Verwendung fremder Arbeitshilfskräfte, sei es unbezahlter Familienangehöriger, sei es fremder Lohnproletarier, angewiesen sind. Andererseits ist ferner in einigen Ländern selbst eine anscheinend im Wachsen begriffene Zahl von Industrieproletariern als Besitzer wenn auch vielleicht nur verschwindend kleiner Spareinlagen oder gar Aktien in die Kategorie der Nutznießer und Besitzer arbeitslosen Einkommens gerückt, die aus dem Heckprozeß des Kapitals den gleichartigen (wenn auch nicht gleich großen) Nutzen ziehen wie die waschechten Kapitalisten. Da aber die Teilnahme dieser proletarischen Schichten am Unternehmergewinn teils in qualitativ wie quantitativ kleinstem Maßstabe, teils fast ihnen selbst unbewußt oder doch unterbewußt vor sich geht, ist es sehr wohl verständlich, daß sie die ehrliche Überzeugung haben, die einzige aller Gesellschaftsklassen darzustellen, welche den Kampf um Freiheit und Recht zu führen vermag, da sie allein anderen nicht zu versagen brauche was sie selbst fordere. Im übrigen sind die ausbeuterischen Phänomene, die wir auch im Proletariat nachweisen können, eben eher privatwirtschaftlicher denn ökonomisch-funktioneller Natur. Der Unterschied zwischen den Proletariern und den Angehörigen der anderen Gesellschaftsklassen besteht nicht darin, daß die letzteren Ausbeuter, die ersteren hingegen Ausgebeutete seien, zumal es keine Klasse gibt, die nicht ihrerseits selbst Ausbeutungsprozessen unterliegt, sondern vielmehr darin, daß die Proletarier die einzige Klasse ausmachen, die nur ausgebeutet wird ohne gleichzeitig als solche ebenfalls Ausbeuterfunktionen zu besitzen.[42]

2. *Über einige Begleitumstände und Folgen der Siegessicherheit – Synthese*

Zunächst richtete sich die Sehnsucht des Arbeiters auch als Sozialist nach dem Eigentum. Wie der Auswanderer, zumal der aus ländlichen Kreisen stammende und mit den Sitten und Gebräuchen des flachen Landes innig verwachsene, den schweren Schritt der Auswanderung nur in der Hoffnung begeht, durch Fleiß und Sparsamkeit in der Fremde das nötige Kapital zur Heimkehr und zum Landkauf zu gewinnen, so zogen die ersten sozialistischen Schulen in den Kampf gegen die Reichen, weil sie an die Notwendigkeit des Individualeigentums glaubten. Das kommt in mehreren der bedeutendsten älteren Theorien zum Ausdruck. Saint-Simon war nicht Gegner des Privateigentums, sondern erstrebte nur eine Regelung des Eigentumsrechtes in dem Sinne, daß es allen zugänglich werden sollte. Für die übergroße Mehrzahl der älteren sozialistischen Massen war der Sozialismus nicht das Mittel der Abschaffung des Privateigentums, sondern das Mittel zur Erreichung desselben. Sie wollten diesem nur eine neue Basis verleihen. Sie vermeinten, das Gebäude der neuen Gesellschaft auf der Grundlage der alten Formel errichten zu können: Jedem nach seinen Fähigkeiten, jeder Fähigkeit nach ihren Leistungen.

Erst die weitere Entwicklung der Industrieherrschaft mit ihren Begleiterscheinungen machten diese Hoffnungen zuschanden. Bazard, der den Saint-Simonismus mit kräftiger Hand endgültig aus einer philosophisch-philanthropischen in eine politisch-sozialrevolutionäre Doktrin weiterentwickelte, hat 1828 die These aufgestellt, daß die Eliminierung des arbeitslosen Einkommens nur durch die Vergesellschaftung der Produktionsmittel erreicht zu werden vermöchte.[43] So rang sich die »klassenbewußte« Arbeiterschaft allmählich endgültig zu der Überzeugung durch, das Proletariat, das zur Produktion der Produktionsmittel bedürfe und dadurch in die Abhängigkeit der Besitzer der Produktionsmittel geraten sei, vermöge sich dieser Abhängigkeit nur durch eine Vergesellschaftung eben dieser Produktionsmittel zu entziehen: »auf diese Weise wächst der Sozialismus autochthon aus den Daseinsbedingungen der Lohnarbeiterschaft im modernen Produktionsprozeß heraus.«[44]

Das Bewußtsein, die gesellschaftlich *notwendigste* Klasse darzustellen, erfüllte den Arbeiter mit Stolz auf seine Klasse, und rückwirkend auf sich selbst. Die statistisch erhärtbare Erkenntnis, zugleich auch, wenigstens in weiterem Sinne genommen, die bei weitem *zahlreichste* Gesellschaftsklasse auszumachen, konnte sie bei der demokratischen, d.h. auf das Recht der Mehrheit, über die Minderheit zu herrschen, gestellten theoretischen Grundrichtung der neueren Zeit, nur mit Zorn und Wut erfüllen, so weit von der Herrschaft entfernt zu sein, und in ihnen das Gefühl, verunrechtet und »unterdrückt« zu sein, nur schärfen. Dazu machte das von allen modernen sozialistischen Doktrinen zum Ausdruck gebrachte Axiom, die *letzte* zu befreiende, und somit die *auserwählte* Klasse zu sein, welcher das Werk der Menschenbefreiung überhaupt obliege, den Stolz der Arbeiterschaft ins Ungemessene wachsen. Dieser Stolz offenbarte sich in den steten Kämpfen mit den Gegnern auf politischem und wirtschaftlichem Gebiet als dynamisches Element, indem es ihnen nicht nur eine künstlerische Linie männlicher Energie und Kraft verlieh, sondern sich auch in einem Grad von Siegeszuversicht und Rückgratfestigkeit äußerte, der die Erfolgschancen der Kämpfe um ein beträchtliches erhöhte. Indes nahm der Klassenstolz der Arbeiter auch häufig die Form der Anmaßung und kindlichen Überhebung an. Dieser Hang wurde erleichtert durch die erwähnte absolute Unfähigkeit des Arbeiters, den Leistungswert des an der Erzielung der Güterproduktion außer ihm Mitschaffenden zu erkennen. Sein Blick mußte notwendigerweise in demselben Grade verengen, als die Arbeitszerlegung seine Arbeitsleistung verengen machte. Der Arbeiter erhält heute keinerlei Einblick in die Grundbedingungen der Produktion, in Rohstoffbezug und Marktverhältnisse. Die Hafenarbeit sagt dem Hafenarbeiter nichts über das Wesen des Welthandels.[45] Er kann sich das Wissen aus Büchern verschaffen, es fließt ihm nicht zu aus dem Bereich seiner Tätigkeit. Das proletarische Miteinspruchsrecht, die geforderte Fabrikkontrolle oder gar Fabrikübernahme wird von konservativen Denkern deshalb als Beweis einer schier unglaublichen Überschätzung der geistigen und sittlichen Eigenschaften der Arbeiter sowie ihres Beitrags zur Güterproduktion betrachtet.

Aus der Symbiose der Annahme des wissenschaftlichen Automatismus der wirtschaftlichen Entwicklung über den Kapitalismus zum Sozialismus mit dem massenpsychologischen Gefühl der Unwiderstehlichkeit der Zahl entsprang im modernen Sozialismus die weiteste Massen beherrschende Überzeugung von der Nähe des Endzieles. Wenn die französischen Sozialisten beisammen sind, so singen sie die Internationale mit dem Refrain: »C'est la lutte finale!« In Deutschland war es gerade der angesehenste und volkstümlichste Führer der Sozialdemokratie, August Bebel, der von der Baldigkeit des Kladderadatsches so stark überzeugt war, daß er keinen Anstand nahm, öffentlich zu erklären (1891), nur wenige Männer seiner Generation würden wohl vor der Erfüllung ihrer Wünsche mit dem Tode abgehen. Auch der alte Engels hatte mehrfach erhofft, den großen Tag noch mitzuerleben, und Lassalle hatte ausgerufen, man möge ihm nur eine halbe Million organisierter Arbeiter geben, dann mache er sich schon anheischig, König von Preußen zu werden.

b) Die Notwendigkeit ethischer Zielsetzung für die Massenpartei

Zur An-ethik des Marxismus. Reaktion gegen sie

Eine große Massenbewegung kommt mit der Synthese von »Wissenschaft« und »Eigeninteresse« nicht aus. Was den Sozialismus, vor und nach Marx, groß gemacht hat, das waren die von seinen Propheten und von seinen Akolyten empfundenen großen Menschheitsziele, die von ihnen aufgenommenen und weiterentwickelten alten Ideale der Humanität und ihre Aufnahme des kategorischen Imperativs Kants. Denn es ist schlechterdings nicht möglich, alle Interessen der Menschheit in den Interessen einer einzelnen Klasse unterzubringen. Eine nur auf das Klasseninteresse, sei es auch auf die Interessen der Klasse der Menschheit gestellte antikapitalistische Bewegung würde an vielen der größten Menschheitsfragen gleichgültig vorbeigehen müssen. So lassen sich weder die künstlerischen Fragen, noch die Probleme der Völker und Rassen in der äußeren Politik, noch endlich die Frauenfrage mit den Kriterien der Klassenkampftheorien allein einer Lösung entgegenführen. Zu ihrer Behandlung bedarf mithin die Arbeiterpartei anderer, höherer Gesichtspunkte. Sie findet sie 1. im philosophischen Idealismus, 2. in den aus der Akkumulation geschichtlicher Erfahrung gezogenen Lehren. Der Sozialismus muß ein idealistisches Moment umfassen, ein Stück »Jenseits«. Bernstein hat die Dreieinigkeit des Sozialismus einmal treffend dahin charakterisiert, daß der Sozialismus als Wissenschaft sich auf Erkenntnis und als Bewegung auf Interesse, aber nicht nur wirtschaftliches sondern auch moralisches, berufen müsse. Es ist kein Zweifel darüber möglich, daß das kostbare Geschenk, das

das Proletariat durch die Belehnung mit der Marxschen Theorie erhielt, von ihr mit einem hohen Preis bezahlt werden mußte: der Verminderung der moralischen Potenzen innerhalb seiner Bewegung. Die Mehrzahl der eigentlichen Marxisten selbst hat sich durch strenge Lebensführung im Dienste ihrer Lehrmeinung freilich darüber ausgewiesen, daß ihr der Idealismus, den sie theoretisch leugnet, praktisch nicht fremd ist, wenn er sich auch häufig in Gestalt eines unduldsamen Fanatismus zu äußern pflegte. Auch ist der Beitritt des Intellektuellen zum Sozialismus persönlich ebenso ehrenwert, wenn er aus rein wissenschaftlicher Überzeugung entsprungen, mutig alle die daraus erwachsenden Folgen übernimmt, als wenn er aus dem opfermütigen Überschwang der Gefühle für alles »Gute und Schöne« heraus geschieht.[46] Aber den Massen hat der Marxismus doch an Schwungkraft genommen. Das trifft in erhöhtem Grade für die europäische Gewerkschaftsbewegung zu, welche freilich für ihr Verhalten ernste taktische und materielle Gründe ins Feld zu führen vermag.

Die »antiethischen Tendenzen« des Marxismus sind Gegenstand lebhafter und leidenschaftlicher Diskussionen gewesen.[47] Es wäre wohl zutreffender gewesen, nur von an-ethischen Tendenzen zu reden. Nicht einmal darin ist sich Marx konsequent geblieben. Sein Lehrgebäude freilich ist ganz ökonomisch, abstrahiert völlig von der Sittlichkeit. Aber in der Terminologie fällt er nicht nur in den politischen Schriften, wie im Kommunistischen Manifest, sondern auch in seinen wissenschaftlichen Werken immer wieder in den Abgrund ethischer Werturteile. Er würdigt den Unternehmer und sein Einkommen ständig unter Gesichtspunkten des Rechtes. In seinem Kapital erklärt er uns »das Geheimnis der Plusmacherei enthüllen« zu wollen. Die Unternehmer werden zu Expropriateuren und Usurpatoren. Er hofft auf die Stunde, wo die Expropriation der Expropriateure erfolgen wird. Das Problem der Gerechtigkeit erhält bei Marx eine zweifache Behandlung. Rein wirtschaftlich betrachtet, das heißt ohne Verflechtung mit Zielgedanken, also mit ethischen Kategorien, stellt sich die Frage der sozialen Gerechtigkeit, wie sie Karl Marx im ersten Bande seines Kapital mit unübertrefflicher Klarheit dargestellt hat, so: Wenn der Kapitalist versucht, den Arbeitstag seiner Arbeiter auf die denkbar weiteste Grenze hinauszudehnen und aus einem Arbeitstag womöglich zwei herauszuschlagen, so handelt er hierin nur gemäß seines Rechtes als Käufer; andererseits aber schließt die spezifische Art der verkauften (lebendigen) Ware für den Käufer eine Grenzhöhe des Verbrauches ein, so daß auch der Arbeiter, wenn er bestrebt ist, seinen Arbeitstag auf eine normale Höhe zu reduzieren, hiermit nur sein Recht als Verkäufer ausübt. Es entsteht somit ein innerer Widerspruch: Recht gegen Recht, und beide durch das Gesetz von Angebot und Nachfrage bestimmt. Zwischen diesen beiden Rechten aber entscheidet die Gewalt. Aber diesen inneren Widerspruch hat Marx indirekt selbst wiederholtermaßen aufgehoben, so indem er zum Beispiel an anderer Stelle einmal die Bemerkung macht, einer späteren Generation werde der Privatbesitz an Grund und Boden (sowie natürlich der übrigen Arbeitsmittel) zweifellos ebenso absurd vorkommen, wie dem heutigen Geschlecht bereits das Privateigentum an Menschen, das heißt die Sklaverei, als unmöglich erscheint. Also: Das wirtschaftliche Recht – wenn man, was freilich nicht ganz unbedenklich ist, diesen Terminus schaffen will – liegt allerdings auf der Seite des Stärkeren, aber das historische und sittliche, das sozialökonomische Recht, kann nur auf der einen der beiden Seiten liegen. Früher auf seiten der Bekämpfer der Sklaverei, jetzt auf seiten der Bekämpfer des Privateigentums.

Dem Marx trat schon Bakunin entgegen. Das, was man als sozialistische Doktrin bezeichnet, meinte er, sei nur die Formulierung der Instinkte und Aspirationen des Proletariats selbst. Die sozialistische Bewegung sei nichts anderes als die spontane Zusammenfassung der numerischen Potenz des Proletariats. Bakunins Angriffe gegen die bürgerliche Staats- und Wirtschaftsordnung fußten nicht, wie die Marxens, auf der Erkenntnis von der Unzweckmäßigkeit und der geschichtlich notwendigen Zersetzung dieser Gesellschaft, sondern sie fußten auf der Erkenntnis von ihrer Unsittlichkeit. Die Prämissen der russo-italienischen Sozialrevolutionäre waren also ethischer Natur. Der Kapitalismus muß bekämpft werden, weil er Sklaven schafft, die Frau dem Manne, der Untertan dem Herrscher, der Arme dem Reichen, der Sohn dem Vater gegenüber usw. Aber im Wesen ihrer Weltanschauung standen diese Idealisten doch dem historischen Materialismus Marxens sehr nahe. Nicht nur in der Terminologie. Die Moral ist auch ihnen nichts Selbständiges, nichts Normales, sondern lediglich ein ideologischer Überbau der jedesmaligen wirtschaftlichen Grundlage. Die politischen und religiösen Fragen der Zeit können auch ihnen zufolge nur auf wirtschaftlichem Wege befriedigend gelöst werden. Daher wird auch der Staat von ihnen marxisch erklärt. Aber eine starke psychologische Tendenz, die den Marxisten völlig fehlte, läßt sie marxischer werden als Marx und den Staat als das Übel an sich betrachten.

Eine der ersten späteren Reaktionen innerhalb des internationalen Sozialismus gegen die exklusive »Wirtschaftlichkeit« des Marxismus, war der sog. Integralismus, welchen Benoît Malon in den 70er und 80er Jahren aufbrachte. Die neue Richtung war dem Marxismus durch ihren unheilbaren Eklektizismus und ihr aus allen Poren dringendes Autodidaktentum von Beginn an unwiderruflich unterlegen, hat aber dennoch das Verdienst, die Bedeutung der Moral in der Arbeiterbewegung auch theoretisch wieder zu Ehren gebracht zu haben. Freilich sei heute noch die Wirtschaft der in der Entwicklung der Menschheit prädominierende Faktor, aber von importance décroissante und werde von der Moral allmählich verdrängt werden. Die Anarchisten ihrerseits verwarfen die Marxsche Methode nur zum Teil. Sie haben sie in Italien und anderswo gegen die Feinde Marxens tapfer verteidigt. Aber im ganzen sind sie doch mehr »energetisch« und individualistisch gestimmt, und vor allem mehr ethisch. Krapotkin erblickt in den Menschen ausbaubare Anlagen zu gegenseitiger Hilfsbereitschaft. Besonders kräftig setzte auch die ethische Opposition der Revisionisten ein, wenn auch durch ihre oft kleinlich wirkende und bisweilen nach persönlichem Ehrgeiz nach unmittelbarer Machtteilnahme schmekkende Hervorkehrung der Gegenwartsarbeit um einen guten Teil ihres Feingehalts vermindert. Treffend sagt Eduard David:

»Den Existenzgrund der Sozialdemokratie bilden nicht die Quadersteine der marxistischen Theorie, sondern die menschlichen und menschheitlichen Interessen der werktätigen Volksmasse. Die Aufgabe der Sozialdemokratie ist die Durchsetzung dieser Interessen bis zur vollen politischen, wirtschaftlichen und sozialen Emanzipation der Arbeiterklasse... Und (selbst) wenn das ganze theoretische Lehrgebäude von Karl Marx zusammenstürzte, wenn die Werttheorie, die Konzentrationstheorie und die materialistische Geschichtstheorie als wissenschaftlich unhaltbar nachgewiesen würden, so bliebe die Existenzberechtigung der Sozialdemokratie unerschüttert, und der Befreiungskampf der werktätigen Volksmasse nähme seinen Fortgang bis zur endgültigen Beseitigung der politischen Bevormundung, der wirtschaftlichen Ausbeutung und der sozialen Niederhaltung der Arbeiterklasse durch eine besitzende und privilegierte Minderheit.«[49]

Auch an die »Menschenökonomie« der Wiener Schule, deren Geist dem Marxens wesentlich abhold, möge erinnert werden.[50]

Für das Vorhandensein des Idealismus in der proletarischen Massenbewegung spricht zunächst ein negativer Beweis. In denjenigen Arbeitermassen, in denen der Erwerbstrieb so stark ist, daß er alle anderen proletarischen Züge in den Hintergrund drängt, kommt der Sozialismus nicht auf. Zum Verständnis und zur Aufnahmefähigkeit sozialistischer Gedanken gehört ein bestimmter Grad von idealistischer Weltanschauung und objektiver Abstraktionsgabe. Aus dem Nichtvorhandensein dieser Eigenschaften in den englischen und nordamerikanischen Massen erklärten manche Kenner ganz wesentlich die Geringfügigkeit der Fortschritte, welche die sozialistische Propaganda in den entsprechenden Ländern machte. Die geldmäßige Auffassung der Ware Arbeitskraft hat die organisierte Arbeiterschaft dort vielfach dazu gebracht, ihre Beziehungen zum Unternehmertum einzig als einen Tauschprozeß zu betrachten, in welchem es darauf ankomme, die eigene Ware für einen möglichst hohen Preis an den Mann zu bringen. Daher der amerikanische Ausdruck: collective bargaining für Lohnbewegung.[51]

Das Mitschwingen idealistischer Motive z.B. bei den deutschen Sozialisten ist von ihren Gegnern aus dem linken bürgerlichen Lager bereitwilligst anerkannt worden.[52]

Die massenpsychologische Bedeutung der Überzeugung von der Gerechtigkeit der Sache.

1. Als Mittel zur Erhöhung der eigenen Stoßkraft

Von massenpolitischer Wichtigkeit ist die Überzeugung vom eigenen Recht. Sie ist ein ausgezeichnetes Mittel zur Erhöhung der politischen Stoßkraft. Das große Wort des sterbenden Saint-Simon, seine Jünger möchten stets der Wahrheit eingedenk sein, daß man begeistert sein müßte, um große Dinge zu vollbringen, enthält tiefe empirische Weisheit. Tarde sagt: »rien ne se fait de grand ni même d'utile dans l'humanité sans une prodigalité d'ardeur, de foi, d'enthousiasme, d'amour, que les temps postérieurs, qui en bénéficient, jugent ridicules«.[53] Die Überzeugung vom eigenen Recht in den Massen ist nicht bloß eine »ethische Kategorie« und ein Mittel zur Reinhaltung der Bewegung; sie hat auch transmutorische Kraft in ihrer Verwandlungsfähigkeit in konkret materielle Güter.[54]

Teils aus dem klassenlosen Idealismus, zu dessen Vertreterin sich die sozialistische Bewegung aufzuschwingen gewillt war, teils auch aus der opportunistischen Erwägung heraus, daß eine Politik der Unfreiheit, auch wenn sie sich ein anderes Objekt zum Opfer erkürt, im Laufe der Zeiten sich auch gegen die Arbeiter kehren muß, ist die Sozialdemokratie zumeist ehrlich bemüht gewesen, auch da für die Politik politischer Freiheit einzutreten, wo ihre Interessen nicht berührt werden, ja, wo die Politik der Unfreiheit ihren Gegenwartsinteressen zugute gekommen wäre. So erklärte sich z.B. die lebhafte Verwendung der deutschen Sozialdemokratie zugunsten der Aufhebung der Ausnahmegesetzgebung gegen die Jesuiten und die Polen und ihre Gegnerschaft zum Kulturkampf Bismarcks gegen die Katholische Kirche.

Das Eintreten für alle »Unterdrückten« sowie für die Grundsätze der Demokratie weist sodann noch einen weiteren Vorteil auf: Es verschafft nämlich der antikapitalistischen Massenbewegung reichlichen Anhang unter den nicht zur Arbeiterklasse gehörigen Elementen, macht sie zum Sammelpunkt aller Freigesinnten schlechtweg.

2. *Zersetzung des Selbstvertrauens im Gegner*

Der Gerechtigkeitsbegriff wird Mittel zum Zweck der Paralysierung gegnerischen Widerstandes. Im Kampfe spielt die Betonung des Menschenrechtsstandspunkts eine große Rolle. Der Feind, welcher von den besseren Gründen seines Gegners, von dem tieferen moralischen Gehalt, welcher dessen Weltanschauung zugrunde liegt, überzeugt ist, und sei es auch wider seinen eigenen Willen, wird in seinem Kampfe innerlich geschwächt sein, weil ihm jener gute Glaube an sein Recht verloren gegangen ist, welcher dem Kampf allein eine ethische Existenzberechtigung verleiht. Die älteren Sozialisten legten deshalb auf eine ethische Propaganda das größte Gewicht. Für Louis Blanc bestand die geschichtsphilosophische Ausbeute der Vorzeit der großen französischen Revolution wesentlich darin, daß das große Laboratorium der Enzyklopädisten die Moral der oberen Klassen des 18. Jahrhunderts innerlich bereits so stark zerrüttet hatte, daß die Revolution nur noch die Aufgabe hatte, materiell eine Position zu beziehen, die moralisch bereits längst in ihrem Besitze war.[55] Heinrich Heine meldete aus Paris, wo er den Anfängen der sozialistischen Bewegung beiwohnte, daß der Kommunismus deshalb eine so günstige Stellung innehabe, weil sein Gegner ohne Selbstachtung sei und nur aus plattem äußerem Bedürfnis weiterkämpfe und verglich ihn mit Jesus von Nazareth, der ebenfalls gesiegt habe, weil das zu stürzende Gebäude bereits unterhöhlt gewesen sei. Auch die späteren Sozialisten wären sicherlich die letzten, welche das Recht dazu hätten, die Gewalt der Rede, die zwingende Macht der Überzeugung zu unterschätzen, verdanken sie doch vorzugsweise ihr die großartigen Erfolge ihrer Propaganda. Indes die Überredungskunst wird erfahrungsgemäß dennoch nur dort Erfolge erzielen, wo sie sich an Volksmassen, an Volksklassen wendet, welche überredet werden sollen, sich einer zu ihrer eigenen Befreiung dienenden Bewegung anzuschließen. Sie muß trotzdem elend versagen, wenn sie sich an Klassen wendet, die sie überreden will, eigene Stellungen zu ihrem Nachteil aufzugeben. Wohl hat sozialistische Lehre manch »Bourgeoissöhnchen« gewonnen und es innerlich so zu packen gewußt, daß es Vater und Mutter, Freunde und Verwandte aufgab und auf soziale Stellung und »gesellschaftliches« Ansehen verzichtete, nur um sein Leben dem hohen Ziel der Menschenbefreiung zu widmen; aber das sind nur Ausnahmen von der Regel, die sich dadurch erklären lassen, daß diese Heterogenen entweder konsequente Logiker, die aus einer einmal gefaßten wissenschaftlichen Überzeugung auch die Konsequenzen auf ihre Stellung im sozialen Kampf ziehen, oder aber – und das zumeist – über den Durchschnitt ihrer Klasse weit herausragende Menschen von Gemüt sind, die ihr Herz dazu treibt, in dem Ringen um ein sittlich höheres Menschengeschlecht, koste es, was es wolle, ihr Quäntchen beizutragen. Aber wenn auch eine Anzahl geistig oder seelisch über dem Niveau ihrer Klasse stehender Einzelindividuen den Rubicon überschreiten, so bleibt die alte und selbstverständliche Wahrheit deshalb doch nicht weniger wahr, daß eine Klasse als Ganzes genommen niemals freiwillig sich ihrer tausendfach privilegierten Sonderstellung begiebt, um aus ethischen Motiven heraus zugunsten der »armen Brüder« abzudanken. Das verhindert schon allein der Klassenegoismus, ein Klassenegoismus, den als Klasse natürlich auch das Proletariat besitzt[56], nur daß bei ihm aus historischen Ursachen seiner Meinung nach das spezielle Klasseninteresse mit dem klassenlosen Menschheitsideal zusammenfällt. Klassenegoismus aber wird allgemein sittlichen Momenten nie zugänglich sein.

3. *Begrenzung der Wirksamkeit einer ethischen Propaganda*

Mit Klassenegoismus sind der Wirksamkeit der Durchschlagskraft der Überzeugung vom besseren Recht auf der einen gegen die matte Überzeugungslosigkeit auf der anderen Seite historisch feste Grenzen gezogen. Durch Kampf, nicht durch Überredungskunst oder Überzeugungstreue vollzieht sich, alles in allem, die »circulation des élites«. Wenn auch durch die Überzeugung vom besseren Recht des Gegners geschwächt, weiterkämpfen wird die geschwächte Klasse doch, und nur die Gewalt, nicht der Rede, sondern der Tatsachen, wird sie niederzwingen.

Denn die Überwindung der Widerstandskräfte im Gegner, wie sie durch die ethische Propaganda der Arbeiterpartei, zumal da wo sie ernst gemeint ist und ihr folglich Überzeugungskraft innewohnt, getrieben wurde, ist ein unsicheres Mittel. Die ethische Propaganda erweist sich in der Geschichte als ein doppelschneidiges Schwert. Sie zermürbt zwar bisweilen den Gegner, aber schlafft und paralysiert auch die eigenen Reihen. Besonders da, wo sich der Moralismus überdies noch mit der marxistischen Note des Fatalismus vereint. Auf diese psychologische Gefahr haben die Syndikalisten in Frankreich und Italien ohne Unterlaß hingewiesen. Die theoretischen Arbeiten von Georges Sorel über die Gewalt (violence) und die entsprechenden Auffassungen der Jünger gipfelten in der Annahme von dem lässigen, schleppenden und schläfrigen Charakter, der dem Proletariat immanent zu eigen sei, und der als Korrektiv des steten Appells an Energie und Aufraffen dringend bedürfe. Die Gewaltpropaganda erhielt in diesem Sinne pädagogischen Charakter. Ähnlich, wenn auch nicht ganz so offen, verhielt sich in Deutschland der männliche Zweig der jungen Marxisten, zumal Rosa Luxemburg, in ihrem Kampf mit dem gewerkschaftlichen Beamtentum um die Erhaltung der Aktionsfähigkeit »für die Zeiten großer Kämpfe und großer Aufgaben«.[57]

Die Abkehr der proletarischen Massen vom Syndikalismus in West- und Mitteleuropa hat sie denn auch dort tatsächlich jeder mit kräftigen Stößen vorgehenden Gegnerschaft gegenüber mattgesetzt. Der Sieg des Faszismus über den Sozialismus in Italien 1922 ist dem stürmischen Mut der Jugend zu verdanken, welcher ihn kennzeichnet und es ihm leicht gemacht hat, die in ihrem innersten Kern unkriegerischen sozialistischen Arbeitermassen, die dem Kriege als Bestandteile unabkömmlicher Kriegsarbeiterkategorien auch räumlich ferner gestanden hatten und die durch das antiheroische Prinzip des entwicklungshistorischen und dialektischen Marxismus und den Sentimentalismus des ethischen Sozialismus im Geiste der De Amicis und der Prampolini (trotz der kurzen Parenthese der Fabrikbesetzung im Herbst 1920) weich geworden waren, mühelos über den Haufen zu rennen. Der Sieg des Faszismus über den (italienischen) Bolschewismus ist ein Sieg jugendfrischen Ungestüms über Unentschlossenheit, sittliches Bedenken und ertötendes Abwarten.

Es gibt freilich auch ein Gesetz der abnehmenden Spannung der Massen bei anormal schwachgewordener Konkurrenz. Der Starke verliert an Leistungswillen, wenn kein ebenbürtiger Gegner ihn in Atem hält. Das Walten dieses Gesetzes ist bei den Massenbewegungen häufig nachweisbar. Die Besetzung der Fabriken durch die italienischen Arbeiter im Herbst 1920 klappte in sich zusammen, weil der Sieg zu unumstritten gewesen war und die bürgerlichen Parteien und die Regierung mit ihren diplomatischen Künsten den siegreichen Arbeitern keine Reibungsflächen boten. Bögen werden nicht nur überspannt, sondern vermögen auch schlaff zu werden und, wie Organe, die nicht benutzt werden, zu verkümmern. In Rußland ist das lange Ausharren des Bolschewismus Kennern der Sachlage zufolge zumal durch den Druck der Entente, welche ihn durch ihre drohende Haltung lebendig erhält, zu verstehen.

4. Der Glaube an das sozialistische Endziel als Entstehungsursache politischer Stimmung (Intransigenz)

Der Idealismus führt leicht zur Intransigenz. Durch einen stark herausgebildeten Endzielgedanken, dem die Zwischenstufen gefährlich erscheinen. Daher, gerade im Munde der Intransigenten, der Abscheu gegen den »satten Lohnsklaven«. Nicht die Sättigung, sondern die Abschaffung der Lohnarbeiterschaft ist für ihr politisches Tun und Lassen maßgebend. Für eine derartige Auffassung dürften einige Sätze Rosa Luxemburgs typisch sein. »Erhebend, versittlichend, kulturfördernd ist in der modernen Arbeiterbewegung nicht der auf den nackten Lohngewinn, auf die Züchtung von zufriedenen und satten Lohnsklaven gerichtete Sinn, sondern nur der Zusammenhang mit der Befreiungsbewegung der Arbeiter im Ganzen, mit des Klassenkampfes großem Endziel, das all das sittliche und geistige Licht ausstrahlt, das den proletarischen Interessenkampf mit der Glorie eines kulturhistorischen Prozesses umgibt.«[58] Ganz ähnliches hören wir auch aus völlig unrevolutionärem Munde, wie denn William Morris seinen Anhängern die Worte zugerufen hat: »For though making a great many poor people, or even a few, somewhat more comfortable than they are now, somewhat less miserable, let us say, is not in itself a light good, yet it would be a heavy evil, if it did anything towards dulling the efforts of the whole class of workers towards the winning of a real society of equals.«[59]

Der revolutionäre, dem Endziel zugewandte Geist der Massen war das Resultat der Synthese vom wirtschaftlichen Elend und in den Elenden plötzlich geweckter Hoffnungsfreude. Solange die sozialistische Propaganda nicht an die Massen herangetreten war, war sie von dumpfer Ergebenheit in ihr Schicksal, die nur bisweilen, wenn einmal der Druck gar zu unerträglich wurde, von blitzartigen, heftigen, fast automatisch sich entladenden Momenten der Auflehnung unterbrochen wurde, erfüllt gewesen. Die Erkenntnis ihres elenden Zustandes in idealer Konkurrenz mit der Erkenntnis oder doch der Annahme von der Möglichkeit, ihn endgültig zu beseitigen, ließ den brennenden Durst nach möglichst schnellem Eintritt in das Reich Gottes auf Erden entstehen. Der schnelle Eintritt aber vermochte nur durch ein die Entwicklung abkürzendes Verfahren ermöglicht zu werden. So stellte sich in den Köpfen der klassenbewußt gewordenen Arbeiter der ersten sozialistischen Periode das Endziel nicht nur revolutionär im wirtschaftlichen und sozialen Sinne, d.h. als Erstreben einer von Grund aus verschieden gearteten Wirtschaftsordnung, sondern auch im Sinne des Mittels dar. Denn das entwicklungskürzende Verfahren konnte nur in der Anwendung von Gewalt liegen. Die Annahme von der Möglichkeit einer derart beschleunigten Erreichung des erstrebten Zielkomplexes ihrerseits aber erklärt sich aus der historischen Jugend der Bewegung. Nicht nur im Individualleben ist die Jugend die Periode der Begeisterungsfähigkeit und der leichten Berauschbarkeit, sondern auch im Gruppenleben. Junge soziale Bewegungen sind stets idealistisch, leichtgläubig, unruhig, und gehen, gerade weil es ihnen an aufgesammelter Erfahrung gebricht, empirisch vor.

Hieraus ergab sich für die Massen die revolutionäre Strömung in der Politik und in ihrem wirtschaftlichen Habitus.[60]

Anmerkungen

1 Marx und Engels, Die Heilige Familie (1845) [MEW Bd. 2, S. 37].

2 Vgl. Engels, Die Entwicklung des Sozialismus von der Utopie zur Wissenschaft [MEW Bd. 19, S. 191].

3 [Ebd., S. 209].

4 [Ebd., S. 216].

5 [Ebd., S. 208].

6 Das hat Eduard Bernstein gezeigt (Wie ist wissenschaftlicher Sozialismus möglich? Vortrag. Berlin 1901, Verl. d. Soz. Monatshefte, p. 19 ff.).

7 Ludwig Mises, Die Gemeinwirtschaft. Jena 1922, Fischer, p. 349; L. Ragaz, Kapitalismus, Sozialismus und Ethik. Zürich 1907, Grütli, p. 5.

8 Paul Lafargue, Idéalisme et Matérialisme dans la Conception de l'Histoire. Conférence en réponse à Jean Jaurès. Lille 1901, Lagrange, p. 24.

9 Franz Mehring, Geschichte der deutschen Sozialdemokratie. 2. Aufl. Stuttgart 1904, Dietz, p. 295, 353, 359.

10 Somit konnte mit dem Wachstum der deutschen Sozialdemokratie auch der dem Marxismus an sich wesensfremde, aber die Mentalität der deutschen Gebildeten stark beherrschende Kantianismus auf die Dauer nicht außerhalb des Bereiches der Parteidoktrin (in weiterem Sinne) gelassen werden. Daher die mit Kennermitteln eingeleiteten Versuche von Carl Vorländer zur Synthese von »Kant und Marx. Ein Beitrag zur Philosophie des Sozialismus.« Tübingen 1911, Mohr. – »Man sieht, wie eng das Band ist, das den Sozialismus mit der klassischen deutschen Philosophie verbindet. Mit ihr hatte wirklich die gesamte Philosophie für alle Zeiten ihr letztes Wort gesprochen. Seit Hegel gibt es keinen Philosophen im eigentlichen Sinne mehr, und kann es keinen mehr geben.« (Paul Lensch, Sozialistische Literatur. Zwei Vorträge. Erster Vortrag: Der theoretische Sozialismus. Leipzig 1907, Verl. Leipz. Buchdr. Aktienges., p. 9). – In der Annexion Spencers für Marx haben sich vor allen Dingen die italienischen Sozialisten hervorgetan: Pietro Siciliani, Socialismo, Darwinismo e Sociologia moderna. Bologna 1879, Zanichelli; Enrico Ferri,

Socialismo e Scienza positiva. (Darwin, Spencer, Marx.); ACHILLE LORIA, La Sociologia, il suo compito, le sue scuole e i suoi progressi. Padova 1900, Drucker, p. 97 ff.; EDOARDO BONARDI, Evoluzione e Socialismo. Firenze 1894, Gozzini; für Deutschland vgl. zumal LUDWIG WOLTMANN, Politische Anthropologie. Untersuchungen über den Einfluß der Rassen auf die Lehre der politischen Entwicklung der Völker. Eisenach 1903, Thür. Anstalt, p. 179 ff., 256 ff.; FR. LÜTGENAU, Darwin und der Staat. Leipzig 1905, Thomas; EMILE VANDERVELDE ET JEAN MASSART, Parasitisme organique et Parasitisme social. Paris 1898, Schleicher; über die Beziehungen zu COMTE vgl. CASIMIR VON KELLES-KRAUS, Comtismus und Marxismus, in »Sozialistische Monatshefte«, Bd. II, Nr. 11 (1902), p. 862 ff.

11 Vgl. z.B. Wilhelm Liebknecht, Hochverrat und Revolution. Berlin 1892, Glocke, p. IX.

12 Typische Beispiele in der Gedanken- und Wortführung bei GEORGES SOREL, Matériaux d'une Théorie du Prolétariat. Paris 1919, Rivière; EDOUARD BERTH, Les derniers aspects du Socialisme. Paris 1923, Rivière; ARTURO LABRIOLA, Riforme e Rivoluzione Sociale (La Crisi pratica del Partito Socialista). Milano 1904, Soc. Ed. Milanese; Näheres über diese Erscheinung auch in MEINEM Werke: Le Prolétariat et la Bourgeoisie dans le Mouvement Socialiste Italien, particulièrement des origines à 1906. Essai de Science Sociographico-politique. Paris 1921, Giard. p. 309 ff.

13 HEINRICH VON SYBEL, Vorträge und Aufsätze. Berlin 1874, Hofmann, p. 128.

14 KARL KAUTSKY, Klasseninteresse – Sonderinteresse – Gemeininteresse, in: Neue Zeit XXI, 2 (1903), p. 262.

15 Vgl. für Italien: ROBERTO MICHELS, Storia critica del movimento socialista in Italia. Firenze 1925, Voce.

16 Spuren davon finden sich bei den meisten deutschen Marxisten, selbst bei ihren temperamentvollsten Vertretern, wie bei Mehring. Doch auch die Dogmatiker des marxistischen Auslandes haben sich reichlich mit dem Problem abgegeben: RODOLFO MONDOLFO, Il Concetto di Necessità nel Materialismo Storico, in Rivista di Filosofia, IV, 1 (1912); PAUL LAFARGUE, Le Déterminisme économique de Karl Marx. Paris 1909, Giard et Brière, p. 380.

17 ROBERT MICHELS, Die Deutsche Sozialdemokratie im Internationalen Verbande, in Archiv XXV, 1 (1907), p. 230.

18 WILHELM LIEBKNECHT, Kein Kompromiß, kein Wahlbündnis! Berlin 1899, Vorwärts, p. 19. – EDUARD BERNSTEIN, Die Geschichte der Berliner Arbeiterbewegung. Ein Kapitel zur Geschichte der deutschen Sozialdemokratie. Illustriert mit Bildern und Dokumenten der Zeit. Bd. I: Vom Jahre 1848 bis zum Erlaß des Sozialistengesetzes. Berlin 1907. Buchh. Vorwärts 401 pp. Bd. II: Die Geschichte des Sozialistengesetzes in Berlin. Berlin 1907. 359 pp.

19 WILLI HELLPACH, Gruppenfabrikation. Berlin 1922, Springer, p. 19 ff.

20 Vgl. die Randbemerkung MARXENS zum Gothaer Programm [MEW Bd. 19, S. 17 ff.].

21 ANTON MENGER, Das Recht auf den vollen Arbeitsertrag in geschichtlicher Darstellung. 4. Aufl. Stuttgart – Berlin 1910, Cotta, p. 151.

22 EDUARD BERNSTEIN, Zur Theorie und Geschichte des Sozialismus. 4. Aufl. Berlin 1904, Dümmler, Vol. 1, p. 137.

23 HENRI DE SAINT-SIMON, Du Système Industriel. Paris 1869, Dentu (Oeuvres V, p. 120).

24 Adolphe J. Blanqui, Les classes ouvrières en France, I. c., I, p. 10.
25 Werner Sombart, Die deutsche Volkswirtschaft im neunzehnten Jahrhundert. Berlin 1903, Bondi, p. 531; und Karl Kautsky, Klasseninteresse, I. c., p. 243.
26 Charles B. Spahr, America's working people. Distribution of wealth in the United States. New York 1903, Macmillan, p. 56.
27 John Graham Brooks, The social unrest. Studies in labour and socialist monuments. New York 1903, Macmillan, p. 163.
28 C.A. Schramm, Grundzüge der Nationalökonomie. 2. Aufl. Hottingen-Zürich Schw. Gen.-Druck. 1884, p. 2.
29 Lujo Brentano, Das Arbeitsverhältnis gemäß dem heutigen Recht. Leipzig 1877, Duncker & Humblot, p. 178, 208 ff.
30 Ganz abgesehen von einer grundsätzlichen Ablehnung des Malthusianismus, wie es zumal durch die sozialistischen Gelehrten geschah, die in der Knappheit der Lebensmittel eine Resultante falscher Distribution und ungenügend angewandter oder ungenügend entwickelter Technik betrachteten und die von ihr aufgeführten Probleme somit als durch den Sozialismus von selbst erledigt voraussagten (vgl. z.B. Karl Kautsky, Vermehrung und Entwicklung in Natur und Gesellschaft. Stuttgart 1910, Dietz).
31 Carlo Pisacane, Saggio sulla Rivoluzione. Bologna 1899, Treves, p. 130.
32 Georg Büchner, Friede den Hütten, Krieg den Palästen! Neue Aufl. Berlin 1919, Rowohlt, p. 32 und 39. – Marx scheint selbst die physische Verelendung des Proletariats als notwendige Begleiterscheinung des Kampfes um den Sozialismus mit in den Kauf genommen haben zu wollen. Er stellte alles auf die Entwicklung der Großindustrie ab, der gegenüber alle anderen Rücksichten, auch die auf gesetzlichen Schutz der Kinderarbeit, schweigen müssen, da nur sie das Kommen des Sozialismus garantiert. Bezeichnend für diese Auffassung ist eine Randbemerkung Marxens zum Gothaer Programm, das sich für das Verbot der Kinderarbeit ausgesprochen hatte: »›Verbot der Kinderarbeit!‹ Hier war absolut notwendig, die Altersgrenze anzugeben. Allgemeines Verbot der Kinderarbeit ist unverträglich mit der Existenz der großen Industrie, und daher leerer, frommer Wunsch. Durchführung desselben – wenn möglich – wäre reaktionär, da bei strenger Regelung der Arbeitszeit nach den verschiedenen Altersstufen und sonstigen Vorsichtsmaßregeln zum Schutz der Kinder, frühzeitige Verbindung produktiver Arbeit mit Unterricht eines der mächtigsten Umwandlungsmittel der heutigen Gesellschaft ist.« [MEW Bd. 19, S. 31 f.]
33 Sébastien Leprêtre de Vauban, La Dime Royale. Paris 1874, Librairie de la Bibliothèque Nationale, p. 77.
34 Saint-Simon, Du Système Industriel, Vol. VI, p. 261.
35 Kurt Eisner in seiner köstlichen Maierzählung Nobel-Mai, in seinem Buche: Feste der Festlosen. Dresden 1906, Kaden, p. 26 ff.
36 Anna Maria Mozzoni, I Signori sono forti?, in La Lotta Proletaria, I, 6. Mirandola 1905.
37 Maurice Halbwachs, La classe ouvrière et les niveaux de vie. Paris 1913, Alcan, p. 78.
38 Giovanni Zibordi, La Storia di Federico ossia Dalla Ignoranza al Socialismo. Mantova 1901, Fleischmann, p. 51.

39 Paul Kampffmeyer, Zur Maifeierfrage, in den Sozialist. Monatsheften, VIII (X) 4, p. 764 ff.
40 E. De Amicis, Il Primo Maggio; in der Nuova Antologia, 1902, p. 6/7.
41 Vgl. hierüber vor allem Werner Sombart, Der proletarische Sozialismus (»Marxismus«) (10. neugearbeitete Aufl. d. Schrift »Sozialismus und Soziale Bewegung«). Vol. I: Die Lehre, 488 pp.; Vol. II: Die Bewegung, 523 pp. Jena 1924, Fischer.
42 Kautsky, Klasseninteresse, p. 262.
43 Bazard, Doctrine de Saint-Simon, Exposition. Première Année 1818–1829. 30 éd. Paris 1831, p 193.
44 Kautsky, Klasseninteresse, p. 271.
45 Werner Sombart, Sozialismus und soziale Bewegung. 6. Aufl. Jena 1908, p. 137.
46 Benedetto Croce, Materialismo Storico ed Economia Marxistica. Saggi Critici. Milano-Palermo 1900, Sandron, p. 57.
47 Vgl. z.B. die Fehde zwischen Julius Wolf und Werner Sombart (Arch. f. Sozialgesetzgebung, Bd. V, p. 487 ff.; Bd. VI, p. 135–165), in welcher wenigstens in diesem Punkte das Recht in der Mitte liegen dürfte.
48 Luigi Fabbri, Die historischen und sachlichen Zusammenhänge zwischen Marxismus und Anarchismus, im Archiv, Bd. XXVII, 2, pp. 559–605.
49 Eduard David, Zur vorläufigen Abwehr, in den Sozialist. Monatsheften, VII (IX), Bd. I, Nr. 5
50 Zumal Rudolf Goldscheid, Höherentwicklung und Menschenökonomie. Grundlegung der Sozialbiologie. Leipzig 1911, Klinkhardt; und Lynkaeus (Josef Popper), Die allgemeine Nährpflicht als Lösung der sozialen Frage. Dresden 1912, Reißner.
51 Austin Lewis, The Rise of the American Proletarian. Chicago 1907, Kerr, p. 136.
52 Vgl. z.B. Rudolf Penzig (Massenstreik und Ethik. Frankfurt a.M. 1905, Neuer Frankf. Verlag, p. 39) der von dem »ungeheuren Kapital sittlichen Mutes und edelster Opferfreudigkeit in den Streikorganisationen« spricht; aber auch Herkner, Arbeiterfrage. 5. Aufl., p. 49, 98, 186.
53 Gabriel Tarde, La Logique Sociale. Paris 1895, Alcan, p. 189; vgl. auch Giuseppe Oggero, Il Socialismo. Milano 1896, Uff. Critica Soc., p. 27.
54 In diesem Sinne wird sie z.B. von Vilfredo Pareto aufgefaßt. Wie einst Jesus Christus so hält er es für seine Pflicht, den Tempel von den falschen Dienern zu reinigen und dazu den Stecken zu führen, dessen es bedürfe, um den falschen Propheten ihre Weisheit, die ihnen oft freilich ganz unbewußt vom Instinkt, Interesse, Bedürfnis oder auch vom Gefühl und meinetwegen von der Sittlichkeit, alles Dinge, die in natürlichem Widerspruch zur Wissenschaft stehen, eingegeben werde, auszutreiben. Wohlbemerkt, zur Wissenschaft, nicht zur Politik. Denn Pareto ist weit davon entfernt, für die praktische Politik und das Menschenleben überhaupt (welch ersteres ihn allerdings in keiner Weise interessiert, und über welch letzteres er sich in keiner Weise äußert) den Wert des Glaubens und des Gefühls zu bestreiten. Er lehrt umgekehrt sogar, daß der Glaube, und mehr noch, der Kampf der verschiedenen Glaubenslehren um den Menschen ein geradezu unentbehrliches Zement für ein gesundes Volksleben darstellen. Pareto spricht die Überzeugung aus, daß ein Volk senza fede – Sorel würde sagen sans mythe – seinen Wert einbüßen müßte, weil ohne Glauben (nicht-logische Aktion) das Volk sich in den sumpfigen Niederungen

der Tatenlosigkeit und Faulheit oder gar blöder Lasterhaftigkeit verlieren müßte (Vilfredo Pareto, Trattato di Sociologia generale. Florenz 1916, Barbera, Vol. I, p. 4).

55 Louis Blanc, Organisation du Travail, p. XIII; Mirabeau dachte anders. In der 23. Note à la Cour (Paris 1790, p. 210) vermeinte er, das französische Volk sei »préparé par les sentiments de ses maux et par les fautes de son Gouvernement à la révolution, qui vient de s'accomplir, bien plus que par le progrès général de ses lumières.«

56 Darüber berichtet zuerst Spencer, in seiner Einleitung zum Studium der Soziologie. Leipzig 1875. Brockhaus, p. 50.

57 Rosa Luxemburg, Massenstreik, Partei und Gewerkschaften. Hamburg 1906, Dubber, p. 63.

58 Rosa Luxemburg, Sklaventanz in Frankfurt, in Die neue Zeit, XX, Bd. 1, Nr. 6.

59 William Morris, Communism. London 1903, Fabian Society Tract, p. 5.

60 Vgl. hierzu u.a. neuerdings auch Kurt Geyer, Der Radikalismus in der deutschen Arbeiterbewegung. Ein soziologischer Versuch. Jena 1923. Thüringer Verlagsanstalt.

2
Eine syndikalistisch gerichtete Unterströmung im deutschen Sozialismus (1903–1907)[1]

In der kleinen, unindustriellen Universitätsstadt Marburg mit klein- und mittelbäuerlicher Umgegend waren im Jahre 1903 in den Reichstagswahlen fünf Kandidaten aufgestellt worden, von denen ein Herr von Pappenheim (Konservativer) und Helmuth von Gerlach (Nationalsozialer, Anhänger von Friedrich Naumann) mit 3605 gegen 4907 Stimmen in die Stichwahl kamen. Die Entscheidung lag bei den Antisemiten (2400 Stimmen), dem Zentrum (1900 Stimmen) und den Sozialdemokraten (1460 Stimmen). Letztere entschieden sich dafür, unter Beziehung auf den im Vorjahre auf dem Parteitag zu München gefaßten Beschluß, Stimmenthaltung zu proklamieren. Der entsprechende Antrag in München war von keinem Geringeren als August Bebel eingebracht worden; er war sogar einstimmig angenommen worden. Er besagte, daß, falls die Sozialisten in die Lage kämen, an der engeren Wahl zwischen gegnerischen Kandidaten sich beteiligen zu müssen, sie nur für solche Kandidaten eintreten dürften, die sich u.a. bereit erklärten, im Falle ihrer Wahl gegen jede neue Militär- und Marinevorlage, die höhere Kosten erforderte, zu stimmen.[2] Diese Möglichkeit lag für Gerlach als damaligem demokratischen Weltmachtspolitiker nicht vor. Die sozialistische Stimmenthaltung in Marburg ergab sich also klar aus dem bindenden Wortlaut des Parteitagsbeschlusses.

Zur Begründung gab die Resolution, welche die Unterschrift des Kandidaten Schriftsteller Paul Bader, sowie des Vertrauensmannes Georg Härtling, eines Buchdruckers, trug, ferner noch die Notwendigkeit der Aufräumung mit den Mittelparteien, die den demokratischen Bestandteilen des deutschen Sozialismus freilich sehr am Herzen lagen, an. Dieser Gedankengang war in folgende, allerdings nicht gerade hervorragende Form gebracht worden:

»Die sozialdemokratischen Wähler dürfen zu ihrem Teile nichts tun, um den Nationalsozialen den Weg ihrer Verdummungsarbeit zu bahnen und ebnen zu helfen. Der

Konservative ist der offene Reaktionär; er bietet in der Zukunft Angriffspunkte auf allen Seiten und ist glatt und scharf zu bekämpfen. Der Nationalsoziale schillert in allen Farben und streut nach Art der verflossenen Antisemiten gar manchem geringen Mann Sand in die politischen Augen.

Der Sozialdemokratie kann im eigenen Interesse aber lediglich an der Klarheit im politischen Kampfe liegen. Hier offener Rückschritt und unmaskierte Feindschaft gegen die werktätige Bevölkerung, insonderheit die Arbeiterklasse – das ist der Konservativismus! Dort unaufhaltsames Vorwärtsdrängen, Klassenkampf und rastloses Eintreten für die Interessen aller Unterdrückten – das ist die Sozialdemokratie! Was dazwischen liegt, ist von ebenso großem politischem Übel wie der Konservativismus selbst!

Stellungnahme zum Reichstagswahlrecht, die gegebenen Falles bei der Beurteilung der Stichwahl und Kandidaten von großer Bedeutung wäre, scheidet diesmal so gut wie ganz aus, da nach den Erfolgen, die das Zentrum noch errungen, an ein Antasten des geheimen, gleichen, direkten und allgemeinen Wahlrechts im nächsten Reichstag nicht zu denken ist. Das Zentrum wird aus dem Interesse der Selbsterhaltung erst dann an das Wahlrecht gehen, wenn es die Masse der Arbeiterstimmen verloren hat.

Folglich kann es nur eines geben:

Wir enthalten uns der Stimme!

Schließlich zwingt uns hierzu noch ein Drittes: Gerlach ist der einzige Nationalsoziale, der in die Stichwahl gekommen ist. Alle übrigen nationalsozialen Reichstagskandidaten, darunter auch Naumann, sind in der Hauptwahl glatt unterlegen! Es ziemt sich nicht, daß Sozialdemokraten dem letzten Vertreter einer Gruppe in den Sattel helfen, die in das politische Leben mit der arroganten Verkündigung eingetreten ist, die Millionenpartei der Sozialdemokratie – ablösen zu wollen.

Demnach kann es für die sozialdemokratischen Wähler nur das eine geben: sich der Abstimmung zu enthalten!«

Das entsprach der Stimmung in gewissen sozialistischen Kreisen, die sich zumal als Reaktion gegen den Versuch der Gründung einer Partei, welche etwas durcheinander Demokratie und Kaisertum, Flottenpolitik und Freihandel, Kampf gegen Junkertum und Revolution vertrat, und wie sie von Friedrich Naumann betrieben wurde, eingestellt hatte. Kurt Eisner, der ja auch (bis 1898) in Marburg gewirkt hatte, hatte gerade die Nationalsozialen einer sehr scharfen Kritik unterzogen und war dabei zu dem Ergebnis gelangt, die politische Hygiene erfordere gebieterisch, daß die Wirrnis der Zeit nicht noch durch solche Zwitterbildungen weiter gesteigert werde.[3]

Natürlich erregte der Beschluß der Stimmenthaltung erhebliches Aufsehen. Der Betroffene, Helmuth von Gerlach, klagte, unter den Marburger Sozialisten gäbe es zwei Gruppen: die eine, ländliche, die vernünftig genug sei, sich in den Stichwahlen für ihn einzusetzen; dagegen habe andererseits eine kleine Gruppe von Akademikern in Marburg einen Doktrinarismus herangezüchtet, der die merkwürdigsten Dinge erwarten lasse. »Diese Leute gingen von der Ansicht aus, daß das größere Übel für die Arbeiter, das kleinere für die Sozialdemokratie sei.« Für sie sei die Wahl eines reaktionären Kandidaten in den Wahlen das kleinere Übel.

In einem Punkt hatte Gerlach recht:

Hinter dem Beschlusse standen in der Tat vorzüglich einige junge Akademiker, die sich um jene Zeit in Marburg aufhielten. Es waren das Robert Michels[4], der in Paris, München, Leipzig, Halle und Turin studiert hatte und Doktor der Philosophie war, Ernst Thesing, ein junger Assistenzarzt, Sohn des Bürgermeisters von Tilsit, der schon eine Weltreise hinter sich hatte, dessen Bruder Curt, Naturwissenschaftler, der später Verlagsbuchhändler wurde, Frau Gisella Michels, die Gattin des oben genannten, Tochter des Hallenser Historikers Theodor Lindner. Ihnen nahe stand, wenn auch der Partei nicht angehörend, aber sie gelegentlich durch Wort und Schrift unterstützend, Otto Buek, Deutschrusse, Philosoph, Schüler von Hermann Cohen und Übersetzer Tolstois. Manche kantianischen und tolstoianischen Elemente, Pflichtbewußtsein, Wahrheits- und Bekennermut vermischten sich mit der marxistischen Grundauffassung der Geschichtsphilosophie.

Gegen den rechtskräftigen Beschluß der Sektion Marburg wandte sich nun aber, in völliger Verkennung der konstitutionellen Prinzipien der Partei und der Autonomie ihrer Sektionen, auch der sozialdemokratische Opportunismus. Das unter Leitung von Curt Eisner stehende Zentralorgan, der Berliner Vorwärts, brachte am 24. Juni eine Note, in der es im Hinblick auf den Wahlkreis Marburg und unter dessen Namensnennung hieß, wo es gelte, einen Brotwucherer[5] zu Fall zu bringen, müsse dieses Ziel allen anderen vorausgehen: die Marburger Sozialisten dürften deshalb nicht zögern, für Gerlach einzutreten. Mehr noch, ein Freund Gerlachs, der sozialdemokratische Abgeordnete Wolfgang Heine, telegraphierte sofort die Notiz aus Berlin an Gerlach in Marburg weiter, woraufhin dieser, was sein gutes Kriegsrecht war, sofort Extrablätter verteilen ließ, mit Hilfe deren es ihm denn auch gelang, im letzten Augenblick doch noch manche sozialistische Stimme zu fangen und seine Wahl zum Reichstag durchzusetzen.

Das war Nicht-Beachtung eines Parteitagsbeschlusses und der Demokratie durch eine Gruppe von Machthabern, die im Besitze der Leitung von Parteiorganen oder Reichstagsmandaten waren und sich auf diese Weise für berechtigt hielten, sich über die unbequemen Satzungen hinwegzusetzen; war Führerschaft versus Geführtenschaft, aber nicht aus bewußtem Prinzip, etwa aus einer Elitetheorie, sondern unbewußt aus übler Angewohnheit, heimlicher Geringschätzung der Massen und des Unterführerkreises sowie aus einer Überschätzung der Heilskraft des Parlamentarismus heraus. Die Marburger Gruppe war äußerst erregt, umsomehr als ein von ihr an die Adresse Heines gerichtetes Tadelsvotum diesen zu einem ebenfalls im Vorwärts (12. August 1903) veröffentlichten Eingesandt veranlaßte, in welchem er sehr von oben herab erklärte, er habe mit seinem bewußten Telegramm nur seine Pflicht getan, indem er die Marburger Sozialisten daran verhindert habe, sich zu »blamieren« und durch ihr Verhalten einem Reaktionär zu einem Reichstagssitz zu verhelfen.

Nun griff August Bebel in die Angelegenheit ein. Ein Brief von ihm an Robert Michels kreuzte sich mit einem Schreiben des letzteren an ihn. Bebel erklärte sich in ihm (unter dem 15. August 1903 aus Küsnacht bei Zürich) mit den Marburgern solidarisch. Sie hätten nur dem Parteitagsbeschluß in München entsprechend und somit ganz korrekt gehandelt, zumal der Parteivorstand, dem er selbst angehöre, keine neue Parole zu den Stichwahlen ausgegeben habe. Zumal aber sei die Indisziplin und die Großmannssucht gewisser Parteimitglieder unerträglich; unerträglicher noch, weil gerade sie es wären, die ihn, Bebel, gewohnheitsgemäß der Diktatur bezichtigten.

Bebel schrieb damals weiterhin: »Wenn in Dresden die Marburger Angelegenheit zur Sprache kommt – und ich möchte wünschen, daß die Marburger Genossen jemanden nach Dresden senden, der Haare auf den Zähnen hat –, dann werde auch ich meine Meinung sehr unverhohlen sagen. Geben Sie dann dem Betreffenden diesen Brief mit...«

Eine Parteiversammlung in Marburg nahm darauf mit 80 gegen 3 Stimmen eine Resolution an, in welcher der Vorwärts wegen seines unstatthaften Eingriffes scharf getadelt wurde. Auf dem vom 13. bis 20. September 1903 stattfindenden Kongreß der Partei in Dresden brachte Michels dann als Delegierter mit 24 Genossen den Antrag ein, der Parteitag möge auf das Entschiedenste das Verhalten Wolfgang Heines mißbilligen, weil er in seinem im Vorwärts veröffentlichten Artikel implicite die Behauptung aufgestellt hatte, daß man sich »durch Befolgung eines Parteitagbeschlusses blamieren« könne. Die Haltung Heines sei um so kräftiger zu verurteilen, als er die Taktlosigkeit besessen habe, zugunsten eines ihm befreundeten politischen Gegners gegen eine Lokalorganisation der eigenen Partei einzugreifen.[6]

Nach der gleich am ersten Tage gehaltenen gewaltigen Anklagerede August Bebels gegen die Revisionisten, welche den Kongreß tief bewegt hatte, hatte Michels als nächster Redner die Fäden in der Hand. Wie die Dinge lagen, konnte es massenpsychologisch kaum zweifelhaft erscheinen, daß ein Tadelsvotum gegen Heine und den Vorwärts, welches die Reformisten als Ganzes getroffen haben würde, angenommen worden wäre. Seine frisch gewonnenen Parteifreunde hielten Michels denn auch kräftig dazu an, den großen Schritt zu wagen, der weite Wellen geschlagen haben würde. Es war keine Frage: das

Schicksal der deutschen Sozialdemokratie und vielleicht mehr noch stand auf dem Spiele. Der Unterstützung des extremen Flügels war Michels gewiß. Rosa Luxemburg, Arthur Stadthagen und Georg Ledebour hatten ihn einer nach dem anderen beiseite gezogen und ihm nahegelegt, das Mißtrauensvotum gegen die Revisionisten aufrechtzuerhalten. Es war vorauszusehen, daß in Anbetracht der Erregung, welche den Kongreß kennzeichnete, das Votum durchgegangen wäre; es war zum mindesten wahrscheinlich, daß dieses zum Bruch geführt haben würde. Welche Folgen die Spaltung nach sich gezogen haben würde, war nicht abzusehen. Michels selbst hatte sich die Einbringung des Tadels vorgenommen. Als er aber seine Rede beendet hatte und noch auf dem Pult stand, brach er plötzlich ab. Er fand zwar mißbilligende Worte gegen die Übermütigen, aber endete, sich selbst ziemlich unverhofft und unter dem lebendigen Impuls, die schwere heiße Luft durchbrechen zu müssen, mit einem Appell gegen das alles Leben ertötende Mißtrauen, d.h. also mit einem Appell an die Einheit und Brüderlichkeit. Das mochte manchem schwach erscheinen und war es auch. Und war doch das Richtige. Michels schrieb damals in sein Tagebuch: »Es waren zwei Gründe, die mich zur Reserve bewogen. Es konnte mir, dem Jungen, nicht in den Sinn kommen, die Verantwortung für den Ausschluß so vieler hervorragender Männer zu tragen. Ferner aber auch sah ich das Ungeneröse, das darin gelegen haben würde, den nicht immer von persönlichen Motiven freien Haß, welchen die sogenannten Radikalen den ihnen im Durchschnitt geistig und an Bildung weit überlegenen Revisionisten entgegenbrachten, auszunützen, und sei es auch nur zu höheren Zwecken...«

Mit der schwindelnden Schnelligkeit, mit der der entschlossene Mensch ernste Beschlüsse zu fassen und durchzuführen pflegt, gerade wenn ihm zum Zaudern keine Zeit mehr zur Verfügung steht, hatte sich Michels in wenigen Sekunden ein Bild ergeben, von dem schon jeder einzelne Zug genügt haben würde, ihn von seinem Vorhaben Abstand nehmen zu lassen. Die Masse der Delegierten war nach der Bebelschen Rede völlig im Taumel, zu jeder ernsten Überlegung unfähig. Sie stand im Begriffe, zur Beute des ersten Besten zu werden, der mit verstärkter Wucht in das Horn des großen Agitators gestoßen hätte. Dieser erste Beste zu sein, verbot Michels aber das Gewissen. War er sich wirklich der Verantwortung, die er auf sich lud, bewußt? Sicher. Und bewußt war er sich auch seiner Jugend, die nach damaligen Begriffen allein schon weise Beschränkung auferlegte, bewußt des bösen unsachlichen Fanatismus so manches unter den engeren Parteigenossen des linken Flügels. Vielleicht auch – dessen war er sich später nicht mehr ganz gewiß – fühlte er sich mit dem Mutterboden nicht mehr genügend verwachsen, um Schritte von solcher Tragweite übernehmen zu können, weilten seine Gedanken schon zu weit anderswo.

Der Dresdener Parteitag war indes lediglich Episode. In manchem damaligen Sozialisten glimmte das Feuer unter der Asche weiter. Der Ruhrarbeiterstreik (1905) und dessen gegen die Massen durchgesetzte Niederringung durch die zugleich mit Abgeordnetenmandaten versehenen Gewerkschaftsführer gab zu lebhaften Polemiken Anlaß, welche durch eine Reihe heftiger Angriffe genährt wurden, die Konrad Hänisch in seiner Dortmunder Arbeiterzeitung gegen die Strategen der Arbeiterbewegung erscheinen ließ. Überhaupt erschien der Zwiespalt zwischen der revolutionären Phraseologie und der mehr als ängstlichen Politik, kurz, die Einflußlosigkeit der Dreimillionenpartei auf die Innen-, zumal aber auch auf die Außenpolitik des Reiches immer greller. Michels selbst sollte höhnen, die deutsche Sozialdemokratie sei einem Riesen ähnlich, der trotz seiner Gliedmaßen keine Jungfrau zu schwängern imstande sei.[7] Eindrucksvoll war auch ein Ausspruch von Bernard Shaw, um so wirksamer, als gerade er als Fabier in Deutschland für besonders revisionistisch galt: Die deutsche Sozialdemokratie gäbe sich zwar katastrophale Allüren, sei aber in ihren politischen Tagesforderungen äußerst bescheiden und unbedeutend.[8]

Die Demokratie erschien Michels allmählich im Lichte eines Kults der Inkompetenz und als von einer schnöden Angst vor jeder männlichen Verantwortlichkeit beseelt. Im Parlamentarismus im besonderen erblickte er mehr und mehr den unbefugten Herrn des Parteilebens, dessen Rechnereien und Berechnungen zuliebe auf jede starke Idee und jede kräftige Handlung Verzicht geleistet werde. Diese Empfindung verstärkte sich durch seine seit 1902 lebendigen Beziehungen zu den jungen Nationalökonomen Arturo Labriola und Enrico Leone in Neapel und mehr noch durch das ständige freundschaftliche und geistige Verhältnis, das ihn seit Anfang 1904 mit der Gruppe der französischen Syndikalisten um Georges Sorel, Hubert Lagardelle, Edouard Berth, Paul Delesalle, Victor Griffuelhes, verband. Seit Dezember des gleichen Jahres wurde er ständiger Mitarbeiter an der Zeitschrift »Le mouvement socialiste«, hielt auch von Zeit zu Zeit am Collège Libre des Sciences Sociales im Hôtel des Sociétés Savantes in der Rue Danton in Paris Vorträge über internationalen Sozialismus. Wenn er auch zu der isolierten Action Directe und dem Mythus des Generalstreiks als periodisch auf die kommende Gesellschaft vorbereitendes Manöver einige Distanz bewahrte, so ließ er sich doch substantiell für die neue Richtung gewinnen, die mit großer Energie und Kühnheit durch den Versuch der Verschmelzung Marxens mit Proudhon und Pareto eine Neubelebung der idealen und energetischen Potenzen in der Arbeiterbewegung erstrebte.

Seine starke Tätigkeit in Frankreich nahm Michels viel Zeit und Kraft. Seine nicht geringere Tätigkeit in Italien, mit dessen politisch und geistig leitenden Männern er seit 1900 in engster Verbindung stand, kam noch hinzu.

In diesen Jahren nahm Michels auch eine sozialdemokratische Kandidatur zum Reichstag an. Es war das in dem entlegenen Kreis Alsfeld-Lauterbach in Oberhessen, im Vogelsberg. Die Aussichtslosigkeit selbst gab ihm willkommene Gelegenheit zu reiner Weltanschauungsarbeit.

Seine Arbeit an den Parteitagen blieb äußerst bescheiden und durchaus sekundär. Sie lief auf eine Rückenstärkung aller als marxistisch betrachteten Bestrebungen hinaus. Wir greifen heraus den Versuch, die Abgeordneten um ihr Recht zu bringen, als solche auf den Parteitagen mitzustimmen, da sie vom Wahlkörper, nicht von den organisierten Parteimitgliedern abhängig sind und somit ihre Stelle nicht der Partei allein verdanken.[9]

Auf die Dauer war das Bündnis der Marburger Gruppe mit August Bebel nicht aufrechtzuerhalten. Die Grundehrlichkeit des Parteidiktators, sein revolutionäres Temperament, seine Gegnerschaft gegenüber den wahlarithmetischen Machenschaften, sein Fleiß, sein Ernst, seine Gewissenhaftigkeit, waren der Marburger Gruppe kongruent, aber mehr und mehr entwickelten sich die Trennungspunkte. Schließlich war Bebel bei allem doch typischer Mehrheitspolitiker, doch ohne Glauben an die Kraft (und noch weniger an das Recht) geistiger oder willensmäßiger Minderheiten. Dazu kam ein philosophischer Materialismus, der ihn die Dinge ganz anders sehen ließ, als es die jungen Brausköpfe gewohnt waren.

Bebel, dessen starke positive Seiten gerade Michels wohl zu würdigen wußte, war zu kleinbürgerlich, in internationalen Fragen zu unbewandert und engbrüstig, letztendlich doch zu sehr pommerischer Unteroffizierssohn, um die junge Schar der Idealisten befriedigen zu können. Seine stete Betonung der Bereitwilligkeit, für das Vaterland zu sterben, leistete der imperialistischen Politik Wilhelms II., der sie auf diese Weise die Sicherheit der Ungestörtheit gab, Vorschub. Selbst Werner Sombart sah sich bemüßigt, in der fünften, 1905 erschienenen Auflage seines »Sozialismus und soziale Bewegung« das Kapitel über die Stellung der deutschen Sozialdemokratie zum Vaterlandsproblem nach eingehenden Untersuchungen mit den Worten zu schließen: »Wegen solcher und ähnlicher Auslassungen wird der deutschen Sozialdemokratie von vielen ausländischen Sozialisten der Vorwurf des Chauvinismus gemacht, wie mir scheint, vom Standpunkte eines reinen sozialistischen Glaubensbekenntnisses aus nicht mit Unrecht.«

Seit Ende 1906 kam eine kurze Spanne neuen Lebens in die Marburger Bude. Robert Michels war dort, soweit es ihm seine Vortragsreisen in Deutschland, Frankreich, Italien gestatteten, wohnen geblieben. Freilich hatte er seit 1905 Lehrkurse an der Université Nouvelle in Brüssel übernommen, wo er mit Vandervelde, Degreef, Enrico Ferri, Vanderborren u.a. zusammenwirkte. Die Thesings und Buek waren weggezogen. Dafür kam aber ein sehr lebendiger Denker und vor allem begnadeter Redner von großer Bildung, voller Arbeitslust und Ehrgeiz[10] nach Marburg, Adolf Köster, der eben schon ein Werk über Pascal vollendet hatte[11], Kandidat der Theologie, der später noch zu großen Dingen berufen sein sollte. Köster wurde flankiert von seinem Freunde Dr. phil. Rudolf Franz, der sich durch Sarkasmus, Unentwegtheit und dichterische Ader auszeichnete. Zu diesen dreien gesellte sich noch ein vierter sozialistisch gesinnter junger Student, der sich dort der Partei anschloß, Hans Teschemacher. Köster und Franz trafen sich gefühlsmäßig mit Michels in der Betonung eines lebendigeren Idealismus in der Partei, in der Negation der Mittelparteien und des Bündniswesens, in der Abneigung gegen den Parlamentarismus sowie in dem leidenschaftlichen Appell an die Jugend. So kam es im Winter 1906/07 in Marburg zu einem energischen Versuch der Gewinnung der akademischen Jugend für den Sozialismus. Den Höhepunkt fand dieser in der Befehdung der nationalliberal-deutschnationalen Professorenschaft, unter der manche Männer von Belang wirkten, die es aber außer Martin Rade und Paul Natorp für unter ihrer Würde hielten, sich mit den Problemen des Sozialismus ernstlich zu befassen, dafür aber, wie Mirbt und Theobald Fischer, es nicht verschmähten, ihre unbefangene Unwissenheit durch Kundgebungen desto kräftigeren Widerwillens gegen die Versuche, »die Jugend zu verderben« und »Thron und Altar umzustürzen«, zum Ausdruck zu bringen. Nachdem es Köster gelungen war, sich der Mitwirkung eines deutschnational gesinnten Bibliothekars an der Marburger Universitätsbibliothek, namens Max Christlieb, zu vergewissern und Michels seinerseits die Freude hatte, auf eine Zusage seines alten Freundes, Kaplan Dr. Carl Sonnenschein, Lehrer an der München-Gladbacher Zentrumsschule, rechnen zu können[12], veranstaltete man für Montag, den 18. Februar 1907, im Saale des Café Quentin eine öffentliche Disputation über das Thema Sozialismus, Nationalismus und Studentenschaft. Es war ein Ereignis; der Saal war überfüllt: Studenten, Arbeiter, Bürger, sogar eine Handvoll Professoren, darunter Paul Natorp und Heinrich Sieveking, waren erschienen. Man diskutierte geschlagene sechs Stunden lang, von 8 Uhr abends bis 2 Uhr morgens. Dem Leitartikel der linksbürgerlichen Hessischen Landeszeitung zufolge wuchs sich der Abend für die Veranstalter zu einem gewaltigen Erfolge aus. Die Disputation werde – hieß es – im Gedächtnis aller Zuhörer fest haften bleiben. Manche fanden die gehaltenen Reden zwar seelengefährdend und staatsgefährlich, aber in einer Universitätsstadt solle man nicht nur: Freies Wort, lebe! singen, sondern man solle auch freies Wort üben und pflegen. »Die Disputation hat in jedem, der ihr aufmerksam gefolgt ist, eine Menge Gedanken und Empfindungen angeregt; sie hat ihn, auch wenn er schließlich etwas mehr widersprechen mußte, als er zustimmen konnte, reicher gemacht.« Das Verhalten der sozialdemokratischen Presse war natürlich auf ein Halleluja gestimmt; die konservative warnte auf das Äußerste vor der Wiederholung solcher, für die Studentenschaft bedrohlicher Experimente, die nur dazu führen könnten, den jungen Leuten die Köpfe zu verdrehen. Das Benehmen der national gesinnten Musensöhne in der Versammlung selbst war kläglich. Sie wunderten sich, wie sie in der Presse selbst zugaben, Stein und Bein, daß zu der Disputation »selbst Frauen« erschienen waren. Als gar eine derselben, Frau Gisella Michels, das Wort ergriff, erhoben sie ein Gelächter. Was sich von ihnen selbst aber zur Diskussion meldete, erwies sich, dem Verhalten der meisten Rechtsparteiler der Zeit entsprechend, als völlig unreif zu wissenschaftlichen Debatten. Einige ältere Semester eiferten über Ton- und Anstandsfragen, redeten über gute Erziehung, traten aber in die Erörterung der in Frage stehenden Probleme gar nicht ein. Aus dem Inhalt der Disputation seien nur einige Stichworte wiedergegeben: Michels analysierte zuerst den bürgerlichen Vaterlandsbegriff im Sinne seiner dem Neukantianer Karl Vorländer gewidmeten und kurz vorher veröffentlichten Broschüre[13], ging dann dazu über, nach Marxscher Manier das Verhältnis von Klasse und Nation klarzustellen und brachte schließlich drei Thesen ein, von denen die letzte hier Platz finden möge:

»Das ›Vaterland‹ ist ein historisch wandelbarer Begriff, über dessen Begrenzung in letzter Instanz die Resultate der jedesmaligen Machtverhältnisse entscheiden. Die ›nationalen‹ Fragen vermögen jedoch auf die Dauer nur auf Grund einer Gewährleistung des Rechtes aller Volksteile auf Selbstbestimmung ohne Rücksicht auf die geschichtlich gewordenen und also auch geschichtlich vergänglichen Grenzen der heutigen Zufallsstaaten gelöst zu werden. Dieses Recht auf völkische Selbstbestimmung erhält aber erst wirkende Kraft durch die Lösung der sog. sozialen Frage, mit der sie auf das engste verknüpft ist. Inzwischen aber fällt die einzige Pflicht, die sich uns aus dieser Kritik des offiziellen Patriotismus herleitet, damit zusammen, was man als Kulturpatriotismus bezeichnen könnte und was Goethe einmal in die Worte faßte: ›Wenn ein Dichter lebenslänglich bemüht gewesen ist, schädliche Vorurteile zu bekämpfen, engherzige Ansichten zu beseitigen, den Geist seines Volkes aufzuklären, dessen Geschmack zu reinigen und dessen Geschmack zu veredeln, was soll er dann besseres tun, wie soll er dann patriotischer wirken?‹ In diesem Postulat erkennt heute der internationale Sozialismus, der sich somit mit der Auffassung nationaler Pflichten identifiziert, seine vornehmste Daseinsberechtigung.« Adolf Köster sprach mit Feuerzungen. Hatte Michels wesentlich als Historiker und Soziologe geredet, so sprach Köster gleich einem Kanzelredner. Nationalismus und Imperialismus, die auf der gleichen Stufe ständen, seien die letzten Schlupfwinkel der bürgerlichen Gesellschaft und die letzte Frucht an einem dem Tode geweihten Baume. Die Klassengegensätze seien international. Sozial denken heiße also international, heiße ethisch denken. Nationalismus und Imperialismus seien unsittlich. Der Redner behandelte dann die Stellung der Studentenschaft zu diesen Fragen. Eine Regierung sei jedesmal der Arm der herrschenden Klasse. »Dieses Klasseninteresse muß sich notwendig gegen alles wenden, was sich ihr entgegenstellt. Die Regierung verlangt von den Studenten nur Königstreue, nicht Fleiß und Tüchtigkeit. Alle akademischen Berufe sind Klassenberufe.« Die Studenten seien aus bloßem Instinkt Anhänger der herrschenden Klassen. »Bekämpfen Sie uns doch, nur lassen Sie das gräßliche Schweigen!« Eine Niederlage des Sozialismus ist eine Niederlage der Kultur. Von der Bourgeoisie ist Gut und Recht gelehrt worden, und mit diesem Maßstab ist sie selber zu messen. Ein Viertel aller Studenten hat überhaupt nicht das Recht zu sittlicher Existenz. Es wird Zeit, daß sie sich mehr um das politische Leben kümmern. Es wird jetzt eine neue Welt geboren, aber die Studentenschaft merkt es nicht. Sie kompromittiert den deutschen Namen im Auslande. Unsere höhere Bildung ist unsittlich und ungerecht. Der Patriotismus der Studenten ist zu neun Zehntel Klimbim... Die von Köster eingebrachte Tagesordnung lautete folgendermaßen:

»1. Die Studentenschaft in unserer heutigen Gesellschaftsordnung kann den Problemen der Politik durchaus nicht unparteiisch gegenüberstehen, sondern sie ist als ein Anhängsel unseres bürgerlichen Klassenstaates zu betrachten.

2. Trotzdem bieten sich gerade den Studenten wegen ihrer finanziellen Unabhängigkeit und des, wenn auch heute sehr geringen Idealismus, den die Berührung mit der Wissenschaft erzeugt, wohl Anknüpfungspunkte an die sozialistische Weltanschauung dar. Durch solche Ideologien, die meist sittlicher Natur sind, kann der bürgerliche Student sich zu der sozialistischen Ansicht vom Klassenkampf als erstem Motor der Kultur durchringen.

3. Die Beteiligung der Studenten an der Politik ist in unserer Zeit direkt geboten. Der Eintritt in die sozialdemokratische Partei ist für einen Anhänger des sozialistischen Kulturideals einfach selbstverständlich. Für den etwaigen Fanatismus ist die bürgerliche Gesellschaft verantwortlich.«

Die Disputation wurde einige Wochen später in der Universitätsstadt Gießen wiederholt.

In allen diesen Dingen lag viel Trieb und Drang. Auch wo viel Überlegung dabei war, überwog wohl häufig das Triebmäßige, was nicht ohne weiteres politisch schädlich zu sein braucht. Es war jugendliche Reaktion nicht nur gegen die bürgerliche Welt, die Regierung, sondern letztendlich auch gegen die Arbeiterbewegung, so wie sie geworden war. Es war, wie es Platon vom französischen Syndikalismus gesagt hat, organische Reaktion aus Überdruß an der Parteipolitik und ihren Folgen, Rebellion gegen die Mittelmäßigkeiten der berufsmäßigen Parteileitung, die sich der Höhe ihrer Aufgabe der Nation, zumal aber der Idee gegenüber nicht bewußt war, Kampf der Ideologie gegen die Selbstzweck gewordene Organisation.[14]

Diese – im letzten Ende eschatologische – Stimmung brachte die Marburger Gruppe in die Nähe der Götter. Max Weber und Werner Sombart gewannen Interesse für sie. Ersterer, der in Heidelberg zum geistigen Mittelpunkt für alle jungen aufstrebenden Gelehrten des Landes geworden war – er hatte, wie er selbst spöttisch meinte, einen Salon des refusés eröffnet –, die wegen der Frische und Lebendigkeit ihrer Gedanken oder aus politischen, sozialen oder konfessionellen Ursachen heraus in der offiziellen Gelehrtenlaufbahn in Deutschland nicht recht vorwärts gekommen waren oder gar überhaupt nicht in sie einzutreten vermocht hatten, war in Gesinnung und Charakter ganz Feuer und Flamme. Seine Kritik richtete sich zugleich nach oben wie nach unten, gegen den Kaiser und seine Junker wie gegen die Sozialdemokratie.[15] Der Ausgangspunkt seines Zornes gegen beide war der gleiche: ihr Mangel an Energie, an Folgerichtigkeit, an wirklichem Selbstgefühl. Max Weber hatte einem sozialdemokratischen Kongreß beigewohnt. Die Wirkung war die, daß er 1907 den deutschen Fürsten riet, falls sie ihre Angst vor der Sozialdemokratie verlieren wollten, sich von der Tribüne aus doch einmal eine Parteitagssitzung mit anzusehen, um sich davon zu überzeugen, wie in der dort versammelten Schar von Umstürzlern »das behäbige Gastwirtsgesicht, die kleinbürgerliche Physiognomie so schlechthin beherrschend« hervortrete und daß von revolutionärem Enthusiasmus keine Rede sei.[16]

Michels fühlte sich Max Weber damals so verwandt, daß er ihm 1911 seinen Band »Soziologie des Parteiwesens in der modernen Demokratie«, an dem er arbeitete, zueignete mit einer Widmung, die Weber wohl aus der gleichen Stimmung heraus dankbar annahm. Max Weber focht später zwar für die Demokratie. Aber sein Begriff der Demokratie hatte einen faschistischen Beigeschmack. Als sein letztes politisches Ideal könnte man doch das charismatische bezeichnen. Dieses erhielt nicht nur in seinen Büchern eine liebevolle und wie immer glänzende Beschreibung, sondern wurde von ihm auch persönlich nachdrücklichst vertreten. Bisweilen konnte es gar scheinen, als trüge Weber ein zäsaristisch-napoleonisches (plebiszitäres) Bild im Herzen, wie er es in seiner seltsamen Zusammenkunft mit dem General Ludendorff gleich nach Kriegsende selbst malte, als er von diesem aufgefordert worden war, zu sagen, was er unter Demokratie eigentlich verstehe. Er erklärte rundweg: »In der Demokratie wählt das Volk seinen Führer, dem es vertraut. Dann sagt der Gewählte: Nun haltet den Mund und pariert! Volk und Parteien dürfen ›ihm‹ nicht mehr dreinreden.«[17]

Max Weber und Werner Sombart öffneten der neuen Schule die Spalten ihres Archivs (1904–1913). Robert Michels[18], Arturo Labriola, Enrico Leone, Hubert Lagardelle, Michele Berardelli machten davon Gebrauch. Mehr noch als diese freilich die Wissenschaftler unter den Anarchisten, denen die Gelegenheit, endlich in einer großen bürgerlichen Zeitschrift von Rang zu Worte zu kommen, einzig erscheinen mußte. So erschienen im Archiv bedeutsame Artikel von Ferdinand Domela Niewenhuis, Christian Cornelissen und Luigi Fabbri.

Mit der gleichzeitig – seit etwa 1904 – einsetzenden Richtung, welche Dr. Raphael Friedeberg aus Königsberg, der in Berlin als Arzt und Berater eine sehr geachtete Stellung in der Partei einnahm, unter dem unglücklichen Stichwort Anarcho-Sozialismus startete, waren die Berührungspunkte der Marburger anerkennend, aber theoretisch nicht eng genug, um fruchtbar zu werden. Friedebergs antimarxistischer Psychismus und seine antiparlamentarische Generalstreikidee[19] waren zu einfach und einseitig und zugleich zu sehr improvisiert und wenig ausgebaut, um eine stark zentripetale Wirkung auszuüben. Auch fehlte es ihm an jedweder schriftstellerischen Akribie. Sein Gepäck brachte es nicht über ein bis zwei Aufsätze, die überdies noch nur stenographierte Reden waren. Sein Mut und seine Ehrlichkeit brachten ihn schon 1908 zum Austritt aus der Partei. Er ging zuerst zu den Anarchisten über und zog sich dann ins Privatleben zurück.

Eine schier unerwartete Annäherung vollzog sich später mit Kurt Eisner, der sich mit Adolf Köster und Robert Michels trotz manchem Trennenden doch wohl in einigen Punkten seiner »ethisch-ästhetischen« Weltanschauung traf und dessen profundes Wissen um die Gesetze der in der Geschichte lebendigen Gruppenpsychologie imponierend wirkte.[20] Vom Kongreß in Dortmund (1907) konnte Köster an Michels schreiben: Unsere Stütze wird Eisner! Und auf dem Internationalen Parteitag in Stuttgart bemerkte Eisner, Michels freundlich begegnend, er freue sich an seinen kritischen Artikeln über das sozialistische Parteiwesen in Deutschland. Er habe ihm sogar ein so gutes Buch nach seinen »bisherigen marxistischen Leistungen« offen gesagt gar nicht zugetraut.

Michels wurde damals immer mehr in eine Oppositionsstellung zu Bebel gedrängt, die ihn in den Augen der außerdeutschen, insbesondere der englischen Sozialisten, die den Autoritarismus Bebels für gefährlich und unsozialistisch und die deutsche Sozialdemokratie für politisch unreif hielten, sympathisch erscheinen ließ. Die Abhandlungen über die deutschen Sozialdemokraten und den internationalen Krieg[21] sowie über die Stellung der deutschen Sozialdemokratie im internationalen Verbande (welch letzterer gerade am Vorabend des internationalen Kongresses in Stuttgart erschien[22]) gaben damals viel Stoff zur Diskussion und zogen Michels vor allem den Unmut Bebels, Pernerstorffers und Victor Adlers zu, mit welchen beiden ersteren er freilich wenige Jahre danach, nachdem er sich völlig aus dem Parteileben zurückgezogen hatte, seine freundschaftlichen Beziehungen wieder aufnehmen konnte.

Diese von Michels vertretene Politik war bewußt auf die Erhaltung des Weltfriedens gerichtet, der nötigenfalls alle Mittel, auch das des Generalstreiks, dienen sollten. Zumal ein kriegerischer Zusammenstoß zwischen Deutschland und Frankreich sollte und mußte vermieden werden. Hier ergab sich Übereinstimmung mit Gustave Hervé[23], auch mit Carl Liebknecht, der übrigens damals noch reichlich zahm erschien.[24] Auf diesem Gebiet entfaltete Michels in den Jahren bis 1907 eine sehr eifrige Tätigkeit, die sich gleichzeitig auf Deutschland, Frankreich und Italien erstreckte. Auf sie hier einzugehen, würde zu weit führen. Sie müßte zum Gegenstand einer Einzelabhandlung gemacht werden, als welche sie zumal als Beitrag zum Ausbruch des Weltkrieges nicht bedeutungslos wäre.

Von einer eigentlich syndikalistischen Aktion im französischen Sinne konnte dabei in Deutschland natürlich keine rechte Rede sein. Die freien Gewerkschaften hatten die absolute Hegemonie auf ihrem Gebiete inne. Die sogenannten Lokalisten konnten auf keine großen Persönlichkeiten zählen, sie waren völlig schwunglos und wirklich jedesmal nur »lokal«. Michels hatte mit ihnen, wenn wir von der Veröffentlichung seiner Pariser Rede vom 21. Febr. 1906, die in der Berliner »Einigkeit« erschien[25], absehen, kaum Beziehungen. Für einen Übergang der Führung der sozialistischen Politik aus den Händen der Partei in die schärfer sozialistisch gerichteter Gewerkschaften fehlten in Deutschland alle Voraussetzungen. Ebenso für die Entstehung einer Elite Sorelscher Observanz, die geistig wohl vorhanden war, aber eher bei den Revisionisten, politisch aber, d.h. im Sinne energischen Machtstrebens auf dem opfervollen Wege einer action directe, nirgends zu finden war. Es fehlte der deutschen Arbeiterbewegung an revolutionärer Tradition; die langsam erhaltene papierne und mehr passive Macht der Presse und Organisation wurde eher zu einem Bleigewicht für sie. Deshalb war Michels in Deutschland ganz auf die linksrevolutionären, mehr oder minder marxistischen Kreise angewiesen[26], woraus sich auch seine Freundschaft mit Konrad Haenisch und sein im ganzen gutes Verhältnis zu Karl Kautsky und Rosa Luxemburg erklären.[27] Wissenschaftlich und parteitheoretisch lag seine Arbeit, darin hatte Sombart recht gesehen, fast völlig auf französischem und italienischem (nicht englischem) Sprach- und Staatsgebiet.[28] Ohne Ehrgeiz, Idealist von reinstem Wasser, mehr für die Arbeit wissenschaftlicher Analyse der Politik als für deren praktische Anwendung geeignet, gelangte er in langsamem, eigentlich ihm selbst unbewußten Prozeß zu einer Vivisektion der Partei, wie er sie als eine schmerzhafte Zerschneidung von etwas Lebendigem in seinem Werke über das Parteiwesen niederzulegen begann. Friedrich Naumann sah in seiner Weise wohl das Wichtigste an diesem Werdegang, wenn er in einer Rezension rückschauend schrieb:

»Michels ging aus, um die idealistische Revolution mitzuerleben, wurde Sozialdemokrat, ohne Not, aus Hingabe an den Rhythmus der neuen Kampfpartei, wandelte keck und wagemutig an den Grenzen zwischen Sozialdemokratie und Anarchismus und befreundete sich stark mit den Syndikalisten (revolutionären Gewerkschaften) der romanischen Länder. Auf dieser Wanderung lernte er die Schwerfälligkeit der Masse und die Gebundenheit ihrer Führer kennen. Es ist beim Lesen seiner Arbeit, als höre man ihn fragen: Warum kommt das große Gewitter nicht? Der Revolutionsromantiker wundert sich, daß die Wirklichkeit so langsam und nüchtern ist: wer ist schuld an der abwartenden Vergeudung der Kräfte? Gelegentlich phantasierte er wohl, was er machen würde, wenn er die Massen in der Hand hätte. Aber wenn er sie hätte, dann würde er selber schon ein ganz anderer sein, und Leute wie er bekommen sie auch nicht in die Hand. Dazu gehört eine einfachere Struktur. Man sehe sich nur die tatsächlichen Führer an! So wird der Revolutionär zum Theoretiker, macht aus der Not eine Tugend und beschreibt das Ergebnis seiner entsagungsvollen Studien. Damit liefert er einen interessanten und auch methodisch gut gearbeiteten Beitrag zur neuen, noch unfertigen Wissenschaft Soziologie.«

Auf dem 7. internationalen Kongreß in Stuttgart (August 1907) erschien Robert Michels, der inzwischen Privatdozent für Nationalökonomie an der Universität in Turin geworden war, als Delegierter der italienischen Sektion, und zwar folgerichtiger Weise deren syndikalistischer Fraktion.[30] Auch bei dieser Gelegenheit bewies Werner Sombart, kaum war er durch Michels und andere auf die Entstehung eines kraftvollen Syndikalismus in Frankreich und Italien aufmerksam gemacht worden, sofort aufs äußerste einen wissenschaftlich förderlichen Heißhunger nach Erkenntnis durch Kenntnisnahme neuer Theorien in der modernen Arbeiterbewegung. Er reiste alsbald nach Stuttgart, um dort durch Vermittlung des Ehepaares Michels auf dem Kongreß die Bekanntschaft der Führer des französischen Syndikalismus zu machen, von denen einige der hervorragendsten Intellektuellen erschienen waren: der Philosoph Edouard Berth, Lieblingsschüler von Sorel, ein Nordfranzose, sowie der Herausgeber des Mouvement Socialiste in Paris selbst, Hubert Lagardelle aus Toulouse, letzterer in Begleitung seiner schönen Gattin Sinaja aus einem russischen, mit den Hohenzollern verwandten Adelsgeschlecht. Gelegentlich gesellten sich zur Gruppe auch der Führer der Generalstreikpropaganda in Frankreich, Gustave Hervé, agrégé de l'Université, Leiter des revolutionären Wochenblattes »La guerre sociale«, mit einem seiner Freunde, der Russe Dr. Boris Kritschewski und der hervorragende sozialistische Parlamentarier Ettore Ciccotti, Ordinarius für Alte Geschichte an der Universität Messina. Es war wirklich eine auserlesene Gesellschaft von hohem geistigen Können und europäischen Namen. Auf Sombart machten sie den Eindruck, »liebenswürdige, feine, gebildete Leute zu sein, Kulturmenschen mit reiner Wäsche, guten Manieren und eleganten Frauen, mit denen man gerne wie mit seinesgleichen verkehrt«.[31] Die wissenschaftliche Ausbeute der eingehenden privaten Diskussionen mit Sombart fiel indes mehr negativ aus.[32]

Vorstehende Seiten, welche eine Zeit behandeln, die um etwa ein Vierteljahrhundert abgeschlossen hinter uns liegt, sind nichts als ein bescheidener historischer Beitrag. Schreiber dieses legt Wert auf das Wort bescheiden, quantitativ wie qualitativ. Aber der Beitrag dürfte dennoch nicht des Interesses entbehren. Schon deshalb nicht, weil aus ihm hervorgeht, daß eine die damalige Arbeiterbewegung in Frankreich und Italien so scharf kennzeichnende Bewegung wie die syndikalistische auch an Deutschland immerhin nicht völlig spurlos vorübergehen konnte.

Anmerkungen

1 Schreiber dieses wird sich hier, dem Beispiele anderer folgend, stets als dritte Person behandeln, d.h. unpersönlich, was den Versuch möglichsten Abstandes (der durch die verflossene Zeitspanne sichtlich erleichtert wird) in sich schließt.

2 Protokoll über die Verhandlungen des Parteitags der Sozialdem. Partei Deutschlands, München 1902. Berlin 1902, Vorwärts, p. 89.

3 Curt Eisner: Nationalsoziale Grundirrtümer, in Eisner: Taggeist. Culturglossen. Berlin 1901. Edelheim. p. 110.

4 Die Anwesenheit von Robert Michels in Marburg war ohnehin eine Zufallsperiode seines Lebens. Er wollte sich für Geschichte an einer westdeutschen Universität habilitieren. Zu diesem Behufe war ihm unter falschen Voraussetzungen Marburg angeraten worden, weshalb er seinen Arbeitssitz von Turin (wohin er später zurück-

kehrte) dorthin verlegte. Sein Anschluß an die Sozialdemokratische Partei machte dann die Habilitation a priori unmöglich.

5 Zur Information ist daran zu erinnern, daß damals heftig um einen Zolltarif gekämpft wurde, dessen Befehdung in weiten Kreisen der sozialistischen Partei alle anderen Interessen in den Hintergrund drängte und alle Ideale zum Schweigen brachte. Gerlach hatte sich zum Gegner der Zolltarifvorlage erklärt.

6 Protokoll der Verhandlungen des Parteitages der Sozialdemokratischen Partei Deutschlands zu Dresden 1903. Berlin 1903. Vorwärts p. 135.

7 Dieser Vergleich von Michels ist dann von Benito Mussolini in einer bekannten Genueser Rede machtpolitisch paraphrasiert worden (Benito Mussolini: Il dovere d'Italia. Discorso inedito in Il Carroccio [The Italian Review], Rivista mensile di cultura, propaganda e difesa italiana in America, anno XIII No. 5. New York, maggio 1927. p. 499)

8 Bernard Shaw: Socialism at the International Congress, in Cosmopolis, III 9, p. 67 (Paris 1896).

9 Michels, auf dem Parteitag in Jena 1905 (Protokoll, p. 184).

10 Vgl. seine glänzende Betrachtung über die Abhängigkeit der Massenseele von den Lippen des Redners (Ad. Köster: Sieben Schornsteine. München 1909, A. Langen, p. 112).

11 Adolph Köster: Die Ethik Pascals, eine historische Studie. Tübingen 1907, Mohr, p. 172 pp.

12 Carl Sonnenschein drückte den Gegenstand seiner Gefühle damals in den Worten aus, die er Robert Michels ins Stammbuch schrieb: »Starke Weltanschauungen reichen über alle Barrieren die Hände und innig erfaßtes Christentum läßt den goldenen Himmel über alle sich wölben, in jedem idealen Gedanken einen Funken von oben verehrend. In Freundschaft und Hingabe.« – Daß dem katholischen Bahnbrecher zu seiner – übrigens glänzenden – Teilnahme an der Marburger Disputation auch Zweckmäßigkeitsgründe, die in der Werbung für seine eigene Partei lagen, maßgebend waren, wird nur als gerecht empfunden werden können.

13 Michels: Patriotismus und Ethik. Vortrag, gehalten in der Gesellschaft für ethische Kultur, Wiesbaden und Berlin. Leipzig 1906. Dietrich.

14 Georges Platon: Un Leplay ateniese. L'Economia politica di Senofonte. Milano 1919. Albrighi, p. XVIII ff.

15 Hierüber bewahrt Michels eine wertvolle Korrespondenz mit Max Weber auf, auf welche an dieser Stelle einzugehen zu weit führen dürfte.

16 Max Webers Rede auf der Magdeburger Tagung des Vereins für Sozialpolitik, Kopie des Stenogramms vom 2. Oktober 1907.

17 Darauf Ludendorff: Solche »Demokratie« kann mir gefallen! und Weber: Nachher kann das Volk richten. Hat der Führer Fehler gemacht, an den Galgen mit ihm! (Marianne Weber: Max Weber, ein Lebensbild. Tübingen 1926, Mohr, p. 665.)

18 Später (Mai 1913, bis zu seinem Ausscheiden bei dem Eintritt Italiens in den Weltkrieg) übernahm Robert Michels neben Max Weber, Sombart und Edgar Jaffé auch die Leitung der Zeitschrift selbst.

19 Vgl. den Artikel von Robert Michels: Anarchismus, im Handwörterbuch des Gewerkschaftswesens. Berlin 1930. Vol. I, p. 47 ff.

20 Vgl. Michels: Kurt Eisner. Unter Benützung persönlicher Erinnerungen. Archiv

f. d. Geschichte des Sozialismus. Bd. XIV. Heft 3.

21 Im »Morgen«, Nr. 10, vom 16. August 1907.

22 Im Archiv für Sozialwissenschaft, 1907, Vol. XXV, 1.

23 GUSTAVE HERVÉ, Leur patrie. Paris 1905. Librairie de Propagande Socialiste; deutsch in ausgesucht schlechter Übersetzung (Zürich 1907, Sozialistischer Verlag) erschienen.

24 Vgl. die Rezension des 1907 erschienenen Werkes von LIEBKNECHT, Militarismus und Antimilitarismus, im »Mouvement Socialiste«, IX. Année, p. 253 ff.

25 Jahrgang 10, Nr. 21–25, Mai–Juni 1906.

26 In der Presse der Umgegend hatten die Marburger, bis zu einem gewissen Grade freilich auch nur in den inneren Parteikämpfen, einen trefflichen Halt an der von einem grundehrlichen und liebenswürdigen ehemaligen Tischler, Friedrich Vetters in Gießen, geleiteten Mitteldeutschen Sonntagszeitung, sowie an der wichtigeren Frankfurter Volksstimme, die unter der Leitung des in jeder Weise hochgebildeten Dr. Max Quarck stand, der trotz starker Abweichung von den Marburger Romantikern diesen doch in der Bekämpfung des Zentralismus und des (unbewußten) Nationalismus in der Partei sehr nahe war.

27 Einige der damaligen Neuerscheinungen der marxistischen Gelehrten der deutschen Sozialdemokratie wie zumals KARL KAUTSKYS »Sozialreform und soziale Revolution« und »Am Tage nach der sozialen Revolution« (Berlin 1902, Vorwärts) sowie das Werk der Holländerin HENRIETTE ROLAND-HOLST über den Generalstreik (1. Auflage Dresden 1905; Kaden) wurden von der Marburger Gruppe eifrig gelesen und sympathisch kommentiert. Zu den Schriften EDUARD BERNSTEINS blieb die Haltung der Marburger menschlich und geistig anerkennend, politisch aber überwiegend zurückweisend.

28 SOMBART, Sozialismus und soziale Bewegung, 7. Aufl. p. 111.

29 FR. NAUMANN, Demokratie und Herrschaft. Die Hilfe, Nr. 1, 5. Januar 1911.

30 Wenige Monate später zog sich Michels auch aus der Mitgliedschaft der italienischen sozialistischen Partei zurück. Seine Zugehörigkeit zum Internationalen Sozialismus hatte also im ganzen knappe fünf Jahre gedauert (1902–1907).

31 SOMBART, Sozialismus und soziale Bewegung, 6. Aufl., Stuttgart 1908, p. 110.

32 A.a.O., p. 109–142; p. 266–275.

II
Massenbewegung und Partei

3
Die Besinnung zur Politik

1. Die ersten Selbständigkeitsregungen
Das Recht auf den Staat

Die ersten Massenbewegungen der neuen Zeit waren nicht antikapitalistisch, sondern lediglich auf die Erreichung allgemeiner politischer Freiheitsideale gerichtet. Daher die Einstellung der Proletarier als Hilfstruppen der radikalen Bourgeoisie (Sansculotten) zur Durchführung des Ideals der Freiheit, Gleichheit und Brüderlichkeit, deren konkrete Forderungen ganz überwiegend verfassungsrechtlicher Natur waren, ähnlich später die der Chartisten in England.

Die englischen Chartisten erstrebten, zumal in der ersten Periode ihrer Bewegung, lediglich eine politische Verfassungsänderung, die etwa auf die Forderung des allgemeinen gleichen Stimmrechtes hinauslief, welche den Arbeitern die Möglichkeit der Ausübung von Einfluß auf die Regierung sichern sollte, während Owen und die Mehrzahl seiner Anhänger der Politik gänzlich teilnahmslos gegenüberstanden. Als Zielsetzung der antikapitalistischen Massenbewegung wurde also nicht sofort die Eroberung der Staatsmacht ausgesprochen. Die ersten sozialistischen Gruppen in Frankreich, die Saint-Simonisten und Fourieristen, hatten sich das Problem des Sozialismus fast nur unter rein psychologisch-pädagogischen sowie unter privatökonomischen Gesichtspunkten gestellt. Die Arbeiterbewegung vor 1848 schied sich, von einigen wenigen Episoden (Lyon 1831) abgesehen, im Grunde genommen in zwei Richtungen. Einmal die Demokraten, die, zumeist mittelbar oder unmittelbar im Schlepptau des bürgerlichen Radikalismus treibend, eine Besserung der Lage der Arbeiter durch kräftigen Druck auf den Staat und, wo und wenn nötig, Änderung der Staatsform durch Ersatz der Monarchie durch die Republik durchsetzen wollten; reine Politiker, ohne scharf sozialistisch gefaßte Endziele. Und neben ihnen die Sozialisten, unter sich in unendlich viele Schulen und Unterschulen gespalten, die nur die wirtschaftliche Seite des Sozialismus erfaßt hatten und glaubten, ihr Ziel nur durch Isolierung vom Staat, ja häufig von der Gesellschaft selbst, erreichen zu können. Hier ein Sich-selbst-Absondern in Phalansterien, eine Weltflucht, dort ein ausschließlicher Kampf um politische Freiheiten, oft sogar, von Zeiten akutester politischer Krisen abgesehen, ein Spalt zwischen den nur um Lohnkämpfe besorgten Arbeitermassen und dem bürgerlichen radikalen Idealismus der Zeit. Vor der Februarrevolution standen gerade die bereits klassenbewußten Arbeiter in Frankreich den Forderungen einer freiheitlichen Republik gänzlich verständnislos gegenüber. Die Frage Monarchie oder Republik ließ ihre Herzen kalt.

So waren Sozialismus und Arbeiterbewegung gänzlich voneinander getrennt. Erst Louis Blanc verstand es, die Augen der Arbeiter auf den Staat zu lenken und sie auf den Gedanken zu bringen, daß es ihre wertvollste Aufgabe sei, den Gegenwartsstaat aus sich selbst heraus in einen sozialistischen Staat zu verwandeln, durch die gesetzgeberische Anerkennung des Rechtes auf Arbeit und der staatlichen Unterstützungspflicht arbeiterlicher Produktivgenossenschaften: l'Etat c'est le banquier des pauvres.[1] Es dauerte noch fast zwei Dezennien, bevor die Arbeiter seine Sprache einigermaßen verstanden, und ihm auch auf das politische Terrain zu folgen wagten. Nun erst erkannten die Arbeiter die Notwendigkeit, sich der politischen Macht selbst zur Durchsetzung ihrer wirtschafltichen Theorien zu bedienen und den Staat an den Karren des Sozialismus zu spannen. Louis Blanc selbst führte aus: der Staat ist die organisierte gesellschaftliche Kraft. Die Macht stützt sich auf das Parlament, auf die Rechtsprechung und auf die Armee, das heißt auf die dreifache Macht der Gesetze, der Richtersprüche und der Bajonette. Bei Strafe, diese drei Mächte zu ihren Gegnern zu haben, muß eine soziale Bewegung sich ihrer zu bemächtigen suchen. Von hier aus erklärt sich der Eintritt einer kleinen Reihe von Sozialisten in die Provisorische Regierung, die Stipulierung des Gesetzes bezüglich des Rechts auf Arbeit sowie die Errichtung der Commission des Luxembourg.[2]

Die Schaffung einer Volkssouveränität ist indes an und für sich kein *sozialistisches* Ziel, kann sich doch die Souveränität in allen möglichen Formen äußern. Hingegen schließt sie die alte demokratische unerfüllt gebliebene Forderung der Droits de l'Homme von 1789 in sich. Ferner ist ihre Erfüllung der notwendige Durchgangspunkt aller menschheitlichen Entwicklung. Als solche auch der sozialistischen. Das haben Marx-Engels selbst wiederholtermaßen mit aller Deutlichkeit ausgesprochen: »Die Volkssouveränität ist das Prinzip des Mehrwillens als oberstes Gesetz, ist das in Permanenz erklärte Recht auf Evolution.« Hingegen das Gottesgnadentum mit seinen Nebenformen ist das in Permanenz erklärte Recht einer verschwindenden Minorität auf den erblichen Ausschluß des Mehrwillens als revidierende Kontrolle.

2. *Die Formierung zu eigenen politischen Arbeiterbataillonen (die »Parteiwerdung«)*

a) Die Loslösung von der bürgerlichen Demokratie

Wo und wann beginnt die moderne Massenbewegung ihre eigentlich politische Form anzunehmen? Louis Blanc, bekanntlich der erste Sozialist, der Mitgied einer bürgerlichen Regierung wurde, setzt ihren Beginn auf jenen Spätnachmittag nach den vom Pariser Volke gewonnenen Straßenkämpfen des 24. Februar 1848 an, als die führenden Männer, Literaten und Politiker, dem auf dem Platze versammelten bewaffneten Volke die Namen der von den Parteigruppen der Linken ausgewählten Mitglieder der provisorischen Regierung kundgaben und sich von der Menge her mit lautem Zuruf die Forderung erhob, den genannten Namen noch den eines fast völlig unbekannten Arbeiters Albert hinzuzufügen. Hier war es, um es mit Blancs eigenen Worten zu sagen, zum erstenmal, daß die Arbeit ihren Platz in der Verwaltung des Gemeinwesens selbst, die Volkssouveränität heischte, welche durch einen Mann aus dem Volke selbst repräsentiert sein wollte.[3] Darf auch in dieser Episode das erste Symptom für das Entstehen einer politischen Arbeiterbewegung erblickt werden, das erste Eingreifen noch amorpher, aber proletarisch empfindender Massen in das Räderwerk der bürgerlichen Regierung, so muß doch andererseits konstatiert werden, daß sie keineswegs als Auftakt zur Entstehung einer organisierten politischen Massenpartei geführt hat. Sie blieb Episode. Zu einer geschlossenen sozialistischen Arbeiterpartei kam es noch nicht.

Überall lehnten sich die ersten Versuche der Arbeiter auf politischem Gebiete an die alten Parteiformen an, die sie dort vorfanden. Überall war es eine mühevolle und opferreiche Aufgabe aufkommender Führer, sie der Gefolgschaft der traditionellen Parteien zu entwinden und auf ihre eigenen Füße zu stellen. Der von Karl Marx gewählte Grundsatz der Internationalen Arbeiter-Assoziation, der in dem Motto gipfelte, die Befreiung der Arbeiterklasse vermöge nur das Werk der Arbeiter selbst zu sein, war nicht nur ein Kriegsruf, sondern ein Schmerzensschrei aus einer außerordentlich schwierigen Situation heraus. Er besagte die Notwendigkeit, daß die Arbeiter endlich, insoweit es um ihre eigenen Angelegenheiten ging, auf die Gefolgschaft und die Mitarbeit in den Parteien der Angehörigen der anderen Gesellschaftsklassen Verzicht leisten sollten. Der Satz war, wie die erregten Debatten, die über ihn auf den Kongressen in Genf 1866 und Lausanne 1867 geführt wurden, erwiesen, nicht in streng sozialem, sondern im übertragenen politischen Sinne zu verstehen. Nicht der Verzicht auf sozialistische Intellektuelle, sondern der Verzicht auf Zusammenwirken mit bürgerlichen Parteien, auch wenn sie zum Teil aus Arbeitern bestehen sollten, war gemeint. Daher sollte denn auch die erste Phase der politischen Arbeiterpartei überall in der Befreiung aus den Fesseln der bürgerlichen Parteien und im Ringen um die Grundsteinlegung parteipolitischer Selbständigkeit bestehen. Hierbei tat die Demokratie den bürgerlichen Parteien Mittlerdienste. Je demokratischer die Formen eines Landes waren, desto schwieriger war der Prozeß der politischen Selbstbewußtwerdung, desto fester waren die Arbeiter an das bürgerliche Parteiwesen gekettet, desto mehr Zeit nahm ihre Loslösung und politische Verselbständigung in Anspruch. In Westeuropa verbrachten die Arbeiter, als sie zur Erkenntnis von der Notwendigkeit politischer Betätigung erwacht waren, die ersten Dezennien mit dem Versuch, die Liberalen und die Konservativen für ihre Interessen zu gewinnen. Wo immer der Arbeiter bereits als Staatsbürger anerkannt war, wurde es ihm schwer, zu erkennen, daß er auch auf dem Felde der Politik als Arbeiter Arbeiterpolitik treiben solle. In der politischen Erschließung des modernen Proletariats zu autonomer Politik vermag also die Demokratie als Gradimeter zu dienen: je höher entwickelt die Einrichtungen der Demokratie in einem Lande sind, desto später kommt es zur Erschließung für den Sozialismus. Ein Blick auf die Geschichte beweist das. In Preußen, und Norddeutschland überhaupt, gelang es bereits Lassalle, die Arbeiter endgültig von den Rockschößen der Fortschrittspartei abzuschütteln.[4] Die ersten selbständigen Regungen des italienischen Proletariats und seine Lösung vom Banne der Radikalen fallen in die Periode der Agitation Bakunins Ende der 60er Jahre[5]; dabei gab es aber, wie in den meisten übrigen Arbeiterparteien, Rückfälle. Selbst im industriellen

Mailand vollzog sich der definitive Bruch mit der bürgerlichen Demokratie Mazzinis und Cavallottis erst Ende der 80er, anfangs der 90er Jahre. Die französische Arbeiterklasse stellte sich, zuerst teilweise in der Commune (1871), später durch die Bemühungen einer marxistischen Studentengruppe im Quartier Latin, anfangs der 80er Jahre auf die eigenen Beine. Am längsten blieben die Arbeiter in England den bürgerlichen Parteien treu. Noch 1890 waren nicht die Sozialisten, sondern die Liberalen »the party of the masses«.[6] Selbst ein so begabter Mann wie Hyndman erwies sich als außerstande, die englischen Arbeiter aus diesen Verhältnissen zu befreien. Die Fabians versuchten 1892 ohne Erfolg für die Bildung einer autonomen Arbeiterpartei oder doch wenigstens für Aufstellung von ordnungsgemäßen Arbeiterkandidaten zu den Wahlen einzutreten. Erst um 1905 entstand jene große Labour Party, welcher es gelang, wenigstens einen höheren Bruchteil der Arbeiter unter ihre Fahnen zu sammeln. In der Schweiz und in Österreich vollzog sich der Prozeß früher oder später unter den gleichen Voraussetzungen und den gleichen Begleitumständen.[7]

Beiläufig muß hier noch auf die interessante Tatsache hingewiesen werden, daß sich der historische Prozeß der Bildung moderner Arbeiterparteien im Kampf mit den demokratischen und bürgerlich-radikalen Parteien nicht ohne gelegentliche Anlehnung der jungen Arbeiterfraktionen an die Parteien der Rechten und deren Vertreter in der Regierung vollzog, was unter demokratischen Gesichtspunkten natürlich als Politik des Verrats und des Dolchstoßes von hinten gebucht werden mußte. So hat Lassalle zu ungunsten der Fortschrittspartei selbst mit Bismarck komplottiert. Auch in der englischen und italienischen Parteigeschichte stoßen wir auf Ansätze von Bündnispolitik zwischen Sozialisten und Konservativen gegen die Liberalen.

Aber auch ohne derartige Zwischenfälle fügte die Arbeiterpartei durch ihre eigene Etablierung der bürgerlichen Demokratie Schaden zu. Die Anschuldigungen letzterer, der Ansturm der Arbeiterbataillone habe ihre Stellung gegenüber den konservativen Mächten des Staates und der Rechten hoffnungslos untergraben, ist im ganzen unzutreffend. Richtig ist, daß die Entstehung selbständiger Arbeiterparteien die bürgerliche Demokratie selbst nach rechts drängte und ihr das Bewußtsein gleicher Interessen mit bisher von ihr bekämpften Parteien gab. Zur Durchführung der Zweifrontentheorie wurde sie nun zu schach und zu verängstigt. Das bewies in Deutschland das Schicksal der National-Sozialen Naumanns, in Italien dasjenige der Democrazia Cristiana des Don Romolo Murri, in Frankreich das der von Marc Sangnier begründeten Partei des Sillon. Vielerorts wurde die Demokratie nach einer Periode des Zauderns und fruchtloser Polemik geradezu zur Bundesgenossin aller dem Sozialismus feindlichen Mächte.

Die Arbeiterbataillone, die sich zum planmäßigen Kampfe zusammenballten, gehörten durchweg den höher entlohnten Schichten des Proletariats an. Schon dem konservativen Volkswirtschaftler Adolphe Blanqui, der in höherem Auftrage 1848 die französischen Industriezentren bereiste, fiel es auf: die turbulentesten unter den Arbeitern sind immer die besserbezahlten.[8] Auch die früheste Arbeiterbewegung Englands (die Chartisten) rekrutierte sich aus dem gebildetsten und bestentlohnten Teil der Arbeiterschaft. In Deutschland (1848) rekrutierte sich der kommunistische Arbeiterbund, soweit die Arbeiter in Frage kamen, zumal aus Schneidern. Vielfach bestanden die ersten Truppen aus Handwerkern, unter denen die kleinen Einzelselbständigen und Meister nicht fehlten. Die kleinen Handwerker schlossen sich dem proletarischen Denken und Fühlen vielerorts an. Die Ursachen dafür waren verschiedene: erstens gerieten viele unter ihnen durch die Akkumulation des Kapitals und die Konzentration der Betriebe auf den Aussterbeetat. Sie standen ständig in Gefahr, ins Proletariat hinabgestoßen zu werden, oder führten doch im steten Kampf mit der Industrie nur ein halbes Leben. Andere wurden vielfach trotz anscheinend selbständigem Weiterbestehen doch ihrer technischen Existenzberechtigung enthoben. Eine große Anzahl von Gewerbetreibenden wurde zu einfachen Händlern erniedrigt. Viele von ihnen bezogen nunmehr alle ihre Waren aus der Fabrik. Man konnte von ihnen behaupten, daß sie »kein Stück, das sie in ihrem Laden verkauften, selbst angefertigt haben«, wenn sie auch in der Statistik als Hutmacher, Uhrmacher, Drechsler, Schuhmacher dastanden.[9] Eine dritte Kategorie von Handwerkern wurde zu einer Art von Heimarbeitern, die lediglich für ein Engros-Geschäft, von dem sie angestellt sind und vielfach auch die Arbeitsmittel und den Rohstoff geliehen erhalten, liefern. Viertens trat ein immer wachsender Kreis von Handwerkern in den ausschließlichen Dienst einer Fabrik, bei technischem Intaktbleiben der handwerklichen Funktion, aber wirtschaftlicher Angliederung an die Großindustrie, innerhalb deren Arbeitsstandort auch sie ihre Arbeit verrichteten (Maschinenschlosser). Alle diese Kategorien waren entweder zu proletarischen oder zu kaufmännischen Existenzen umgeprägt worden. In beiden Fällen haben sie ihre wirtschaftliche Selbständigkeit eingebüßt, ist ihre Abhängigkeit vom Großkapital evident. Dazu kommt noch fünftens ein politischer Grund, aus welchem die Kleinhandwerker dem Sozialismus ein so reiches Kontingent stellten, nämlich ihr politischer Radikalismus, der sie schon vorher zu Trägern aller revolutionären Bewegungen gemacht hatte. Die sozialistischen oder sozialistelnden Handwerker entstammten Klassen, deren bessere Bildung ihnen überdies das Verständnis für die Ideen des Sozialismus erleichterte und sie überdies in höherem Grade zur Führung der Bewegung qualifizierte als die noch ganz ungebildeten, z.T. noch bäurischen und landarbeiterlichen Charakter tragenden Fabrikarbeiter.[10]

b) Der Zug der Partei zum Staate (ihre »Staatswerdung«)

Die Bildung der sozialistischen Parteien lehnte sich an die auf dem Gebiete der Koalition gemachten Erfahrungen an. Letztendlich war ihre Genesis die gleiche. Auf dem Gebiet der Arbeit hatten die Arbeiter die Unzulänglichkeit ihrer Isolierung eingesehen. Selbst bürgerliche Gelehrte wie Brentano, hatten ihnen gepredigt, die Hauptursache des geringen Einflusses des einzelnen Arbeiters auf den Abschluß des Verkaufsgeschäfts seiner Ware läge darin, daß er infolge seiner eigenartigen Stellung in der Wirtschaft in der Regel, um leben zu können, nichts anderes zu veräußern habe als eben den Verkauf seiner Arbeit.[11]

Die Gründung von politischen Arbeiterparteien war mithin eine Übertragung des timor vacui und der Erkenntnis von der Macht vieler Schwachen von dem Gewerkverein auf das politische Vereinswesen. Die Arbeitervereine gestalteten sich nunmehr allmählich zu einem ganzen System, in dem, um mit Lorenz von Stein zu reden, die einzelnen Aufgaben, die in der sozialen Stellung der Arbeiterklasse liegen, zu selbständigen Zwecken einzelner Vereine werden.[12] So entstand die Genossenschaftsbewegung sowie ferner die politische Partei, danach bestrebt, sich zuerst eine Stellung, dann die Herrschaft in der Verfassung zu sichern. Die Partei ist das Bindemittel zwischen der Klasse und den Forderungen, die sie an des Gemeinwesen stellt: »Eine Klasse kann herrschen, aber nicht regieren, denn eine Klasse ist eine formlose Masse, regieren kann jedoch nur eine Organisation. Die politischen Parteien sind es, die in der Demokratie regieren«.[13]

Die Partei tendiert ihrem Wesen nach nach dem Staate. Sie ist ein Staat im kleinen. Ihre Tätigkeit ist konzentrisch darauf gerichtet, Staat zu werden, einerlei ob sie in ihn »hineinwachsen«, sich zu ihm »auswachsen« oder ihn »erobern« will; das sind schlechterdings nur Modalitäten oder Varianten zum gleichen Thema. Daher sind die Parteien in einer steten Konkurrenz untereinander begriffen. Der Parallelismus der politischen Konkurrenz mit der gleichen Erscheinung im Wirtschaftsleben besteht in den sich stets steigernden Versprechungen gegenüber dem wahlfähigen Publikum (dem politischen Konsumenten), das es zu gewinnen gilt auf der einen, und in einem gewaltigen Aufwand von gegenseitigem Haß zwischen den Konkurrenten auf der anderen Seite. Dieser Haß wird zwar bisweilen von trustartigen Bildungen unterbrochen; eine Anzahl von Parteien schließen sich zu einem Bündnis, einem Konzern, einer Regierungsmehrheit, einer oppositionellen Einheitsfront zusammen, aber immer nur zur Bekämpfung eines gefährlichen gemeinsamen Konkurrenten (bürgerlicher Parteien gegen die Sozialisten, offizielle und unabhängige Sozialisten gegen die Bürgerlichen), oder auch, im Fall höchster auswärtiger Not zu einer Défense nationale, einem Burgfrieden, behufs Durchführung des Widerstandes gegen einen äußeren Feind. Solche Bündnisse sind indes stets nur vorübergehender Natur. Im übrigen verharren die Parteien in einer durch die Verschiedenheit ihrer Weltanschauungen und praktischen Interessen allein nicht restlos verständlichen Haßstimmung gegeneinander. Proudhon sagt: Ce qui fait que les partis se détestent, c'est bien moins la divergence de leurs indées que leur tendance à se dominer l'un l'autre: on se soucie peu des opinions: on n'a d'inquiètude que du côté du pouvoir. S'il n'y avait pas de gouvernements il n'y aurait pas de partis, s'il n'y avait pas de partis, il n'y aurait pas de gouvernement.[14] Regierung und Parteien bedingen sich gegenseitig. Dieser Grundsatzstellung gegenüber besagt dann die Taktik im Grunde wenig: »Über den Charakter einer Partei entscheidet nicht, ob sie erhalten oder zerstören will, sondern was sie erhalten oder zerstören will.« (Treitschke)[15]

c) Der freie Willensakt des Beitritts

Es gibt eine nahezu angeborene Massenzugehörigkeit. Das gilt von der sozialen Klasse, in welche der Mensch durch das Zufallsmoment seiner Elternschaft hineingeboren wird. Die Fesseln der angeborenen Klassenzugehörigkeit vermögen im freien Rechtsstaat zwar gesprengt zu werden. Mit zunehmender Distanz der Einkommen und Vermögensextreme werden die Übergänge von unten nach oben indes immer schwieriger, die Bestände der Klassen, von großen Katastrophen wie Weltkriegen abgesehen, immer stabiler.

Die gleiche Erscheinung tritt noch weit klarer zutage bei der Religionsgemeinschaft. Die Mehrzahl der Religionsgemeinschaften ist bestrebt, sich der Kinder ihrer Angehörigen so schnell als möglich zu versichern, sie ihrer Gruppe zwangsweise einzuverleiben und dazu keineswegs die Periode geistiger Reife abzuwarten (Aufnahme in die Christenheit durch die Taufe; Beschneidung bei den Juden). Ausnahmen sind nur sporadisch, so bei den Anabaptisten (Wiedertäufern) festzustellen, bei denen die Vorbedingung zur Taufe in der Einwilligung des gläubigen Täuflings besteht und die daher die Kindertaufe verwerfen; sowie einige Fälle von in Mischehen lebender oder auch von größerer Achtung vor den Rechten der Persönlichkeit durchdrungener und folglich jeden entstehenden Gewissenszwang verabscheuender Eltern, welche ihre Kinder religionslos, aber unter der Verabredung aufwachsen lassen, daß sie als erwachsene junge Leute sich die Religionsgemeinschaft, der sie anzugehören wünschen, frei zu wählen berechtigt sein sollten.

Das Parteiwesen hingegen ist logisch auf dem freien Willen des einzelnen aufgebaut. Der Eintritt in die Partei setzt einen Willensakt voraus. Immerhin bleibt auch hier die »Willensfreiheit« vielfacher Bindung unterlegen. Auch in der Parteigeschichte gibt es Erscheinungen, die einem Hineingeborenwerden nahekommen. So herrschten z.B. in der italienischen Landschaft Emilia die sog. battesimi socialisti, ein der christlichen Taufe analoger Gebrauch, der sich bei den sozialistisch gesinnten Landarbeitern und Kleinpachtbauern vorfand, die bei Maifeiern oder sonstigen Zusammenkünften der Parteigenossen unter den Klängen sozialistischer Gesänge ihre neugeborenen Kinder durch Hochheben unter dem Applaus der Menge dem Sozialismus weihten. Außerdem, überall: Neben der wirtschaftlichen Stellung wirkt auch die suggestive Kraft des Milieus, Familie, Erziehung, Lektüre, der sich nur wenige, und auch diese nicht ohne Kampf, zu entwinden vermögen, auf die Orientierung der Parteistellungnahme des einzelnen zwingend ein.

Die Partei und die Gewerkschaft zeichnen sich vor den anderen Massen dadurch aus, daß ihren Massen immerhin ein gewisses Maß von Kontinuität innewohnt. Da der Eintritt in die Partei auch da aus einem Akt des bewußten Willens heraus geschieht, wo der Eintretende mit dem Parteiprogramm im einzelnen nicht vertraut ist, so stellt sich die in der Partei (oder Gewerkschaft) organisierte Masse nicht nur als eine zählbare, sondern auch als weltanschaulich wenigstens leidlich homogene Masse dar.

d) Die soziale Unreinheit der Partei

Analytiker des Parteiwesens in der französischen Revoltion kommen zu dem Ergebnis, daß weder die Vermögens- noch die Einkommenshöhe, sondern lediglich die Abhängigkeit der wirtschaftlichen Existenz des einzelnen vom Wirtschaftsmechanismus die Zugehörigkeit zu einer wirtschaftlichen Klasse bestimme. Wendet man die Auffassung, die wirtschaftliche Vermögenslage entscheide über die Klassen- und Parteistellung, auf die Geschichte an, so gelangt man zu endlosen Widersprüchen. Es zeigt sich dann, daß oft gutsituierte Bevölkerungsschichten weit revolutionärer aufgetreten sind, als schlechter gestellte. In der großen französischen Revolution finden wir z.B., daß der eigentliche Landadel für eine Verfassung eintritt, der Hof- und Beamtenadel nicht, der provinzielle Großindustrielle und Großhändler trotz seines oft größeren Reichtums eine entschieden demokratischere Gesinnung zeigt, als der Pariser Luxus-Industrielle, die Dienstboten viel weniger von freiheitlichen Institutionen wissen wollen, als die akademischen Berufe, der Kleinbauer politisch ganz anders denkt, als der Pariser Kleinhandwerker, und daß so ziemlich die revolutionsfeindlichsten Elemente der Pariser Bevölkerung die Kaufmannssöhne, Handlungsgehilfen, Zuhälter und die Pariser Dirnen stellen. Aus der Vermögenslage läßt sich sicherlich dieses verschiedene Verhalten zur revolutionären Bewegung nicht ableiten.[16]

Zwar haben die Arbeiter schon zu Beginn ihrer Klassenbewegung sich von Zeit zu Zeit um Mithilfe an die Intellektuellen gewandt. Indes hat im Grunde ihres Wesens die Arbeiterbewegung dennoch überall diese Beihilfe nur mit verbissener, und nicht einmal immer nur mit verbissener Wut ertragen. Dieses Mißtrauen gegenüber den Intellektuellen, selbst wenn sie sich Sozialisten nennen, ja, selbst wenn sie die Parteikarte in der Tasche tragen, ist besonders befremdlich in der *marxistischen* Partei, zu deren Begründern die Akademiker Dr. Karl Marx, Friedrich Engels und Wilhelm Liebknecht zählten und die sich rühmt, eine Partei der Wissenschaft und der Wissenschaftlichkeit zu sein.

Von denjenigen Mitgliedern einer auf die Durchführung eines Wirtschaftsprogramms eingeschworenen politischen Partei, welche diesen das Programm voraussetzenden Klassen nicht angehören, wie z.B. den bürgerlichen Intellektuellen oder gar Fabrikbesitzern, die der Sozialdemokratie beigetreten sind, wird verlangt, daß sie ihre natürlichen ökonomischen Interessen den aus dem Studium des Programmes angelernten unterordnen.[17] Die große Frage lautet: Werden die wirtschaftlichen Interessen derer, die sich einer diesen nicht entsprechenden Partei angeschlossen haben, nicht über die ihren eigenen moralischen und intellektuellen Sympathien auf die Dauer zur Tagesordnung übergehen und ihren Einfluß auf die Betreibung einer den Interessen der Partei entgegengesetzten Politik geltend machen? Sie ist häufig aufgeworfen und meistens in bejahendem Sinne beantwortet worden. Auch wir neigen zu einer solchen Beantwortung, wennschon nur mit dem Hinweis auf die Ausnahme, welche einerseits im Vorhandensein großer, von Opfersinn getragenen Naturen sowie zweitens darin besteht, daß in akuten Ereignissen die massenpsychologische Tendenz es bewirkt, daß sich die Unterordnung des Materiellen unter das Ideelle oder doch Gefühlsmäßige über die Durchschnittserscheinungen des Chronischen heraus ergeben kann.

Gegen die soziale Unreinheit der Partei entstand der Syndikalismus, der die Partei zur Durchsetzung der sozialen Revolution für unfähig und unzuständig erklärte, während die Gewerkschaft die dazu nötige soziale Einheitlichkeit aufweise und, soweit sie sich ihrer Aufgabe bewußt sei, auch die technischen und moralischen Voraussetzungen zur Übernahme der Produktion erfülle. Und in der Tat können Parteien zwar Abgeordnete ins Parlament wählen, aber weder eine Maschine in Gang setzen, noch ein Unternehmen organisieren. Die Arbeiterbewegung müsse infolgedessen den Übergang von der im Bereiche der Demokratie operierenden, sogenannten Sozialistischen Partei, auf die sich wesentlich des Mittels der direkten Aktion bedienenden, mit revolutionärem Geiste erfüllten Gewerkschaften (syndicats, sindacati) vornehmen. Das ist die Akzentverlegung von der politischen Partei auf die ökonomische Klasse.

e) Das Auswachsen zur Volkspartei

Die Bemühungen, dem Sozialismus eine parteipolitische Fassung (Beliebtheit, Bündnisfähigkeit) zu geben und der sozialistischen Gedankenwelt eine möglichst zahlreiche Vertreterschaft im Parlament zu sichern, führten die Zweckvorstellungen der Sozialisten ziemlich schnell wieder von der wissenschaftlichen Doktrin hinweg und der von Marx-Engels verspotteten utopistischen Richtung zu. Die Überführung des Sozialismus »von der Utopie zur Wissenschaft« hatte die Aktionsbasis des Sozialismus von der Menschheit zur Klasse verschoben, wie man will verengt oder präzisiert. Der zumal in den siebziger Jahren aufkommende parlamentarische Sozialismus indes zögerte nicht, den Begriff Klasse, in dessen Prokrustesbett sich höchstens in Fabrikstädten Agitation treiben und Stimmen sammeln ließ, wieder zum Begriff Menschheit, oder doch wenigstens werktätiges Volk, unter welcher Bezeichnung aber, je nach den Umständen, auch die Mittelklassen der Kleingewerbetreibenden sowie der Angestellten und Beamten verstanden wurden, zu erweitern. Idealismus, dem es schwer fiel, der Klasse zuliebe auf die Menschheit zu verzichten, taktische Bedürfnisse wie das, dem zugkräftigen Vorwurf der Gegner, daß die Sozialisten Klassenegoismus trieben, entgegentreten zu können, trafen hier mit dem im Interesse der Partei und allzu häufig auch der Personen der Führer liegenden Wunsch, daß eine möglichst große Anzahl von Sozialdemokraten in die Volksvertretungen entsendet werden können, zusammen. So wurde der Sozialismus wieder zu einer Bewegung zugunsten der Menschheit, nicht nur in dem ja auch von den Marxisten zugegebenen teleologischen Sinne, nämlich daß das Ziel der Bewegung zum Glück der Menschheit führe, sondern auch im Sinne des Mittels: der Appell ging wieder an die Menschheit, die Menschheit solle die Menschheit befreien.[18] Selbst das klassenkämpferische Erfurter Programm (1891) enthält in seinen einleitenden Sätzen die Behauptung, die gesellschaftliche Umwandlung bedeute die Befreiung nicht bloß des Proletariats, sondern des gesamten Menschengeschlechts, das unter den gegenwärtigen Zuständen leide.

Soweit die antikapitalistische Massenbewegung Partei wurde, ging ihr die Klassenreinheit ohnehin verloren. Die Partei – jede Partei – ist ihrer Natur nach ein Klassengemisch, zusammengehalten durch Interessen und Überzeugungen: eine Vereinigung von Menschen ohne das Bindeglied bestimmter technischer Eigenschaften und ohne wirtschaftliche Homogenität (Labriola)[19], kurz ohne soziale Einheitlichkeit. Die Mitglieder einer Partei erfüllen im Wirtschaftsleben die verschiedenartigsten Funktionen, auch dann, wenn die Partei ein wirtschaftliches Programm enthält und dieses Programm theoretisch auf den Leib einer besonderen Gesellschaftsklasse zugeschnitten ist. Das praktische Leben der Partei ist aber stets derart, daß ihre theoretische Formulierung zurücktritt, so daß stets mehr als nur die Angehörigen einer einzigen Klasse im Rahmen der aktiven und passiven Tätigkeit der Partei Raum finden. Die Berufsanalyse der modernen Arbeiterparteien bestätigt vollauf die Richtigkeit unserer These. Freilich sind wir nur im Besitz sehr weniger dieser wertvollen Untersuchungen. Der Parteibestand des italienischen Partito Socialista setzte sich 1903 berufsmäßig folgendermaßen zusammen: von den Mitgliedern waren 42,27 % Industriearbeiter; 14,92 % Handwerker; 14,99 % tagelöhnernde Landarbeiter; 6 % Pachtbauern; 4,89 % kleine Besitzer; 3,3 % Beamte; 2,72 % Angehörige studierter Berufe; 1,08 % Studenten; 9,65 % Restbestand nicht zu ermittelnder Elemente. [...]

Zwischen der demagogischen Hofmacherei, welche der politische Wahlsozialismus, der Parlamentarismus, zumal mit den breiten Klassen des Mittelstandes trieb, und der von den wirtschaftlichen Organisationen des Proletariats getriebenen realen Aktion waltete Antagonismus. Denn von allen Zweigen der Arbeiterbewegung verstieß einzig und allein der politische nicht direkt gegen den Mittelstand, wenn ihr marxistischer Eifer nicht auch sie zur objektiven Förderin des Kapitalismus machte. Als Gewerkschaftsbewegung schädigte sie durch die von ihr entfesselten Lohnkämpfe insbesondere den wenig widerstandsfähigen Handwerkerstand, der sich für die erhöhten Unkosten keinen Ausgleich in Gestalt von technischen Betriebsverbesserungen verschaffen konnte, und überhaupt den Kleinbetrieb; als Genossenschaftsbewegung untergrub sie die Lebensbedingungen des kleinen Kaufmannstandes, der die Herabsetzung seines Profites im einzelnen nicht durch vermehrten Einkauf im großen wieder wettmachen konnte. Es ist klar, sowohl die gewerkschaftliche als die genossenschaftliche Aktion des Proletariats geht – bewußt oder unbewußt – nicht so sehr dem Kapitalismus, als vielmehr der Kleinbourgeoisie, dem weniger widerstandsfähigen Klein(Laden- oder Werkstatts-)betrieb, zu Leibe. Das wird ehrlicherweise häufig genug in jenen Kreisen zugestanden.[20]

Die Tendenz zur Breitheit teilt die Sozialdemokratie mit der modernen Demokratie schlechtweg. Demokratie ist ihrem Wesen nach massenhaft. In einem auf Volkswahl gestellten, »parlamentarisch« gerichteten Staat gibt es wohl im Sinne der Weltanschauung, nicht aber im technischen und theoretischen (denn Theorie und Weltanschauung brauchen sich nicht zu decken) Sinne aristokratische Parteien. Keine Partei ruft die Minderheit zur Wahlurne. Jede versucht Massenpartei zu werden, ja initial als solche sich vorzustellen. Denn das natürliche Bestreben der Partei ist Machtgewinnung und Staatsbeherrschung – Hineinwachsen in den Staat, Staatswerdung –. Das Ziel impliziert das Vorhandensein willfähriger Massen. Als die Junkerpartei der preußischen Konservativen durch das Bismarcksche allgemeine gleiche und geheime Wahlrecht in Gefahr stand, ihrer parlamentarischen Macht, die sie neben der Macht, welche sie als geschlossene Umgebung der Krone und Inhaberin der Stellen in Verwaltung, Heer, Diplomatie usw. immerhin brauchte, beraubt zu werden, begründete sie unter der Hand den Bund der Landwirte, der eine volkstümlichere Basis zuließ und erhielt.[21] Die modernen französischen Royalisten berufen sich zur Erreichung ihrer Ziele nicht auf die Hilfe der alten privilegierten Stände der noblesse und des clergé, sondern auf die camelots, d.h. die Massen des ausgesprochen monarchisch gesinnten Teiles des Syndikalismus. Die stärkste Antisozialistenpartei, welche die Geschichte der Nachkriegszeit kennt, die der italienischen Faszisten, ist ebenfalls Volkspartei im eigentlichsten Wortsinn. Sie beruft sich (Herbst 1922) nicht nur darauf, eine überaus große Anzahl eingeschriebener und zahlender Parteimitglieder (700.000) zu haben, sondern auch aus Mitgliedern aller Volksklassen zusammengesetzt zu sein. Selbst konfessionellen Parteien genügt der ihnen kraft des konfessionellen Prinzips zustehende Volksteil noch nicht. Die katholische Zentrumspartei läßt ausdrücklich Ketzer zu, und hält sich »Renommierprotestanten« selbst unter ihren parlamentarischen Vertretern. Auf dem nach Ostern 1923 abgehaltenen Turiner Kongreß der katholischen Volkspartei in Italien (Partito Popolare) hob der Führer, Don Sturzo, hervor, die Partei habe kein Anrecht darauf, sich als katholische zu bezeichnen, weil katholisch Allgemeinheit, Partei dagegen Trennung heiße, und plädierte für strikte Einhaltung des akonfessionellen Charakters der Partei. Daß die antisemitischen Parteien voller Juden stecken, dürfte bekannt sein.

Dieses Sehnen nach Massenhaftigkeit, das in parlamentarischen Systemen zum Sehnen nach dem Maximum der Wählerschaft wird, bedeutet für die sozialistischen Parteien einerseits den Verzicht auf ihre Sektenhaftigkeit, andererseits aber auch prinzipiell Verwässerung und opportunistische Wandelbarkeit.[22]

Damit ist nicht gesagt, daß aller Arbeitersozialismus demokratisch geworden sei oder es doch logischerweise sein müsse. Zumal in den romanischen Ländern mit alter demokratischer Kultur und Erfahrung brach sich bald die Überzeugung durch, daß es langwieriges, aber auch unnötiges Spiel sei, zu warten bis es den Sozialisten gelänge, von der Richtigkeit ihrer Sache das »Volk« zu überreden. Nicht einmal die Eroberung der Mehrheit, oder der Hälfte der Staatsbürger durch die sozialistische Propaganda brauche abgewartet zu werden. Die Blanquisten nahmen an, daß es ein geschichtliches Gesetz gäbe, durch das die Mehrheiten sich von Minderheiten bestimmen lassen und bauten darauf ihre Hoffnung auf die Heranbildung kühner zielbewußter Gruppen von Genossen, denen die Aufgabe zufalle, eines Tages unter dem latenten oder nachhinkenden Beifalle der Menge das Staatsruder überraschend an sich zu reißen. Ihr Ideal war das Beispiel, das Garibaldi 1860 mit dem Zug seiner Tausend nach Sizilien gegeben hatte. Das war es, was die Deutschen Putschtaktik genannt haben. Der Gedanke von der Rolle der energischen und selbstbewußten Minoritäten wurde dann später von den Syndikalisten als eines der wichtigsten Elemente von Weltanschauung und Taktik in ihr Programm aufgenommen und durch eine Übertragung vom Reinpolitischen auf das revolutionäre Gewerkschaftertum und folgerichtige Zuspitzung zum Antiparlamentarismus weiter ausgebaut.[23] Somit erstand in der Arbeiterbewegung, auch außerhalb der anarchistischen Kreise, eine sehr bedeutende antidemokratische Unterströmung.

In andern Ländern wie in Rußland gab sich in der Mehrzahl der Sozialisten ein Umschwung der Überzeugungen kund, sobald es ihnen gelungen war, die Macht an sich zu reißen. Im sicheren Gefühl, in Wirklichkeit Minderheit zu sein, machten die Bolschewisten die Minderheit zum Regierungsprinzip. So entstand die »Diktatur des Proletariats«, freilich, wenn man den Diktatoren Glauben schenken darf, nur als Parenthese, in welcher sich der Übergang des Gesamtvolkes zur Reife vollziehen könne.[24] Das wäre also wohl eine Art bolschewistischer Übertragung des Listschen Gedankens vom Erziehungszoll auf das Staatsleben.

f) Programmatische Elastizitäten

Jede soziale Bewegung sucht den Nachweis ihrer höchsten geistigen und sittlichen Berechtigung zu erbringen. Der Ausdruck dieses Strebens ist im Programm festgelegt. So erklärt sich die Wichtigkeit der programmatischen Erhärtung der leitenden Ideen und die Häufigkeit der homerischen Kämpfe um die Veränderungen oder Beibehaltung der im Programm ausgedrückten Überzeugungen in den sozialistischen Parteien. In Ländern, wo die Arbeiterbewegung sich auf die Mythe stützt, gleich einer Minerva aus dem Haupte Jovis, gewappnet mit allen Errungenschaften moderner Wissenschaft und gleichsam als deren parteipolitische Inkarnation und autochthone Vertretung, entsprungen zu sein (wie in Deutschland, wo diese Tradition in den professoralen Schriften der Lassalle, Engels, Mehring mit bisweilen fast kindlichem Stolz zum Aufdruck kommt), müssen sich die Kämpfe um das Programm dem diesem zugesprochenen Offenbarungswerte entsprechend lebhaft gestalten und viel Zeit und Raum einnehmen. Schon die glänzendste Darlegung eines politischen, auf dem Versuch wissenschaftlicher Analyse fußenden Weltanschauungsprogrammes, welches die Geschichte kennt, das kommunistische Manifest von Marx-Engels (1847), ist zum Ausgangspunkt endloser Kommentare geworden. Um jeden Buchstaben hat später von den Kritikern mit den Orthodoxen gestritten werden müssen.

Mehr noch als die geistigen und sittlichen Postulate sind aber die politischen zu fixieren und dem jedesmaligen Stand der Bedürfnisse anzupassen. Daher die Notwendigkeit allfälliger Erweiterung der sozialistischen Programme, sobald die bewirkte weitgehende Eroberung der städtisch-industriellen Arbeiterschaft die zahlenmäßig faßbare demokratische Ungenügendheit dieser Bevölkerungsgruppe zur methodischen Eroberung der Staatsmacht ergab und somit die Sozialisten auf die Notwendigkeit der Gewinnung der Sympathien der Landwirte verwies, welche nur durch eine eingehende Beschäftigung mit den Problemen des Ackerbaus und die Niederlegung der gewonnenen Resultate in offiziellen Programmsätzen geschehen könnte. Das führte sowohl in Italien und Frankreich als besonders auch in Deutschland zu schweren Kämpfen. In letzterem Lande erwies sich zumal die Revision der alten marxistischen Auffassung von dem Parallelismus der Erscheinungen in Industrie und Ackerbau und dementsprechend von dem wirtschaftsnotwendigen (und sozialistischerseits wünschbaren) Untergang des Kleinbetriebs zugunsten des Großbetriebs als notwendig. Bereits der dem Londoner Marxkreis angehörige deutsche Autodidakt Eccarius hatte kein Bedenken getragen, zu behaupten, daß die Landwirtschaft den allgemeinen Gesetzen der Industrieentwicklung unterworfen sei. Die moderne Technik und der unwiderstehliche Wettbewerb der Maschinen sprächen, meinte später der Arbeiterphilosoph Dietzgen, auch dem Kleinbetrieb auf dem Lande das Todesurteil. Eine derartige Agrartheorie stand zu wichtigen statistisch belegbaren Erfahrungssätzen vom Werdegang der Landwirtschaft in den meisten Ländern in Widerspruch, wurde aber auch zu einem Hindernis für die parteipolitische Agrarpolitik. Also mußte sie fallen und wurde, wenn auch nach schweren Kämpfen, durch eine neue Fassung ersetzt, die der Lebensfähigkeit und deshalb auch der Lebensberechtigung des ländlichen Klein- und Mittelbesitzes, des »Bauerntums« in höherem Grade Rechnung trug. Es entstand sogar eine agrarische Richtung im Schoße der sozialdemokratischen Partei unter der Führung von Eduard David, welche noch einen Schritt weiter ging und die Idee der technischen Überlegenheit des ländlichen Kleinbetriebes über alle andern ländlichen Besitzesformen aussprach.[25]

Anmerkungen

1 Blanc, Organisation du Travail. IVe éd. Paris 1845, Cauville Frères, p. XV.

2 Louis Blanc, La Révolution de Février au Luxembourg. Paris 1849, M. Lévy Fréres (z.B. die Rede von François Vidal über den »Etat Commanditaire du Travail«, auf p. 57).

3 Louis Blanc, Pages d'Histoire de la Révolution de Février 1848. Bruxelles 1850, Soc. Typ Belg., p. 25.

4 Jos. Edmund Joerg, Geschichte der social-politischen Parteien in Deutschland. Freiburg i.Br. 1867, Herder, p. 146; Hermann Oncken, Lassalle. 2. Aufl. Stuttgart 1912, Frommann, p. 369; Gustav Mayer, Die Trennung der proletarischen von der bürgerlichen Demokratie in Deutschland (1863–1870), in Arch. f. d. Gesch. d. Sozialismus (Grünberg), II, 1 (1911).

5 Roberto Michels, Storia del Marxismo in Italia. Roma 1909, Mongini, p. 62; sowie die Vorrede desselben: Die Entwicklung der Theorien im modernen Sozialismus Italiens, zu Enrico Ferri, Die revolutionäre Methode. Leipzig 1908, Hirschfeld.

6 Sidney Webb, Socialism in England. London 1890, Swan Sonnenschein, p. 130.

7 Eugen Wullschleger, Aus der Geschichte der Arbeiterbewegung in Basel, Zürich 1912, Grütli, p. 14; Julius Bunzel, Die Anfänge der modernen Arbeiterbewegung in der Steiermark. Ein Beitrag zur Geschichte der österreichischen Arbeiterbewegung. Nach archivalen Quellen dargestellt. Leipzig 1913, Hirschfeld, p. 50 ff.

8 Adolphe Blanqui, Des Classes Ouvrières en France pendant l'Année 1848. Paris 1849, Paulin, Vol. II, p. 219.

9 Werner Sombart, Die deutsche Volkswirtschaft im neunzehnten Jahrhundert. Berlin 1903, Bondi, p. 332 ff.

10 Noch in den 60er Jahren galt der Fabrikarbeiter als unterwertig, und als Arbeiter bezeichnet zu werden, statt als Geselle oder Gehilfe, betrachteten viele als eine persönliche Herabsetzung (August Bebel, Aus meinem Leben. 2. Aufl. Stuttgart 1911, Dietz, Bd. I, p. 50); vgl. auch Wilhelm Heinrich Riehl, Die bürgerliche Gesellschaft. 2. Aufl. Stuttgart 1861, Cotta, p. 433; Eduard Bernstein, Die Arbeiterbewegung. Frankfurt a.M. 1910, Rütten & Loening, p. 12; Otto von Leixner, Soziale Briefe aus Berlin 1888–1891. Berlin 1891, Pfeilsticker, p. 346; auch unter den Arbeiterinnen waren die Fabrikmädchen nicht angesehen, vgl. Lily Braun, Die Frauenfrage, ihre geschichtliche Entwicklung und wirtschaftliche Seite. Leipzig 1901, Hirzel, p. 308; Marie Bernays, Auslese und Anpassung der Arbeiterschaft der geschlossenen Großindustrie. Leipzig 1910, Duncker & Humblot, p. 227.

11 Lujo Brentano, Das Arbeitsverhältnis gemäß dem heutigen Recht. Leipzig 1877, Duncker & Humblot, p. 194 ff.

12 Lorenz von Stein, Die Volkswirtschaftslehre. 2. Aufl. Wien 1878, Braumüller, p. 546.

13 Karl Kautsky, Demokratie oder Diktatur. Berlin 1919, Cassirer, p. 23.

14 P.J. Proudhon, Les Confessions d'un Révolutionnaire pour servir à l'Histoire de la Révolution de Février. Nouv. Ed. Paris 1868, Lacroix, p. 81.

15 Heinrich von Treitschke, Historische und politische Aufsätze. Leipzig 1871, Bd. III, p. 447.

16 Heinrich Cunow, Die Parteien der großen französischen Revolution und ihre Presse. Berlin 1912, p. 394.

17 Arturo Labriola, Riforme e Rivoluzione Sociale. Milano 1904, Soc. Ed. Mil., p. 225; vgl. auch meine Soziologie des Parteiwesens, p. 220–320.

18 »Auch die Interessenorganisationen müssen nun, wenn sie auf die Allgemeinheit und auf die politischen Parteien wirken wollen, die Interessen, welche sie vertreten, die Forderungen, welche sie aufstellen, aus einem allgemeinen Interesse, aus dem Interesse der Gesamtheit heraus begründen. Auch die Interessenorganisationen werden nur dann willige Aufnahme bei den politischen Parteien finden, wenn sie ihre Wünsche als die Voraussetzung des allgemeinen Wohles beweisen« (Emil Lederer, Die sozialen Organisationen. 2. Aufl. Leipzig und Berlin 1922, Teubner, p. 13). Das gleiche gilt auch für das Zentrum. »Das Zentrum war nie und darf nie sein die Partei eines einzelnen Berufsstandes oder einer einzelnen Klasse. Unser Stolz soll bleiben, eine wahre Volkspartei zu sein, welche die Stände und Klassen umfaßt. Die Grundsätze des Christentums bestimmen unsere gesamte politische Tätigkeit« (Friedrich Naumann, Die politischen Parteien. Berlin-Schöneberg 1910, Buchverl. d. »Hilfe«, p. 74).

19 Arturo Labriola, Sull' azione Politica del Partito socialista. Frascati 1908, p. 19.

20 Z.B. die Ausführungen des bekannten Arbeitersekretärs Johannes Timm: »Der Marxismus beruht, soweit ich ihn verstehe, auf der Ansicht, daß die Konzentration der Betriebe der letzte Akt der kapitalistischen Wirtschaftsordnung ist. Gerade darin aber liegt eine keineswegs nebensächliche Bedeutung der gewerkschaftlichen Tätigkeit, daß sie ein Mittel bildet, die Konzentration der Betriebe zu beschleunigen. Die Gewerkschaften, die Ersatz der Heimarbeit durch Arbeit in fabrikähnli-

chen Betrieben fordern, sie helfen, ohne es aus diesem Grunde zu verlangen, den primitiven Betriebsformen das Grab schaufeln« (JOHANNES TIMM, Aus dem Entwicklungsgang der deutschen Gewerkschaftsbewegung. 2. Aufl. München 1902, Reinhardt, p. 27).

21 OSCAR STILLICH, Die politischen Parteien in Deutschland. 1. Die Konservativen. Leipzig 1903, Klinkhardt, p. 239 ff.

22 PAUL KAMPFFMEYER, Wandlungen in der Theorie und Taktik der Sozialdemokratie. München 1904, Birk; EDUARD BERNSTEIN, Von der Sekte zur Partei. Die deutsche Sozialdemokratie einst und jetzt. Jena 1911, Diederichs.

23 Vgl. z.B. die Kritik, welche der erste geistige Begründer der revolutionären Gewerkschaftsbewegung in Frankreich am mitglieder- und kassenreichen englischen Trade-Unionismus anlegte (FERNAND PELLOUTIER, Histoire des Bourses du Travail. Paris 1902, Schleicher, p. 167).

24 Siehe die Kritik bei KARL KAUTSKY, Demokratie oder Diktatur. Berlin 1819, Cassirer, p. 122 ff.

25 EDUARD DAVID, Sozialismus und Landwirtschaft, p. 21–25, 687; MAURICE BOURGUIN, Les Systèmes socialistes et l'évolution économique. Paris 1904, Colin, p. 205.

4
Die deutsche Sozialdemokratie

»Die Philosophen haben die Welt nur verschieden interpretiert, es kommt aber darauf an, sie zu verändern.«

Karl Marx

Einleitende Bemerkungen

Das brennende Interesse, das die Parteibildung der deutschen Sozialdemokratie auch in solchen Kreisen erweckt, welche die Wissenschaft um ihrer selbst willen zu pflegen bestrebt sind, rechtfertigt sich nicht nur durch die Bedeutung, welche die Erscheinung jeder Arbeiterpartei als solche für sich in Anspruch nehmen darf, nicht nur durch die von ihr bekannten, in ihren Worten und Handlungen vielfach zum Ausdruck gelangenden Anschauungen geschichtsphilosophischer Natur, die sie vertritt, sozusagen verkörpert, nicht nur dadurch, daß sie sich Ziele gesetzt hat, deren Erreichung eine völlige Änderung aller Formen menschlichen Zusammenlebens bis in die kleinsten sozialen Verzweigungen hinein zur beabsichtigten Folgeerscheinung haben würde, sondern auch durch ihre rein äußere Erscheinung als Partei, d.h. als eine behufs gemeinsamer Verfolgung eines bestimmten Zielkomplexes entstandene *Vereinigung von Menschen.*

Denn die sozialdemokratische Partei Deutschlands ist das größte Parteigebilde des internationalen Sozialismus, das größte der national gesonderten Gefäße, die den Inhalt des Befreiungsgedankens der der Zahl nach größten gesellschaftlichen Klasse bergen. Die Ziffern ihrer Wahlstimmen übersteigen etwa um ein Zehntel das Summa Summarum der für ausgesprochen sozialistische Kandidaten in allen übrigen Ländern der Welt zusammen abgegebenen Stimmenzahlen. Neben den 3.010.472 der deutschen Sozialdemokratie (1903) müssen sich die 876.000 der Parti Socialiste Unifié (1906), die 100.000 der Independant Labour Party und Socialdemocratic Federation zusammengenommen (1900), die 301.525 des Partito Socialista Italiano (1904) usw. in den Winkel verstecken. Fast in demselben Grade ist die Sozialdemokratie Deutschlands den entsprechenden Parteien des Auslands an Schwergewicht des Beamtenkörpers sowie an Ausdehnung der Presse überlegen. Den 3 Tages- (und etwa 42 Wochen-) Blättern der französischen, den 5 Tages- (und 65 Wochen-) Blättern der italienischen, den 1 Tages- (und 9 Wochen-) Blättern der holländischen und 0 Tages- (3 Wochen-) Blättern der englischen Sozialisten gegenüber erhebt sich die aus 56 täglich, 2 wöchentlich dreimal, 2 wöchentlich zweimal und 5 wöchentlich einmal erscheinenden Parteiorganen bestehende Presse der deutschen Sozialdemokratie zu stattlicher Höhe.

Ebensowenig wie die sozialistischen Parteien des Auslandes halten die nichtsozialistischen Parteien des Inlandes in wahlnumerischer oder gar organisatorischer Hinsicht mit der Sozialdemokratie Deutschlands einen Vergleich aus. Das ist von diesen Parteien selbst so viele Hunderte von Malen ausdrücklich zugegeben worden, daß es sich erübrigt, an dieser Stelle den Beweis für die Richtigkeit jener Behauptung anzutreten. Der »Volksverein für das katholische Deutschland«, diese Säule der Zentrumsorganisation, zählt gegenwärtig (1906) allerdings über eine halbe Million Mitglieder, eine Ziffer, an die, wie wir noch sehen werden, die Sozialdemokratie sogar nicht einmal entfernt heranragt. Aber die Organisationsform ist eine so außerordentlich lose, die Beitragszahlung (1 Mk. jährlich) eine so ungeheuer geringe und das Vereinsleben ein noch so mattes, daß die beiden Organisationen durchaus als inkomparable Größen zu betrachten sind. Die Einsicht von der organisatorischen Minderwertigkeit aller bürgerlichen Parteien in Deutschland, selbst das relativ gut organisierte Zentrum nicht ausgeschlossen, ist es denn auch nicht an letzter Stelle gewesen, die mit zur Gründung des Reichsverbandes zur Bekämpfung der Sozialdemokratie Anlaß gegeben hat, welcher der Organisation des Gegners eine gleichwertige, wenn auch sehr ungleichartige, Organisation entgegensetzen möchte.

Aber auch noch aus einem anderen Grunde erscheint uns die Beschäftigung mit der deutschen Sozialdemokratie nutzbringend. Der Sozialismus als wissenschaftliche Erkenntnis beruft sich auf die Erkenntnis des Sozialismus als Bewegung. Zwischen sozialistischer Theorie und sozialistischer Praxis kann kein schädlicher Riß klaffen, wenn nicht entweder die eine oder die andere reformbedürftig ist. Die Truppen, die sich heute sammeln in den sozialistischen Parteien, sind nicht nur die Träger sozialistischer Ideen, sondern die Träger sozialistischer Aktion und sozialistischer Erziehungsarbeit nach innen und außen. Sie in ihrer Stärke, ihrer sozialen Zusammensetzung, ihren Beziehungen zur Außenwelt, ihrem Verhältnis zur Wissenschaft, ihren inneren Kämpfen, dem Grade ihrer äußeren Macht und inneren Geschlossenheit sowie ihrer sittlichen Kraft zu erkunden – uns die Erkenntnis des Sozialismus als Bewegung zu verschaffen! –, das muß eine Aufgabe sein, deren Lösung auf den Sozialismus als wissenschaftliche Erkenntnis Rückschlüsse zu erlauben und Perspektiven zu eröffnen vermag, die einen Lichtschimmer über die nächste Zukunft dieser größten Bewegung unseres Zeitalters verbreiten, da sie uns einen Einblick tun lassen in die Entwicklungsbedingungen der Gegenwart.

Die Sozialdemokratie ist die Frucht am Baume des Kapitalismus, und, so paradox es klingen mag, zugleich die Säge, die diesen Baum allgemach absägt, oder, wenn man lieber will, das frische Reis, mit dem der alte Baum inokuliert wird. Die Reaktion auf den Kapitalismus ist unvermeidlich. Sie hat ihm an der Wiege gestanden, als er noch klein war, sie hat sein Wachstum treulich begleitet, sie wird ihm folgen, solange er lebt, unzertrennlich.

Die Sozialdemokratie, als die natürliche Kampfpartei der Konsumenten und der lohnarbeitenden Produzenten gegen die Inhaber der Produktionsmittel und ihre staatlichen Machtmittel, stützt sich auf eine Klasse, deren Wachstum an politischer Geltung sie repräsentiert: die Gruppe der Bevölkerung, die vom Produktionsprozeß wirtschaftlich abhängt. Hier liegt ihre naturgegebene Basis, hier die Wurzeln ihrer Kraft. Dieses tatsächliche Verhältnis involviert aber schon als gegeben sowohl den Gedanken der Masse, als den Gedanken der Organisierung dieser Masse. »Wir werden Millionen, das ist der Grundgedanke der Politik des Industrievolks« (Friedr. Naumann).[1] Die »Idee des Großbetriebs« ist die Idee der organisierten oder doch organisierbaren Masse. Sie beherrscht die Partei. Je mehr die Entwicklungstendenzen der heutigen Ordnung der Dinge zu einer kapitalistischen Konzentration in den Händen einiger Tausender von industriellen Magnaten hindrängen, wird die Abhängigkeit der Volksmasse vom Kapital und somit auch der Antagonismus zwischen den gesellschaftlichen Gegensätzen – trotz aller relativen Besserstellung des Proletariats, die mit der sehr viel weniger relativen Besserstellung der obersten Gesellschaftsschichten nicht gleichen Schritt halten kann und deshalb nicht nur nicht imstande ist, ausgleichend zu wirken, sondern im Gegenteil die Gegensätze noch um ein weiteres verschärfen muß – beständig wachsen. Der politische Ausdruck jenes wirtschaftlichen Antagonismus aber heißt zur Zeit in Deutschland: Sozialdemokratische Partei. Durch diese Tatsache scheint das fortdauernde Wachstum dieser Partei gesichert, auch wenn vorübergehende Sturzwellen die äußeren Formen vielleicht einmal sprengen sollten. [...]

Berufsanalyse und soziale Zusammensetzung der sozialdemokratischen Organisationen

1. Statistik

Untersuchen wir nun die sozialdemokratisch organisierten Massen auf ihre soziale Zusammensetzung! Die Sozialdemokratie rühmt sich, *die* Arbeiterpartei zu sein. Ist diese Ruhmredigkeit nicht eitel Prätention zu Zwecken bengalischen Feuerwerks in der Politik, so muß sie nicht nur nachweisen können, daß ihre Forderungen sich mit den sich aus den Besonderheiten der ökonomischen Stellung der proletarischen Klasse in der Produktion ergebenden sozialen Notwendigkeiten decken, sondern auch, daß ihr Heeresbann nicht aus vielleicht wohlmeinenden bürgerlichen Ideologen, auch nicht aus mittelständlerischen verzweifelten Handwerkern, sondern in erster Linie aus Lohnarbeitern kapitalistischer Betriebe besteht. Sehen wir zu!

Auch hier türmen sich die Schwierigkeiten unserer Aufgabe. Das Material zu einer professionellen Analyse der sozialdemokratischen Mitgliedschaft ist schwer zu erlangen, noch zerstreuter, noch unvollständiger, noch seltener als die rohen Mitgliedsziffern. Es verteilt sich in alle Ecken der sozialdemokratischen Presse, und man muß schon ein wahres »Welteneichhörnchen« sein, um es aufzuspüren. Dazu huldigt etwa nur die Hälfte der sozialistischen Wahlvereine überhaupt der Gewohnheit, ihre Mitglieder alle Jahre – oft auch nur alle paar Jahre – einmal zu analysieren. Aber selbst innerhalb dieser ist die Methode der einzelnen Analysierungen keine einheitliche und sind die Ergebnisse deshalb vielfach so verschwommen, daß es unmöglich ist, das durch die gemachten Angaben erhaltene Material mit der nötigen Präzision zu klassifizieren.

Wir haben uns nun entschlossen, ein dreiteiliges Schema: Lohnarbeiterschaft – Klein-Bourgeoisie – Akademiker und andere Bourgeois – aufzustellen und hiernach das vorhandene Material zu gruppieren, wobei uns aber sehr wohl bewußt ist, daß es eine ganze Anzahl neutraler Sammelrubriken gibt (wie z.B. Kaufleute, Photographen, Fabrikanten usw.), die nicht erkennen läßt, welcher unserer drei Gruppen die unter diesen Rubriken jeweils zusammengefaßten Mitglieder zuzuzählen sind, sodaß also nur eine genaue Personenkenntnis es ermöglichen würde, die betreffenden Sammelrubriken nötigenfalls zu zerlegen und ihre Komponenten mit vollständiger Sicherheit richtig zu rubrizieren. Wir sind zur Lösung dieser Schwierigkeit nach folgenden Leitsätzen vorgegangen, die uns ein im allgemeinen wenigstens zutreffendes Bild zu ergeben versprachen:

In der Rubrik *Lohnarbeiterschaft* haben wir alle in kapitalistischen Betrieben gegen Lohn beschäftigten Arbeiter zusammengefaßt, sowohl die gewerkschaftlich organisierbaren, als auch die Gemeinde- und Staatsarbeiter.

Die Rubrik *Klein-Bourgeoisie* umfaßt außer Beamten, Bureauvorstehern, Kaufleuten usw. auch die Gruppe der Händler, Hausierer, Kolporteure, obgleich wir uns der Tatsache nicht verschließen, daß die »selbständigen ›Unternehmungen‹« des »parasitischen Kleinhandels« in der Tat »vielfach nichts anderes sind als etwas über den Bettel erhabene Existenzformen der Arbeitslosigkeit.«[2] Andererseits haben wir auch die etwa vorkommenden Fabrikanten dieser Rubrik eingefügt, da ohne gegenteilige Information im Einzelfalle nicht anzunehmen ist, daß sich unter ihnen großkapitalistische Unternehmer befinden. Wahrscheinlich ist es vielmehr, daß es sich hier um kleine und kleinste »Fabrikanten« handelt, die sich in Einkommenshöhe und Lebenshaltung nicht über das Kleinhandwerkertum erheben.

Unter der Rubrik *Akademiker und andere Bourgeois* schließlich haben wir die Angehörigen studierter Berufe, obgleich wir sehr wohl wissen, daß diese zum großen Teile der Kleinbourgeoisie entstammen und diese Abstammung auch in ihrer Lebensführung nicht verleugnen, außerdem aber nur solche Parteimitglieder gefaßt, welche durch ihre Berufsstellung oder Vermögenslage in unzweideutiger Weise als den oberen Gesellschaftsschichten angehörend gekennzeichnet sind. [...]

Soziale Zusammensetzung einiger Parteimitgliedschaften

	In absoluten Ziffern						In Prozenten					
	Marburg in Hessen	Frankfurt a.M.	Offenbach	Leipzig-Stadt	Nürnberg	München	Marburg in Hessen	Frankfurt a.M.	Offenbach	Leipzig-Stadt	Nürnberg	München
Lohnarbeiterschaft	108	2464	1518	1541	5874 (Mindestzahl)	5191	94,7	94,0	92,0	91,8	87,8 (Mindestzahl)	77,4
Klein-Bourgeoisie	5	150	122 (Höchstzahl)	123	577 (Mindestzahl)	1450	4,4	5,7	7,3 (Höchstzahl)	7,3	8,6 (Mindestzahl)	21,6
Akademiker u.a. Bourgeois	1	6	?	15	?	63	0,9	0,3	?	0,9	?	1,0
	114	2620	–	1679	6695	6704	100,0	100,0	–	100,0	–	100,0

2. *Folgerungen*

a) Die sozialdemokratische Lohnarbeiterschaft

Auf dem Kongreß zu Halle 1890 änderte die deutsche Sozialistenpartei ihren Namen. Aus der »Sozialistischen Arbeiterpartei Deutschlands« wurde eine »Sozialdemokratische Partei Deutschlands«. Der Klassencharakter der Partei war durch diesen Akt aus der offiziellen Bezeichnung gestrichen und den Nicht»arbeitern«, insbesondere den Kleinbürgern und Bauern, ein Stein des Anstoßes, ein Hinderungsmoment für ihren Beitritt zur Partei, aus dem Wege geräumt. Freilich, schon Anfang der neunziger Jahre bemerkte man, daß nicht nur Lohnarbeiter, sondern auch eine ganze Reihe von Kleingewerbetreibenden und kleinen Unternehmern als Genossen mit in der Organisation ständen.[3] Die Sozialdemokratie ist nicht nur heute keine klassenreine Einheitspartei, sie ist es niemals gewesen. Das läßt sich auf Schritt und Tritt der Geschichte dieser Partei nachweisen. Trotzdem, haben wir gesehen, ist die Partei *ihrer sozialen Zusammensetzung nach eine ganz überwiegend proletarische geblieben.* Daran ist nicht zu rütteln und nicht zu deuteln. Die Wählerschaft ist seit 1890, zumal durch den inzwischen erfolgten, fast restlosen Zusammenbruch der bürgerlichen Demokratie und das Fortschreiten der kapitalistischen Konzentration sowie die durchaus volkstümliche Reformpolitik der deutschen Sozialdemokratie ohne Frage sehr verkleinbürgerlicht, – d.h. der Prozentsatz der sozialdemokratisch wählenden Kleingewerbetreibenden usw. hat sich erheblich erhöht, – die Mitgliedschaft nicht. Die »Arbeiter«partei ist auch heute noch ihrer Zusammensetzung nach eine Klassenpartei, soweit nur die historische Rolle der Idee die Bildung klasseneinheitlicher Gruppierungen zuläßt.

Das analytische Material, das wir im vorigen Kapitel übersichtlich geordnet haben und auf das wir an dieser Stelle nochmals verweisen möchten, verrät, mehr vielleicht, als es die weitschweifigste Auseinandersetzung vermöchte, das Milieu der deutschen Sozialdemokratie. Unsere Ziffern bestätigen uns: die Sozialdemokratie ist eine Partei des Proletariats. Richtiger: des industriellen Proletariats. Die Landarbeiterschaft und die Bauernschaft, die so vielfach schon sozialdemokratisch wählen, sind für die sozialdemokratischen Organisationen noch nicht faßbar. Die wenigen Exemplare dieser proletarischen Kategorien, die man ab und zu einmal als Mitglieder sozialdemokratischer Vereine antrifft, sind ob der Seltenheit ihrer Spezies geradezu Renommieragrarier.

Ebenso wie – bis jetzt – die von der Gesindeordnung und dem mangelnden Koalitionsrecht bedrückten Landproletarier, müssen wir auch die nach vielen Zehntausenden zählenden Scharen der subalternen Staatsbeamten, der städtischen Beamten, der Arbeiter in Staatsfabriken, – dazu der Arbeiter in den Riesenbetrieben kapitalistischer Konzentration, in denen »strenge Zucht« herrscht (z.B. Krupp), – kurz, alle jene Arbeiter, denen in Kulturstaaten wie Frankreich, Italien und der Schweiz, ja selbst in Österreich und Ungarn die Koalitionsfreiheit und Vereinsfreiheit politisch nicht beschnitten ist, in Preußen-Deutschland aber durch Vorenthaltung politischer Freiheiten zu entmenschten Menschen herabgedrückt werden und die sozialdemokratischen Wahlvereine bei Strafe der Brotlosigkeit und noch Schlimmerem meiden müssen, für die sozialdemokratische Organisation als fast unerreichbar betrachten.

Auch alle diese Leute wählen, wenigstens in »sozialistisch durchseuchten« Gegenden, sozialdemokratisch. Aber sie organisieren sich nicht.

Neben den Proletariern, die, mögen sie wollen oder nicht, für die sozialdemokratische Organisation ausscheiden, weil staatlicher Zwang sie daran hindert, haben wir es auch noch mit Elementen zu tun, die aus anderen Gründen für sie nicht in Betracht kommen. Das sind zunächst jene, die wir in Deutschland unter der grausamen Bezeichnung »das Lumpenproletariat« zusammenfassen, die, welche der feinerbesaitete Italiener mit richtigem Takt als la piazza bezeichnet: die untersten Schichten des Proletariats, die Leute ohne geregelte und geordnete Beschäftigung, die Armen sans feu ni lieu, die auf der »Straße«, auf dem »Pflaster« (der »Piazza«), liegen, Schichten, die zum Teil aus sozialem Elend, als Opfer der Arbeitslosigkeit, zum Teil aus Mangel an Stetigkeit und Selbstbeherrschung, zum Teil auch aus den in dem Treibhaus aller Laster, der Armut, schnell emporgeschossenen Trieben pathologischer Müßiggangsfreude und Arbeitsunlust, zu Bettlern, Vagabunden, gewerbsmäßig Beschäftigungslosen herabgesunken sind, die lazzaroni aller Großstädte und aller Landstraßen, endlich auch die lebenslänglichen Anwärter auf Gefängnis und Zuchthaus, die »Ballonmützen«, die Zuhälter und andere Ausbeuter in der Arbeiterbluse.

Zwischen allen diesen sozialen Typen, den wahren Vertretern der Misère, und den sozialdemokratisch organisierten Industriearbeitern besteht eine sehr feine Grenzlinie, die teils durch das auch in Arbeiterkreisen scharf ausgeprägte Gefühl für persönliche Ehrenhaftigkeit sowie für das, was die Engländer als respectability bezeichnen (das manchmal nicht eines Tropfens falschen Hochmuts und ängstlichen Philistertums entbehrt), teils durch organisatorische Unbrauchbarkeit jener Schichten streng eingehalten wird.[4] Die Piazza, stark mit Almosenempfängern und Armenunterstützlern, teils auch mit Menschen, denen durch die Gerichte die bürgerliche Ehre zeitweilig verlustig erklärt worden, durchsetzt, ist zu einem großen Prozentsatz nicht wahlberechtigt. So hat sie eo ipso in »Wahl«vereinen nichts zu suchen. Auch sind ihre Komponenten in der Regel politisch überaus unzuverlässig. Es ist allerdings sicherlich nicht zu bestreiten, daß an Tagen der Revolution – und zwar auch in den Stunden der Gefahr, nicht nur in den Minuten der Lädenplünderung – die Lumpenproletarier sich stets unter die Bürger und Arbeiter gemischt, und, sei es in einem Ausbruch jäher wirtschaftlicher Verzweiflung, sei es in einem plötzlichen Aufwallen des selbst im Indifferentesten, ja im Verworfensten schlummernden Restes von Idealismus, sei es auch lang verschlossener Erbitterung über wirklich oder vermeintlich erfahrene persönliche Kränkungen durch den Staat und seine Organe, Seite an Seite mit ihnen in den Tod gegangen sind, und es ist andererseits auch nicht aus der Welt der Tatsachen zu schaffen, daß ein hoher Satz der sozialdemokratisch wählenden, ja selbst ein Satz der sozialdemokratisch organisierten Arbeiter jedem Aufputz sensationeller und byzantinischer Szenerie nur zu willig Folgedienste leistet. Aber die Geschichte vergangener revolutionärer Bewegungen lehrt doch auch, daß vor begonnenem Kampf und nach verlorener Schlacht das sog. Lumpenproletariat stets dabei war, wenn es galt, Revolutionäre zu denunzieren und zu mißhandeln, und die Einsicht in das heutige Großstadtleben zeigt, daß es – und nicht das Bürgertum – den eigentlichen Kern jener »Hurrahkanaille« bildet, die bei allen Festen und Feiern grundsätzlich dem jeweilig Machthabenden zujauchzt und, wenn nötig, als Machtmittel gegen das bewußte Proletariat sich gebrauchen läßt.

Wie immer, die sozialdemokratischen Vereine sind in der Regel ebenso frei von den Ärmsten und Allerärmsten, als von den Unehrlichen und gemeiner Verbrechen wegen Vorbestraften. Sie bestehen aus den Besten – sie sind die κάλλιστοι καὶ ἄϱιστοι – die Elite der industriellen Arbeiterschaft.[5] Wobei ersteres Hauptwort und letzteres Nebenwort ist. Wie sehr gerade mit dem Industriearbeiter sozialdemokratischerseits als dem für die Partei allein mit Sicherheit Vorbestimmten gerechnet wird, beweist ein kürzlich erschienenes Reskript des Parteivorstandes, in dem sich die charakteristische Stelle vorfindet: »Es ist unumgänglich notwendig, daß in *jedem* Ort eines Wahlkreises, in dem eine Anzahl Industriearbeiter sich befinden, auch eine Organisation, und habe sie nur die Stärke und Gestalt eines Leseklubs, geschaffen werden *muß.«* Deutlicher kann der Industriearbeiter als die Säule, auf der sich die sozialdemokratische Organisation zurzeit noch so gut wie ganz aufbaut, nicht bezeichnet werden. In der Tat, wir sahen es bereits, selbst in Süddeutschland, im als kleinbürgerlich verschrieenen München, dem – nach Bebel in Dresden – »Capua der Sozialdemokratie«, wo die Wählerschaft der Partei sicher überaus stark kleinbürgerlich durchsetzt ist, besteht die Parteimitgliedschaft zu 77,4

Proz. (nur etwas weniger als in den anderen Städten) aus der Klasse der Lohnarbeiter in der Industrie.

Jedoch auch unter den Organisationsfähigen der gewerblichen Arbeiterschaft sind es nicht alle Schichten gleichmäßig, die an dem Leben der sozialdemokratischen Partei aktiv teilnehmen. Es ist da nicht leicht, apodiktische Thesen aufzustellen, und die professionellen Analysen sozialistischer Wahlvereine, über die wir verfügen können, sind so mager, daß wir uns nicht vermessen dürfen, mehr als Vermutungen auszusprechen. Immerhin läßt sich sagen, daß, wie es scheint, einzelne Kategorien der gewerblichen Arbeiterklasse der politischen Organisation schwer zugänglich bleiben. Hierzu gehören speziell die Metzgergesellen. Schon gewerkschaftlich macht sich die Sonderstellung dieses Gewerbes hindernd fühlbar, wo die Gesellenvereine, diese Avantgarde der Meisterinnungen, noch in Schwung sind und die Meister von ihrem Maßregelungsrecht rücksichtsloser als ihre Kollegen in den anderen Branchen Gebrauch machen, wenn es sich darum handelt, einen »Verdächtigen« zu treffen. Noch viel mehr natürlich politisch.[6] Auch mag die Roheit des Gewerbes keinen allzu günstigen Nährboden für die idealgerichteten Anforderungen einer nicht auf das Prinzip von Leistung und Gegenleistung basierten Organisation abgeben.

Auch die Kellner (Gastwirtsgehilfen) und die Bäcker treffen wir in den sozialdemokratischen Organisationen nur in sehr geringen Zahlen an. Überhaupt sind diejenigen Gewerbe, in denen es 1. Sitte ist, daß die Arbeiter im Hause des Arbeitgebers wohnen, und 2. es einem höheren Prozentsatz der in ihnen beschäftigten Arbeiter gelingt, sich später selbständig zu machen[7] und wo also die »Lehrlings«zeit nicht als eine lebenslängliche, sondern lediglich als eine Übergangszeit aufgefaßt wird, schlechte Rekrutierungssphären für die Sozialdemokratie. *Der intime Nexus von Sozialismus und Kapitalismus* äußert sich auch darin, daß es ganz überwiegend diejenigen Schichten der Arbeiterschaft sind, denen die kapitalistische Konzentration jegliche Aussicht auf eigene spätere wirtschaftliche Unabhängigkeit verweigert, die wir in den sozialistischen Zirkeln treffen; daher dann die großen Zahlen der Metallarbeiter, der Holzarbeiter, Maler (Anstreicher), Maurer, aber auch Schneider, Schuhmacher.

Doch muß man auch da unterscheiden.

Schwer sind diejenigen Arbeiter in der Regel einer sozialdemokratischen Inkorporierung zugänglich, welche an dem Ort des sozialdemokratischen Vereins auf Arbeit gehen, nicht aber an ihm wohnhaft sind, sondern tagtäglich oder doch mehrmals wöchentlich nach Hause aufs Land zurückkehren (so z.B. von Frankfurt in die Ortschaften des Fuldaischen, von Marburg nach Schröck usw.), meist ungelernte Arbeiter, Bauhilfsarbeiter, Erdarbeiter u.a.

Die Zusammensetzung der sozialdemokratischen Vereine scheint zu bestätigen, daß die schlechter entlohnte Arbeiterschicht überhaupt schwerer als die Arbeiter»aristokratie« den Vereinen beitritt. Die ungelernten Arbeiter, unskilled labourers, die Fabrik- und Hilfsarbeiter, die Bauhilfsarbeiter, die Arbeiter im Handels-, Verkehrs- und Transportwesen, aber auch einige der schlechter entlohnten Schichten der »Gelernten«, als solche auf niedrigerer Bildungsstufe stehend, vielfach gegen alles Elend abgestumpft und ohne viel Hoffnungsfreude auf eine bessere Zukunft, sind erfahrungsgemäß dem Gedanken einer ein starkes Solidaritätsgefühl voraussetzenden Zusammenschließung schwer zugänglich. In kleinen Orten haben gerade diese Leute meist noch in der Nähe der Stadt einen kleinen Besitz, der ihre jämmerliche Lebenslage zwar in keiner Weise zu heben imstande ist, ihren *ökonomischen* Standard of life also nicht tangiert, dafür aber durch das erhebende »Besitzer«gefühl einen starken *psychischen* Einfluß auf sie ausübt, so daß sie auf andere, die keinen immobilen Besitz haben und ein Wanderleben von Miete zu Miete führen, auch dann herabsehen, wenn jene ihnen an sozialem, moralischem, intellektuellem und ökonomischem Patrimonium, an Ansehen, Energie, Auffassungsvermögen und Lohnhöhe weit überlegen sind. Neben denen in diesen Arbeiterschichten kommen, sofern wir es mit *kleinen* Städten zu tun haben, auch noch Schwierigkeiten für die Rekrutierung aus den kleinen, noch handwerkmäßigen Betrieben, deren Arbeiterschaft, auf sich selbst angewiesen, des stärkeren Zusammenhaltes und Rückhaltes, welche die *Masse* bietet, entbehren muß, und bei Konflikten zwischen Kapital und Arbeit ob mangelnder gewerkschaftlicher Organisation meist leichter ersetzbar sind, in Betracht. Auch die stärkere Beaufsichtigung der Fabrikarbeiter kleiner Betriebe durch die Arbeitgeber nach Feierabend übt hier einen zentrifugalen Einfluß. Aus dem Gesagten ergibt sich ohne weiteres die Tatsache: Die parteioffizielle Ausbreitung der deutschen Sozialdemokratie ist bisher mehr in die Tiefe einzelner Arbeiterkategorien als in die Breite der Arbeiterschaft überhaupt gedrungen.

b) Die sozialdemokratischen Bourgeois und Akademiker

Einleitende Worte

Unsere statistischen Tabellen über die professionelle Analyse der deutschen Sozialdemokratie haben uns gezeigt, daß der Prozentsatz der »Gebildeten« in dieser Partei ein sehr geringer ist. Dabei bezogen sich die Ziffern, die wir heranzuziehen imstande waren, fast vollständig auf einige Großstädte, in denen die Intelligenz sich staut, und, last, but not at all least, wenigstens ein Paar bürgerliche Intelligenzen sich der Partei anschließen dürfen, ohne sofort aus dem Brot zu kommen. In den sozialistischen Vereinen der kleinen Städte hingegen herrscht zumeist ein vollständiger Mangel an Akademikern. Ich habe in meinen bereits des öfteren zitierten, in dieser Zeitschrift erschienenen Skizzen über den Sozialismus in Italien die Verschiedenheit des Milieus beider Länder gerade in bezug auf die Beteiligung der Akademiker an der Klassenbewegung der Arbeiterschaft an einem Beispiel klar gemacht, indem ich den sozialistischen Wahlverein einer kleinen deutschen Universitätsstadt (Universität von 1.500 Studenten, Archiv, Bibliothek, Gymnasium, Oberrealschule) mit dem circolo socialista einer entsprechend großen Stadt Italiens (die aber an besonderer Schullosigkeit litt und nur die untersten zwei Klassen eines Gymnasiums aufzuweisen hat) verglich. Resultat: der circolo socialista der schulenlosen italienischen Stadt zählte fünf Akademiker zu Mitgliedern, der Wahlverein der deutschen Universität nur einen zufällig dorthin verschneiten weißen Raben.[8]

Die jüdische Intelligenz

Nun interessiert uns die Frage: welches ist das soziale Gebiet, aus dem sich die wenigen Hundert deutscher Studierter, die sich der Sozialdemokratie beigesellt haben, rekrutieren?

Eine Erscheinung, die wohl der Beachtung wert ist, besteht in der Tatsache, daß die Akademiker, die der sozialdemokratischen Partei im Laufe der Jahre beigetreten sind, zumeist der kleinen Bourgeoisie, den unteren Schichten des mittleren Bürgertums sowie der jüdischen Intelligenz, mit anderen Worten Kreisen, die entweder sozial oder ökonomisch sich nicht des Vollgenusses der Vorteile erfreuen, die das komplizierte System Preußen-Deutschlands zu bieten vermag, entstammen.

Es ist in der Tat richtig, daß das Judentum in der Partei stark vertreten ist. Zwar faßt die Sozialdemokratie die religiöse Überzeugung ihrer Mitglieder prinzipiell als Privatsache auf und auch der »Rasse« ihrer Mitglieder spürt sie in keiner Weise nach. Deshalb, um Mißverständnissen vorzubeugen, kennt sie keinerlei Konfessional- oder gar Stammes-Statistik ihrer Anhängerschaft. Die Anzahl der in ihr organisierten Juden läßt sich also in keiner Richtung zahlenmäßig feststellen. Aber die Kenntnis der sozialdemokratischen Partei bestätigt überzeugend die Richtigkeit unserer Behauptung. Schon die beiden großen Stammväter der deutschen Arbeiterbewegung, Ferdinand Lassalle und Karl Marx, waren Juden. Ein Jude hat die erste sozialdemokratische Zeitschrift in deutscher Sprache gegründet (der Idealist Karl Höchberg, Sohn eines begüterten Lotteriekollekteurs in Frankfurt a.M., gest. 1885), ein Jude ist der gewohnheitsgemäße Präsident der sozialdemokratischen Kongresse (Paul Singer). Unter den 81 bei der letzten Reichstagswahl gewählten sozialdemokratischen Abgeordneten befinden sich 9 Juden, darunter 4 noch mosaischen Glaubensbekenntnisses (Stadthagen, Singer, Wurm, Haase) – eine im Verhältnis zu den jüdischen Bestandteilen der Bevölkerung, der Arbeiterschaft und der Parteimitgliedschaft hohe Zahl. – Als Theoretiker (Ed. Bernstein, Adolf Braun, Jakob Stern, Simon Katzenstein, Bruno Schönlank), als Journalisten (Gradnauer, Eisner, Josef Bloch, der Redakteur der Sozialist. Monatshefte), als Organisatoren und Anreger auf allen Gebieten der sozialdemokratischen Tätigkeit (der Kommunalpolitiker Hugo Heimann, der Wahlrechtsspezialist Leo Arons, der Jugendorganisator Ludwig Frank) haben Juden der Partei bedeutsame Dienste geleistet. Das Woher dieser Erscheinung – die bekanntlich keineswegs eine »Verjudung« in dem Sinne bedeutet, daß die Partei vom Gelde jüdisch-kapitalistischer Genossen abhängig wäre – beantwortet sich durch die Sonderstellung des Judentums von gestern und heute in Deutschland. Der gesetzlichen Emanzipation ist die gewohnheitsrechtliche und soziale noch immer nicht gefolgt – in weiten Kreisen des deutschen Volkes existiert noch Judenhaß und Judenhatz, lebt noch das abstruse Gefühl der Judenverachtung. In der Karriere sieht sich der Jude benachteiligt, vom Richter- und Offizierstand, der Regierungslaufbahn so gut wie ausgeschlossen. Dagegen lebt im Judentum noch ein altes und berechtigtes Gefühl sittlicher Empörung über das seinem Volksstamme zugefügte Unrecht, das sich, bei dem idealistischen Fonds, der diese von Extremen beherrschte Rasse beseelt, leichter als beim Germanentum in die reine Empfindung des Abscheus vor allem Unrecht umsetzt und sich zur Höhe eines revolutionären Dranges nach großangelegter Weltverbesserung erhebt.[9] Das übrige tut noch der den logischen Köpfen des Judentums ganz natürlicherweise immanente internationale Zug, der sie die Barriere des Vorwurfs der »Vaterlandslosigkeit« der Sozialdemokratie mit Leichtigkeit nehmen läßt.[10] So ist der Schritt, der vom Judentum zur Sozialdemokratie führt, in den meisten Fällen ein kleinerer als der, den die »germanische« Intelligenz zurückzulegen hat, um sich in die Ideen des Sozialismus hineinzuleben. Das verhindert aber nicht, daß die Sozialdemokratie unleugbar gerade den Intellektuellen jüdischer Rasse zu besonderem Danke verpflichtet ist. Denn um diese allein handelt es sich; die jüdische Großbourgeoisie, ja selbst die jüdische Kleinbourgeoisie, die doch bei Wahlen häufig für die Sozialdemokratie eintritt, hält sich von der Organisation fast völlig fern. Bei ihnen überwiegt eben im letzten Grunde doch das Klasseninteresse über das Stammesinteresse. Anders, wie gesagt, bei den jüdischen Intellektuellen, von denen der Sozialdemokratie – schätzungsweise – immerhin 2-3 Proz. angehören dürften. So ist es denn wohl nicht allein ihrer theoretischen Gegnerschaft gegen jegliche »nationale« Anmaßung und alle törichten Stammesvorurteile, sondern auch diesem Bewußtsein der Dankespflicht zuzuschreiben, wenn die Sozialdemokratie bisher allen Verlockungen antisemitischer Tendenzen, die hier und da auch in den eigenen Reihen auftauchten, ohne alles Zaudern sieghaft widerstanden hat.[11]

Die »Deklassierten«

Die Nichtjuden, die aus den gebildeten Kreisen der Sozialdemokratie beitreten, hat man häufig als Deklassierte zu brandmarken unternommen. »Menschen, die verbittert sind, weil sie überall im Leben Schiffbruch gelitten haben, verlieren das Gleichgewicht und laufen zur Sozialdemokratie!« So oder ähnlich formuliert schallt es an unser Ohr. Zu Recht? Zugegeben mag werden, daß die Zahl der Akademiker in der Sozialdemokratie, die des schmückenden Titels entbehren, weil sie ihrem Studium keinen regelrechten Abschluß gegeben haben, groß ist. Darunter befinden sich freilich gerade viele der Geistvollsten und Unterrichtetsten, ein Kautsky, ein W. Liebknecht, ein Schippel, ein Calwer, ein Bernstein, ein Haenisch, ein Eisner! Calwer selbst meint, ohne parti pris und in voller Ehrlichkeit, aber mit einer sehr großen Dosis einseitigster Übertreibung, der Ursprung sozialdemokratischer Akademiker sei immer zweifelhafter Natur. »Ich z.B. bin ein examenflüchtiger Theologe, ein anderer hat Jus studiert, der Dritte war Lehrer und Aspirant darin, beim Vierten hat's zum Studieren nicht gereicht... Daß diese Überläufer sehr oft für die erst in Aussicht genommene bürgerliche Stellung untauglich waren, und erst, wenn sie dies fühlten, zu uns kamen, das brauche ich wohl nicht noch zu sagen.«[12]

Gewiß gibt es in jeder Bewegung »Deklassierte«, d.h. Menschen, die der Sturm des Lebens und ihr eigenes sprunghaftes und zigeunerhaftes Wesen an alle Ufer geschlagen hat, aber an keinem hat Wurzel fassen lassen, Ex-Konkneipanten sämtlicher politischer Parteien, die zuguterletzt bei der Sozialdemokratie enden, spät vielleicht, weil sich ihnen die Erkenntnis nur Stück für Stück offenbarte, vielfach unsichere Kantonisten, die auch hier nicht ausharren, vielleicht, weil ihre politische Überzeugung überhaupt in keinen Rahmen bestehender Verhältnisse hineinpaßt. Aber von dieser Sorte von »Deklassierten« wird es naturgemäß überall nur wenige Exemplare geben. Unsere Zeit ist dem Zigeunertum aller Arten abhold.

Wer immer sich auf eine gewisse Personenkenntnis in jener Partei stützen kann, wird denn auch sagen müssen, daß die Zahl der Deklassierten in diesem Sinne in der deutschen Sozialdemokratie nicht »zählt«. Dafür spricht auch ein gewichtiger innerer Grund. Deklassierte werden heute noch in der bürgerlichen Journalistik weit eher auf ihre Rechnung kommen, als in der knapp entlohnten, arbeitsreichen und von Gefahren aller Arten umgebenen Arbeiterpresse. Jedoch mehr noch! Wir wüßten von sehr vielen Fällen zu berichten, in denen bürgerliche Intellektuelle, von ihrem wissenschaftlichen Gewissen getrieben, den Übergang zur Sozialdemokratie gerade in dem Augenblick vollzogen, in dem die Aussichten für ihre bürgerliche Laufbahn im Zenit standen! Und die übrigen?

Dr. Eduard David, der, wie man auch sonst zu seinen Ansichten stehen mag, ohne jede Frage einer der begabtesten und belesensten Männer in der Sozialdemokratie ist, hat vor einigen Jahren in einer Parteiversammlung, als wieder einmal die Rede davon war, daß sich in der sozialdemokratischen Partei so viele »verkrachte Existenzen« aus der Bourgeoisie zusammenfänden, in flammender bitterer Entrüstung die Worte fallen lassen: »Gewöhnlich sind dies Leute, die in ihrem Beruf, auf der Universität oder im Gymnasium nicht vorwärts gekommen sind, *gerade weil* sie schon Sozialdemokraten waren!«[13] Er hätte noch beifügen können, daß die Bourgeois, die den Weg zum Proletariat gefunden haben, keineswegs in dem Sinne »Deklassierte« sind, weil sie etwa deklassiert worden wären, sondern höchstens in dem Sinne, daß sie sich selber von der Klasse, in die sie nach Geburt, Umgebung und Erziehung hinein gehörten, getrennt, also in gewissem Sinne autodeklassiert haben.

Die fils de famille

Aus den gesellschaftlichen Schichten, aus denen in anderen Ländern – Italien, England, Rußland, aber auch Holland, Frankreich, Polen – der Zufluß zum Sozialismus keineswegs unbedeutend war und ist, dem Kleinadel, dem Patriziat in beiderlei Gestalt – kapitalkräftiges »arisches« Bürgertum in den Städten neuerer Entwicklung und ahnenkräftiges »arisches« Bürgertum in den alten Hansastädten – sowie der höheren staatlichen und akademischen Beamtenschaft, ist den Organisationen der kämpfenden Arbeiterschaft in Deutschland wenig Hilfe gekommen. Die Partei ist arm an »fils de famille«! Die Ausbeute derer, die, hätten sie sich nicht – wenigstens für Norddeutschland gilt das in vollstem Umfange – durch ihren Übertritt zur Partei des Umsturzes autodeklassiert, ihren Familientraditionen und -verbindungen nach zur »ersten Gesellschaft« gehört haben würden, ist in der deutschen Sozialdemokratie sehr gering – zwei Universitätsprofessorensöhne (Max Maurenbrecher und Konrad Haenisch[14]), ein paar Söhne richterlicher Beamter (darunter Max Quarck) und einige andere »Bourgeoissöhnchen« mehr, die allerdings, wie z.B. der Oberbürgermeistersohn und Dragonerleutnant a.D. Dr. med. Ernst Thesing, in der

Partei bisher zumeist weniger hervorgetreten sind. Auf den Kleinadel hatte der Sozialismus in seiner Lassalleschen Gestalt eine gewisse Anziehungskraft ausgeübt. Diese damalige Partei war allerdings nur antibourgeoiskapitalistisch, nicht antifeudal. Sie führte einen Kampf à outrance gegen das fortschrittliche Bürgertum, das damals seine Oppositionsgelüste der Krone gegenüber noch nicht völlig gezähmt hatte, und rechnete dabei nicht nur auf die Unterstützung der Konservativen und der Regierung, sondern genoß sie auch. Lassalleanische Blätter haben damals öffentlich, und mit einer Wärme, deren sich ihre Verfasser in der Zeit des Sozialistengesetzes geschämt haben, förmliche Apotheosen Bismarcks geschrieben. Auch war man, wenn auch nicht hohenzollerisch, so doch preußisch und national aus Prinzip, bis auf die Knochen. In einer solchen Zeit konnte die Tatsache, Sozialist lassalleanischer Richtung zu sein, noch nicht das Odium tragen, das später für den Übertritt bürgerlicher und um so viel mehr noch adliger Existenzen zu einer schier unübersteigbaren Barriere wurde.

Zu jenen ersten Zeiten der deutschen Arbeiterbewegung sah man neben der Gräfin Hatzfeldt die Herren von Schweitzer und von Hochstetten. Später, als die Partei ihren ästhetischen Reiz verlor und mehr und mehr zu einer marxistisch-charaktervollen Arbeiterpartei wurde, die nicht nur das industrielle, sondern auch das agrarische Kapital und selbst die Königskrone befehdete, stellte sich keine adelige Gefolgschaft mehr ein. Nur sporadisch traten der inzwischen geeinten Partei noch Mitglieder der gentilhommerie, wie in den siebziger Jahren der ehemalige Bayerische Reiteroffizier und päpstliche Schlüsselsoldat Georg von Vollmar und die Diplomatentochter Gertrud Guillaume geb. Gräfin von Schack, sowie einige Dezennien später die Tochter des General von Kretschman, jetzt Lily Braun, bei, um sich in die Reihen der Proletarier einzustellen. Die Tatsache, daß eine Zeitlang im bayerischen Landtag die einzigen Mitglieder, die dem Feudaladel angehörten, in der sozialdemokratischen Fraktion saßen (von Vollmar und der Landbesitzer Dr. Sigmund Freiherr Haller zu Hallerstein), ist ein Kuriosum des Zufalls, kein Charakteristikum der bayerischen Arbeitergeschichte – die Genannten sind vielleicht die einzigen Adligen in der ganzen sozialdemokratischen Landesorganisation des Königreichs. Der Hochadel aber hat die deutsche Sozialdemokratie vollends »geschnitten«. Kein Fürst Peter Kratpotkin, kein Principe Tasca di Cutò, keine Lady Warwick haben sich ihr angeschlossen.

Berufs- und Sozialanalyse der sozialdemokratischen Führerschaft

1. Die Reichstagsfraktion

Jede große Masse bedarf der Führung. Auch die Proletarierpartei der Sozialdemokratie hat sich der Notwendigkeit nicht entziehen können, einer Reihe Gesinnungsgenossen Macht und Muße zu geben, auf daß sie sich der Interessenvertretung der Partei ganz zu widmen imstande sei. Diese bildet die Parteiführerschaft: Redakteure, Agitatoren, Abgeordnete. Es existiert nun aber kein geschichtliches Gesetz, welches sagt, daß die Führer in ihrer Mehrheit denselben Klassen entstammen müssen, als die Geführten. Auch die italienische Sozialdemokratie besteht in ihren Massen ganz überwiegend aus Arbeitern. Und doch sind die Führer dieser Arbeiterpartei fast durchgängig Bourgeois, Intellektuelle. Was wunder, wenn sich uns die Frage auf die Lippen drängt: Läßt sich jener soziale Dualismus auch in der deutschen Sozialdemokratie als bestehend nachweisen?

Wenden wir uns, um diese Frage zu entscheiden, zunächst der sozialdemokratischen Reichstagsfraktion zu.

Wir fallen mit der Tür ins Haus:

Das Proletariertum in der Partei gibt sich auch in der Zusammensetzung der *Reichstagsfraktion* kund. Von den 81 Deputierten, die 1903 gewählt wurden, stammen bloß 13 aus der Bourgeoisie (mit 1 bis 2 Ausnahmen jedoch nicht aus den höheren Schichten derselben) und 15 aus mehr oder minder proletarisierten Schichten der Klein-Bourgeoisie. Der ganze Rest, 53 Mann, besteht aus ehemaligen Lohnarbeitern, nämlich 3 Textilarbeitern, 8 Tabakarbeitern, 8 Buchdruckern, 3 Schneidern, 1 Maurer, 2 Glasarbeitern, 1 Lithograph, 1 Bäcker, 1 Handschuhmacher, 1 Sattler, 1 Bildschnitzer, 1 Drechsler, 1 Tapezierer, 1 Schuster, 10 Holzarbeitern, 1 Buchbinder, 2 Bergleuten, 6 Metallarbeitern, 1 Bürstenmacher und 1 Töpfer.

Das ergibt etwa 65,43 Proz. gelernte Arbeiter, dazu 18,5 Proz. meist proletaroider Kleinbürger, im ganzen etwa 75–80 Proz. Proletarier.

Die in der Fraktion sitzenden 13 Akademiker vermögen nicht, den Charakter der Fraktion sozial wesentlich zu verändern. Außer dem ehemaligen Fabrikanten Paul Singer, dem, neben einer unbestreitbaren Sachkenntnis auf verschiedenen Einzelgebieten, rednerische Gewandtheit, organisatorische Talente und repräsentative Züge großes Ansehen verschafft haben, sowie einigen

Akademikern, welche, wie Arthur Stadthagen und Wolfgang Heine, die als fachmännische Juristen, Georg Ledebour, der als Mann von bedeutenden historischen Kenntnissen, Hugo Lindemann, der als Kommunaltheoretiker, Eduard David, der als Agrarkundiger, endlich der gelehrteste Kopf von allen, der Autodidakt Eduard Bernstein[15], der durch sein umfassendes Wissen auf allen Gebieten, insbesondere aber dem der Wirtschaftsgeschichte hervorragt, Unentbehrlichkeitswerte besitzen, sind die bedeutendsten und bekanntesten Sprecher der sozialdemokratischen Fraktion durchgehends Ursprungsproletarier: der anerkannte Führer August Bebel, der Feuerkopf mit dem beweglichen Geiste und dem großen selbsterworbenen Können, dessen gewaltigen Zügen individueller Kraftfülle Freund wie Feind aller Lager bei allen etwaigen Vorbehalten im einzelnen die Anerkennung nicht zu verweigern vermag[16], daß er eine der bedeutendsten politischen Figuren Europas und, wenn auch eine rückhaltlose und rücksichtslose Draufgängernatur, so doch ein grundehrlicher Mensch ist – ein ehemaliger Drechslergeselle; Ignaz Auer, der scharfe, feine Kopf mit den abgeklärten Tönen, der an Feinheit des Empfindens den Durchschnitt der wohlerzogenen konservativen Barone weit überragt – ein Sattlergeselle; Molkenbuhr, der Sachkenner in den Fragen sozialer Gesetzgebung und von Elm, der Genossenschafter – Zigarrenarbeiter; eine ganze Elite von Proletariern, deren Namen in den Annalen des deutschen Reichstags einst mit goldenen Lettern verzeichnet stehn werden, wenn die Namen der Mehrzahl ihrer nichtproletarischen Kollegen längst der Vergessenheit anheimgefallen sein werden. Über den Rest der proletarischen Abgeordneten im Reichstag hat man sich zwar angewöhnt, die Achsel zu zucken. Insbesondere die Zubeil, Antrick (1903 unterlegen) und Adolf Hoffmann – der »Zehn-Gebote-Hoffmann«! – gelten in weiten Kreisen als die Prototypen schadhafter Halbbildung, als Autodidakten schlimmster Observanz.[17] Sehr zu Unrecht. Als Otto Antrick während der Zolltarifdebatten seine berühmte Achtstundenrede gehalten hatte, ist selbst von gegnerischer Seite zugegeben worden, daß der ehemalige Zigarrenarbeiter in der ganzen Zeit nicht ein einziges Mal ausgeglitten, immer bei der Sache geblieben sei; eine glänzende, »akademische« Leistung. Und wer Adolf Hoffmann gehört hat, wird ihm, wenn anders er soziales Gefühl besitzt, die etwaigen grammatikalischen Schnitzer seiner Sprache nicht nur verzeihen, sondern sich an seinem frischquellenden urwüchsigen Humor ergötzen und dem offenen logischen Kopf dieses »Halbgebildeten« seine Anerkennung nicht versagen.

Natürlich, daß diese proletarischen Gestalten, aus deren Reden die Sachkenntnis des Arbeiterlebens spricht, als Reichstagsabgeordnete nicht haben Arbeiter bleiben können. Man kann nicht um 3 Uhr beim Hausbau Maurerdienst tun und um 4 Uhr im Reichstag eine Rede über Börsengesetzgebung halten. Der Reichstag erfordert Studium und Sachkenntnis, die Führerschaft einer Partei einen ganzen Mann. Auch wirtschaftliche Gründe stehen dem Verharren eines Abgeordneten im Arbeiterstande entgegen. Wo immer bis jetzt der Versuch gemacht worden ist, Handarbeit und Parlamentsarbeit miteinander zu versöhnen, ist er gescheitert.[18] Wir werden uns noch an anderer Stelle eingehend mit der gegenwärtigen Profession der sozialdemokratischen Abgeordneten zu beschäftigen haben. Hier nur soviel: die sozialdemokratische Reichstagsfraktion trägt auch heute noch durchaus den Stempel ihrer Herkunft. Als in der Zolltarifdebatte im Reichstag die Wogen hoch gingen und die Sozialdemokraten ihrer Empörung über die bruchähnliche Änderung der Geschäftsordnung und die damit verbundene Durchpeitschung der schutzzöllnerischen Gesetzesvorlage offenen Ausdruck verliehen, war es Maximilian Harden, sicherlich kein Lobhudler sozialdemokratischer Kampfesformen, welcher die Worte schrieb: »Unter den 58 sozialdemokratischen Abgeordneten sind mindestens 30, die aus dem Maschinensaal und dem Handwerk kommen und deren natürliche Temperamentskraft nie in straffer Salonzucht gebessert wurde; daß sie sich fast immer artig zeigen, nicht daß sie manchmal die Konvention brechen, sollte ein Gegenstand bourgeoisen Staunens sein!«[19]

2. *Die Parteipresse*

Schon auf dem Einigungskongreß der Lassalleaner und Marxisten zu Gotha 1875 wies der spätere Abgeordnete Friedrich Wilhelm Fritzsche darauf hin, daß die Mehrzahl der Redakteure der deutschen Arbeiterpresse aus gemaßregelten Arbeitern bestehe.

Über die Redakteure der sozialdemokratischen Presse besitzen wir ferner eine »Klassen«statistik von 1878. Nach ihr waren sie folgender sozialer Herkunft: 11 Buchdrucker, 3 Schlosser, 2 Schneider, je 1 Maurer, Brauer, Lohgerber, Böttcher, Zimmerer, Goldarbeiter, Schuster, Riemenschneider, Zigarrenarbeiter, Mechaniker, also 26 ehemalige Arbeiter; dazu 12 Akademiker.[20] Also ein Drittel! Auf dem Parteitag zu Frankfurt a.M. 1894 teilte das Vorstandsmitglied Gerisch mit, daß in den 73 Zeitungen und der einen wissenschaftlichen Revue, die zum journalistischen Haushalt der Partei gehörten, insgesamt nur 12 Studierte angestellt seien.[21] Ein Rückgang! Heute fehlt eine ähnliche Statistik. Aber wer die Verhältnisse kennt, weiß, daß seit 1894 das Verhältnis sich eher zu Ungunsten als zu Gunsten der Studierten verschoben hat. In den

Parteiredaktionen von Elberfeld, Frankfurt, Hamburg – um nur einige zu nennen – überwiegt stark der ehemalige Proletarier, und der Holzarbeiter, der ein kleines Provinzorgan selbständig leitet, ist auch heute in der Sozialdemokratie noch keine auffällige Erscheinung.

Anders freilich in leitenden Stellen an den Redaktionen der großen Blätter. Sie werden, wie ein Blick auf sie uns sofort belehrt, fast ausnahmslos von Intellektuellen besetzt. Die »Neue Zeit«, die wissenschaftliche Wochenschrift der Partei, hat als ersten Leiter den Akademiker Karl Kautsky, als zweiten den Chemiker Emanuel Wurm, die Munizipalrevue der Partei, die »Kommunale Praxis«, untersteht der Leitung von Dr. Albert Südekum, das Zentraltagesorgan, der »Vorwärts«, hatte bis vor kurzem den Philosophen Kurt Eisner zum Chef und den Dichter Dr. Georg Gradnauer zum ersten politischen Redakteur.[22] Ebenso die größten Provinzialblätter: die bekannte »Leipziger Volkszeitung«, die dem Sozialhistoriker Dr. Franz Mehring als Chefredakteur und Dr. Paul Lensch und Konrad Haenisch als politischen Redakteuren, endlich, die Frankfurter »Volksstimme«, die dem Dr. Max Quarck, einem ehemaligen juristischen Staatsbeamten, untersteht. An der leitenden Stelle der »Münchener Post« sitzt der Mediziner Adolf Müller, der »Fränkischen Tagespost« der Nationalökonom Dr. Adolf Braun, der »Rheinischen Zeitung« der Naturwissenschaftler Dr. August Erdmann. Die Erklärung der Erscheinung, daß die vornehmste journalistische Leitung der Partei in weit höherem Grade als die oberste Leitung im Parlament in den Händen von Ursprungsbourgeois liegt, dürfte in der in der Presse besonders deutlich hervortretenden Notwendigkeit einer mehr formalen Bildung liegen. [...]

Soziale Reibungen innerhalb der Sozialdemokratie

Die Bevölkerungsbestandteile, aus denen sich die Sozialdemokratie in Deutschland zusammensetzt, sind, wir sahen es, vielleicht so homogen wie möglich, aber nicht homogen. Das Akademikertum, obgleich gering an Zahl, ist ein seinem Wesen nach unverschmelzbares. Es gelingt ihm nicht, in der Masse der Gesinnungsgenossen aufzugehen. Es hat bei aller Gemeinsamkeit des Gefühls und der Liebe zur Sache, verschieden geartete ökonomische Bedürfnisse, jedenfalls einen anderen Bildungsgang und andere Umgangsformen, als die Arbeitermasse, zu der es sich gesellte, und wird in seiner Gesamtheit überall vom Proletariat als ein Fremdkörper empfunden. Daß da vielfach in der sozialdemokratischen Partei sich Kämpfe abspielen, die man wohl bis zu einem gewissen Grade als Klassenkämpfe bezeichnen könnte, und die dann unter dem Namen »Akademikerfrage« auch in der bürgerlichen Presse viel Staub aufwirbeln, weiß jeder, der auch nur oberflächlich seinen Lokalanzeiger liest. Jedoch lassen sich jene Vorgänge nicht – wir werden das noch in einem späteren Kapitel zu beweisen haben – aus sozialen Gegensätzen innerhalb der Partei allein erklären. Es ist unsinnig, anzunehmen, in den »Akademikerkämpfen« stritten sich die Parteien in reinlich geschiedenen Heersäulen – hie Proletarier – hie Studierte. Ebensowenig wäre es angängig, in den beiden in der Partei zur Zeit bestehenden Richtungen einen Klassenkampf zwischen zwei verschiedenen sozialen Schichten des Proletariats selber sehn zu wollen. Sie sind bis jetzt zweifelsohne reine Ideenkämpfe zwischen führenden Geistern und, soweit die breiten Massen an ihnen teilnehmen, wenn nicht Reflexe alter Vorurteile, so doch nur Symptome von der Verschiedenartigkeit der Denkprozesse und Gefühlsäußerungen innerhalb der darin homogenen Masse der sozialdemokratischen Arbeiterschaft selber. Nebel, die selbst die Sonne eroberter Demokratie nicht zu zerstreuen vermögen wird und deren Fortbestehen, wenn auch unter veränderlichen Formen, mit der Existenz des Proletariats als Klasse unzertrennlich verknüpft ist. Ganz irrig aber ist es, wie aus dem Gesagten leicht ersichtlich, mit Eduard v. Hartmann zu behaupten, die Revisionisten entwickelten sich immer mehr zu einer Vertretung des vierten Standes, der qualifizierten Arbeiter, während die Radikalen die Klasse des fünften Standes, der unqualifizierten Arbeiter, repräsentierten.[23] Die Kautsky, Mehring, Rosa Luxemburg sind sicherlich alles andere als unqualifizierte Arbeiter!

Soziale Schiebungen innerhalb der Sozialdemokratie: das sozialdemokratische Kleinbürgertum

1. Die Organisation als Klassenerhöhungsmaschine

In den Kämpfen mit den sogenannten »Jungen«, Anfang der neunziger Jahre, wurden um die Behauptung dieser, es habe sich in letzter Zeit eine vollständige Machtverschiebung innerhalb der Partei vollzogen, gewaltige Schlachten geschlagen. Die proletarischen Elemente würden von den kleinbürgerlichen immer mehr in den Hintergrund gedrängt, hieß es auf der einen Seite. Von der anderen wurde das als eine »Verleumdung« gebrandmarkt.

Es ist eine der unumstößlichen Lehren, die wir aus dem Studium der Geschichte gewinnen: politische Parteien, auch wenn sie Träger sittlicher und sozialer Gedanken von so kristallhellem Wahrheitsgehalt sind wie die Sozialdemokratie, können ihnen unbequeme Tatsachen nur schwer vertragen. Da wird selbst die voraussetzungsloseste Untersuchung gar leicht zu einer Tat elender Krakeelsucht gestempelt. Einer objektiven und eingehenderen Erörterung der Sachlage kann aber weder die schroffe und durchsichtig tendenziöse Verweisung jenes Problems in das Reich der Quertreibereien noch auch der absolute und apodiktische Refrain vom Liede der großen sozialdemokratischen Kleinbürgerpartei standhalten. Beide Behauptungen sind nicht stichhaltig. Der hier in Frage kommende Prozeß ist viel zu kompliziert, als daß er sich mit Schlagwörtern bannen oder mit Schlagwörtern lösen ließe.

Also: Es ist, von Freund und Feind der Sozialdemokratie, behauptet und wiederbehauptet worden, die kleinbürgerlichen Bestandteile in ihr nähmen immer mehr die Oberhand. Auf Uneingeweihte und oberflächliche Beurteiler machen freilich auch Arbeiter vielfach den Eindruck von Kleinbürgern. Die Arbeiterschaft hat sich von dem gesellschaftlichen Milieu, in dem sie lebt, seelisch nicht lösen können. So hat auch der deutsche Arbeiter dieselbe Krankheit übernommen, die unserem Spießbürgertum im Blut liegt. Auch er ergibt sich häufig, sobald die Lohnhöhe es ihm nur irgendwie gestattet, mit Leib und Seele der Vereinsmeierei. In großen Städten, teilweise selbst in kleineren, wimmelt es förmlich von Arbeiterturnvereinen, Arbeitergesangvereinen, Arbeitertheatervereinen, ja, Arbeiterrauchklubs, Arbeiterkegelklubs, Arbeiter-Regattavereinen, Athletenvereinen, alles Veranstaltungen, die wahrlich nicht dadurch an ihrem immanenten kleinbürgerlichen Geiste Abbruch erleiden, daß sie unter sozialdemokratischer Fahne segeln.[24] Skatklub bleibt Skatklub, auch wenn er sich »Skatklub Freiheit« nennt! Man darf sich eben die Arbeiterdivisionen, welche die Sozialdemokratie bilden, überhaupt nicht als eine große, sozial gleichförmige, einheitliche graue Masse vorstellen. Die Art ihrer Arbeit, die Höhe der Löhne, die Verschiedenheiten der Blutmischung und des Klimas haben eine ungeheure Masse von Abstufungen der Lebensweise und der Lebensbetätigungen unter den Arbeitern hervorgerufen. Was jedoch nichts an der Tatsache modifizieren kann, daß sie alle nur leben von dem Verkauf ihrer einzigen Ware Arbeitskraft. Darum: mögen auch einzelne Formen kleinbürgerliche Charakterzüge aufweisen, die sozialdemokratisch organisierte Arbeiterschaft weiß sich nicht weniger eins in ihrem gemeinsamen Gegensatz zur Besitzerschaft der Produktionswerkzeuge und deren staatlichen Anhang.

Das Gerede der anarchistischen Sozialisten und bürgerlichen Reformfreunde von der Kleinbourgeoisie in der Sozialdemokratie ist nur halbwegs richtig. Es mag, obgleich es uns nicht gelungen ist, es statistisch zu erhärten, vielleicht hier und da in Süddeutschland sozialdemokratische Wahlvereine geben, mehr noch, ein sozialdemokratischer Kongreß abgehalten werden, wo die sozialdemokratische Kleinbourgeoisie, wenn auch nicht numerisch überwiegt, so doch an Zahl und Einfluß so stark ist, daß sie ihre Sphäre beherrscht. Auch soll gerne zugegeben sein, daß diese Elemente das proletarische Wesen der Partei durch die ungebührliche Rücksicht, die man auf sie nimmt, unter Umständen auch einmal gefährden können. Meint doch selbst ein Marxist wie Karl Kautsky, die jeweilige Stellung der Sozialdemokratie zu den Arbeiterkonsumvereinen müsse zum großen Teile von der Stellung der Sozialdemokratie zum kleinen Zwischenhandel abhängen, sodaß sich »politische Motive« überall da der Gründung von Arbeiterkonsumvereinen hindernd in den Weg zu stellen hätten, wo der kleine Zwischenhandel ein Rekrutierungsgebiet der Sozialdemokratie darstelle, was vielfach der Fall sei.[25] Aber im ganzen liegt die Verkleinbürgerung der Partei, soweit sie zutrifft, unzweifelhaft in etwas ganz anderem als in der Zuführung einiger Hundert Handwerksmeister und Kleinkaufleute zu den Parteiorganisationen.[26]

Wenn die Äußerung eines ehemaligen Mitgliedes der sozialdemokratischen Partei, das sich damit vergnügt, seit einigen Jahren im Dienste bürgerlicher Parteien seine ehemaligen Kampfgenossen zu karikieren, auch sachlich nicht zutreffend ist, wenn sie besagt, daß die gesamte Organisation der sozialdemokratischen Partei mit all den verschiedenen Stufen des Agitatorentums höheren und niederen Grades »nach militärischem Muster zugeschnitten« sei und daß die Genossen »nach Maßgabe der Dienstjahre« avancierten, so ist daran doch so viel richtig, daß in der Sozialdemokratie nicht nur im Prinzip, sondern auch in der Praxis jeder Rekrut den Marschallstab sozusagen im Tornister trägt, das heißt, daß jeder Genosse mit dem Eintritt in die Partei die Möglichkeit gewinnt, ein gewisses Quantum von Fähigkeiten und von Glückszufällen natürlich vorausgesetzt, allmählich in der Partei vorwärts zu kommen und unter besonders günstigen Umständen selbst bis zur Höhe eines Reichstagssitzes emporzuklimmen. Die Partei wirkt mit den Ehrenstellen, die ja noch dazu fast alle gleichzeitig Brotstellen sind, unzweifelhaft als ein mächtiger Sporn auf strebsame junge Genossen aus dem Arbeiterstande, von dem ersten Tage ihrer Werbung an. Die politisch regen Elemente aus dem Arbeiterstande, ebenso die schriftstellerischen und oratorischen Talente können sich der magnetischen Anziehungskraft einer Partei nicht entziehen, in deren Schoße sie einen so weiten Spielraum zur Betätigung und Entfaltung dieser ihrer Gaben finden. Dieser Umstand gewinnt bei näherer Besichtigung eine Bedeutung von geradezu sozialer Tragweite, der unseres Erachtens sowohl intra wie extra muros lange nicht die Beachtung geschenkt worden ist, die sie verdient. Die Sozialdemokratie hat für die deutsche Arbeiterwelt eine ähnliche Bedeutung wie die katholische Kirche für gewisse Bestandteile des Kleinbürgertums und der Bauernschaft. Beide dienen den intelligentesten Schichten einzelner Klassen als Hebel zu sozialem Emporkommen. In der Kirche gelingt es dem Bauernsohn, soziale Stufen zu ersteigen, deren Äquivalente in allen übrigen gelehrten oder doch studierten Berufen ein Privilegium der feudalen oder zumindest geldpatrizischen Stände geblieben sind. Wir haben keine Bauernsöhne als Korpskommandeure und Regierungspräsidenten. Wir haben deren hingegen eine erkleckliche Anzahl als Bischöfe, wir besitzen zurzeit sogar einen Bauernsohn-Heiligen Vater. Wie die Kirche dem Bauern und Kleinbürger, so bietet die Sozialdemokratie dem intelligenten Arbeiter eine verhältnismäßig leichte Gelegenheit sozialen Aufstiegs. Eine so ausgezeichnet organisierte Riesenpartei, wie die Sozialdemokratie es unzweifelhaft ist, muß, ebenso wie auch der andere Zweig der modernen Arbeiterbewegung, die Gewerkschaft, ein dieser Riesenhaftigkeit entsprechendes Bedürfnis nach Männern besitzen, die ihren ausschließlichen Beruf darin finden, diese Monstre-Maschine zu bedienen: Preßredakteure, Parteisekretäre, Buchhalter, Buchhändler und andere Beamte.

Zum Ausfüllen aller dieser Stellen steht der deutschen Arbeiterbewegung aber, wie wir bereits in anderem Zusammenhang sahen und aus Gründen, über die wir ebenfalls an dieser Stelle hinweggehen müssen, eine nur beschränkte Anzahl von Überläufern aus der Bourgeoisie zur Verfügung. Auf diese Weise ist es zu erklären, daß die große Mehrzahl der von der Partei gegründeten und dotierten Stellen mit Männern aus den arbeitenden Klassen, die sich durch Bildungsdrang und Rührigkeit das Vertrauen der Genossen erworben haben, besetzt worden sind. Also: eine proletarische Elite gelangt durch den Prozeß einer Art natürlicher Selektion auf Grund des sozialdemokratischen Parteimechanismus zu einer ziemlich radikalen Metamorphose ihrer gesellschaftlichen Funktion. Ihre Komponenten werden – um die zwar durchaus unpräzisen, ja, leicht irreleitenden, aber in ihrer groben Sinnfälligkeit leichtverständlichen Ausdrücke beizubehalten – aus Handarbeitern, die sie waren, zu Kopfarbeitern. Diese Umwandlung ist für die von ihr Erfaßten mit den wichtigsten Vorteilen verknüpft, auch abgesehen von den alles in allem gerechnet doch unleugbaren Vorzügen des geistigen Arbeitens. Statt der persönlichen, engen, rein lohngeschäftlichen Abhängigkeit des handarbeitenden Lohnarbeiters vom kapitalistischen Unternehmer oder dessen Stellvertreter in der Werkstatt, der Dienst geistiger Arbeit bei einer unpersönlichen Gesellschaft, einer Gesellschaft überdies, an die ihn zwar sicherlich auch stärkstes materielles Interesse bindet, die ihn aber nicht nur – trotz mancher Vorkommnisse, die uns vielleicht stutzig machen könnten – weit humaner behandelt als der Durchschnittsunternehmer, sondern mit der ihn auch noch – und das ist vielleicht die Hauptsache! – die starken Bande der Idee und der Kampfgenossenschaft verbinden; ihr, der Partei, gegenüber ist er nicht nur Lohnarbeiter, sondern, wenn auch nicht *industrial* partner – denn die Partei ist an und für sich kein kaufmännischer Unternehmer und erteilt deshalb feste Lohnsätze, keine Tantièmen –, so doch – sit venia verbo! – ideal partner. Immerhin kann es von logischer Warte aus nicht bestritten werden, was bereits Guglielmo Ferrero, der der deutschen Arbeiterpartei in ihrem Wollen feurigster Lobredner war, treffend bemerkte, daß, bestimmte Bedingungen vorausgesetzt, die Zugehörigkeit zur Sozialdemokratie für einen Ursprungsproletarier nicht nur aus ideellen, idealen und klassenegoistischen Motiven erstrebenswert und gewinnbringend erscheinen kann, sondern auch aus Motiven einer großangelegten Spekulation des Egoismus. In der Tat: für einen intelligenten Arbeiter gibt es kaum einen schnelleren Weg, sich dauernd »zu verbessern«, als wenn er sich in Diensten der Sozialdemokratie anwerben läßt. Nicht als ob das Leben in diesem Gewande zu dem schönsten auf Gottes Erdboden gehörte. Im Gegenteil. Wir sprechen es hier aus und werden später, in anderem Zusammenhang, noch darauf zurückzukommen haben: die Stellen, die die Partei zu vergeben hat, sind keine Sinekuren. Für das tägliche Brot, das die Partei ihren Beamten gibt, – und es ist nur in den seltensten Fällen sehr reichlich – haben sie eine schier unglaubliche Summe von Arbeit zu verrichten, die ihre Kräfte über Gebühr schnell konsumiert. Aber trotzdem: Der ehemalige Arbeiter hat »sein Auskommen«. Während er im Gefängnis sitzt, sorgt für ihn und die Seinen die Partei, und je mehr Verfolgungen er ausgesetzt ist, um so mehr steigen naturgemäß seine Chancen zu einem beschleunigten Avancement in der sozialdemokratischen Hierarchie mit allen ihren Folgen.

Mit dem Übergang von der »Hand«arbeit zur »Kopf«arbeit des sozialistischen Arbeiters verbindet sich aber noch ein anderer Prozeß. Der Arbeiter tritt allmählich aus dem Proletariat aus und in die kleine Bourgeoisie ein. Zunächst nur sozial – das sahen wir schon – sowie ökonomisch: die von der Partei bezahlten Gehälter, so bescheiden sie immer sind, bedeuten dem Lohndurchschnitt des Arbeiters *vor* dem Eintritt gegenüber ein entschiedenes Plus; sie sind auf die Führung eines mäßig-kleinbürgerlichen Daseins zugeschnitten. Dann aber auch, trotz der zumeist häufigen Berührung mit den breiten Arbeitermassen, psychisch. Der »Arbeiter in gehobener Lebensstellung« wird weder immer die moralische Kraft haben, den Reizen der neuen Umgebung zu widerstehen, noch wird seine sozialpolitische Bildung in allen Fällen ausreichen, um den Einflüssen der veränderten Lebensstellung zu entgehen. Es ist kein geringerer als August Bebel gewesen, der auf diese, in der sozial gehobenen Führerschaft liegenden, Gefahren für die Klassenreinheit und Gedankeneinheit der sozialdemokratischen Partei wiederholtermaßen aufmerksam gemacht hat.

Wir sehen also: die Sozialdemokratie dient gewissen Schichten der Lohnarbeiterschaft als – die deutsche Sprache erlaubt nun einmal dergleichen monstruöse aber bedeutungsklare Wortgebilde – Klassenerhöhungsmaschine, und zwar in demselben Maße, wie sich die Maschinerie ihres bureaukratischen Organismus erweitert und verzweigt. Ihr ist – sehr ungewollt – die Funktion zuteil geworden, proletarische Bestandteile, und vielfach die besten, kräftigsten, dem Proletariat zu entfremden, zu entproletarisieren, um sie dem Kleinbürgertum, in Ausnahmefällen selbst dem Mittelbürgertum zuzuführen. Häufig mag dieser soziale Prozeß durch eine vererbte Stabilität sozialistischer Gesinnung – der gehobenen Lebensstellung zum Trotz bleiben Kinder und Kindeskinder kämpfende Mitglieder der Arbeiterpartei – neutralisiert werden. Die Logik und die Empirie der Tatsachen aber lehren uns, daß das die seltenen Ausnahmen sind. Wenn der entproletarisierte Sozialist selbst auch ein ehrlicher Anhänger der Arbeiteremanzipation bleibt und als sozialdemokratischer Redakteur oder Abgeordneter in Ehren ergraut, seine Kinder, und zwar nicht nur die weiblichen Geschlechtes, bleiben in der Klasse, in die die soziale Erhöhung ihres Vaters sie hineingeschoben, nicht bloß materiell, sie werden allmählich auch ideell von den Mitgliedern ihrer nunmehrigen Klasse ununterscheidbar.[27] Das einzige, was den Vater noch mit der Arbeiterschaft verknüpft hat, das politisch-soziale Dogma, schrumpft im Kinde zu unpolitischem Indifferentismus zusammen. So können wir denn in der Geschichte der Arbeiterbewegung eine analoge Ironie beobachten, wie sie in der Geschichte des Widerstandes der Bourgeoisie wahrgenommen wird. Die Bourgeoisie hat es nicht verhindern können, daß vielfach die unterrichtetsten, fähigsten, gewandtesten Elemente von ihr absprangen und sich an die Spitze ihrer wirtschaftlichen Todfeinde setzten, ja, sie erst zum Kampf aufreizten und organisierten. Aber das Proletariat erleidet ein ähnliches Schicksal: in dem schweren Streite, den es zur Expropriation der Expriopriateure unternommen hat, hebt es, um für eben diesen Streit gewappnet zu sein, aus den Niederungen seiner Klasse die Besitzer der hellsten Köpfe und der schärfsten Augen über sich selbst empor, gibt ihnen in schwerer kollektiver Mühe statt des Ambosses und des Hammers die Feder in die Hand und wirft sie, die ausdrücklich zur Befehdung der privilegierten Klasse Bestimmten – wenn auch nicht sie selbst, so doch ihre Nachkommenschaft – ihrer großen Gegnerin in die Arme, ein wahrhaft »tragisches Verhängnis«. So endet, so paradox es klingen mag, das imposante politische Ringen zwischen den das Kapital und den die Arbeit vertretenden Klassen ganz ähnlich wie das wirtschaftliche Herüber und Hinüber von Angebot und Nachfrage im Konkurrenzkampf: *in einem sozialen Austausch unter den Klassen.*

So wirkt die Partei als eine Klassenerhöhungsmaschine, auch hierin gleiche Züge aufweisend mit jener Institution, mit der sie unter so vielen Gesichtspunkten verglichen werden kann, der preußischen Heeresorganisaton. Auch der Bürgersohn, der als ständiges Mitglied in die Armee eintritt, wird seiner Klasse entfremdet. Entbürgerlicht, nimmt er die Allüren, die Denkweise seiner feudalen Umgebung an, feudalisiert er. Die bürgerliche Offizierswelt teilt dabei allerdings nur die Tendenz zur Gentilhommerie, der das gesamte deutsche Bürgertum unterliegt; nur daß sich der Prozeß bei ihr in beschleunigterem Tempo und mit bewußter Konsequenz vollzieht. Wie viele Hunderte von Söhnen aus großbürgerlichen und, noch mehr, mittelbürgerlichen Familien widmen sich nicht jährlich dem Offizierberuf, nicht zuletzt, weil sie von ihm eine Heraufschraubung ihrer gesellschaftlichen Stellung, ihres sozialen Ansehens erwarten![28] In der Sozialdemokratie tritt vielfach dieselbe Wirkung aus ganz anderen Ursachen ein. Vielfach geschieht die soziale Umstempelung in ihr geradezu par force, ganz unabhängig von der Willensrichtung der sozial Umgewerteten. Aber, wenn auch die Ursachen noch so verschieden sein mögen, die Wirkungen beider Entwicklungen offenbaren sich in der gleichen Richtung: einer sozialen Erhöhung.

Unnötig zu sagen: diese Wellenkräuselung an der Oberfläche der sozialen Kämpfe vermag die sozialen Antagonismen in keiner Weise abzuschwächen, geschweige sie zu eliminieren. Es liegt auf der Hand, daß der soziale Austauschprozeß von beiden Seiten nur ganz verschwindende Minoritäten in seine Kreise ziehen kann. Freilich – und darin besteht seine Gefahr – die einflußreichsten. Die self-made-leaders.

2. *Der Klassenkampf als Förderer selbständiger Existenzen*

Wir erwähnten bisher nur die Verkleinbürgerung durch den bureaukratischen Apparat der Partei. Aber diese partielle Entwicklung im Wesen des sozialdemokratischen Organisationsapparates besitzt noch eine gewisse Parallele in der vor sich gehenden Bildung einer ausgesprochen proletaroiden Klein-Bourgeoisie, ebenfalls von unten herauf, ebenfalls als eine Begleiterscheinung des Kampfes der organisierten Arbeiterschaft um ihre soziale Emanzipation. Aber sie unterscheidet sich von der ersteren dadurch, daß sie sich außerhalb der sozialdemokratischen Organisationsformen vollzieht. Wir sprechen hier von den proletarischen Existenzen, welche, sehr häufig als Opfer unternehmerlicher Maßregelung, die sie sich im Dienste der Partei oder der Gewerkschaft oder doch zum wenigsten der von jenen getragenen Gedankengänge zugezogen, aber auch aus Gründen, die von spekulatorischem Veränderungs- und Verbesserungstrieb wissen, als Gemüsekrämer, Papierwarenverkäufer, Kolonialwarenhändler, Zigarrenverkäufer und ähnliche Kleinhändler aller nur erdenkbaren Spezies[29] einen Laden auftun, von der Kolportage leben oder sich als Wirte niederlassen. Ein ganzes Heer ehemaliger Proletarier, aber nunmehriger Kleinbürger, das ohne Unterschied auf die Kundschaft der Parteigenossen am Ort gleich als auf ein göttliches Recht Anspruch erhebt und ihnen geradezu eine Erhaltungspflicht aufdrängt, trotz seines Fleißes und seines guten Willens in vielen Fällen nichts anderes als ein soziales Parasitentum, das durch seine geringe Kapitalkraft gezwungen ist, meist ebenso schlechte als teure Ware an den Mann, d.h. in diesem Falle an die Lohnarbeiterschaft des Ortes zu bringen. Mehr noch als die sogenannten »Parteibudiker« haben die Kneipwirte eine verhängnisvolle Rolle gespielt. Während die Parteiwirte in vielen der kleineren Orte häufig sehr wichtige Funktionen ausüben – ihre Lokale sind Parteizentralen, Treffpunkte, oft die einzigen Wirtschaften, in denen sozialdemokratische und gewerkschaftliche Blätter ausliegen, und bieten, bei der Feindseligkeit oder Ängstlichkeit der übrigen Saalbesitzer, die einzige Möglichkeit am ganzen Ort zur Abhaltung von Arbeiterversammlungen – also, vielfach noch heute – in der Zeit des Sozialistengesetzes war ihre politische Mission unbestreitbar – geradezu unentbehrliche Instrumente des politischen Kampfes in lokaler Umgrenzung sind[30], werden sie mit ihren meist recht unhygienischen Höhlen an größeren Orten zu einer direkten Parteiplage. Dazu kommt, daß der nackte Kampf um die Existenz diese kleinbürgerlichen Elemente zwingt, den unsanftesten Druck auf die Partei auszuüben. Da sie in der Partei nicht ohne gewichtigen Einfluß sind, ist mit diesem Druck ernstlich zu rechnen. In den meisten Fällen äußert er sich direkt gegen die Interessen des Proletariats. Lange Jahre haben die Parteiwirte gegen die Gründung der Gewerkschaftshäuser, die sie, ihrer Klassenschichtlage entsprechend, trotz aller abstrakten Sympathien, als gefährliche Konkurrenten auf dem Arbeitsmarkt des Bierkonsums betrachten mußten, mit erbittertster Hartnäckigkeit gestritten. Auch das »Bestreben, die Arbeiter daran zu gewöhnen, die neuen großen Bieretablissements zu besuchen und die gesundheitsschädlichen Kneiphöhlen jener kleinen Wirte zu meiden«, rief »eine ungeheure Opposition unter jenen kleinen Wirten hervor«.[31] Meist, aber nicht immer, umsonst. Noch heute kennt Schreiber dieses vereinzelte Städte zwischen 20–30.000 Einwohner, in denen lediglich das Vorhandensein einer sog. Parteikneipe die organisierte Arbeiterschaft am Orte nicht nur an der Ausführung etwaiger baulicher Pläne, sondern selbst an der Sicherung eines anderweitigen, zweckentsprechenden Versammlungsraumes gehindert hat. Aber auch aus einem anderen Grunde muß das Parteiwirtstum als Ganzes genommen als eine Parteikrankheit gelten. Den zumal in den letzten Jahren so mächtig angeschwollenen Fluten des sich in der Arbeiterabstinenten-Bewegung kundgebenden Antialkoholismus setzt es einen noch mächtigeren Damm entgegen. Es wird in Parteikreisen oft ausgesprochen, daß die Sozialdemokratie sich höchst wahrscheinlicher Weise schon seit einigen Jahren öffentlich in antialkoholischem Sinne festgelegt haben würde, läge ihren leitenden Instanzen nicht die Befürchtung nahe, durch eine derartige Maßregel, ja, selbst durch ein mehr generelles Befürworten des Antialkoholismus, würde eine der Partei angehörige Schicht kleiner Existenzen empfindlich geschädigt werden. So hindert diese aus dem Proletariat entstandene Klein-Bourgeoisie, trotzdem ihre Lebensbedingungen in der Regel nicht beträchtlich bessere sind als die der Schichten, aus denen sie hervorgegangen, auch abgesehen von dem auch in geistiger Hinsicht spießbürgerlichen Wesen, das gerade sie, als einen Reflex ihrer veränderten Stellung im Wirtschaftsprozeß, in besonders hohem Grade in die Partei hineinträgt, durch ihre Sonderinteressen in mehr als einer Beziehung den Vormarsch der Arbeiterbattaillone. [...]

Schlußbemerkungen

Zusammenfassend dürfen wir sagen, daß, wenn wir von einigen geltend gemachten, vorzugsweise psychologischen Bedenken und Einschränkungen absehen, wir die These aufstellen können: die deutsche Sozialdemokratie trägt, wenn auch nicht in ihrer Wählerschaft, so doch in ihrer Parteimitgliedschaft und, soweit wir sie auf ihren sozialen Ursprung untersuchen, selbst in ihrer »Führerschaft« einen ganz vorzugsweisen proletarischen Charakter, sicherlich in weit höherem Grade als die sozialistischen Parteien in den anderen Ländern, Dänemark etwa ausgenommen. Sie nimmt das Menschenmaterial, das sie braucht, um die Cadres zu füllen, mit denen sie die alte Welt aus den Angeln heben will, um mit schöpferischer Kraft eine neue Welt nicht hervorzuzaubern, aber doch zu inaugurieren, aus derselben Klasse, die einzig und allein die ökonomisch-sozialen und numerischen Vorbedingungen zu erfüllen imstande ist, um diesem Kampf den nötigen Nachdruck zu verleihen. Ein Blinder, der's nicht sieht: der deutschen Sozialdemokratie Schöpfquelle – eine Schöpfquelle, die noch lange nicht erschöpft ist – ist das deutsche Proletariat, die deutsche Lohnarbeiterschaft.

Das ist es auch, was die Sozialdemokratie den Wählermassen gegenüber stark macht und ihr eine den anderen Parteien fehlende Kohäsion verleiht: ihre relative Sozialeinheitlichkeit. Das hat den übrigen Parteien Deutschlands, insbesondere denen der linken stets gefehlt. Der deutsche Liberalismus ist zum mindesten seit vollzogener Reichseinheit immer ein buntscheckiges Klassengemengsel gewesen, zusammengehalten weniger durch gemeinsame ökonomische Bedürfnisse, als durch gemeinsame Ideologien. Während sie angaben, nur für die Interesssen des »Gesamtwohls« zu streiten, sind die Liberalen in Wirklichkeit den politischen Launen und Bedürfnissen Einzelner gefolgt und haben sich in Fraktiönchen zersplittert. Die Sozialdemokraten aber sind Masse geblieben, weil sie es verstanden haben, sich einer großen Idee, einer großen Klasse unterzuordnen. Auch die – wie wir sahen, verhältnismäßig geringfügigen – »nicht-proletarischen oder nicht reinproletarischen Elemente, die sich ihr angeschlossen, akzeptieren den Gesichtspunkt der Arbeiterklasse, erkennen diese als die führende Klasse an« (Bernstein).[32]

Aber diese einheitliche Grundauffassung ihrer Komponenten von dem sozialen Wesen der Sozialdemokratie vermag natürlich jene Erscheinung nicht aus dem Wege zu schaffen, die, auf ihre kürzeste Formel gebracht, etwa so lauten dürfte: zwischen der Führerschaft und der Parteimasse besteht ein – wenn auch durch die Herkunft dieser Führerschaft und starke ideelle Momente gemilderter – sozialer Unterschied. Isoliert ist dieser soziale Unterschied allerdings außerstande, sich zu einem schädlichen Antagonismus auszuwachsen. Wollen wir den Umfang dieser sozialen Unterschiedlichkeit – die an Bedeutsamkeit die Akademikerfrage völlig in den Schatten stellt – ermessen, so müssen wir uns der Betrachtung des *organisatorischen Bodens und der taktischen Methode* zuwenden, welche der Parteipolitik die Richtung geben und die Machtsphären der auf Arbeitsteilung beruhenden Gliederungsteile der Sozialdemokratie untereinander bedingen und begrenzen. Was – und nicht nur aus dem genannten Grunde allein – die Aufgabe sein soll, die wir uns für einen nächsten Aufsatz stecken werden.

Anmerkungen

1 Friedrich Naumann, »Demokratie und Kaisertum«. Ein Handbuch für innere Politik. Dritte neubearb. Aufl. Berlin 1900. Buchverlag der »Hilfe«. p. 46.

2 Karl Kautsky, »Bernstein und das sozialdemokratische Programm. Eine Antikritik«. Stuttgart 1899, Verlag von J.H.W. Dietz Nachf. (G.m.b.H.), S. 111.

3 Vgl. die Rede Legiens auf dem Berliner Parteitag 1892 (Protokoll S. 239).

4 Gegen eine Verwechselung mit dem »Lumpenproletariat« haben die Führer der sozialdemokratischen Arbeiterschaft immer mit großem Nachdruck Verwahrung eingelegt. Oft, aus politisch-taktischen Motiven, in übertriebener und unzutreffender Weise.

5 Dem scheint freilich die Erscheinung, daß zwei Kategorien von »Elite«proletariern, nämlich die Buchdrucker und Handlungsgehilfen, in den sozialdemokratischen Organisationen nur so spärlich anzutreffen sind, zu widersprechen. Doch walten hier andere Verhältnisse vor, die wir anderwärts noch zu berücksichtigen haben werden, bei den Handlungsgehilfen ein gewisser sozialer Hochmut, bei den Buchdruckern eine gewerkschaftliche Taktik, die sie dem modernen Arbeiterkampf in hohem Maße entfremdet.

6 Bisweilen freilich auch umgekehrt. In Leipzig 1900 befanden sich 5 Metzger im Wahlverein, aber nicht einer in der gewerkschaftlichen Organisation. Es war das zugleich der einzige Beruf, in dem die Zahl der politisch Organisierten die der gewerkschaftlich Organisierten überstieg.

7 Heute macht das die Entwicklung zum Großbetrieb allerdings immer mehr und mehr unmöglich. »Das Durchschnittsalter der Kellner verschiebt sich immer mehr nach oben. Die Zahl der Kellner, die niemals Wirt werden, steigt.« So Karl Oldenberg in seiner großzügigen und klaren Schrift: »Arbeiterschutz in Gast- und Schankwirtschaften.« (Schriften der Ges. f. Soziale Reform. Jena 1902, Fischer, S. 21).

8 Vgl. zum Beispiel meine Studie: »Bourgeoisie und Proletariat in der sozialistischen Bewegung Italiens.« Archiv, Bd. XXI, Heft 2.

9 Liebknecht, in einer Rede: »Aber die Sklaverei demoralisiert nicht bloß, sie läutert, erhebt die Starken, schafft Idealisten und Rebellen. Und so finden wir, daß in den kräftigeren, edleren Naturen unter den Juden durch ihre unwürdige Lage der Sinn für Freiheit und Gerechtigkeit gepflegt und ein revolutionärer Geist gezüchtet worden ist. So finden wir bei den Juden im Verhältnis zu der Bevölkerungszahl eine weit größere Summe von Idealismus als unter den Nichtjuden.« – (Wilh. Liebknecht, »Über den Kölner Parteitag mit besonderer Berücksichtigung der Gewerkschaftsbewegung«. Bielefeld 1893, Buchdruckerei Volkswacht. S. 33.)

10 So sehen wir unter den hervorragenden Führern der deutschen Sozialdemokratie auch eine Reihe von »ausländischen« Juden, die »Russen« Dr. Israel Helphant (»Parvus«) und Dr. Rosa Luxemburg, die »Österreicher« Gebrüder Dr. Adolf und Dr. Heinrich Braun, H. Haller usw. Dieselbe Erscheinung haben wir auch in den sozialistischen Parteien Frankreichs (der russische Sozialist Dr. Charles Rappoport) und Italiens (die russischen Sozialistinnen Dr. Anna Kuliscioff und Dr. Angelica Balabanoff).

11 Ein »antisemitischer Sozialismus« erschien bekanntlich schon in den 70er Jahren auf die Bildfläche. Dr. Eugen Dühring, damals noch Privatdozent der Staatswissenschaften an der Universität Berlin, trat bewußt für einen »deutschen« Sozialismus auf den Plan (man vergleiche S. 589 ff. seiner 1871 in Berlin bei Theobald Griebern erschienene Schrift: »Kritische Geschichte der Nationalökonomie und

des Sozialismus«), der sich bald darauf in bewußt-nationalem Gegensatz zu dem »jüdischen« Sozialismus der Marx und Genossen, der »auf Verallgemeinerung der Knechtschaft und auf Ausbreitung durch Staatsfrondienst im Interesse von leitenden Juden und Judengenossen hinauslaufen« müsse, (siehe EUGEN DÜHRING: »Sache, Leben und Feinde«, Karlsruhe 1882, S. 207) in einen ausgesprochen antisemitischen verwandelte. Um die Mitte der 70er Jahre hatte sich eine nicht geringe Schar Berliner Sozialdemokraten, darunter auch Johann Most und Eduard Bernstein, um Dühring geschart. Sein Einfluß hielt aber die große Kraftprobe der Polemik mit dem wissenschaftlichen Associé »des Juden Marx«, Friedrich Engels (ENGELS Schrift: »Herrn Eugen Dührings Umwälzung der Wissenschaft«, zuerst 1877 im Leipziger »Vorwärts«, dem Nachfolger des »Volksstaat« erschienen), nicht Stand. Er schwand in demselben Maße, in welchem sich sein Antisemitismus akzentuierte. Um 1878 war Dühring für die Sozialdemokratie tot. Lebendig begraben. Dagegen platzte 1894 der überhaupt stark nationalistisch gefärbte RICHARD CALWER, damals Redakteur des »Braunschweiger Volksfreund« (in seiner Schrift »Das kommunistische Manifest usw.«), mit einigen kräftigen antisemitischen Tönen – »auf einen tüchtigen jüdischen Schriftsteller geht ein halb Dutzend, die nichts taugen, die einen großen, geläufigen Mund, eine schreibselige, langweilige Feder, aber verdammt wenig Verständnis vom Sozialismus haben« (S. 41) – heraus, ohne bei seinen Parteigenossen großen Anklang zu finden. Schon ein Jahr früher war, als der kleinbürgerliche Antisemitismus das Land überschwemmte und seine Opfer forderte, von der Sozialdemokratie auf dem Parteitag zu Köln a.Rh. (im Okt. 1893) zu dieser geistigen Strömung Stellung genommen worden. Das Referat Bebels, von dem man sich in antisemitischen Kreisen viel Antisemitisches versprochen hatte, erschöpfte zwar seinen Gegenstand in keiner Weise, war aber von einer durchaus judenfreundlichen Stimmung getragen – »Der jüdische Student studiert meist fleißig den größten Teil der Zeit, die er auf der Universität ist, der »germanische« Student schlägt sich in den Kneipen, auf dem Fechtboden oder an anderen Orten, die ich nicht nennen will, umher« (große Heiterkeit) [s. Protokoll, S. 234] – und Wilhelm Liebknecht in seiner bekannten Bielefelder Rede verstärkte den antisemitenfeindlichen Eindruck des Kongresses noch um ein Beträchtliches. Seit jener Zeit ist die deutsche Sozialdemokratie – wenn wir von einigen, wohl mehr ungeschickten als grundsätzlichen Bemerkungen, im schlimmsten Falle schwachen Reminiszenzen aus einer an leitender Stelle des »Verein deutscher Studenten« verlebten Jugendzeit, die der Rechtsanwalt Wolfgang Heine in einer Polemik gegen Parvus und Rosa Luxemburg auf dem Parteitag von Lübeck 1991 machte (Protokoll, S. 195), absehen – gegen das Gift des Rassenhasses ein für allemal gefeit gewesen und sie hat ruhigen Gewissens das Odium getragen, von unwissenden Gegnern eine Partei »von Juden und Judengenossen« genannt zu werden.

12 RICHARD CALWER, S. 29 und 30.

13 »Mainzer Volkszeitung«, XIV, Nr. 227. – Dem Schreiber dieses sind mehrere Fälle, darunter der von Konrad Haenisch, bekannt, in denen Sozialisten schon auf dem Gymnasium wegen »sozialdemokratischer Geheimbündlerei« relegiert wurden.

14 In dessen Adern überdies noch adliges Blut fließt. Seine Mutter war eine geborene v. Forster, seine Großmutter eine Gräfin Schwerin.

15 Eduard Bernstein entstammt einer armen jüdischen Familie in Berlin. Sein Vater

war ein kleiner Beamter, der als Lokomotivführer durch seine Umsicht und Energie einst Wilhelm I. vor einem Eisenbahnunfall bewahrte. Der Sohn besuchte das Gymnasium, seine Mittel gestatteten ihm aber nicht, das Abiturientenexamen zu machen. Mit dem Einjährigen ging er ab, um dann 12 Jahre lang in einem Bankhause tätig zu sein. Aber in den nächsten Kreisen seiner Familie besaß er Gelehrte, denen er manche Anregungen verdankte, auch hat er nie eine Gelegenheit zu wissenschaftlicher Arbeit unbenutzt vorübergehen lassen, so daß Eduard Bernstein heute als Prototyp des Akademikers angesehen werden kann. (Vgl. FRANZ MEHRING, Gesch. d. deutsch. Sozialdemokratie, S. 227, sowie die Äußerungen Bernsteins im Reichstag kurz nach seiner Wahl in Breslau 1902.)

16 Es ist nicht verwunderlich, daß eine so markante, ästhetisch anziehende Persönlichkeit wie Bebel, der von 1870 bis auf unsere Tage in den vordersten, sichtbarsten Reihen der politischen Welt Deutschlands gestanden hat, auf Psychologen eine besondere Anziehungskraft ausübt. Der Charakterskizzen, die über ihn von zuständiger Seite verfaßt wurden, sind unzählige.

17 So selbst WERNER SOMBART, der sonst in sozialistischen Dingen von einem feinen Gefühl geleitet wird: »Quellen verschiedener (taktischer) Auffassungen sind: Temperament (Bebel – Heine!) – Bildungsgrad (v. Vollmar – Zehn-Gebote-Hoffmann!)« (»Sozialismus und soziale Bewegung«. 5. Aufl., Jena 1905, S. 204.)

18 Das Zentrum hatte bis vor kurzem (Juni 1906) im badischen Landtag einen Fabrikarbeiter sitzen, der noch arbeitete. Bis diesem eines Tages sein Arbeitgeber bemerkte, er müsse den Volksvertreter entlassen.

19 »Zukunft«, X. Jahrg. Nr. 2 (6. Dez. 1902).

20 CARL STEGMANN und C. HUGO (HUGO LINDEMANN): »Handbuch des Sozialismus.« Zürich 1897. Verlags-Magazin (J. Schabelitz). S. 638.

21 Protokoll des Parteitages zu Frankfurt a.M. 1894, S. 84.

22 An den leitenden Stellen der neuen Vorwärtsredaktion sitzen der ehemalige Rechtsanwalt Artur Stadthagen, der Nationalökonom Heinrich Cunow (früher Kaufmann) und Heinrich Ströbel (Gymnasiast bis zum Einjährigen, einer Kaufmannsfamilie entstammend).

23 Zitiert nach BEBEL: »Ein Nachwort zur Vizepräsidentenfrage und Verwandten«. 1903, S. 18.

24 Einer der ersten, der diesen Werdegang richtig erkannt und, tendenziös zugespitzt, für seine politischen Sonderzwecke ausgenutzt hat, war Otto von Bismarck. In der Zeit des höchsten Kampfes gegen die Sozialdemokratie führte er aus: »Es ist ja heutzutage die Stellung eines sozialistischen Agitators ein ausgebildeter Geschäftszweig wie jeder andere. Man wird Agitator, Volksredner, wie man früher Schmied oder Zimmermann wurde. Man ergreift dies Gewerbe und steht sich dabei unter Umständen sehr viel besser als wenn man bei dem ursprünglichen geblieben wäre, hat ein angenehmes und freies, vielleicht auch angesehenes Leben in gewissen Kreisen.« (Reichstagssitzung vom 9. Oktober 1878, vgl. FÜRST BISMARCKS Reden, mit verbind. geschichtlicher Darstellung herausgegeben von PHILIPP STEIN. Bd. VIII Leipzig, Phil. Reclam, S. 110.) Das gab auch Wilhelm Liebknecht zu, wenn er das Gros seiner parteigenössischen Mitführer auf einem Kongreß einmal apostrophierte: »Sie, die Sie hier sitzen, sind ja auch zum größten Teil Aristokraten unter den Arbeitern – ich meine in bezug auf die Einnahmen. Die arbeitende Bevölkerung

im sächsischen Erzgebirge, die Weber in Schlesien würden das, was sie verdienen, für ein Krösuseinkommen ansehen.« (Protokoll des Parteitages zu Berlin (1892) S. 122.)

25 KARL KAUTSKY, »Der Parteitag von Hannover. Neue Zeit, XVIII. Jahrgang Nr. 1.

26 In einer interessanten kleinen Schrift sagt PARVUS: »Man vermengt aber zwei Dinge: die kleinbürgerlichen Existenzen, die durch die Parteibewegung selbst erst geschaffen werden, und das Hinzudrängen kleinbürgerlicher Volkselemente an die Partei. Beides muß gesondert behandelt werden.« (PARVUS: »Die Gewerkschaften und die Sozialdemokratie.« Kritischer Bericht über die Lage und die Aufgaben der deutschen Arbeiterbewegung. 2. Aufl., Dresden 1896, Verl. d. Sächs. Arbeiterzeitung, S. 65.)

27 Freilich ist das keine generelle Erscheinung. Es gibt Fälle genug, wo selbst die Kinder von verhältnismäßig sehr stark »gehobenen« Existenzen entweder wieder Lohnarbeiter werden wollen, oder, weil das Gehalt des Vaters, zumal bei Kinderreichtum, zu einer »standesgemäßen« Erziehung der Kinder doch nicht ausreicht, werden müssen. Es gibt sozialdemokratische Abgeordnete und Redakteure, deren Söhne sich als Schmiede in der Fabrik und deren Töchter sich in bescheidenen Stellungen am Theater (Ballet) durchschlagen müssen.

28 FRANZ MEHRING: »Schlimm genug, daß in einer Zeit, wo das Heer weder ohne bürgerliches Geld noch ohne bürgerliche Intelligenz bestehen kann, die bürgerliche Jugend keinen höheren Ehrgeiz kennt, als sich in eine solche feudale Kaste zu drängen.« (»Der Krieg gegen die Troddeln«, Leipziger Volkszeitung, XI, Nr. 4.)

29 RICHARD CALWER (»Das kommunistische Manifest und die heutige Sozialdemokratie.« S. 8 ff.) zieht mit ganz besonderer Verve gegen diese »kleinbürgerlichen Sozialdemokraten« zu Felde. Er macht dabei unter anderem die bissige Bemerkung: »Man kann die Wahrnehmung machen, daß gegenwärtig der ganze Bedarf eines Menschen, von der Kleidung an bis zu den Zigarren, aus kleinbürgerlich-sozialdemokratischen Geschäften gedeckt werden kann.« Womit er allerdings zum Teil auch die Konsumvereine treffen will.

30 Über das psychologisch nicht uninteressante Leben in jenen Parteikneipen besitzen wir, aus der Feder fremder Beobachter, einige anschaulichen Schilderungen. Darunter von EDGARD MILHAUD (französischer Sozialist, Privatdozent für Nationalökonomie an der Universität Genf) in seinem großen Werk: »La Démocratie Socialiste Allemande«, S. 148 ff. und, noch aus der Zeit des Sozialistengesetzes, und dem Charakter dieses feuilletonistischen Schriftstellers entsprechend, überstark gefärbt, von OTTO V. LEISNER: »Soziale Briefe«, S. 325.

31 R. CALWER, S. 9.

32 EDUARD BERNSTEIN, »Wird die Sozialdemokratie Volkspartei?« Sozial. Monatshefte, IX. (XI.) Jahrg. Bd. II S. 670. (Aug. 1905.)

III
Demokratie und Oligarchie

5
Die oligarchischen Tendenzen der Gesellschaft

Ein Beitrag zum Problem der Demokratie

> A prendre le terme dans la rigueur de l'acception, il n'a jamais existé de véritable démocratie, et il n'en existera jamais. Il est contre l'ordre naturel que le grand nombre gouverne, et que le petit soit gouverné.
>
> J.J. Rousseau, Contrat Social.

Einleitung

Unter den Problemen des Staatsrechts sowie denen der Soziologie gehört das Problem der Demokratie zu den ältesten und umstrittensten. Nachfolgende Studien haben keinen anderen Anspruch als den, einen vielleicht nicht ganz unnützen Beitrag zu dieser Materie zu liefern, die zwar viel bearbeitet und diskutiert worden ist, aber noch keineswegs als geklärt betrachtet werden kann.

Die engste Form der Oligarchie, die absolutistische Monarchie, basiert auf dem Willen eines Einzelnen. Sic volo, sic jubeo. Tel est mon bon plaisir. Einer befiehlt, alle anderen gehorchen. Der Wille des einen kann den Willen der Nation brechen. Die juristische Begründung dieses Zustandes holt ihre Motive aus der transzendentalen Metaphysik. Die logische Fundierung jeder Monarchie liegt in der Inanspruchnahme Gottes. Gott wird vom Himmel heruntergeholt und dient der monarchischen Zwingburg als staatsrechtliche Stütze – das Gottesgnadentum. Daher ist, als auf einem überweltlichen Element beruhend, das monarchische System – juristisch betrachtet – ewig und unabänderlich, durch Menschenrecht und Menschenwillen nicht berührbar. Die legale, rechtliche, gesetzliche Abschaffung der Monarchie ist somit ein Ding der Unmöglichkeit, ein Ammenmärchen aus der Kinderstube von Politikastern. Das Königtum kann – rechtlich – nur von Gott abgeschafft werden, und der Wille Gottes ist unerforschlich.

Dem Prinzip der Monarchie steht das der Demokratie – in der Theorie – als Antipode gegenüber. Es negiert das Recht des einen auf den anderen. Es gibt jedem Bürger das gleiche Recht und in abstracto auch die Möglichkeit, die höchsten Stufen der sozialen Leiter zu erklimmen, und ebnet auf diese Weise den Rechten der Gesamtheit die Wege, indem es alle Privilegien der Geburt vor dem Gesetz vernichtet und den Kampf um den Vorrang in der menschlichen Gesellschaft nur durch die Tüchtigkeit des Einzelnen entschieden haben will. Während das Prinzip der Monarchie alles auf den Charakter des Einen stellt und die beste der monarchischen Regierungen deshalb dem Volksganzen keine Garantien der Stabilität bietet[1], ist in der Demokratie prinzipiell das Volksganze für die herrschenden Zustände, deren Meister es ist, verantwortlich.

Heute wissen wir nicht nur, daß im Leben der Völker die beiden theoretischen Grundbegriffe der Staatsordnung so elastisch sind, daß sie sich vielfach selbst berühren – car la démocratie peut embrasser tout le peuple, ou se resserrer jusqu'à la moitié; l'aristocratie à son tour, peut de la moitié du peuple se resserrer jusqu'au plus petit nombre indéterminément (Rousseau)[2], also beide Herrschaftsformen stehen nicht in absoluter Antithese, sondern haben bei 50 % der an der Herrschaft beteiligten ihren Treffpunkt –, sondern auch, daß die gewaltigen ökonomisch-sozialen Abhängigkeitsverhältnisse unserer Gesellschaft die Existenz einer *Idealdemokratie* unter den heutigen Verhältnissen unmöglich machen. Aber es wäre die Frage aufzuwerfen, ob und inwieweit innerhalb unserer Gesellschaftsordnung von heute sowie ferner die Elemente, die an ihrem Sturz arbeiten und die Errichtung einer neuen planen, bereits Kräfte vorhanden sind, die sich der Idealdemokratie nähern oder doch auf sie hindrängen und in sie ausmünden.

Wissenschaftliche Zweifel am demokratischen Prinzip

Ehe wir uns den soziologischen Tendenzen der heutigen Gesellschaft zuwenden, um sie auf ihren demokratischen Gehalt hin zu prüfen, wollen wir der Tatsache Erwähnung tun, daß, während die Mehrzahl der sozialistischen Schulen die Erreichung der Demokratie für die Zukunft für möglich hält, es eine konservative Richtung in der Gelehrtenwelt gibt, die diese Möglichkeit für alle Zeiten rundweg negiert. Diese Richtung, die vor allem in Italien, wo sie in Gaetano Mosca einen bedeutenden Theoretiker gefunden hat, Einfluß besitzt, proklamiert die für jede menschliche Gesellschaftsordnung bestehende innere Notwendigkeit einer »classe politica«, d.h. einer politisch herrschenden Klasse, einer Minderheitsklasse.

Die Ungläubigen an dem Gott der Demokratie sind nicht müde geworden, die Demokratie als eine Legende zu bezeichnen und zu behaupten, daß alle Ausdrücke des Sprachgebrauchs, die eine Herrschaft der Masse involvieren, wie Staat, Bürgerschaft, Volk, Volksvertretung usw. nur ein gesetzliches Prinzip, nicht einen wahren Tatbestand angeben. Sie stellen die Theorie auf, daß die ewigen Kämpfe zwischen Aristokratie und Demokratie, von denen die Geschichte spricht, nur in Kämpfen zwischen einer um ihre Existenz kämpfenden alten Minderheit und einer in der Eroberung der Macht begriffenen ehrgeizigen neuen Minderheit, die sich mit der alten vermischen oder gar sie entthronen will, bestanden haben. Ihnen zufolge besteht das Resultat aller Klassenkämpfe lediglich in einem Tausch; eine Minderheit löst eine andere Minderheit in ihrer Herrschaft über die Masse ab. Die gesellschaftlichen Klassen, die vor unseren Augen auf dem Plan der Geschichte sich Riesenschlachten schlagen, die ihre tiefsten Ursachen in den ökonomischen Antagonismen haben, wären also, nach ihnen, etwa zwei Tänzergruppen vergleichbar, die in der Quadrille ein chassé-croisé ausführen.

In den heftigen Kampf, der sich vielfach mit epischer Größe vollzieht, vielfach aber auch fast stumm und unbemerkbar durchfochten wird, zwischen der neuen Aristokratie, die aufsteigt, und der alten Aristokratie, die im Sinken begriffen ist, wird auch die Ethik hineingerissen. Im Zeitalter der Demokratie ist die Ethik eine Waffe, der sich jedermann bedienen kann. Im ancien régime sprachen die Machthaber und die, die es werden wollten, nur von ihren Rechten, von den Rechten ihrer Person. Die Demokratie a aboli tout ça; sie hat derlei Begründungen als unethisch verworfen. Heute sprechen und kämpfen alle Faktoren des öffentlichen Lebens im Namen des Volkes, der Gesamtheit. Regierung und Rebellen, Könige und Parteiführer, Tyrannen von Gottes Gnaden und Usurpatoren, wild gewordene Idealisten wie berechnende Ehrgeizlinge, alle sind »das Volk« und geben an, mit ihrer Aktion nur den Willen des Volkes zur Durchführung zu bringen. Die Ethik ist im modernen Leben der Klassen und der Völker zu einem notwendigen Beiwerk, zu einer Fiktion geworden. Jede Regierung sucht ihre tatsächliche Macht auf ein ethisches Generalprinzip zu stützen. Auch alle jung aufstrebenden Klassen treten in die Schranken mit der Erklärung, nicht so sehr sich, als vielmehr die *gesamte Menschheit* von dem drückenden Joch einer kleinen tyrannischen Mehrheit befreien und das alte *ungerechte* Regime durch ein neues *gerechtes* Regime ersetzen zu wollen. Jede neue Gesellschaftsschicht, die das Signal zur Attacke auf die Vorrechte einer bereits im Besitze der ökonomischen wie politischen Macht befindlichen Klasse gibt, schreibt auf ihre Fahnen das Losungswort: »Erlösung des ganzen Menschengeschlechts!« So machte die junge französische roture am Ende des XVIII. Jahrhunderts ihre Revolution auf Grund der Erklärung der *droits de l'homme* und mit den Worten der *Egalité, Liberté, Fraternité,* die heute auf dem Portal jedes französischen Gefängnisses prangen, auf den Lippen, und so hören wir heute mit unseren eigenen Ohren eine andere Klassenbewegung, die der Lohnarbeiter, sagen, daß sie sich der gesellschaftlichen Erscheinung des Klassenkampfes keineswegs aus klassenegoistischen Motiven, sondern gerade umgekehrt nur, um den Klassenkampf aus der Reihe der Faktoren des sozialen Werdens auszuschalten, bediene; auch der moderne Sozialismus hat als Refrain seines theoretischen Liedes die stolzen Worte stehn: Schaffung einer *klassenlosen* Gesellschaft!

Aber dieser ideale Schwung junger Emanzipationsbewegungen wird von den antidemokratischen Wissenschaftlern als frommer Selbstbetrug, als Fata Morgana, erklärt, entstanden aus dem Bedürfnis, das Gesamtwohl in den Dienst des Eigenwohles zu stellen. In der Welt der palpablen Tatsachen wird jeder zum Heile des Ganzen unternommenen Klassenbewegung der Stempel einer unheilbaren Antinomie aufgedrückt. Die Menschheit kann der »politischen Klasse« nicht entraten, und die politische Klasse kann nur einen Bruchteil der Gesellschaft umfassen.[3]

Diese Erkenntnis ist zweifellos sehr viel älter, als man gemeinhin annimmt. Der Turiner Rechtslehrer Gaetano Mosca, der heute der hervorragendste Vertreter jener Schule, und, verglichen mit dem anderen bedeutenden Vertreter jener Ideenassociation, dem Genuesen Vilfredo Pareto, Professor der Nationalökonomie an der kantonalen Universität Lausanne (der sich in der wissenschaftlichen Welt, auch Italiens, einen bedeutenderen Namen gemacht hat als Gaetano Mosca, einmal weil er die Mehrzahl seiner Bücher in der allgemein zugänglichen französischen Sprache veröffentlicht, dann auch weil der Snobismus der Italiener ihnen verbietet, ihre Bewunderung in wissenschaftlichen

Dingen anderen als solchen Schriften zu schenken, die von jenseits der Alpen kommen oder doch wenigstens dort ihren Stempel empfangen haben), auch der ältere (und er hat Recht, auf seinem Rechte der wissenschaftlichen Priorität zu bestehen) ist, gibt als seine Vorgänger Hippolyte Taine und Ludwig Gumplówicz an.[4] Aber es ist eine wenig bekannte, wenn auch interessante Tatsache, daß die Moscasche Theorie ihre frühesten und bedeutendsten intellektuellen Vorfahren gerade in der Schule hat, gegen die sie mit Vorliebe ihre Pfeile richtet, nämlich unter den sozialistischen Gelehrten anarchistischer Gedankenrichtung. In noch höherem Grade aber können wir reservatis reservandis in den Richtungen des älteren französischen Sozialismus deutliche Spuren nach dem Gebiet hin finden, das später von Mosca, wahrscheinlich ohne sein Wissen um diese Spuren und sicher auf ganz selbständigem Wege, zur Ausarbeitung seines Systems soziologischer Philosophie bearbeitet worden ist.

Die Schule Saint-Simons stellte sich keineswegs eine Zukunft ohne Klassen vor, wennschon sie vermeinte, die Klasse von jedem ökonomischen Attribut befreien zu können. Ihr schwebte die Schaffung einer neuen Hierarchie vor, die zwar von allen Privilegien der Geburt frei, aber doch im Besitze gewaltiger erworbener Privilegien sein und aus den »hommes les plus aimants, les plus intelligens et les plus forts, personnification vivante du triple progrès de la société« gebildet werden sollte, »capables de la diriger dans une plus vaste carrière«. Einer der überzeugtesten Anhänger Saint-Simons, ein begeisterter Befürworter der »nouvelle dynastie«, genötigt, sich gegen den Vorwurf, daß er mit seiner Doktrin dem Despotismus die Wege ebne, zu verwahren, ging sogar soweit, zu behaupten, daß die Mehrheit der Menschen der Autorität der Kapazität Gehorsam schulde, und zwar sowohl aus Gottesfurcht als auch aus Eigenliebe als endlich auch aus dem Grunde, weil der Mensch zwar isoliert lebe, aber doch stets einer Stütze bedürfe. Die Notwendigkeit der Autorität auf der einen und des Gehorsams auf der anderen Seite erhielt eine metaphysische Begründung. Sie ist schlechterdings nur la transformation politique de l'amour qui unit tous les hommes en Dieu. Et pouvez-vous lui préférer cette triste *indépendance* qui aujourdhui isole les sentiments, les opinions, les efforts, et qui, sous un nom pompeux, n'est rien autre chose que l'égoisme accompagné de tous les maux qu'il enfante?[5]

Die Schule von Fourier ging noch einen Schritt weiter. Fourier hatte mit einer Gewissenhaftigkeit, die an Pedanterie grenzte und der mancher groteske Zug eigen war, so daß wir heute uns kaum eines Lächelns erwehren können, wenn wir diese Seite seines Lehrgebäudes betrachten, ein ganzes verzweigtes und ausgedehntes System erdacht, in dem er mit Hilfe von Tabellen eine tausendgliedrige »sphärische Hierarchie« aufbaute, worin alle Nuancen der

Herrschaftsausübung von der »Anarchie« bis zur »Omniarchie« vorhanden waren, jede mit ihren besonderen »hautes dignités« und »hautes fonctions«.[6]

Von den späteren Sozialrevolutionären wurde die Mehrheitsregierung zwar nicht in abstracto, aber doch in concreto geleugnet. Bakunin war ein Gegner jeder Beteiligung der Arbeiterschaft an den allgemeinen Wahlen, weil er überzeugt war, daß in einer Gesellschaft, in der das Volk, die Masse der Lohnarbeiter, in ökonomischer Hinsicht von einer besitzenden Minderheit beherrscht werde, auch das freieste Wahlrecht illusorisch sein müsse. Qui dit pouvoir, dit domination, et toute domination présume l'existence d'une masse dominée.[7] Ja, die Demokratie ist von allen bürgerlichen Ordnungen sogar die schlechteste. Die Republik, in welcher wir doch die höchste Form bürgerlicher Demokratie erblicken müssen, besitzt nach Proudhon in höchstem Grade jenen kleinlichen fanatischen Regierungsgeist (zèle gouvernemental), der aus dem einzigen Grunde, daß sein Despotismus immer den bequemen Vorwand, für die Republik und im Gemeininteresse zu handeln, an der Hand hat, unbestraft alles tun zu können glaubt.[8] Selbst die politische Revolution bedeutet nichts als ein déplacement de l'autorité.[9]

Der Komplex von Tendenzen, die sich einer Verwirklichung der Demokratie in den Weg stellen, läßt sich nur schwer entwirren und pedantisch katalogisieren. Immerhin scheint es uns möglich, auf induktivem Wege zu einer, wenn auch keineswegs definitiven Analyse dieses Komplexes zu gelangen. Diese Tendenzen liegen 1) in der menschlichen Natur, 2) im Wesen der politischen Klasse und 3) im Wesen der Organisation.

1. *Antidemokratische Tendenzen in der Massenpsychologie*

a. Das Prinzip der Vererbung politischer Macht

Dem, der sich jemals ernstlich mit historischen Studien abgegeben hat, kann es nicht entgangen sein, daß alle im Besitz der Macht befindlichen Klassen stets mit Eifer darauf bedacht gewesen sind, die von ihnen angehäufte politische Macht ihren Nachkommen zu vererben. Die Vererbung der politischen Macht ist stets das wirksamste Mittel gewesen, der eigenen Klasse das Dominium zu erhalten. Es hat in diesen Zusammenhängen derselbe historische Prozeß stattgefunden, der auf dem Gebiet des sexuellen Lebens die bürgerliche Familienordnung mit ihren Akzessorien, die Untrennbarkeit der Ehe, die strengen Strafen gegen die Ehebrecherin und das sog. Recht der Erstgeburt, hervorgebracht hat. Wie die bürgerliche Familie, soweit uns die kärglichen Reste prähistorischer Geschichte, die wir besitzen, feste Schlüsse gestatten, die Tendenz des zu gewissem ökonomischen Wohlstand gelangten Mannes, sein erworbenes oder geraubtes Besitztum mittelst Erbschaft seinem rechtmäßigen, mit möglichster Wahrscheinlichkeit als leiblich zu bezeichnenden Sohn zu übermittlen, zur Genesis hat, so sehen wir dieselben Tendenzen auch auf dem Gebiete der Politik lebendig, wachgehalten durch allerhand dem Menschen eigene, inhärente Instinkte, und mächtig angefacht durch eine Wirtschaftsordnung, die als ihre Basis das Privateigentum an den Produktionsmitteln anerkennt und in welcher, mit leichter psychologischer Analogie, auch die politische Macht als ein Gegenstand des Privatbesitzes betrachtet werden muß. Wie immer, der väterliche Instinkt, dem Sohn auch die politische Nachfolge zu erhalten und zu übermitteln, ist bekanntlich zu allen historisch bekannten Zeiten von ungemeiner Stärke gewesen. Er hat nicht zum wenigsten zur Entstehung der nicht mehr elektiven, sondern vom Vater auf den Sohn übertragbaren, erblichen Monarchie beigetragen. Der Wunsch, die in der Gesellschaftsordnung eingenommene Stellung der Familie zu erhalten, ist von solcher Heftigkeit gewesen, daß, wie Gaetano Mosca mit Recht bemerkt, wenn die Mitglieder der herrschenden Klasse keine leiblichen Söhne besaßen, wie das bei den hohen Prälaten der römisch-katholischen Kirche der Fall war, mit spontaner, dynamischer Gewalt der Nepotismus entstand[10], als eine weiter entwickelte Form des Selbsterhaltungstriebes der herrschenden Klasse.

Auf diese Weise führt sich auch in Staatswesen, in denen sie staatsrechtlich und prinzipiell ausgeschlossen erscheint, ganz automatisch die Aristokratie ein. Die Nordamerikaner, Demokraten, die unter einem republikanischen Regime leben und bei denen keinerlei Adelstitel existieren, sind dennoch weit davon entfernt, zugleich mit der englischen Krone sich auch der Aristokratie entledigt zu haben. Heutzutage bilden die alten Familien holländischen Ursprungs und mit holländischem Namen im Staate New-York eine unbestreitbare aristokratische Schicht, eine Art Patriziat ohne äußerliche patrizische Attribute, und auch die Aristokratie der Milliardäre, der Eisenbahn-, Petroleum-, Schweinefleisch- usw. Könige ist eine Tatsache, die keine Zweifel mehr zuläßt.

Dieses Phänomen ist keineswegs bloß die Wirkung erst in jüngerer Zeit liegender Ursachen, etwa der Kapitalkonzentration mit ihrer Akkumulation an gesellschaftlicher Macht und ihren cliquenbildenden Einflüssen, sowie der allmählich stattgehabten Versöhnung des alten strengen republikanischen Geistes mit alteuropäischen Begriffen, europäischen Vorurteilen und europäischem Ehrgeiz. Selbst zu den Zeiten, in denen die junge Demokratie und

Freiheit Amerikas eben erst durch das Blut seiner Bürger besiegelt war, hielt es, dem Bericht Alexis de Tocquevilles zufolge, schwer, auch nur einen einzigen Amerikaner zu finden, der sich nicht mit eitlem Gerede gerühmt hätte, einer der ersten Familien anzugehören, die den Boden Amerikas kolonisierten.[11] So sehr war das »aristokratische Vorurteil« in diesen Urrepublikanern lebendig. Im modernen Deutschland sind wir in den letzten vierzig Jahren Augenzeugen eines mit ungeheurer Schnelligkeit vor sich gehenden Prozesses der Aufsaugung der jungen industriellen Bourgeoisie durch die alte Aristokratie der Geburt.[12] Das deutsche Bürgertum feudalisiert. Hier hat die Emanzipation der Roture nur das Resultat gehabt, ihren ursprünglichen gesellschaftlichen Gegner, den Adel, zu stärken, indem sie ihm neues Blut und neue ökonomische Kräfte zuführte. Die *Reichgewordenen* kennen keinen höheren Ehrgeiz, als sich möglichst unverzüglich mit den *Reichen* zu verschmelzen[13], um aus dieser Verschmelzung eine Art von legitimem Anrecht auf ihre – nicht so sehr erworbene als vielmehr vermeintlich ererbte – Zugehörigkeit zur politischen Klasse herzuleiten. Auf diese Weise sehen wir, wie das Prinzip der (wenn auch nur fiktiven) Erbschaft in hervorragendem Grade den Prozeß des sozialen training, der Eingewöhnung der jung emporkommenden Kräfte in die alte Umwelt der politisch herrschenden Klassen, beschleunigt.

Aber ein noch mächtigerer Damm wird der praktischen Durchführung der Demokratie durch die Machtmittel des seiner Natur nach auf Oligarchie gegründeten Staates entgegengesetzt.

b. Die Indifferenz und politische Gleichgültigkeit der Mehrheit und ihr Führungsbedürfnis

Ein tüchtiger (wenn auch viel verkannter) französischer Dramendichter, der sich in seinen Mußestunden auch mit der prosaischen Erörterung ernster sozialer Fragen beschäftigte, Alexandre Dumas fils, hat einmal bemerkt, daß jeder menschliche Fortschritt in seiner Entstehungsperiode neunundneunzig Prozent der Menschheit zu Gegnern hat. Mais c'est sans aucune importance, fuhr er fort, puisque ce centième, auquel nous appartenons, depuis le commencement du monde a fait faire aux quatre-vingt-dix-neuf autres toutes les reformes dont ils se trouvent très bien aujourdhui tout en protestant contre celles qui restent à faire. An anderer Stelle setzt Dumas diesem Axiom die weitere Bemerkung hinzu, daß les majorités ne sont que la preuve de ce qui est, während les minorités sont souvent le germe de ce qui sera.[13]

Es wäre keine Übertreibung, die Behauptung aufzustellen, daß die Zahl der mit staatsbürgerlichen Rechten versehenen Männer, in denen ein ausgesprochenes Interesse am Gemeinwohl wach ist, eine geringe Höhe erreicht. Bei der Mehrzahl ist der Sinn für die inneren Zusammenhänge zwischen dem Wohl des Einzelnen und der Macht des Staates nicht stark ausgebildet. Die meisten erkennen nicht den Einfluß und die Rückwirkung, welche die Angelegenheiten jenes Gebildes, das man Staat nennt, auf ihre eigenen privaten Angelegenheiten, ihr Wohlergehen und ihr Leben ausüben können, und sie halten es, wie Tocqueville geistreich bemerkte, für bedeutend wichtiger, darüber nachzudenken, »s'il faut faire passer un chemin au bout de leur domaine«[14], als sich für die gesamte öffentliche Verwaltung und die allgemeinen Gesichtspunkte, von welchen aus sie gehandhabt wird, zu interessieren. Die Mehrzahl ruft mit Stirner dem Staate zu: »Geh mir aus der Sonne!« Stirner macht sich in ironischer Weise über alle diejenigen lustig, die, mit Kant, glauben, daß man den Menschen die »heilige Pflicht« klar machen müsse, sich mit dem Staate zu beschäftigen. »Mögen doch diejenigen, welche die Zustände aus eigenem Interesse anders haben wollen, sich damit beschäftigen. Die »heilige Pflicht« wird nun und nimmermehr die Leute dazu bringen, über den Staat nachzudenken, so wenig als sie aus »heiliger Pflicht« Jünger der Wissenschaft, Künstler usw. werden. Der Egoismus allein kann sie dazu antreiben, und er wird es, sobald es viel schlechter geworden ist«.[15]

Die Mehrzahl ist froh, wenn sich Männer finden, welche bereit sind, die Geschäfte für sie zu besorgen. Das Führungsbedürfnis, meist verbunden mit einem regen Heroenkultus, ist in den Massen, auch in den organisierten Massen der Arbeiterparteien[16], grenzenlos. Der allgemeine Misoneismus, an dem schon von jeher alle ernsten Reformen gescheitert sind, und der durch die weitverzweigte Arbeitsteilung des heutigen Kulturlebens sowie durch die immer größer werdende Unübersichtlichkeit des politisch-staatlichen Geschäftes mit seinem komplizierten Mechanismus heute eher in der Zunahme als in der Abnahme begriffen ist, sowie endlich, insbesondere bei den Volksparteien, die unüberbrückbaren Unterschiede in der formalen Bildung der einzelnen Komponenten geben dem Führungsbedürfnis der Massen eine immer anwachsende dynamische Tendenz.

2. *Die Entwicklung der staatlichen Bureaukratie als ein Mittel der Selbstverteidigung der politischen Klasse*

Die Bureaukratie, deren die Organisation des Staates bedarf, ist ein mächtiger Koeffizient, um der politisch herrschenden Klasse die Weiterherrschaft zu sichern und sie am Ruder zu erhalten.

Der Selbsterhaltungstrieb zwingt den modernen Staat dazu, die größtmögliche Zahl Interessierter um sich zu gruppieren und an sich zu fesseln. Dieses Bedürfnis des Staatsorganismus wächst in demselben Maße, als sich in der Menge die Überzeugung von der Lückenhaftigkeit, ja, Unzweckmäßigkeit der heutigen Gesellschaftsordnung, kurz, was man behördlicherseits als die Unzufriedenheit zu bezeichnen pflegt, mehrt. Der Notwendigkeit, sich ein Maximum von Verteidigern zu verschaffen, kommt der Staat am besten entgegen, wenn er sich eine zahlreiche, direkt von sich abhängige Beamtenkaste heranzieht. Dem kommen die Tendenzen der heutigen Volkswirtschaft vollauf entgegen. Auf der einen Seite, der des Staates, ist ein enormes Angebot an Beamtenstellen vorhanden; auf der anderen Seite, der der Staatsangehörigen, eine noch größere Nachfrage, erklärlich aus der immer größer werdenden Unsicherheit, in der sich seit der Bildung des großen, expropriatorischen Kapitalismus und dem organisierten Widerstand der Arbeiterklasse – Bewegungen, die, wennschon wider Willen, alle beide gegen die Mittelklassen konvergieren – die Angehörigen der mittleren Gesellschaftsschichten (Kleinindustrielle, Handwerksmeister, Kleinkaufleute, Bauern usw.) befinden. Alle diese Leute, die sich von der modernen Ökonomie in ihrer wirtschaftlichen Existenz schwer bedroht sehen, sind bestrebt, ihre Söhne möglichst sicher unterzubringen. Dazu aber scheint ihnen die Staatskrippe mit dem wichtigen Recht auf Pension, das sie verleiht, wie geschaffen. Die übergroße Nachfrage, die nicht befriedigt werden kann, die aus diesen Verhältnissen entspringt, bildet übrigens, wie nebenbei bemerkt sei, das sog. intellektuelle Proletariat. Dieses intellektuelle Proletariat macht eine Masse aus, die großen numerischen Veränderungen unterliegt. Denn von Zeit zu Zeit sieht sich der Staat, von dem unablässig wachsenden Angebot nahezu bedroht, gezwungen, die Schleusen seiner bureaukratischen Kanäle zu öffnen, um einige neue Tausende von Postulanten unterzubringen und aus gefährlichen Gegnern zu eifrigen Beschützern und Verteidigern zu machen.[17] Es gibt 2 Klassen Intellektueller. Die eine setzt sich aus denen zusammen, denen es geglückt ist, an der Staatskrippe ein Unterkommen zu finden, während die andere aus denen besteht, die, um mit Scipio Sighele zu reden, die Festung belagert haben, ohne daß es ihnen gelungen wäre, in sie einzudringen.[18] Die ersteren sind einer Schar Sklaven vergleichbar, die immer bereit sind, den Staat, ihren Brotgeber, um welche Fragen es sich bei dieser Verteidigung immer handeln möge, teils aus Klassenegoismus, teils aus persönlichem Eigennutz (der Angst, ihre Stelle zu verlieren) zu verteidigen. Sie sind deshalb unzweifelhaft als die »treuesten Staatsstützen« zu betrachten. Die anderen hingegen sind die geschworenen Feinde des Staates; sie sind die ewig unruhigen Geister, die die bürgerliche Opposition führen und zum Teil auch die Führerschaft der revolutionären Parteien des Proletariats übernehmen.

Die staatliche Beamtenschaft besitzt die generische Tendenz, sich, wenn auch in immerhin langsamerem Tempo als die unzufriedenen Elemente aus den Mittelklassen, zu vergrößern und zu erweitern. So kommt es, daß sich uns die Bureaukratie in der Regel als eine Schraube ohne Ende darstellt und daß sie mit dem Gesamtwohl immer weniger verträglich wird. Aber ihre Maschinerie hört deshalb nicht weniger auf, eine Notwendigkeit zu sein. Ihr allein ist es möglich, den Anforderungen der Gebildeten Genüge zu tun. Sie ist ein Mittel der Selbstverteidigung des Staates, oder, wie es Amilcare Puviani, der zu früh verstorbene Nationalökonom an der Universität Perugia, dem wir eine bedeutsame Schrift über diese Materie verdanken, ausgedrückt hat, das notwendige Produkt des Verteidigungsbedürfnisses eines auf schwacher juristischer Basis ruhenden Eigentumsrechtes, verbunden mit dem Aufleben und der Auflehnung des öffentlichen Gewissens.

Der Staat usurpiert und akkumuliert, unter dem Vorwande, damit allgemeine Interessen zu vertreten, die verschiedensten Funktionen und erweitert dergestalt ohne Unterlaß, darin zum Teil durch die Kurzsichtigkeit der Sozialisten, die ihren Marx ebenso oft falsch verstanden haben als sie sich auf ihn berufen und in ihrem staatssozialistischen Verlangen den Gegenwartsstaat gern mit dem Zukunftsstaat verwechseln, nach Kräften bestärkt, seine Einflußsphäre. Die ungeheure Masse von Macht und Reichtum, die er auf diese Weise an sich gezogen hat, verteilt er dann an seine Getreuen und erweckt so den Anschein, als ob er es wäre, der durch seine Gunstbezeugungen und seinen Großmut einem großen Teile der Gesellschaft das Brot gäbe. Die Folge davon ist, daß sich der Staat – das heißt der kleine Gesellschaftsausschnitt, der ihn in Händen hält – einen ungemein großen Prozentsatz der Gesellschaft untertan macht. Dabei ist zu bemerken, daß er, also die politische Klasse, ein besonderes Augenmerk darauf richtet, diejenigen Staatsbürger an sich zu ziehen, die durch hervorragende Geistesgaben oder andere hervorragende Eigenschaften in der einen oder der anderen Weise hervortreten und deshalb gefährlich werden könnten. Als dementsprechend entstanden ist auch – um unsere These mit einem der Geschichte der Jetztzeit entlehnten Beispiel zu stützen – das enge Konnubium, das die jungdeutsche Bourgeoisie an ihre Regierung fesselt, welche doch den Überbau der Hegemonie einer wirtschaftlich bereits der Vergangenheit angehörigen Klasse, die einer längst überwundenen, vorbourgeoisen Wirtschaftsepoche entspricht, nämlich der Junkerklasse, darstellt, zu verstehen. Die deutsche Regierung hat Mittel und Wege gefunden, diese jungen Kräfte der Nation auf das Engste sich zu verbinden. Einmal durch ein ausgebreitetes und fein verzweigtes Titelwesen, das sich nicht nur auf die dem Staate eng angegliederten Elemente, die Beamtenschaft, sondern selbst auf die freien Berufe, die Ärzte und Rechtsanwälte, ja selbst die Herren vom Handel und der Industrie – der »Geheime Kommerzienrat«! – erstreckt; weiter, und in noch charakteristischerer Weise, etwa mit Ausnahme von Österreich-Ungarn, hierin von keinem andern Staat der Welt nachgeahmt, durch die Einrichtung des Reserveoffiziertums, die einer Militarisierung der gesamten Bourgeoisie gleichkommt, also die denkbar straffste Form der Verkettung von dem Staate gegenüber ursprünglich »freier« Bürgerschichten an das Staatswohl im engsten Sinne darstellt.[19] Der junge deutsche Bourgeois, der sich, teils um sich den Weg zu den administrativen und richterlichen Karrieren frei zu machen, teils um in der allgemeinen Achtung und der gesellschaftlichen Stufenleiter zu steigen – denn der Kaufmann gilt in diesem noch immer agrarisch beherrschten Staate nur dann gesellschaftlich, wenn er im Nebenamt Leutnant ist! – um den Reserveoffizier bemüht und als solcher auch in wichtigen Funktionen des Privatlebens – Politik, Domäne des Ehrbegriffes – den Militärgesetzen untersteht, geht des beträchtlichsten Teiles seines Bürgerrechts verlustig und wird zum Werkzeug in der Hand der alten politischen Klasse, die die Gewalt des Staates in ihrem Besitz hat.[20]

3. *Die oligarchischen Tendenzen in der antioligarchischen Bewegung*

Zur Beleuchtung dieser Tendenzen bietet das innere Wesen gerade der modernen Arbeiterparteien das tauglichste und wirksamste Beobachtungsfeld. In den konservativen Parteien treten die Tendenzen zur Oligarchie mit jener selbstverständlichen Unverblümtheit hervor, die dem prinzipiell oligarchischen Charakter dieser Parteien entspricht. Aber auch in den subversiven Parteien treten dieselben Erscheinungen mit derselben Evidenz zu Tage. Nur daß die Beobachtung hier entschieden wertvoller ist, weil die revolutionären Parteien ihrer Willensrichtung und ihrer Entstehung nach die Negation dieser Tendenzen darstellen. Das Auftreten der gleichen Tendenzen daselbst ist also ein ganz anders triftiger Beleg für das immanente Vorhandensein oligarchischer Züge in jeder menschlichen Zweckorganisation. Mit der Feststellung dieser Tatsache sind wir weit davon entfernt, gegen irgend jemand einen moralischen Tadel, etwa den der Hypokrisie, verbinden, irgend jemandem einen »Vorwurf« machen zu wollen. Wie alle soziologischen Gesetze, steht auch das

Gesetz, das den immanenten Hang aller menschlichen Aggregate zur Cliquen- und Subklassen-Bildung ausspricht, jenseits von Gut und Böse.

a. Das Abhebungsbedürfnis in der Arbeiterschaft

Auch innerhalb der nichtführenden Arbeitermassen ist das Abhebungsbedürfnis, wenn auch dem Auge des keine Fühlung mit jenen Kreisen habenden weniger merkbar, stark vorhanden. Die »Arbeiterschaft« ist ebensowenig eine einzige Masse als die »Bourgeoisie«. Zwischen dem Buchdrucker und dem Taglöhner waltet in kultureller, sozialer und wirtschaftlicher Hinsicht ein prononzierterer Unterschied ob als zwischen dem Buchdrucker und etwa einem Kleinmeister. Gerade in der Gewerkschaftsbewegung tritt die Diskrepanz zwischen den einzelnen Arbeiterschichten deutlich zu Tage. Wenn wir sehen, daß die Politik der Buchdruckerverbände überall (Deutschland, Frankreich, Italien) eine von der Mittellinie der übrigen Arbeiterverbände und der sozialistischen Parteien abweichende, und zwar nach rechts abweichende, opportunistischere, transigentere ist – und weiter das Verhalten der Diamantarbeiter in Belgien und Holland, das die gleichen unsozialistischen, unproletarischen und eigenbrödlerischen Züge trägt, betrachten, so müssen wir zugeben, daß die Aristokraten, d.h. die besser bezahlten, der Bourgeoisie näher stehenden Elemente in der Arbeiterschaft die Tendenz aufweisen, sich abzusondern und ihre eigenen Wege zu gehen. Das tritt noch schärfer hervor, wenn es sich um die größeren Gruppen handelt.

Der Unterschied zwischen den skilled und den unskilled ist ursprünglich ökonomischer Natur. Aber aus diesem ökonomischen Unterschied wird ein Klassenunterschied. Die gelernten, besser entlohnten Arbeiter sondern sich auch sozial von den ungelernten, schlechter entlohnten Arbeitern ab. Oft entsprechen jene den gewerkschaftlich Organisiserten und diese den Arbeitswilligen, deren erbitterte sozial-ökonomische Kämpfe eines der interessantesten Phänomene der neueren Sozialgeschichte darstellen. Diese Kämpfe, die der Physiologe Angelo Mosso[21] als Ergomachie, Kämpfe um den Futterplatz, bezeichnet, werden mit aller nur erdenklichen Bitterkeit geführt. Die Organisierten verlangen von den Unorganisierten strengste Solidarität und leugnen für alle die Fälle, in denen sie sich in akutem Streit mit dem Unternehmertum befinden, das Recht auf Arbeit. Sie belegen jene auch mit Schimpfnamen, die sich beinah Bürgerrecht in der Wissenschaft errungen haben; in Deutschland Streikbrecher, in Italien krumiri, in England blacklegs, in Amerika skabs, in Frankreich jaunes oder auch bédouins, in Holland onderkruipers usw. Es ist nicht zu bestreiten, daß die große Mehrzahl der Vorwürfe, die den Arbeitswilligen von seiten der Organisierten gemacht werden, berechtigt sind. Aber andererseits ist auch nicht zu leugnen, daß die Ergomachie im Grunde nur in einem Kampf der besserentlohnten unter den Arbeitern mit den ärmsten und elendesten Schichten der Arbeiterschaft besteht, die dem Lohnkampf mit dem Unternehmertum auch wirtschaftlich nicht gewachsen sind und deren Löhne auch dort noch hoch erscheinen, wo sie von den Organisierten und Streikenden als Hungerlöhne verschrieen werden.

Aber die besserstehenden unter den Arbeitern haben nicht nur die natürliche Tendenz, die schlechter entlohnten unter ihren Klassengenossen, die ihrem wirtschaftlichen Aufschwung durch die Geringheit ihrer Ansprüche gefährlich werden können, mit allen Mitteln zu bekämpfen – und diese Mittel gehen, wie bei auf einer Verschiedenheit von wirtschaftlichen Interessen beruhenden Antagonismen stets, über die Ethik zur Tagesordnung über –, sondern auch, sich von ihnen hermetisch abzuschließen. Oft selbst dann, wenn die Unorganisierten garnichts Besseres verlangen, als sich ihnen anschließen zu dürfen. In fast allen angelsächsischen Gewerkschaften macht sich der Zug zum Korporativismus, zur Bildung von ausgesprochenen Arbeiteraristokratien, bemerkbar.[22] Die Gewerkschaften machen keine Propaganda, fordern nicht mehr zum Beitritt auf, sondern umgeben sich umgekehrt mit einem eisernen Stacheldraht der Unnahbarkeit und erschweren durch die Einführung von hohen Eintrittsgebühren und andere Mittel (z.B. Verlangen des Nachweises einer fachgewerblichen Lehrzeit) bewußtermaßen und zum ausgesprochenen Zweck der Erwerbung von Privilegien zum Schaden der übrigen Arbeiterschaft desselben Berufszweiges ihr eigenes Wachstum. Denselben Motiven entspringen auch die von gleichem Geiste getragenen Versuche insbesondere der amerikanischen und australischen Arbeiter, ausländische Arbeitskraft auf gesetzlichem Wege, durch Einwanderungsverbote usw. vom Lande fernzuhalten. Hier treiben die Gewerkschaften eine offene »patriotische« Politik und üben auf die Regierung ihres Landes zu jenem Zweck einen Druck aus, der oft bis nahe an die Grenze der Kriegserklärung an das Arbeiter importierende andere Land führt. Selbst in Europa ist die Ring- und Cliquenbildung – die Tendenz zur Oligarchie – wenn ihr auch durch den Geist des Sozialismus und durch von der Theorie stark beeinflußte Praktiker vielfach entgegengetreten wird, lebendiger denn je. Jene Arbeiter im Arsenal von Neapel, die kürzlich die Forderung an die Regierung stellten, daß »beim Ersatz mindestens ein Drittel der neueinzustellenden Arbeiter den Familien der heute beschäftigten Arbeiter und also im Beruf des Vaters aufgezogenen Elementen entnommen werden« sollten, sind keineswegs so weltfremde und zurückgebliebene Leute, als man auf den ersten Blick annehmen möchte.

b. Der »Effet de Mirage« des Vertretertums

Historisches

Nicht die von vielen Gelehrten, neuerdings wieder von Mosca hervorgehobene Passivität der Mehrheit, und der Vererbung allein scheint das Dominium der Minderheit zu stützen. Die enge Abhängigkeit der Mehrheit von einer organisierten Minderheit ist durch die Einführung demokratischer Formen in das moderne staatsrechtliche Kulturleben der Völker in keiner Weise beseitigt worden. Wir sprechen hier vom System des Parlamentarismus.

Auch diese Erscheinung wird von der konservativ gerichteten Gelehrtenschule in das richtige Licht gerückt. Mosca spricht von der falsità della leggenda parlamentare. Er sagt, daß der Begriff der Volksvertretung als der einer freien und freiwilligen Übertragung der Souveränität von den Wählern (Mehrheit) auf eine Anzahl von Gewählten (Minderheit), auf der ganz unvernünftigen Voraussetzung beruhe, daß die Minderheit an den Willen der Mehrheit mit starken Banden gebunden sei.[23] Sicher ist gerade diese Seite der Moscaschen Theorie der Demokratie nicht originell. Als ihr Stammvater ist Jean-Jacques Rousseau zu betrachten, der die Volksherrschaft als l'exercice de la volonté générale definierte und daraus den logischen Schluß zog: elle ne peut jamais s'aliéner, et le souverain qui n'est qu'un être collectif, ne peut être représenté que par lui-même. Also: à l'instant qu'un Peuple se donne des Représentants, il n'est plus libre, il n'est plus.[24] So sehr diese Theorie von den Anhängern des Genfer Philosophen in den wirren Jahren des Terrorismus praktisch in ihr Gegenteil verzerrt wurde, theoretisch wurde sie ganz allgemein als unumstößlich anerkannt. Selbst Robespierre huldigte ihr, in spitzfindigen Unterscheidungen zwischen dem mandataire du Peuple – à qui le Peuple a donné la première puissance – und dem représentant du Peuple, der keine Existenzberechtigung habe, »parceque la volonté ne peut se représenter«.

Die Erfahrungen, die der aufmerksame Beobachter in den ersten Versuchen, die mit dem Vertretersystem angestellt wurden, machen konnte, trugen dazu bei, auch die Theorie von den Grenzen der Demokratie zu vertiefen. Um die Mitte des vorigen Jahrhunderts sehen wir sie, wesentlich ergänzt, ihren Anspruch auf allgemeine Gültigkeit aufrechterhalten und als Ausfluß empirischer Psychologie bestimmte Normen und Satzungen aufstellen. Carlo Pisacane, der zu früh vergessene Theoretiker der nationalen und sozialen Revolution in Italien, hat in seinem Saggio sulla Rivoluzione auseinandergesetzt, wie die Männer, in deren Hände die höchste politische Macht gelegt wird, in ihrer Eigenschaft als Menschen notwendigerweise den Leidenschaften und deren physischen und psychischen Unvollkommenheiten unterliegen müßten, und daß deshalb die Richtung und die Entschlüsse ihrer Regierung sich in einem natürlichen Widerspruch mit der Richtung und den Entschlüssen der Massen, welche die Durchschnittsmeinung aller Individualmeinungen vertritt und deshalb von jenen Einflüssen frei bleiben müsse, befände. Von einer Regierung behaupten zu wollen, sie stelle die öffentliche Meinung und den Willen der Nation dar, heißt deshalb einfach partem pro toto setzen[25]: La Delegazione è un assurdo. Victor Considérant, der derselben Zeit und einer ähnlichen Richtung angehörte wie Cafiero, folgte ebenfalls den Spuren Rousseaus.: »Si le peuple délègue sa souveraineté, il l'abdique. Le peuple ne se gouverne plus lui-même, on le gouverne... Peuple, *délègue* donc ta souveraineté! Cela fait, je te garantis, à ta souveraineté le sort inverse de celui de Saturne; ta souveraineté sera dévorée par la Délégation, ta fille.[26] Considérant bekämpfte die Theorie der vom Vertretersystem vermeintlich gewährleisteten Volkssouveränität von Grund aus auf das Äußerste. Auch wenn man zugeben wolle, daß in der Abstraktion, in der Theorie, der Parlamentarismus wirklich mit der Herrschaft der Masse identisch sei, so werde er sich in der Praxis doch stets in einen fortwährenden Betrug der herrschenden Klasse verwandeln. Zwischen der Monarchie und der Demokratie, die beide ihre Wurzel im Vertretersystem haben, bestehe höchstens ein bedeutungsloser Unterschied im Tempo, aber keiner in der Substanz. Das souveräne Volk wähle sich statt eines Königs eine ganze Kategorie von kleinen Königen, und unfähig, seine Herrschaft über das Staatswesen frei und selbständig auszuüben, läßt es sich willig sein Grundrecht konfiszieren, und das einzige, was es sich vorbehält, ist das »klimatherische und derisorische« Recht, sich von Zeit zu Zeit neue Herren geben zu dürfen.[27] Diese Auffassung vom Vertretersystem konnte sich auf die psychologische Beobachtung Proudhons stützen, daß die Volksvertreter, sobald sie in den Besitz der Macht gelangt sind, sofort ihre Macht zu stärken und aufzubauen beginnen, ihre Stellung unaufhörlich mit neuen Schutzmaßregeln umgeben und sich endlich von der populären Botmäßigkeit endgültig befreien. Das sei der notwendige Lauf der Entwicklung jeder vom Volke ausgehenden, sich über das Volk erhebenden Macht.[28] Diese Theorie war in den vierziger Jahren des XIX. Jahrhunderts ganz gang und gäbe. Insbesondere die demokratisch gesinnten Sozialwissenschaftler und Politiker Frankreichs waren von ihr tief durchdrungen. Selbst der Vater des allgemeinen und gleichen Wahlrechts in Frankreich, der große Demokrat Ledru-Rollin, kam damals zu der Forderung, Präsidenten und Parlament abzuschaffen und allein die Volksversammlung als legislativen Faktor anzuerkennen, mit der Begründung, daß das Volk, das durch Feste, Feiertage und Arbeitslosigkeit so viel wertvolle Zeit im Jahre verliere, doch mit gutem Grund daran denken dürfe, diese Zeit nützlicher anzuwenden à cimenter son indépendance, sa grandeur et sa prospérité.[29] Heute bildet diese Theorie den eisernen Bestandteil aller diversen Schulen des Anarchismus und wird häufig in beredter und scharfsinniger Form vertreten.[30] Selbst Marx und die Marxisten, die doch den Parlamentarismus theoretisch als eine ihrer Waffen, praktisch als ihre einzige Waffe benutzen, haben nicht umhin gekonnt, die Gefahren jeder Vertreterschaft, auch wenn sie aus dem allgemeinen Wahlrecht hervorgeht, gelegentlich anzuerkennen.[31]

Inzwischen gestattet uns die wachsende geschichtliche Erfahrung und die immer steigende Anteilnahme der Bevölkerung, insbesondere der Arbeiterklassen, an den Wahlen zu den verschiedenen öffentlichen Körperschaften, die Theorie an der Hand eines an Tatsachen überreichen Materials zu prüfen.

Es entsteht die Frage: sind die Abgeordneten, nach Lage ihrer politischen Rechte und der Entstehung ihrer Mandatserwerbung überhaupt in der Lage, das Volk »vertreten« zu können?

Wie die Volksvertreter die Wählermassen, so hat der engere Kreis der Oligarchie, die Regierung, ihrerseits die Volksvertreter zumeist, in der einen oder in der anderen Weise in ihrer Gewalt.

Praktisch-Politisches

Das erhellt, bei Staaten, in denen das Gefühl für die Würdelosigkeit, die im oligarchischen System liegt, schwach entwickelt ist, wie in Deutschland, ohne weiteres. Zwar gewährt hier die Reichsverfassung der Volksvertretungskörperschaft, dem Parlament, bestimmte, leidlich scharf umrissene Rechte. Die Regierung (Bundesrat) kann zwar jedem Beschluß des Reichstags ihr Veto entgegenstellen, und auf diese Weise verhindern, daß er Rechtskraft erhält, aber andererseits ist die Regierung selbst – der Verfassung gemäß – in vielen – nicht allen – wichtigen Fragen, oft allerdings erst, wie in der äußeren Politik, bei der Kriegserklärung usw., nach tatsächlich bereits geschehenem Schritt, also sozusagen post festum, an die Einwilligung der parlamentarischen Majorität gebunden. Nur liegen faktisch die Stärkeverhältnisse so, daß, während auch die geringfügigste Überschreitung seiner Befugnisse seitens des Parlaments heute als völlig ausgeschlossen gelten kann, die Volksvertretung gegen Verfassungsverletzungen der Regierung hingegen gänzlich machtlos ist. Das hat seinen Grund nicht allein in der weitgehenden Gefügigkeit der bürgerlichen Parteien im Reichstag, sondern in der geistigen Verfassung der Massen und in den realen Machtverhältnissen der einzelnen Bestandteile der konstitutionellen Gewalten selbst.[32]

Deutschland ist zur Exemplifizierung der Schwäche der Volksvertretung deshalb vielleicht ein schlechtes Beispiel, weil die freie Volkswahl hier nicht eine freie Volksverfassung zur Voraussetzung hat.

Wie diese freie Volkswahl in einem streng parlamentarisch regierten Lande, dem man sonst die Existenz einer bedeutenden Dosis von Volksfreiheit und echtem Liberalismus nicht absprechen kann, in Italien, gehandhabt wird, haben wir kürzlich aus der Feder eines Mannes von bedeutender Welt- und Sachkenntnis, des ehemaligen Unterstaatssekretärs Baron Annibale Marazio, Senators des Königreiches, erfahren.[33] In die Wahlen zum Parlament mischt sich die Regierung »senza freno e senza misura« ein und wird zur Urheberin einer Wahlkorruption, die sich von einem Ende des Landes bis zum anderen erstreckt. Die Regierung wartet gar nicht, bis sich in den einzelnen Wahlkreisen Kandidaturen gebildet haben und die Wahlen beginnen, um dann zu ihnen Stellung zu nehmen, sondern stellt, gleich in den allerersten Tagen der Wahlperiode, mit Hilfe der Regierungspräsidenten sofort eine Liste der Regierungskandidaten auf. Das einzige Kriterium bei der Auswahl besteht in folgender Frage: ist der Kandidat im Regierungssinne zuverlässig? Einem Kandidaten von Geist, Gemüt, politischer Erfahrung und von großem Rechtsgefühl wird, auch wenn er ohne die geringste persönliche Voreingenommenheit gegen die Regierung ist, der erste beste Dutzendmensch vorgezogen, wenn er nur verspricht, die Regierung blindlings zu unterstützen. Kaum hat die Regierung ihre Wahl getroffen, werden sofort die Regierungspräsidenten benachrichtigt. Diese setzen telegraphisch die Landräte in Kenntnis, und diese wiederum setzen sich sofort mit der Polizei und der Gendarmerie in Verbindung. Und nun geht eine fieberhafte Arbeit los. Die hohen Herren von der Regierung bitten die Bürgermeister, die Provinzialräte, die Stadträte, die Verwalter der öffentlichen Wohltätigkeitsanstalten, kurz, alle großen und machtvollen Wähler des Bezirks zu sich, um ihnen den Regierungskandidaten auf das wärmste zu empfehlen. Zu diesem Berufe loben sie seine persönlichen Eigenschaften, sprechen ehrfurchtsvoll vom Einfluß, den er im Fall seiner Wahl auf die Regierung ausüben könnte und von den Vorteilen, die aus seiner Wahl dem Wahlkreise erwachsen könnten. Schmeicheleien, Lobeserhebungen, offene und versteckte Versprechungen, die teils Vorteile für den Kreis, teils persönliche Begünstigungen in Aussicht stellen, würzen diese Gespräche. Wer glaube, daß eine derartige Behandlung auf die Bürgermeister als unabhängige, von der Bürgerschaft gewählte Männer keinen Eindruck machen könne, fährt unser Gewährsmann fort, der irre sich. Die Bürgermeister, vor allen Dingen in den kleinen Orten, – und ebenso die Verwalter der großen öffentlichen Stiftungen – haben die Gewohnheit, bei jeder Gelegenheit in die Unterpräfektur oder gar in die Präfektur zu gehen, um dort Informationen, Aufklärungen, Ratschläge und Instruktionen über diesen oder jenen Gegenstand, den sie nicht gut zu übersehen vermögen, einzuholen oder auch um diesen oder jenen ihrer Verwandten und Freunde in irgend einer Angelegenheit, deren Erledigung von der Regierung abhängt, zu empfehlen. Auf diese Weise bildet sich schnell ein persönliches, oft familiäres Band zwischen den Herren von der Regierung und den Stadtoberhäuptern ihres Distriktes. Diese persönlichen Beziehungen werden nun zu Wahlzeiten ausgenutzt zu Gunsten der ministeriellen Kandidaturen. Stoßen die Herren von der Regierung wider Erwarten in dieser heimlichen Agitation auf Widerstände, so ziehen sie ohne weiteres schärfere Register auf. Sie geben den großen Wählern zu verstehen, daß die bei der Regierung befindlichen laufenden Angelegenheiten des Kreises je nach dem Benehmen der lokalen Behörden im gegenwärtigen Wahlkampf verschiedenartige Beurteilung finden könnten; es hinge also von ihnen selbst ab, ob sie diese Dinge schnell erledigen oder aber sich in die Länge ziehen, wenn nicht gar ganz vereitelt sehen wollten; sie täten also gut, die giusti desideri del Governo zu berücksichtigen. Bleiben nach alledem die Bürgermeister immer noch steifnakkig, so fangen die Regierungsorgane an, mit ihren Drohungen ernst zu machen. Die administrative Verbindung mit den städtischen Behörden wird unterbrochen, die laufenden Angelegenheiten bleiben liegen. Oft gehen die Regierungspräsidenten und Landräte noch weiter. Sie veranstalten, um ihnen den öffentlichen Kredit zu entziehen, über die rebellischen Bürgermeistereien ernste Erhebungen, sie entsenden Untersuchungskommissare, verhängen über sie, wegen Verzögerung von allerhand Obliegenheiten, die sie sonst gern übersehen hätten, Geldbußen und hetzen unter der Hand ihre Gegner in der Gemeinde auf, ja, bieten ihnen selbst das Material zu einer Kampagne gegen sie. Bleiben die Bürgermeister immer noch einer antiministeriellen Kandidatur getreu, so geht die Regierung bisweilen noch weiter gegen sie vor. Sie macht von ihrem Recht Gebrauch und löst, ohne jeden ersichtlichen Grund, die städtischen Verwaltungen einfach auf. Gleichzeitig wird unter dem Vorwand, sie könnten die öffentliche Ordnung gefährden, die Abhaltung gegnerischer Versammlungen verboten. Ihre Zeitungen werden mit Beschlag belegt. Auch die Polizei und die Landgendarmerie werden in Bewegung gesetzt. Beide funktionieren nun als mit staatlicher Autorität versehene Wahlagenten. »Einerseits bekämpfen sie den Kandidaten der Opposition, indem sie auf alle Schritte seiner Anhänger im Wahlkreis genau achtgeben und versuchen, sie auf irgend einer verbotenen Handlung zu ertappen. Dann drohen sie damit, sie anzuzeigen und häufig machen sie auch ihre Drohung wahr. Nach der Wahl fällt das ganze Gebäude von Anklagen gemeinhin allerdings in sich zusammen. Der Gerichtshof ist nach dem Zeugenverhör zumeist gezwungen, die Angeklagten schleunigst wieder zu entlassen. Aber das System hat inzwischen seine Dienste getan. Etliche Anhänger des regierungsfeindlichen Kandidaten haben die

Wahlzeit über im Untersuchungsgefängnis festgesessen, und, zumal, es ist eine Panik ausgebrochen, die die Ängstlicheren unter den Gegnern der Regierung bannt und von der Wahlurne fernhält.« Noch ärger als auf die freien Bürger wird natürlich auf die Mitglieder der Bureaukratie selbst gedrückt. Beamte, die im Geruche stehen, für einen der Regierung nicht genehmen Kandidaten ihre Stimme abgeben zu wollen, werden in der Wahlzeit auf alle Weise schikaniert und während die geschmeidigen unter ihnen stets Urlaub erhalten, um an ihrem zuständigen »politischen Wohnort« ihr Wahlrecht auszuüben, werden sie gerade am Wahltag so mit Arbeit überlastet, daß es ihnen unmöglich ist, wählen zu gehen.

Auf diese Weise kommen in dem zweit- oder drittfreisten Großstaate Europas die »Volkswahlen«, soweit ihnen nicht von subversiver Seite entgegengewirkt wird, zu stande! Der hochkonservative Senator Baron Marazio, dem wir diese Schilderung verdanken, pariert den eventuellen Vorwurf der Schwarzmalerei selber, indem er erläuternd seinem Gemälde die Worte hinzufügt: Una larga, una soverchiante ingerenza governativa nelle elezioni è entrata nelle nostre usanze cosi da diventare la regola comune. Di certo v'ha divario tra gli uni e gli altri, v'ha Ministeri che premono molto, ve n'ha che premono meno, ma tuti sorpassano i dovuti limiti.[34] Es ist wahr, daß nach erfolgter Wahl die Abgeordneten dann vielfach das Ministerium beherrschen, die Regierung, von der sie gewählt wurden, ihrerseits ihre Macht fühlen lassen und insbesondere die Administration und Rechtsprechung des Landes in persönlicher und ungehöriger Weise zu beeinflussen suchen.[36] Es wäre aber weit gefehlt, diesen Einfluß der Volksvertreter als Ausfluß wirklicher Volksherrschaft auffassen zu wollen. Er bleibt durchaus innerhalb der Machtspähre der Cliquen der herrschenden Klassen selber, die sich gegenseitig zu dominieren suchen, wovon wir bereits gesprochen haben.

Der wie erwähnt schwachentwickelte Parlamentarismus in Deutschland – ein Parlament ohne Ministerverantwortlichkeit – erübrigt uns, den Einfluß der Regierung auf die Wahlen auch an der Hand der entsprechenden Vorgänge in diesem Lande zu erörtern. Immerhin mag hier an die Tatsache erinnert werden, daß die deutsche Obrigkeit es noch jedesmal, wenn es ihr darauf ankam, sich bei Neuwahlen zum Reichstag eine gefügige Majorität zu schaffen, verstanden hat, die genügende Anzahl von Regierungskandidaten durchzubringen. Im übrigen beobachtet man auch in Deutschland einen Teil der von Marazio für Italien beschriebenen Erscheinungen bei den Wahlen, insbesondere Beeinflussungen der Wählerschaft durch Regierungsorgane (zumal auf dem Lande, die Landräte!) und Schikanierung der oppositionellen Kandidaten (Saalabtreibungen, Verhängung von Militär-Boykott über Wirte, die ihre Lokale für sozialdemokratische Versammlungen abgeben usw.). Der Engländer H.G. Wells geht sogar so weit, die Haltung der deutschen Regierungen bei den Wahlen der eines amerikanischen boss gleichzusetzen. »In Germany an aggressively functional Court occupies the place and plays the part of a permanent party machine«.[36]

Wenn wir nun als drittes Beispiel die Vereinigten Staaten von Amerika nehmen, so überzeugt uns schon ein oberflächlicher Blick auf die einschlägige Literatur, daß dort die Wahl der Volksvertreter auf keineswegs einwandfreiere Art und Weise zu stande kommt. Die Genesis dieser demokratischen Grundfunktion steht dort sogar auf einer sittlich noch weniger befriedigenden Stufe als in den analphabetischen Gegenden Süditaliens.

In Amerika sind insbesondere die Grund- und Hausbesitzer in den sogenannten Slums, den aus Bordellen, Kneipen, Opiumhöhlen, Spielbuden usw. bestehenden Lumpenvierteln der großen Städte politisch einflußreiche Persönlichkeiten. Wenn sie nicht direkt in Politik machen und offizielle politische Stellungen einnehmen, die sie mittelst ihres Besitzes und ihres Einflusses in den Slums erlangt haben, so sind sie zum mindesten große Wähler, d.h. wertvolle Zwischenglieder zwischen dem Wahlkörper als Ganzem und den Gewählten. Robert Hunter berichtet im Detail, wie sie ihre machtvolle Lage ausnützen.[37]

»Competing saloon keepers are not foes, they are warm personal friends... They are often giving city jobs which involve no work, but which yield good salaries. In these districts the politician is king. Not only is a policeman not permitted to stop law-breaking when he sees it, he is even supposed not to see it. In certain cities he does not dare to enter places which exist in violation of the law. He would lose his job instantly if he were to do a policeman's duty – without having definite orders from his superior. In a few cities the head of the policy dares exercice but little more authority than the patrolman. He receives his orders from the Boss, and it is not without proof that the mayor receives orders also from the same source. The saloonkeeping politician is a feudal lord among his ›boys‹. Among the ›franchise grabbers‹ he does a turn as Robin Hood, but in the district he is lord and master of his thousands. The habitual vagrants are an important part of his constituents. They eat at his bar and drink as his guests; they have a ›corpse reviver‹ or an ›eye-opener‹ every morning – a ›schooner‹ of beer or a glass of whiskey. What they beg, steal, or earn they spend with him. They vote as he says. In return he cares for them. If they are arrested on a petty charge, he has the court dismiss the case. If the charge is too serious, he arranges to have them sent to a jail instead of a penitentiary. In certain cities, when he chooses to do so, he has the mayor issue a pardon. He sends the sick to hospitals, obtains jobs, gets railroad passes; in short, in so for as he can, he does everything his drunken, diseased constituents ask. In return he asks but one thing: power to do more for them, power which they alone can give«.

So wird die Idee von der Vertreterschaft der Volksinteressen, an der die große Mehrzahl der Demokraten, insbesondere die kompakten Arbeitermassen in den Ländern deutscher Zunge, immer noch mit Zähigkeit und ehrlichem Glauben festhält, zu einer durch einen falschen Lichteffekt, einen effet de mirage, hervorgerufenen Wahnidee. Genau so, – wie Alphonse Daudet es uns auf einer der köstlichsten Seiten seiner modernen Analyse der Donquijoterie dargestellt hat, – wie der brav' commandant Bravida, der nie aus Tarascon herausgekommen ist, unter dem Einfluß von der heißen südlichen Sonne ausgelöster autosuggestiver Kräfte, allmählich zu der Einbildung kommt, in Shanghai gewesen zu sein, so bildet sich im heutigen Proletarier unter dem Einfluß der beständig wirkenden Kräfte einer unentwegten Redekunst ihm kulturell überlegener Elemente der fixe Gedanke, er brauche nur zu wählen, seine sozialökonomische Sache nur einem Anwalt zu übergeben, um auch selber schon »Anteil an der Herrschaft« zu gewinnen.

c. Die oligarchische Tendenz im Wesen der Organisation. Die Zentralisation der Führer

Das Wesen der Organisation trägt einen tiefen oligarchischen Zug. Die Maschinerie der Organisation ruft in der organisierten Masse schwerwiegende Veränderungen hervor. Sie kehrt das Verhältnis des Führers zur Masse in sein Gegenteil um. Ursprünglich ist der Führer lediglich das ausführende, vollstreckende Organ des Willens der Masse. Das demokratische Prinzip garantiert der größtmöglichsten Zahl Einfluß und Teilnahme an der Verwaltung ihrer Sache. Aber die technische Spezialisierung, die die notwendige Folge jeder ausgedehnten Organisation ist, kreiert die Notwendigkeit der »geschäftsmäßigen Leitung«, die alle entscheidenden Eigenschaften der Masse als spezifische Führerqualitäten auf den Führer allein überträgt.[38] Sie vollendet entscheidend die Zweiteilung jeder Partei in eine anführende Minorität und eine geführte Majorität.

»Mit dem Wachsen der Organisation wachsen die Verwaltungsaufgaben.« Die Mitgliedschaften müssen allmählich immer mehr darauf verzichten, die Verwaltungsmaßregeln im einzelnen selbst zu regeln oder auch nur nachzuprüfen. Sie werden diese Aufgabe den dazu bestellten Vertrauenspersonen, den bezahlten Funktionären, überlassen und sich mit summarischen Berichten und der Bestellung von Revisoren begnügen. Die demokratische Kontrolle schrumpft zu einem nichtigen Scheinwesen zusammen. Selbst die radikale Richtung in der sozialdemokratischen Partei findet dagegen nichts einzuwenden. Die Demokratie sei nur Form, heißt es. Man dürfe die Form aber nicht über den Inhalt stellen. Überall nistet sich die indirekte Wahl, diese im Staatsleben von der Partei auf das heftigste bekämpfte Wahlart, die doch im engen Kreise des Parteilebens eine noch sehr viel unheilvollere Wirkung besitzen muß, ein. Selbst auf Kongressen, die ohnehin schon eine siebenmal gesiebte Parteiminiatur darstellen, werden wichtige Fragen immer mehr in die Dunkelkammer von »Kommissionen« verwiesen. Neuerdings haben zwar einige Wahlkreise die Delegiertenwahl mittelst Urabstimmung eingeführt, aber selbst in der Neuen Zeit steht zu lesen,[39] es sei nicht einzusehen, »inwiefern die Wahl in einer Parteiversammlung undemokratisch wäre«.

Die Urabstimmung wird mit ganz konservativen Argumenten, wie man sie sonst nur aus dem Munde der Gegner der Sozialdemokratie, und zwar zur Bekämpfung der Prinzipien dieser Partei, zu hören bekommt, verworfen. Es wird ironisch gefragt: »Kann es im Interesse der Partei sein, daß vielleicht die Minderheit der die Parteifragen verfolgenden und erwägenden Genossen majorisiert wird von einer großen Zahl solcher, die noch kein Urteil in solchen Angelegenheiten haben?« Der Konservative ist mit diesem Gedankengang durchaus einverstanden[40]; höchstens würde er statt des Wortes Partei das Wort Staat gesetzt haben. Zum Schlusse heißt es dann in dem erwähnten Artikel: »Die Urabstimmung, wo sie am Platze ist, sie paßt nicht für den regelmäßigen Hausgebrauch.«

Hier endlich ist der Kern der Gegnerschaft gegen das Referendum bloßgelegt. In einer Partei, noch dazu in einer politischen, einer kämpfenden Partei, kann die Demokratie nicht »zum Hausgebrauch« gehören. Sie braucht »eine leichte Rüstung, die die Bewegung nicht unnötig erschwert«. Die Demokratie beeinträchtigt die »Schlagfertigkeit«. Daher die Notwendigkeit einer wenn nicht zäsaristischen, so doch stark zentralistischen und oligarchischen Konstitution in der Partei. »Et ils ont reproduit à l'usage des prolétaires les moyens de domination des capitalistes, ils ont constitué un gouvernement ouvrier aussi dur que le gouvernement bourgeois, une bureaucratie ouvrière aussi lourde que la bureaucratie bourgeoise, un pouvoir central qui dit aux ouvriers ce qu'ils peuvent ou ce qu'ils ne peuvent pas faire, qui brise dans les syndicats et chez les syndiqués toute indépendance et toute initiative et qui doit parfois inspirer à ses victimes le regret des modes capitalistes de l'autorité.« (Lagardelle)[41].

Die Partei oder, besser gesagt, jede Organisation, insofern sie nur ein festes Gefüge hat, ist ein ausgezeichneter Nährboden zur Bildung von Oligarchien. Je mehr der offizielle Parteiapparat sich ausdehnt und verzweigt, d.h. je mehr Mitglieder eine Partei bekommt, je mehr die Kassen sich füllen und die Parteipresse wächst, desto größer und mächtiger wird die »Allmacht der Ausschüsse«, d.h. die Oligarchie, die sich an die Stelle der wahren Volksherrschafgt drängt.[42] Es entsteht ein gewaltiges Gebäude von komplizierter Struktur. Die Kompetenzen teilen sich. Es bildet sich eine streng abgegrenzte Hierarchie mit vielen Instanzen. Die Einhaltung des Instanzenwegs wird zum § 1 des Katechismus der Parteidisziplin. Die Machtkonzentration in den marxistischen Parteien ist offensichtlicher als die marxistische Kapitalskonzentration im Wirtschaftsleben. Es entspricht gewiß nicht »den Grundsätzen der Freiheit und Brüderlichkeit«, daß »Pressionsmittel angewendet werden, wie die Drohung, jeden Mann und jeden Groschen für die Agitation zu verweigern, falls bestimmte mißliebige Persönlichkeiten von den Parteigenossen bei Kandidaturen nicht fallen gelassen würden«.[43] Da entstehen notwendigerweise »Byzantinismus und Kadavergehorsam« auch in der Arbeiterpartei sans Dieu ni maître. Die Übergriffe der konstituierten Parteigewalt werden von der Partei, die gegen die Übergriffe der konstituierten Staatsgewalt zu Felde zieht, wie Notwendigkeiten einer Naturkraft hingenommen. Wenn aber einmal der Fall eintritt, daß sich die Massen gegen ihr Parteiregiment zur Wehr setzen, so beweisen sie durch die Art und Richtung ihrer Kritik, wie verständnislos sie dem Problem als solchem gegenüberstehen. Weit entfernt davon, die Fehlerquelle der Oligarchie in der Zentralisation der Parteigewalt zu erkennen, glauben sie zu ihrer Bekämpfung kein besseres Mittel zur Verfügung zu haben, als die Zentralisation noch schärfer zu akzentuieren.

Diesen Versuchungen kann sich auch der junge Syndikalismus, trotzdem er selbst aus der Opposition gegen sie entstanden ist, in keiner Weise entziehen. Seine Bedeutung liegt ganz überwiegend in der klaren und scharfsinnigen Art, mit der er die Gefahren der bürgerlichen Demokratie erkannt hat. Der Syndikalismus hat mit echt wissenschaftlichem Skeptizismus die Staatsherrschaft der Demokratie als die einer ausgesprochenen Minderheitsherrschaft enthüllt und sie deshalb als mit den Ansprüchen der Arbeiterschaft in schroffem Gegensatz stehend erklärt.[44] Aber er begeht den Irrtum, der Demokratie der parlamentarischen Aktion allein jene Übelstände zuzuschreiben, die jeder Mandatsübertragung, jeder Delegation inhärieren. Je mehr der Syndikalismus das Schwergewicht auf die gewerkschaftliche Aktion verlegen will, desto weniger ist er, alles in allem genommen, davor geschützt, selber in eine Oligarchie einzumünden. Auch in der revolutionären Gewerkschaftsgruppe hat der Führer die reichste Gelegenheit, die Geführten zu nasführen. Der Kassenwart in einem Streik, der Sekretär einer Gewerkschaft – ja, selbst der Mitleiter einer Verschwörung oder der Anführer auf den Barrikaden kann seine Mandatgeber viel leichter und mit viel schlimmeren Folgen verraten als ein Deputierter oder ein sozialdemokratischer Gemeindevertreter.[45] Französische Syndikalisten haben häufig und mit einer gewissen Vehemenz auf die sog. direkte Aktion als die einzige Möglichkeit, die Arbeiterklasse als autonome, nicht repräsentierte Masse auftreten zu lassen und jede Vertretung – »qui ne peut être que trahison, déviation, embourgeoisement« – a priori auszuschließen, hingewiesen.[46] Aber sie begrenzten ihre einseitig erfaßte Theorie willkürlich auf die Partei, als ob dieselben Ursachen in der Gewerkschaftsbewegung, auch der revolutionärsten, nicht dieselben Wirkungen erzeugen müßten. Die Gewerkschaften haben – in ihrer organischen Struktur – dasselbe Grundprinzip wie die politische Arbeiterpartei: die Interessenvertretung der Massen durch einzelne Gewählte. In den entscheidenden Momenten der Lohnkämpfe repräsentieren sich die Massen nicht selbst, sie *werden* repräsentiert. Gewerkschaften ohne Vertreter, ohne Sachwalter in welcher Form immer, sind nicht denkbar und existieren nicht.

In der Tat treten denn auch, je mehr der Syndikalismus – in Frankreich – erstarkt, auch in ihm alle Folgeerscheinungen zu Tage, die dem Vertretersystem überall zu eigen sind. Ein Führertum kommt auf, das gegen Kritik aus den eigenen Reihen ebenso empfindlich wird wie nur je ein wohlbestallter englischer trades union chief.[47] Die Führung in der Hand zu behalten, wird zum obersten Gesetz; ihm zu liebe wird die alte jahrelang betriebene Taktik, in Prozessen agitatorisch zu wirken und die Sprache des Helden und des Propheten zu führen, aufgegeben und dafür das Prinzip, bei den genannten Gelegenheiten nur mit Vorsicht und diplomatischer Reserviertheit vorzugehen, angenommen.

Selbst der Anarchismus, diese Freiheitsbewegung par excellence, die auf dem unveräußerlichen Recht des Menschen auf sich selbst basiert, unterliegt diesem Gesetz, sobald er die Gefilde des freien Gedankens verläßt und seine Jünger sich zu Verbänden, die politische Tätigkeit zum Zweck haben, zusammenschließen. Der alte, stark zum Individualismus neigende sozialanarchistische Kämpe F. Domela Nieuwenhuis offenbarte für diese Zusammenhänge ein feines Gefühl, als er gelegentlich der Gründung der neuen Anarchistischen Internationalen auf dem Kongreß von Amsterdam 1907 seine warnende Stimme erhob und im Hinblick auf die Argumente des aus der Schule Bakunins hervorgegangenen Italieners Enrico Malatesta, der darauf hingewiesen hatte, daß die bürgerliche Gesellschaft stark sei und ihr wohl nichts größere Freude mache als sich unorganisierten Arbeitermassen gegenüber zu befinden, und daß sich deshalb die Notwendigkeit aufdränge, der starken Organisation der Reichen eine womöglich noch stärkere Organisation der Armen entgegenzustellen, in die Worte ausbrach: »Wenn Du so denkst, lieber Freund, dann gehe getrost zur Sozialdemokratie! Dort sagen sie genau dasselbe«.[48] Und schon äußerten sich auf diesem ersten anarchistischen Kongreß, unserem Gewährsmann zufolge, jene Symptome des jedem Führertum eigenen Diplomatisierens, die wir auch in den autoritären Parteien finden.

Gewiß kann dieser Prozeß durch rein intellektuelle, ideologische Einflüsse aufgehalten werden. »Solange die Führung und Repräsentation... in den Händen von Männern liegt, die in der großen Tradition des Sozialismus ergraut sind«[49], mit anderen Worten, solange eine starke, demokratisch-sozialistische *Idee* vorherrschend bleibt, kann – *kann* – unter Umständen – die Führerschaft demokratisch bleiben und sich als Dienerin der Massen, von denen ihre Gewalt ausgeht, fühlen. Auch ein sehr veristisches materielles Mittel kann zu ähnlichen Resultaten führen: wenn nämlich die Verbourgeoisierung der Führerschaft bewußt dadurch entgegengewirkt wird, daß man – wie dies zeitweise in der französischen Gewerkschaftsbewegung geschehen ist – die Gehälter der Arbeiterbeamten auf ein so geringes Maß setzt, daß diese der Sache lediglich um der Sache selbst willen dienen und sich kein Ruhebedürfnis aus Angst vor dem Verlust der Stelle und dem damit für ihre Familien verbundenen wirtschaftlichen Ruin in ihnen entwickeln kann. Aber das sind alles sehr prekäre Sicherheitsventile. Jedes Machtbewußtsein verleiht »Großmannsdünkel«, und Herrscherqualitäten, je nachdem gute oder schlechte, schlummern in jedes Menschen Brust. Das sind elementare Erkenntnisse der Psychologie. Einer der Begründer des sozialistischen Anarchismus, Michail Bakunin, hatte die Offenheit zu bekennen, daß die Sphäre der Macht ein so gefährliches Milieu sei, daß er selbst, der sich doch gewiß als einen Feind jeglicher Autorität und einen glühenden Freund der Freiheit betrachten dürfe, überzeugt sei, daß wenn er Macht in die Hände bekäme, er sie in tyrannenhafter Weise mißbrauchen würde.[50] Das Problem liegt also in der Frage: wie ist eine Ordnung möglich, in welcher jede Konzentration von Macht vermieden wird! Die Anarchisten selbst haben uns diese Ordnung zwar verheißen, aber in ihrer Theorie nicht logisch gegeben. Bakunin selbst schließt weder das Prinzip der Organisation noch das der Disziplin aus. Nur müßten beide statt automatisch freiwillig sein.[51] Wir sahen aber, daß jede Organisation als solche die Oligarchie fördert.

d. Das »Recht« auf Delegation

Die Macht der Gewohnheit

Die Gewohnheit wird zum Recht. Der Führer, der eine Zeit lang regelmäßig delegiert wurde, beansprucht schließlich ein *Recht auf Delegation*, das natürlich jede Demokratie illusorisch macht. Es ist kein seltener Fall in den Arbeiterparteien, daß politische Kandidaten mit der Demission drohen (zumal wenn es sich um aussichtslose Kreise handelt), wenn die Parteigenossen zu diesem oder jenem Kongreß oder Parteitag einen anderen als sie mit ihrer Vertretung betrauen würden. Die Arbeiterkongresse werden überhaupt immer mehr stabil, permanent. Ihre Zusammensetzung ist stereotyp. Es sind, zumal in Deutschland, nicht eigentlich Parteikongresse, sondern Parteibeamten-, Führer-Kongresse. An manchen Orten hat sich ein förmliches System herausgebildet: die Führer kommen überein, sich der Reihe nach auf die einzelnen Parteitage usw. delegieren zu lassen. In den fälligen Versammlungen, in denen die Delegation auf der Tagesordnung steht, erhebt sich dann abwechselnd einer von ihnen, um den anderen – der gerade »an der Reihe« ist –, den Parteigenossen zur Wahl zu empfehlen. Einmal empfiehlt A den B, das zweite Mal dann B den A. Die Parteigenossen rebellieren nur selten gegen diesen Trick. Vielfach merken sie nicht einmal seine Existenz. Auf diese Weise wird zwar die Konkurrenz der Führer untereinander, wenigstens auf diesem Gebiete, beseitigt, andererseits aber jeder mehr als passiven Teilnahme der großen, nicht bureaukratisch eingegliederten Volksmassen an dem höheren und feineren Parteileben – dem Leben der Partei, die sie einzig und allein mit ihren Groschen unterhalten – der Nerv unterbunden. Keinen anderen Weg geht auch die Wahl der höchsten Parteiinstanzen, des Parteivorstandes, eben bei der Sozialdemokratie Deutschlands, bei der überhaupt, als dem festgefügtesten dieser Parteikörper, die konservativen Tendenzen am weitesten fortgeschritten sind. Die statutengemäß verlangte alljährliche Neuwahl des Parteivorstandes ist zur reinen Farce herabgesunken. Sie geschieht mittelst Zetteln, auf denen die Namen der Parteivorstandsmitglieder des Vorjahres bereits vorgedruckt sind. Wehe dem, der es wagen wollte, die Streichung eines dieser rechtlich jederzeit eliminierbaren Obergenossen zu beantragen! Er würde mindestens des Parteiverrats geziehn. Als sich auf einem der letzten Parteitage der deutschen Sozialdemokratie das Gerücht verbreitete, eine Gruppe von Delegierten habe beschlossen, ein ehemaliges Parteivorstandsmitglied aus Gründen der Taktik, also aus den ehrenwertesten und sachlichsten Gründen von der Welt, nicht wiederzuwählen, bemächtigte sich des Gros des Parteitags eine kaum glaubliche Erbitterung. So ist der Parteivorstand tatsächlich zu einer absolut amoviblen, ständigen Behörde geworden, die das volle Recht der Inviolabilität beansprucht und besitzt.

Die Dankbarkeit der Massen als konservativer Faktor

Die Ursachen für alle diese oligarchischen Erscheinungen im Schoße der demokratischen Partei par excellence liegen auf der Hand. Abgesehen von den

Fällen der Organisierung und Kartellbildung der Führer untereinander, aus deren Fülle wir eines einzelnen Falles Erwähnung taten, sowie der ganz generellen Immobilität der Massen, liegen sie in der Dankbarkeit der Geführten und in der technischen Unentbehrlichkeit der Führer. Die Führer, die im Namen der Massen reden und schreiben und sich als Schützer und Anwälte der Masse einen Namen machen, vielfach auch als Exponenten der Masse gelitten und, während die – wirtschaftlich unentbehrliche – Masse ihrer täglichen Beschäftigung nachgehend, ruhig und ungeschoren an ihrem Platze blieb, Exil und Gefängnis durchgemacht und dadurch eine Art Märtyrer-Heiligenschein erworben haben, fordern von den Massen als Gegengeschenk für ihre für sie vollbrachten Leistungen Dankbarkeit. Diese Dankbarkeit wird von den Massen selbst auf das Tiefste empfunden. Wenn die Geschichte uns ab und zu Ausnahmen von dieser Regel bringt und die Masse den ursprünglich selbstgewählten Führern gegenüber in schwarze Undankbarkeit gehüllt erscheinen läßt, so kann man sicher sein, daß diesem Prozeß ein Eifersuchtsdrama, der bittere, hartnäckige, demagogische Kampf eines Führers gegen den andern, in dem die Masse am Ende Partei ergreifen, entscheiden und gegen einen von beiden »undankbar« werden muß, zu Grunde liegt. Von diesen heterogenen Ausnahmefällen abgesehen, ist die Masse ihren Führern gegenüber von der tiefsten Dankbarkeit, die als die heiligste Pflicht aufgefaßt wird, erfüllt. Diese heiligste Dankbarkeitspflicht setzt sich aber in die Praxis nur in der Weise um, daß die dankbare Masse dem Manne, dem sie Dank schuldet, sein Mandat als ihr Vertreter immer wieder, in vielen Fällen bis zur Lebenslänglichkeit verlängert, mit anderen Worten, daß sie ihn dauernd über sich stellt.

Die technische Unentbehrlichkeit der Führer

Was die Dankbarkeit beginnt, wird vollendet durch eine Reihe von Eigenschaften, die sich der Führer durch seine Loslösung von der Masse erwirbt, nämlich durch die technische Unentbehrlichkeit der Führer.

Während die Masse durch ihre berufliche Arbeit und die Sorgen des täglichen Lebens von einer genaueren Kenntnis des politischen Getriebes, insbesondere des politischen Betriebes, der politischen Maschinerie, ferngehalten wird, wird der Führer durch die neuen Umstände umgekehrt dazu geführt, sich mit den Technicismen der Politik und der sozialen Gesetzgebung auf das engste zu befreunden. Auf diese Weise erwirbt er sich in kurzer Frist eine gewisse Kompetenz, die ihn auf die Dauer seinen Auftraggebern immer mehr überlegen macht. Je komplizierter das politische Metier, je unübersehbarer die Bestimmungen der sozialen Gesetzgebung, je mehr Sachkenntnis und Routine dazu gehört, sich im öffentlichen Leben zurechtzufinden, desto mehr steigt der persönliche Unentbehrlichkeitswert der gehobenen Arbeiterexistenzen. Dementsprechend wird auch ihre Unantastbarkeit immer größer. Die Geschichte der Arbeiterparteien bietet täglich Fälle dar, in denen sich der Führer mit den Grundsätzen der Bewegung in Widerspruch gesetzt hat, die Geführten sich aber nicht anschicken, aus dieser Tatsache die Konsequenzen zu ziehen, weil sie ohne den Führer und seine, dadurch daß sie ihn über sich hinausgehoben und ihm Mittel und Wege und Muße geboten haben, sich gewisse Kenntnisse zu erwerben, erworbenen Eigenschaften nicht mehr auskommen können und gleichwertigen Ersatz nicht sofort bei der Hand haben. Mancher Parlamentsredner, mancher Gewerkschaftsführer steht, sowohl was sein theoretisches Denken wie was sein praktisches Handeln anbetrifft, in offenbarstem Gegensatz zu den von ihm geführten Massen, aber er theoretisiert und praktiziert ruhig weiter, in ihrem Namen. Die Massen stehen verblüfft dabei, sehen unzufrieden diesem Treiben zu, wagen es in der Regel aber nicht, ihrem »großen Mann«, der auch von der bürgerlichen Welt geachtet wird und ohne den die Arbeiterbewegung eines guten Teiles ihres politischen Kredites verlustig gehen würde, zu kündigen.[52]

e. Die kastenmäßige Abgeschlossenheit der Führerschaft

Mit der Bildung des Führertums beginnt zugleich sein kastenmäßiger Abschluß, den wir bereits in den vorhergehenden Kapiteln mehrfach zu erwähnen Gelegenheit hatten.

Wo nicht, wie in Frankreich, ausgeprägtester Individualismus und fanatisch politischer Dogmatismus dem hindernd in den Weg tritt, stehen die alten Führer den Massen als kompakte Gruppe gegenüber. Wenigstens immer, wenn die Massen einmal ernstlich rumoren und ihre Herrschaft gefährden. »Ils conçoivent bien vite la nécessité de s'accorder entre eux, afin que le parti ne puisse pas leur échapper en se divisant«.[53]

Die Führerschaft nimmt Rechte und Allüren einer geschlossenen Körperschaft an, die sozialistische genau so wie die bürgerliche, auch dem Rest der Partei gegenüber.[54] Die deutsche Reichstagsfraktion der Sozialdemokratie hat einzelne, nicht unwichtige Bestandteile ihrer Partei mehrmals ganz eigenmächtig im Reichstag desavouiert; die bekanntesten Fälle waren die Verleugnung des Brotwucher-Artikels der Leipziger Volkszeitung und der Karl Liebknechtschen Antimilitaristen-Agitation. Im ersteren Falle hatte die Leipziger Volkszeitung gut schreiben, sie könne sich über die Mißbilligungsbezeugung »der 57 Genossen« schon trösten; wenn sie auch theoretisch mit dieser Anspielung auf den demokratischen Charakter der Partei den Nagel auf den Kopf traf, praktisch war die Gegenwehr bedeutungslos, weil ihrem schwachen Recht des Prinzips ein starkes, der Führerschaft immanentes Gewohnheitsrecht des Stärkeren gegenüberstand. Auf den deutschen Parteitagen – und in ihren Protokollen – lassen sich ein höherer und ein niederer Kreis von Delegierten sehr deutlich unterscheiden.[55] Bekannt sind ferner die Kämpfe der parlamentarischen Fraktion um die stimmberechtigte Zulassung ihrer Mitglieder als solcher zu den alljährlichen Kongressen der Partei, ein Ziel, das sie durch die Annahme des neuen Status auf dem Parteitag zu Jena 1905 erreicht hat. Obgleich es Abgeordneten ohnehin nicht allzu schwer fällt, sich »ein Mandat zu verschaffen«, hat man sie doch selbst dieser geringen Mühe überhoben.[56] Ihre aktive Teilnahme an den intimsten Beratungen der Partei, nicht in Eigenschaft von eigens zu diesem Zweck mit einem Vertrauensmandat der Parteisektion ihres zuständigen Wohnortes versehenen Delegierten, sondern als Vertreter der Gesamtwählerschaft ihres Wahlkreises für eine langfristige Legislaturperiode, bedeutet eine ausdrückliche Sanktionierung ihres – noch dazu außerparteilichen – Führercharakters und ihre manifeste Erhebung in den Stand ausgesprochener, von den Parteimassen unabhängiger Obergenossen, oder, wenn man will, für die Dauer des Reichstagsmandats unabsetzbarer Dauerdelegierten.[57]

Gleichzeitig mit ihrer Absonderung von der Masse tritt unter den Führern auch die Tendenz zu Tage, ihren Kreis nicht durch Volkswahl, sondern aus sich selbst heraus, auf dem Wege der Kooptation, zu ergänzen, bzw. zu erweitern. Daher der Anspruch der einzelnen sog. Landesvorstände und des Parteivorstandes auf das Vetorecht bei der Aufstellung der Kandidaten in den Wahlkreisen, ein ausgesprochen oligarchisches Vorrecht, das die Vorstände als Regierung etabliert, aber einem der Grundrechte jeder Demokratie, dem Selbstbestimmungsrecht der einzelnen Teile, ins Gesicht schlägt.[58]

Natürlich wehren sich diese Führer gegen jede von anderer, sei es auch von einer in demselben Parteiverband mit ihnen zusammen lebenden Seite ausgehende »Einmischung«. Männer, die sich in theoretischen Differenzen ohne weiteres an die Massen wenden, – also ein urdemokratisches Mittel anwenden – sind in ihren Augen Eindringlinge, »Unbefugte«, Menschen, denen sie jede Urteilsfähigkeit von vornherein absprechen. Sie beziehen jeden sachlichen Angriff am liebsten sofort auf sich selbst. Sie fühlen sich stets persönlich verletzt, um auf diese Weise den Kampfplatz zu verschieben, als die harmlosen Angegriffenen dazustehen und in der öffentlichen Meinung der Massen die theoretischen Gegner mit dem Odium der persönlichen Gehässigkeit zu belasten. Insbesondere die deutschen Gewerkschaftsführer scheuen sich nicht, in solchen Fällen ihren Gegnern selbst die »verbrecherische Absicht« zuzuschieben, sie beabsichtigten mit ihren Angriffen nur die »Auflösung der gewerkschaftlichen Disziplin«, was aus der Regierungssprache der Gewerkschaftsfunktionäre in die Regierungssprache der Regierungsfunktionäre übertragen etwa dem Terminus der »Verhetzung der Untertanen gegen die Obrigkeit« entspricht. Gerade in den deutschen Gewerkschaften ist dieser Geist mächtig. »Dem Volke muß die Religion erhalten bleiben! – dies ist der Grundsatz, aus dem heraus manche Gewerkschaftsbeamten alle Kritik an den objektiven Unzulänglichkeiten der Gewerkschaftsbewegung zu einem Attentat auf diese Bewegung selbst stempeln«.[59] Auf der berühmt gewordenen Konferenz der Gewerkschaftsvorstände vom 19.–23. Februar 1906 beklagte sich der Gewerkschaftsbeamte Paul Müller bitter, daß seine radikalen Genossen von der Sozialdemokratie versuchten, »die Gewerkschaftsmitglieder ihren Führern, die sie selbst erwählt haben, zu entfremden. Man hat direkt versucht, sie aufzuhetzen gegen ihre Leiter. Man hat offiziell zum Disziplinbruch aufgefordert. Was heißt es denn anders, wenn man in den Versammlungen davon spricht, die Mitglieder sollten Sturm laufen gegen ihre Führer?«[60] Aus diesen Worten spricht aber bereits die gottesgnadengewordene Volksgnadentheorie des Bonapartismus, in welcher ein aus dem Plebiszit gewordenes Herrscherrecht dauernd bindende Kraft erstrebt und beansprucht.

Das am meisten charakteristische Indizium für ein bereits hochentwickeltes Stadium der Oligarchie in einer Organisation besteht darin, daß die Führerschaft anfängt, nicht nur die Einrichtungen, sondern sogar Hab und Gut der Organisation, an deren Spitze sie steht, mit ihrem eigenen Hab und Gut zu identifizieren. Auch dieses Phänomen teilt die Oligarchie im Parteileben mit der Oligarchie im Staatsleben, welche stets Allgemeinwohl und eigene subjektive Meinung verwechselt. In dem bekannten Streit zwischen Führern und Geführten um das Recht der Kriegserklärung im Wirtschaftsleben haben sich die ersteren bisweilen auf den Standpunkt gestellt, für sich das Recht der Kriegserklärung rechtlich und sittlich deshalb vindizieren zu können, weil sie ja in der Hauptsache »auch die Mittel zu beschaffen« hätten.[61] »Das sieht so aus«, hat Geithner zu dieser Argumentation bemerkt, »als ob die armen Verbandsfunktionäre die Kosten aus ihrer Tasche zu decken hätten!«[62] Das ist aber nur der Schlußstein, die letzte Konsequenz einer oligarchischen Ideologie, die zur völligen Abwendung von jedem lebendig erfaßten demokratischen Gedanken führen muß

f. Der Herrschaftscharakter der Führer in ihrem Verhältnis zu den Geführten

Der Charakter der Herrschaft der Vertreter über die Massen kommt überall da zum Ausdruck, wo die Interessen oder Ansichten beider kollidieren. Ein Musterbeispiel unter vielen ist die Auffassung, die ein so geistreicher und gebildeter Mann wie der zur Zeit einflußreichste Führer der italienischen Sozialdemokratie, Filippo Turati, Abgeordneter für Mailand V, über die Stellung des sozialistischen Parlamentariers den sozialistischen Massen gegenüber vertritt. Auf einem kürzlich in Rom abgehaltenen Arbeiterkongreß hat er sie wörtlich dahin präzisiert: »Il gruppo parlamentare socialista è, come sempre, a disposizione del proletariato purchè non ci obblighiate a fare delle cose semplicemente grottesche«.[63] Also: die sozialistischen Vertreter im Parlament stehen zu Diensten des Proletariats, aber unter der strengen Bedingung, daß dieses von ihnen nicht dummes Zeug verlangt. Über den Begriff dieser »cose semplicemente grottesche« haben natürlich jedesmal die Vertreter selbst zu entscheiden, womit ihnen das alleinige Entscheidungsrecht gesichert ist.[64]

Noch ausgeprägter, wenn möglich, ist diese Tendenz in der deutschen Gewerkschaftsbewegung. Die Bestrebungen der Verbandsvorstände sind schon seit geraumer Zeit darauf gerichtet, sich das alleinige Bestimmungsrecht darüber zu sichern, ob ein Streik »berechtigt« ist oder nicht. Da die Verbandsleiter auch im Besitz der beträchtlicheren Kassen sind, so handelt sich der Streit in der Praxis darum, zu wissen, wer darüber zu entscheiden habe, ob ein Streik »unterstützungsberechtigt« ist. Wir stehen hier vor einer Frage, die den Lebensnerv der demokratischen Selbstverwaltung und Selbstbestimmung der gewerkschaftlichen Mitgliedschaften – der »Geführten« – trifft. Wenn nun die Führer die Entscheidung über diese Kernfrage beanspruchen – und zum Teil schon in Händen haben –, so heißt das nichts anderes, als das elementarste demokratische Prinzip ausschalten und sich selbst offen zu Oligarchen aufwerfen, während sich die Massen – die die Gelder geben und die Oligarchen erhalten – zu fügen haben.[65] Dieses Bestreben der Führer mag sich aus taktischen und Kompetenzgründen vielleicht verteidigen lassen. Darum handelt es sich nun hier nicht. Uns ist es hier lediglich darum zu tun, festzustellen, wie wenig sich die Tendenzen der staatlichen Oligarchien (Regierung, Fürst usw.) von denen der proletarischen Oligarchien unterscheiden.

So wird der Volks»vertreter« denn in der Tat leicht aus einem Diener des Volkes zu einem Herrn des Volkes (Kautsky)[66], und wenn im Schoße der Massen noch Individuen existieren, die während der Periode zwischen den Wahlen einigen Einfluß auf ihren Volksvertreter besitzen, so sind es die grands électeurs, die pezzi grossi des eigenen Wahlkreises, mit anderen Worten, Individuen, die ihrer sozialen Stellung nach nicht den beherrschten Klassen, sondern den herrschenden Oligarchien selbst angehören. An electional system simply places power in the hand of the most skilful electioneers[67], was letzteres allerdings natürlich nur für einige Länder mit republikanisch-demokratischer Verfassung gilt.

Der Abgeordnete steht über der Partei. Am deutlichsten tritt das gerade da hervor, wo eine Partei stark organisiert ist, also in den modernen Arbeiterparteien und innerhalb ihrer wieder insbesondere in den revisionistischen Richtungen. Die dieser Richtung angehörigen Abgeordneten kämpfen, so lange die Parteimehrheit noch nicht auf ihrer Seite ist, einen beständigen Kampf, um sich sogar dem Einfluß der Partei und erst recht dem der Arbeitermasse zu entziehen und ihr Abhängigkeitsverhältnis von der organisierten Parteisektion am Orte auf die Wählerschaft im engsten Sinne, *ihre* private Wählerschaft, die natürlich eine graue, unorganisierte, mehr oder weniger indifferente Masse ist, zu übertragen.

Der Abgeordnete fühlt sich als der berechtigte Lenker der Parteigeschicke. Und er ist auch der Lenker. In den – relativ seltenen – Fällen eines Aufeinanderprallens zwischen den Führern und den Massen bleiben erstere, sobald sie nur einigermaßen untereinander einig sind, stets Sieger. In Italien ist das Gros der Führerschaft über den Willen der Massen (z.B. in den Generalstreiks) stets zur Tagesordnung übergegangen. Im Ruhrrevier schäumten die Bergleute, als die Führer über ihren Kopf hinweg den großen Bergarbeiterstreik für beendet erklärten.[68] Es schien diesmal zu einer gründlichen Abrechnung der Massen mit der Oligarchie zu kommen. Wenige Wochen darauf war alles wie nicht geschehen. Die Führer hatten den Geführten getrotzt und waren dessen ungeachtet die Vertreter der Geführten geblieben.

Ein anderes typisches Beispiel. Als am dritten Tage des Generalstreiks in Turin (Oktober 1907) die Streikenden in der beschließenden Versammlung mit großer Mehrheit die Weiterführung des Streiks zum Beschluß erhoben hatten, durchkreuzten die Führer (die örtlichen Partei- und Gewerkschaftsinstanzen) diesen (auch für sie gültigen) Beschluß durch die Verbreitung eines Manifestes, in dem sie die Arbeiter aufforderten, die Arbeit wieder aufzunehmen.[69] In der darauffolgenden Partei- und Gewerkschaftsversammlung wurde dann der Disziplinbruch der Führer von den Geführten, die die Demission ihrer Leiter und die cattiva figura, die sie ohne die bekannten und geachteten Namen machen würden, fürchteten, nachträglich gutgeheißen.

Am weitesten und schonungslosesten haben sich diese Herren-Tendenzen bei den Arbeiterführern in Nordamerika, allerdings unterstützt durch ein beispiellos materielles und unästhetisches Milieu[70], entwickelt. Dort betrachten die Arbeiterführer, insbesondere die Gewerkschaftsleiter, völlig unanfechtbaren Quellen zufolge, ihr Amt vielfach überhaupt nur als Sprungbrett zu eigenem Indiehöhekommen.[71] In Amerika hat die Arbeiterklasse, nach dem Zeugnis eines genauen Kenners der Verhältnisse, wenig Führer hervorgebracht, mit denen sie hätte Ehre einlegen können. Die Mehrzahl unter ihnen nützt ihre Stellung, die sie doch nur ihren Klassengenossen und Arbeitskollegen verdankt, scham- und gewissenlos für eigene Zwecke aus. Die Geschichte der organisierten Arbeiterklasse Nordamerikas steht an Fülle der Korruption der Geschichte der nordamerikanischen Großkapitalistenklasse um nichts nach. It is in both cases a sordid and dreary tale and, in the case of organized labor, is unrelieved to a dissappointing degree by the heroism and sentiment which have played such a conspicuous part in the labor movements of other countries. The cynicism based on cash seems to have found its way into the bones of both capitalist and proletarian. Die Gewerkschaftsführer werden beschrieben als stupid and cupid; anständige und gescheite Arbeiter werden durch sie von jeder Organisation überhaupt ferngehalten und auf falsche Wege getrieben. Die Kapitalisten haben diese Leute ganz in ihrer Hand. Als ungebildete Parvenus sind sie der Schmeichelei besonders zugänglich.[72] Doch ist das noch der geringste ihrer Fehler. Oft sind sie nichts als bezahlte Soldknechte des Kapitals. Der Union Officer wird zum »boss« des Gegners seiner Schutzbefohlenen, er wird zum »scab« oder, wie ein noch bezeichnenderer Ausdruck lautet, zum »labor lieutenant of the capitalist class«. Wir hören aus sozialistischem Munde selbst die schier unglaublichsten Erzählungen über diese emporgekommenen, jeder Moral baren Arbeiterexistenzen. Da werden zu Gunsten und im Solde des Kapitalisten A gegen den Kapitalisten B Streiks organisiert, da werden gewerkschaftlich notwendige Streiks abgebrochen, sobald der Unternehmer dem Streikleiter eine Lebensrente bewilligt hat u.a. mehr. Die gewerkschaftlich organisierten amerikanischen Arbeiter aber, die, vermutlich ob ihres Mangels an sozialistischem Klassenbewußtsein, von einem bekannten schriftstellernden belgischen Großindustriellen als das non plus ultra der Intelligenz gepriesen und den »faulen und verkommenen« Arbeitern Europas als leuchtendes Beispiel vorgehalten werden[73], lassen sich von diesen Führern nasführen und sind die einzigen, die von ihren Taten und Untaten nichts merken. Ja, sie lassen sich dazu gebrauchen, mißliebige Kollegen, die, weitsichtiger als sie, das Spiel der Gewerkschaftsführer durchschauen und dasselbe öffentlich zur Sprache bringen, durch die Weigerung, mit ihnen an derselben Arbeitsstelle zu arbeiten, aus dem Brote zu werfen.[74]

Hier haben wir die »gehobene Arbeiterexistenz«, die, neben einigen herrlichen Exemplaren, im allgemeinen ein Gros von halbgebildeten, arroganten und egoistischen Rowdies hervorbringt, in ihrem ekelhaftesten Typus, den Diderot vorgeahnt zu haben scheint, als er seinem Lumpazius die Worte in den Mund legte: »Je serai comme tous les gueux revêtus. Je serai le plus insolent maroufle qu'on eût encore vu.«[75] [...]

Die Stärke der antidemokratischen Tendenzen Schlußbetrachtung

Die soziologischen Erscheinungen, die wir in den vorhergehenden Kapiteln in ihren Grundzügen gekennzeichnet haben, bieten den wissenschaftlichen Gegnern der Demokratie reichliche Stützpunkte dar. Sie scheinen deutlich auf die Unmöglichkeit hinzuweisen, daß die Kulturmenschheit ohne »herrschende« oder »politische« Klasse existieren kann. Sie scheinen uns durch Symptome andeuten zu wollen, daß diese die notwendige Vorbedingung und Voraussetzung zu jener sei; daß die herrschende Klasse, wenn sie auch in ihrer Zusammensetzung häufigem partiellem Wechsel unterworfen ist, den einzigen Faktor von dauerndem Wert in der Entwicklungsgeschichte der Menschheit darstelle. Die logische Konsequenz dieser Annahme und wissenschaftlichen Überzeugung müßte dann – vielleicht – darin bestehen, auf jede Untersuchung über die Grenzen der oligarchischen Gewalten (Staat, herrschende Klassen usw.) über die Individuen überhaupt zu verzichten[76] und sich nicht mehr damit abzugeben, über die Schaffung einer sozialen Gesellschaftsordnung, welche die volle Anwendung der Theorie von der Volkssouveränität ermögliche, nachzugrübeln.

Soziologen, die Anspruch auf Beachtung haben, glauben geradezu ein »historisches Gesetz« entdeckt zu haben, das darin bestehen soll, daß die herrschende Klasse, nach der Periode ihrer unbestrittenen Herrschaft, allmählich aller Spuren jener Talente und geistigen Energien, denen sie ihr politisches Dominium zum großen Teil verdankte, verlustig geht –, ein Gesetz, das sich zumal auf die Ergebnisse einer genauen Analyse der römischen Geschichte, die reich an Beispielen dafür ist, daß Gesetze, die dazu bestimmt waren, die herrschende Klasse auf künstlichem Wege in dem Besitz ihrer Privilegien zu erhalten, sie doch vor der drohenden Dekadenz nicht immun zu machen vermochten, gründet, – sich dann aber mit Hilfe neuer gesellschaftlicher Elemente wieder von neuem kräftige. »Selbst wenn es der Unzufriedenheit der Massen einmal gelingen sollte«, hat Gaetano Mosca gesagt, »die herrschende Klasse ihrer Macht zu berauben, so müßte sich doch notwendigerweise im

Schoße der Massen selbst eine neue organisierte Minderheit vorfinden, die das Amt einer herrschenden Klasse übernähme.«[77]

Alexander Herzen, der vornehmlich ein feiner Psychologe war, stellte den Satz auf, daß, seitdem der Mensch de facto ein Zubehör zum Eigentum und das Leben ein ständiger Kampf ums Geld geworden sei, die Parteigruppen in der bürgerlichen Welt sich in zwei Lager geteilt hätten: die bürgerlichen Eigentümer, die sich eigensinnig an ihre Millionen klammern und die besitzlosen Bürger, die den ersteren ihren Besitz entreißen wollen, aber nicht die Kraft dazu haben, also in die Geizigen und die Neidischen. Die historische Entwicklung bestehe nun lediglich darin, daß eine Welle der Opposition nach der anderen siege, mit anderen Worten »sie erringt sich Besitz oder Stellung und geht vom Neid zum Geiz über«.[78]

Die ethische, regeneratorische Wirkung, die sich von dem kraftvollen Eintritt des Proletariats in die Weltbühne und den Begleiterscheinungen, die mit diesem Eintritt verbunden waren – Ausübung einer ständigen und unermüdlichen Kontrolle der öffentlichen Gewalten und nicht zum wenigsten seiner eigenen Organe, geschärft durch ein gehobenes Verantwortlichkeitsgefühl – erwarten ließ, wird durch diese oligarchischen Tendenzen auf das ernsteste in Frage gestellt. Je mehr sich – hat Cesare Lombroso in einem Leitartikel des Zentralorgans der italienischen Sozialistenpartei, ohne auf Widerspruch zu stoßen, ausgeführt – das Proletariat der Besitzergreifung der Macht und des Bourgeoisreichtums nähert, desto mehr nimmt es alle Laster seiner Gegner an und wird es selbst zu einem Werkzeug der Korruption. È allora che sorgono tutte quelle suddivisioni dei cosi detti partiti popolari che hanno tutti i vizi dei partiti borghesi, e pretendono e qualche volta ottengono il prestigio popolare e sono facile strumento alla corruzione governativa che del nome loro si serve per dirsi liberale.[79]

Die in den vorhergehenden Kapiteln erwähnten Tendenzen verstärken aber sicher nur einige Glieder in der Kette jener Theorie, die Vilfredo Pareto als die théorie de la circulation des élites bezeichnet hat, d.h. der geschichtlichen Tendenz der herrschenden Klasse, sich zwar im Prinzip am Ruder zu erhalten, in Wirklichkeit aber zunächst zu ermatten, dann dem Auflösungsprozeß zu verfallen, um endlich moralisch wie physisch zu Grunde zu gehen und einer neuen politischen Klasse das Feld zu räumen.[80] Gewiß vollzieht sich dieser Prozeß weniger als eine wirkliche Ablösung als vielmehr in der Form einer beständigen Amalgamierung neuer Elemente mit den alten. Dieses Phänomen war vielleicht schon bekannt, solange die circulation des élites sich nur innerhalb der Grenzen ein und derselben sozialen Klasse und auf politischem Boden vollzog. In Staaten, die nach rein repräsentativer Methode regiert werden, trachtet die sogenannte konstitutionelle Opposition lediglich nach der »Circulation«. Mit genau derselben einfachen, aber starken Struktur versehen wie die Partei der augenblicklichen Majorität und, wie in England, um ein klar formuliertes, aber völlig untheoretisches, lediglich praktisches und nur Forderungen für die engste Gegenwart enthaltendes Programm geschart, unter dem Befehl eines Oberführers von strategischem Talent aber ohne jede theoretische Vertiefung, und von dem Geiste rigoroser Disziplin erfüllt, sind alle Anstrengungen der Oppositionspartei darauf gerichtet, die augenblickliche Regierungspartei zu verdrängen und, im übrigen alles beim Alten lassend, sich an ihre Stelle zu setzen, mit anderen Worten, eine Clique der herrschenden Klasse durch eine andere zu ersetzen. Früher oder später endet der Konkurrenzkampf zwischen den einzelnen Cliquen in den herrschenden Klassen stets mit der Versöhnung, zu dem – unbewußten – Zweck, sich auf diese Weise das Dominium über die Massen zu teilen bzw. zu erhalten. Es ist eine weitverbreitete Meinung, daß es der großen französischen Revolution oder doch in letzter Instanz der dritten Republik nach 1879 gelungen sei, den alten ersten Stand Frankreichs sozial gesprochen definitiv zu verdrängen. Diese Ansicht ist aber durchaus irrig. Noch im Jahre des Heils 1908 ist der französische Adel in den Kavallerie-Regimentern und in der Diplomatie der Republik weit über seine numerische Bedeutung hinaus vertreten, und in der französischen Kammer existiert zwar keine ausgesprochene konservative Adelspartei wie in Deutschland, – die deutsch-konservative Partei im Reichstag hat unter 58 Abgeordneten 31 Adelige – aber es sitzen unter den 584 Deputierten im Palais Bourbon doch nicht weniger als 146 Angehörige der alten Adelsaristokratie (noblesse d'épée und noblesse de robe), während der Rest aus Exrevolutionären und deren Nachkommen besteht.[81]

Die Geschichte scheint uns zu lehren, daß keine noch so kraftvolle und energische Volksbewegung an der sozialen Struktur der Kulturmenschheit dauernde und organische Veränderungen hervorrufen kann, weil die hervorragendsten Elemente dieser Volksbewegung selbst, die Männer, die sie einst anführten und anfeuerten, sich stets nach und nach von den Massen trennen, um von der »politischen Klasse«, der sie vielleicht wenig »neue Ideen«, aber desto mehr jugendliche Schaffenskraft und praktische Intelligenz mitbringen und die sie dadurch in gleichsam stets erneutem Verjüngungsprozeß konservieren, aufgesogen zu werden. Die »politische Klasse«, um bei dem Moscaschen Terminus zu bleiben, verfügt zweifellos über ein überaus feines Gefühl für die Möglichkeiten und Wege der Selbstverteidigung. Sie entwickelt eine gewaltige Anziehungskraft und Fähigkeit der Absorption, die auch ihren erbittertsten und konsequentesten Gegnern gegenüber auf die Dauer nur selten versagt.

Die Regierung – oder, wenn man will, der Staat, – könnte demgemäß stets nur die Organisation einer Minderheit, die den Zweck hat, die aus den Bedürfnissen ihres Herrschafts- und Ausbeutungsverhältnisses zur Masse der Heloten entsprungene »Rechtsordnung« dem Reste der Gesellschaft aufzuerlegen, und nie die Emanation der Mehrheit sein, geschweige denn sie repräsentieren. Die Mehrheit der Menschheit würde sich stets in der Unmöglichkeit, vielleicht auch in der Unfähigkeit befinden, sich selbst zu regieren. Ewig minorenn, würde sich die Mehrheit der Menschen, durch eine grausame Fatalität der Geschichte vorherbestimmt, gezwungen sehen, die Herrschaft einer kleinen Minderheit aus ihrem Schoße über sich ergehen zu lassen und nur als Piedestal für die Größe der Oligarchie zu dienen. Hat doch Fourier selbst die moderne Gesellschaft als einen Mechanismus individueller Zügellosigkeit definiert, die weder dem Individuum Garantie gegen die Übergriffe der Masse noch der Masse Garantie gegen die Übergriffe des Individuums böte.[82]

Die einzige wissenschaftliche Doktrin, die den Anspruch darauf erheben kann, allen Theorien, seien sie alt oder neu, welche die These von der immanenten Notwendigkeit einer dauernden Existenz der »politischen Klasse« aufstellen, ernsthaft entgegentreten zu können, ist die *marxistische*. Sie identifiziert ohne weiteres – die weitgehendsten Konsequenzen dieser Identifizierung hat der Marxschüler Bakunin gezogen – den Staat mit der herrschenden Klasse. Diese ist nur das »Exekutivkomitee«, oder wie sich ein moderner Neumarxist ausdrückt, ein zur Verteidigung der Privilegien der bestehenden Herrschaft bestelltes Syndikat[83], eine Auffassung, der übrigens der konservative Theoretiker Mosca keineswegs fern steht, nur daß er aus demselben diagnostischen Befund nicht die gleiche Prognose zieht. Ein französischer Sozialist, der in der Zwischenzeit freilich den Weg ins Ministerium gefunden hat, hat diese marxistische Staatslehre sogar so sehr auf die Spitze getrieben, daß er den Arbeitern den Rat gab, die isolierten und lokalen Wirtschaftskämpfe, die Streiks, aufzugeben und sogleich zum Generalangriff auf den Staat, dem Generalstreik, überzugehen, da die Bourgeoisie nur getroffen werde, wenn man den Staat treffe.[84] Jedenfalls führt dieser marxistische Staatsbegriff, verbunden mit dem Glauben an die revolutionäre Stoßkraft der Arbeitermassen und der demokratischen Wirkung der Vergesellschaftung der Produktionsmittel logischerweise zu der sozialen Ordnung, die der Schule Moscas als utopisch erscheint.

Für die Marxisten macht die kapitalistische Produktionsweise selbst die große Mehrheit der Bevölkerung zu Proletariern und erzeugt so, von selbst, ihren eigenen Totengräber. Sobald das Proletariat erwachsen und reif geworden ist, bemächtigt es sich der politischen Macht und erklärt das Privateigentum zum Staatseigentum. Mit diesem Akt eliminiert es sich aber selber, da es mit ihm alle Klassenunterschiede und somit alle Klassenantagonismen eliminiert. Mit anderen Worten, es annulliert den Staat in seiner Eigenschaft als Staat. Die kapitalistische Gesellschaft, in Klassen eingeteilt, braucht den Staat notwendig als Organisation der herrschenden Klassen behufs Aufrechterhaltung ihrer Produktionsweise und zur Ausbeutung des Proletariats. Das Ende des Staates ist also synonym mit dem der Existenz einer herrschenden Klasse.[85] Aber die neue, klassenlose, kollektivistische Gesellschaft der Zukunft, die sich auf den Ruinen des alten Staates installieren soll, bedarf elektiver Elemente, sei es auch unter Anwendung aller von Rousseau im Contrat social formulierten und später von der Erklärung der Droits de l'Homme in der französischen Revolution wiederaufgenommenen Präventivmaßregeln, insbesondere einer steten Revokabilität. Die Verwaltung des gesellschaftlichen Reichtums kann nur auf Grund der Schaffung einer ausgedehnten Beamtenschaft in befriedigender Weise von statten gehen. In diesem Punkte machen sich aber wieder Zweifel geltend, die zur glatten Verneinung der Möglichkeit eines klassenlosen Staates führen. Die Verwaltung eines unermeßlichen Kapitals, zumal wenn es sich um dem Staat gehöriges Kapital handelt, gibt den Verwaltern mindestens ebenso viel Macht in die Hand als der Besitz eigenen Kapitals, der Privatbesitz. Liegt da nicht die Möglichkeit vor, sagen die Kritiker der marxistischen Gesellschaft, daß derselbe Instinkt, der die heutigen Privateigentümer dazu führt, ihre angehäuften Reichtümer ihren Kindern als Erbe zu überlassen, die Verwalter der öffentlichen Gelder und Güter im sozialistischen Staatswesen veranlaßt, ihre immense Macht dazu auszunützen, um ihre Söhne als Nachfolger im Amt ernennen zu lassen?[86] Diese und ähnliche Bedenken, die der These Mommsens, daß die Demokratie sich stets selber wieder vernichte, nahekommen, sind weder spornstracks als Beweis für die »Unsinnigkeit des Sozialismus« auszuschreien noch ohne weiteres von der Hand zu weisen.

An dieser Stelle hat es uns fern gelegen, das Problem, ob und inwieweit die Demokratie ein Ideal ist, das darauf verzichten muß, in der Menschheitsgeschichte anders als etwa ein ethisches Maß, mit dem der Grad der jeder Gesellschaftsordnung immanenten Oligarchie auf seine leichten Schwankungen und Nuancen hin gemessen werden kann, gewertet zu werden, mit anderen Worten ein Ideal, das keinen Realitätswert beanspruchen kann, lösen zu wollen – falls dieses Problem überhaupt glatte Lösungen zuläßt. In unserer Absicht hat es lediglich gelegen, an einigen allzu leichten und oberflächlichen demokratischen Illusionen zu rütteln, durch welche die Wissenschaft getrübt und die Massen getäuscht werden, indem wir einige soziologische Tendenzen beleuchteten, die der Herrschaftsmöglichkeit einer idealen Demokratie, und natürlich in noch sehr viel höherem Grade dem Sozialismus, entgegenwirken.

Immerhin aber sei gesagt, daß zur möglichsten Schwächung der oligarchischen Tendenzen jede demokratische und proletarisch-revolutionäre Bewegung von Nutzen sein kann. Zwar haben wir gesehen, daß auch in ihrem Schoße die Tendenzen, aus deren Bekämpfung sie ihre Existenzberechtigung ableitet, zum Durchbruch gelangen und bei der Ungleichartigkeit und Ungleichwertigkeit der Elemente, aus denen sie besteht, sogar leicht Formen annehmen, die an Tyrannis grenzen, und die auch dadurch nicht ethisch annehmbarer und ästhetisch weniger abstoßend wirken, daß sie dem althergebrachten traditionellen Bourbonismus der herrschenden Gewalten einen parvenumäßigen, brutalen Plebiszitär-Bonapartismus entgegenstellen. Wenn Victor Considérant seinen »demokratisch-pazifistischen« Sozialismus in die Formel brachte, daß er erklärte, dieses Wort bedeute nicht die Beherrschung der Gesellschaft durch die niederen Volksklassen, sondern die Regierung und Organisation der Gesellschaft im Allgemeininteresse durch die hierarchische Intervention einer mit dem Grade der sozialen Entwicklung steigenden Anzahl von Staatsbürgern[87], so hat er damit einen wesentlichen Punkt sehr richtig herausgehoben. Es liegt im Wesen der Demokratie, und also auch der Arbeiterbewegung, die Fähigkeit zur Kritik und zur Kontrolle im Einzelnen zu stärken und anzuspornen, wenn andererseits auch zugegeben werden muß, daß die Bureaukratisierung dieser Fähigkeit wieder in hohem Maße Abbruch tut.[88] Jede Arbeiterbewegung schafft, vielfach wider den Willen ihrer gewordenen Führer, eine Reihe freier Individuen, die, sei es aus Prinzip, sei es aus Instinkt, immer wieder von neuem die Autoritäten »revidiert« und nicht müde wird, die ewige Frage nach dem letzten Warum aller menschlichen Einrichtungen zu wiederholen. Diese Prädisposition zur freien Forschung wird sich aber mehren mit der Sicherung und Besserung der ökonomischen Lebensbedingungen der Massen, wie denn schon heute bereits beobachtet werden kann, daß der Führer der Reichen viel weniger unumschränkte Macht über den Kreis seiner Klassengenossen hat als der Führer der Armen, die als Masse genommen ihrem Führer zumeist in völliger Hilflosigkeit gegenüberstehen, weil ihre geringe formale Bildung sie nicht befähigt, ihn richtig zu werten und seine Handlungen richtig abzuschätzen. Die Hauptarbeit jedoch, die oligarchischen Tendenzen jeder Arbeiterbewegung tunlichst zu paralysieren, liegt auf dem Gebiete der sozialen Pädagogik.

Dem Idealisten muß jede eingehende Analyse der Formen der Demokratie, wie sie sich uns heute darbietet, Gefühle bitterster Enttäuschung und Entmutigung auslösen. Vielleicht ist es nur einer Weltanschauung, die, ohne weltschmerzlichem Dilettantismus zu frönen, den Relativismus aller wissenschaftlichen und politischen Ideale bedingungslos anerkennt, vergönnt, über die Demokratie ein gerechtes Urteil abzugeben. Wer die Demokratie richtig verstehen will, kann ihren Wert nur an dem tertium comparationis der reinen Aristokratie ermessen.

»Dicon che la republica à una vacca
Che ciascun mugne e il latte ne divora;
Contagion che facile s'attacca,
Mal grande inver. – Ma non è *peggio* ancora
Che, mentre e vacche e buoi arano il suolo,
Bue vi sia che non ari, e pasca solo?[89]

Je klarer die Menschheit sich der Vorteile bewußt ist, die – tutto sommato – selbst eine unvollkommene Demokratie über ein relativ gut funktionierendes aristokratisches System besitzt, desto weniger wird die Einsicht in die Gebrechen der Demokratie zu einer Rückkehr in die Aristokratie Anlaß werden können, um so weniger, als die Gebrechen der Demokratie ja gerade in ihren unveräußerlichen aristokratischen Schlacken bestehn. Und andererseits wird nur ein klarer und nicht umflorter Einblick in die aristokratischen Gefahren der Demokratie diese Gefahren zwar nicht verhindern, aber doch vermindern können.

Anmerkungen

1 Das wurde am Ende des 18. Jahrhunderts viel klarer erkannt und ausgesprochen als heute, wo die *konstitutionelle* Monarchie alle Wesenheiten der Prinzipien vernichtet hat: »Knechtliche Furcht, auf den blendenden Glanz eines unzugangbaren Thrones, auf Myriaden von Trabanten, auf zahllose Kriegsheere und das immer gezückte Schwert der Rache, kurz auf unwiderstehliche Gewalt gegründet, ist das einzige, was diese Monarchien zusammenhält, und die Sicherheit der Despoten und ihrer Satrapen ausmacht. Zuweilen sendet wohl auch das Schicksal den Unglücklichen einen Befreyer, einen Cyrus, zu, der die alten Fesseln zerbricht, und ein neu gestiftetes Reich mit Weisheit und wahrem Vatersinne regiert: aber dieser Fall ereignet sich selten, und das Gute, das dadurch bewirkt wird, ist meistens nur persönlich und vorübergehend; denn die erste Quelle des Übels, die *Verfassung*, bleibt, und eine Reihe blöder oder lasterhafter Nachfolger zerstört in kurzem wieder, was der einzelne wohlthätige Regent gebauet hat«. (C.M. Wieland: Eine Lustreise ins Elysium«. S. Sämtliche Werke von C.M. Wieland, Bd. I. Wien 1803. F.A. Schrämbl. p. 209)

2 J.-J. Rousseau: »Le Contrat Social«. 6. Edit. Paris 1971. Bibliothèque Nationale, p. 91.
3 Vgl. Gaetano Mosca: »Elementi di Scienza Politica.« Roma 1896. Bocca, p. 75.
4 Gaetano Mosca: »Piccola Polemica«, in d. Riforma Sociale. Anno XIV, Vol. XVII, fasc. 4.
5 E. Barrault: »La Hiérarchie«, in: »Religion Saint-Simonienne«. Recueil et Prédications. Tome I. Paris 1832. Aus Bureaux du Globe. p. 196.
6 Ferdinand Guillon: »Accord des Principes. Travail des Ecoles Sociétaires. Charles Fourier.« Paris 1850. Libr. Phalanst. p. 97.
7 Michel Bakounine: »L'Empire Knouto-Germanique et la Révolution Sociale«, in d. Oeuvres, Tome II, p. 126. Paris 1907. P.V. Stock.
8 P.-J. Proudhon: »Idée Générale de la Révolution au XIX. siècle«. Tome X[e] des Oeuvres Complètes de P. Paris 1868, p. 65.
9 P.-J. Proudhon: »Les Confessions d'un Révolutionnaire«. loco cit. p. 24.
10 Gaetano Mosca: »Il Principio Aristocratico e il Democratico nel Passato e nell' Avvenire«. Discorso Inaugurale. Torino 1903. Stamp. Paravia. p. 22.
11 Alexis de Tocqueville: »Voyage en Amérique«. loco cit. Vol. II, Part. II, p. 15.
12 Vgl. die ausgezeichneten Beweise, mit denen sich diese These stützen läßt, bei Werner Sombart: »Die deutsche Volkswirtschaft im XIX. Jahrhundert«. Berlin 1903. Bondi. p. 545 ff.
13 Alexandre Dumas fils: »Les Femmes qui tuent et les femmes qui volent«. 7. Edit. Paris 1880.- Calman Lévy. p. 54 u. 214.
14 Alexis de Tocqueville: »La Démocratie en Amérique«, II. Teil, Bd. 1. Paris 1840. Ch. Gosselin. p. 167.
15 Max Stirner (Kaspar Schmidt): »Der Einzige und sein Eigentum.« Leipzig 1892. Reclam. p. 272.
16 Sehr mit Recht sagt Gustav Mayer: »So laut die deutsche Sozialdemokratie seither mit dem Hammer philosophierte, so gründlich ihre Geschichtsphilosophie sich mühte, den oft bestimmenden Einfluß großer Persönlichkeiten abzuschwächen, ihre eigene Anhängerschaft hat von Anfang an solchen Theorien nicht zu Liebe gelebt. Stets haben die Massen auf die Worte ihrer Meister geschworen, von den sechziger Jahren bis zur Gegenwart, und, wenn man dem deutschen Volke überhaupt eine übertriebene Autoritätsgläubigkeit vorgeworfen hat, so gebührt der Arbeiterbewegung, auch nachdem sie das internationale Gewand überzog, ihr gut gemessener Anteil daran.« (Gustav Mayer: »Die Lösung der deutschen Frage im Jahre 1866 und die Arbeiterbewegung«, in den »Festgaben für Wilhelm Lexis«. Jena 1907. Fischer. p. 227)
17 Amilcare Puviani: »Teoria della Illusione Finanziaria.« (Milano-Napoli-Palermo 1903. R. Sandron. p. 258 ff.
18 Scipio Sighele: »L'Intelligenza della Folla.« Torino 1903. Bocca. p. 160.
19 Ich habe an anderer Stelle angeführt, in welcher Weise das stark ausgeprägte Titelwesen in Deutschland dazu beiträgt, das deutsche Bürgertum eng an den Staat und den ihn zur Zeit noch beherrschenden Feudalstand zu binden. (Vgl. meinen Band: »Proletariato e Borghesia nel Movimento Socialista Italiano.« Torino 1908. Bocca, p. 300–309.)
20 Diese Tendenz erregte zur Zeit, als das junge deutsche Bürgertum dem Adel und

der historischen Staatsgewalt gegenüber noch von rebellischem Geiste erfüllt war, viele Bitternis. So sagte LUDWIG BÖRNE im Jahr 1830: »Wo ein Talent sich durchgeschlagen und sich Hochachtung erbeutet, da schmieden sie es an die Schulbank, um es festzuhalten, oder sie spannen es vor die Regierung, um es zu zügeln. Ist die Regierung voll und kann keiner mehr darin untergebracht werden, zieht man den Schriftstellern wenigstens die Staatslivrée an und gibt ihnen Titel und Orden. Oder man sperrt sie in den Adelshof, nur um sie von der Volksstadt zu trennen. Daher gibt es denn auch nirgends mehr Hofräte als in Deutschland, wo sich die Höfe am wenigsten raten lassen.« (L. BÖRNE: »Aus meinem Tagebuche«. Leipzig. Reclam, p. 57.)

21 ANGELO MOSSO: »Vita Moderna degli Italiani«. Milano 1906. III. Migliaio. Frat. Treves, Edit. p. 178.

22 Vgl. unter anderem D. DE LEON: The Burning Question of Trades Unionsim.« New-York 1904.

23 Vgl. GAETANO MOSCA: »Questioni Pratiche di Diritto Costituzionali». Torino 1898. Frat-Bocca. p. 81 ff., und GAET. MOSCA: »La Teoria dei Governi«, loco cit. p. 120 ff.

24 J.-J. ROUSSEAU: »Le Contrat Social«. 6. Edit. Paris 1871. Libr. de la Bibliothèque Nationale. p. 40 ff.

25 CARLO PISACANE: »Saggio sulla Rivoluzione«, con prefazione di Napoleone Colajanni. Bologna 1894. Libr. Treves di Pietro Virano, p. 121–125.

26 VICTOR CONSIDÉRANT: »La Solution ou le Gouvernement direct du Peuple«. Paris 1850. Libr. Phalanstérienne. p. 13–15.

27 Ebd., p. 11–12.

28 Siehe hierüber P.-J. PROUDHON: »Les Confessions d'un Révolutionnaire«. Pour servir à la Révolution de Février. Ed. Nouvelle. Paris 1868. Verboeckhoven. p. 286.

29 A.A. LEDRU-ROLLIN: »Plus de Président, plus de Représentants!« 2. Edit. Paris 1851. La Voix du Proscrit. p. 7.

30 Z.B. von ENRICO MALATESTA in den zwei Broschüren: »L'Anarchia« (6. Ediz. Roma 1907, Casa Ed. Pensiero) und: »La Politica Parlamentare nel Movimento Socialista« (Torino 1903. L'Allarme), sowie von Ferdinand DOMELA NIEUWENHUIS: »Het Parlamentarisme in zijn Wezen en Toepassing«. Amsterdam 1906. W. Sligting. 149 pp.

31 So KAUTSKY, ROSA LUXEMBURG u.a. mehr. Auch bei KARL MARX lassen sich verschiedene Spuren von theoretischem Mißtrauen dem Vertretertum gegenüber nachweisen (vgl. z.B. die berühmte Stelle in seiner »Revolution und Konterrevolution in Deutschland«. Stuttgart 1906. p. 107/108).

32 So fragt der bürgerliche Linksliberale HELMUT V. GERLACH in einem Artikel »Die Indemnitätskomödie« (Hessische Landeszeitung, XX, Nr. 14): »Was für Mittel hat denn das Parlament gegen ihn (den Reichskanzler als Vertreter des Kaisers)? Es kann die Indemnität ablehnen. Schön. Dann ist die Sache noch so. Denn das Geld ist nun einmal ausgegeben, und keine Macht der Erde kann es wieder in die Reichskasse hineinpraktizieren. Es können andere Forderungen der Regierung im Etat gestrichen werden. Auch schön. Aber das ist ein sehr bedenklicher Ausweg. Denn unnötige Forderungen soll man sowieso streichen und nötige kann man nicht mit gutem Gewissen streichen, nur um den Reichskanzler zu bestrafen. Es kann – vielleicht! – dem Reichskanzler in irgend einer Form, etwa durch Streichung von 10

Mark seines Gehalts, das Mißtrauen votiert werden. Aber einmal kennt man die in *wirklichen* Parlamenten üblichen Vertrauens- und Mißtrauenvoten im Deutschen Reichstag nicht. Und dann wären sie, selbst wenn man sie auf irgend eine Weise einführte, völlig wirkungslos. In Frankreich muß jeder Minister in dem Augenblick verschwinden, wo ihm das Mißtrauen durch Mehrheitsbeschluß ausgesprochen wird. In Deutschland würde ein Kanzler, dem eine Mehrheit in Sachen der Hererokredite das Vertrauen versagte, vielleicht um so fester im Sattel sitzen. Ein Mißtrauensvotum in einem Staate, wo das Parlament etwas zu sagen hat, ist eine politische Tat. In Deutschland wäre es nicht viel mehr als eine Farce.

Es bleibt also dabei: unter den heutigen Verhältnissen kann der Reichskanzler machen, was er will, er kann mit der Verfassung regieren oder wider sie, ihm ist doch nicht beizukommen. So lange wir kein Kanzlerverantwortlichkeitsgesetz haben, d.h. so lange das Parlament den Reichskanzler für eine Verfassungsverletzung nicht zur Verantwortung ziehen kann, und so lange wir einer wirklichen parlamentarischen Macht entbehren, so lange bleibt eine Frage wie die, ob Indemnität nachgesucht oder erteilt werden soll, ein Spielzeug für parlamentarische Kinder.«

33 Annibale Marazio: »Del Governo Parlamentare Italiano.» Torino 1904. Unione Tipografica Editrice. p. 90 ff.

34 Ebd., p. 92.

35 Vgl. die klassische Schrift von Marco Minghetti: »I Partiti Politici e la Ingerenza loro nella Giustizia e nell' Amministrazione.« 2. Ediz. Bologna 1881. N. Zanichelli. p. 17 ff. Durch die intimen Beziehungen des Volksoligarchen (Abgeordneten) zur höchsten Spitze der bureaukratischen Oligarchen (Regierung) werden dann die an zweiter Stelle stehenden Glieder des staatlichen Organismus, insbesondere die Regierungspräsidenten, oft völlig von den ersteren abhängig: der Deputierte droht, oder läßt durchblicken, wenn der Minister den ihm, dem Deputierten, mißliebigen Präfekten seines Wahlkreises nicht schleunigst strafversetze, zur Opposition überzugehen, und der Minister, der vor dem Verlust der Kammermajorität zittert, beugt sich dem Willen des Deputierten.

36 H.G. Wells: »Anticipations of the Reaction of Mechanical and Scientific Progress upon Human Life and Thought«. p. 61.

37 Robert Hunter: »Poverty«. New-York 1906. The Macmillan Comp. p. 112 ff. Vgl. auch Werner Sombart: »Studien zur Entwicklungsgeschichte des nordamerikanischen Proletariats.« Archiv f. Sozialwiss. Bd. XXI p. 314 ff.

38 »Im engen Zusammenhang mit diesen theoretischen Tendenzen steht ein Umschwung im Verhältnis der Führer zur Masse. An Stelle der kollegialen Leitung durch lokale Kommissionen mit ihren zweifellosen Unzulänglichkeiten tritt die geschäftsmäßige Leitung des Gewerkschaftsbeamten. Die Initiative und die Urteilsfähigkeit werden damit sozusagen zu seiner Berufsspezialität, während der Masse hauptsächlich die mehr passive Tugend der Disziplin obliegt. Diese Schattenseiten des Beamtentums bergen sicherlich auch für die Partei bedeutende Gefahren in sich, die sich aus der jüngsten Neuerung, aus der Anstellung der lokalen Parteisekretäre, sehr leicht ergeben können, wenn die sozialdemokratische Masse nicht darauf bedacht sein wird, daß die genannten Sekretäre reine Vollziehungsorgane bleiben und nicht etwa als die berufenen Träger der Initiative und der Leitung des lokalen Parteilebens betrachtet werden. Allein dem Bureaukratismus sind in der Sozialde-

mokratie durch die Natur der Sache, durch den Charakter des politischen Kampfes selbst engere Grenzen gezogen, als im Gewerkschaftsleben. Hier bringt gerade die technische Spezialisierung der Lohnkämpfe, z.B. der Abschluß von komplizierten Tarifverträgen und dergleichen, mit sich, daß der Masse der Organisierten häufig der »Überblick über das gesamte Gewerbsleben« abgesprochen und damit ihre Urteilsunfähigkeit begründet wird. Eine Blüte dieser Auffassung ist namentlich auch die Argumentation, mit der jede theoretische Kritik an den Aussichten und Möglichkeiten der Gewerkschaftspraxis verpönt wird, weil sie angeblich eine Gefahr für die gewerkschaftsfromme Gesinnung der Masse darstelle. Es wird dabei von der Ansicht ausgegangen, daß die Arbeitermasse nur bei blindem, kindlichem Glauben an das Heil des Gewerkschaftskampfes für die Organisation gewonnen und erhalten werden könne« (ROSA LUXEMBURG: »Massenstreik, Partei und Gewerkschaften.« Hamburg 1906. Erdmann Dubber, p. 61).

39 HANS BLOCK: »Überspannung der Demokratie«. Neue Zeit. XXVI. Nr. 8 (p. 264 ff.).

40 Auch BLOCK fühlt deutlich, wie gut sich die von ihm zur Bekämpfung der Demokratie *in der Partei* verwendeten Motive auch zur Bekämpfung der von seiner Partei befürworteten Demokratie *im Staate* verwenden lassen. Darum läßt er es sich angelegen sein, die Demokratie zu halbieren und einen Unterschied zwischen ihrer Anwendung im Partei- und im Staatsleben zu konstruieren. Er sagt: »Aber unser Programm fordert die direkte Wahl und verwirft die indirekte. Und es enthält die Forderung: Direkte Gesetzgebung durch das Volk vermittels des Vorschlags- und Verwerfungsrechte. Allerdings, aber die Wahlen und Abstimmungen im Staatsleben lassen sich denen in der Parteiorganisation nicht gleichsetzen. Sie gehen unter ganz anderen Umständen vor sich. Die Angelegenheiten, um die es sich handelt, haben lange Zeit vor der Abstimmung ihre bestimmte Gestalt erhalten, die Personen, die in Frage kommen, ihre bestimmte Stellung eingenommen. Das Problem ist von Anfang an klar und deutlich formuliert. Ganz anders im Leben der Partei, oft kommen noch in den letzten Wochen vor dem Parteitag wichtige Anträge und Anregungen, auf die eine Organisation, die den schwerfälligen Apparat der Urabstimmung anwendet, nicht mehr eingehen kann« (p. 266). Es ist aber m.E. trotzdem nicht einzusehen, warum die Angelegenheiten einer Partei, die mit der des Staates verglichen doch nur eine sehr kleine und wenig komplexe Organisation darstellt, komplizierter sein und daher die Durchbrechung der Demokratie eher rechtfertigen sollten als die Angelegenheiten des Staates.

41 HUBERT LAGARDELLE: »Le Parti Socialiste et la Confédération du Travail.« Discussion avec J. Guesde. Paris 1907. Rivière. p. 24.

42 »Hier zeigt sich der Anfang einer Gefahr, die in volkstümlichen Verwaltungen leider nahe liegt, daß nämlich sich an Stelle wahrer Volksherrschaft die *Allmacht der Ausschüsse* entwickelt.« (WOLFGANG HEINE: »Demokratische Randbemerkungen zum Fall Göhre«. Sozialist. Monatshefte. VIII. (X.) Bd. Heft 4. p. 254).

43 Ebd., p. 283.

44 WERNER SOMBART hat gerade dieser Seite des Syndikalismus große Bedeutung beigelegt. Siehe »Sozialismus und soziale Bewegung.« 6. Aufl. Jena 1907. Fischer. p. 129.

45 Das wird auch von einem Syndikalisten selbst zugegeben. Vgl. ANGELO OLIVIERO

OLIVETTI: »Problemi del Socialismo Contemperaneo«. Lugano 1907. p. 52.

46 S. z.B. EDOUARD BERTH: »Bourgeoisie et Prolétariat dans le Mouvement Socialiste Italien.« Mouvement Socialiste Année IX. II. Série, p. 165. Vgl. meine Antwort darauf: »Controverse Socialiste«, in ders. Zeitschrift. p. 282 ff.

47 Bekannt ist, daß einer der bekanntesten Theoretiker der französischen Gewerkschaft, in einem Interview mit einem Redakteur der Humanité seine, insbesondere in der Richtung der Guerre Sociale verkörperten Gegner in der Gewerkschaftsbewegung, die ihn des Opportunismus beschuldigten, kurzweg als »braillards« (Schreier) bezeichnete.

48 FERDINAND DOMELA NIEUWENHUIS: »De nieuwe Internationale«, in d. Wochenblatt De Vrije Socialist, X, Nr. 71 (Hilversum, Sept. 1907).

49 HEINRICH STRÖBEL: »Gewerkschaften und sozialistischer Geist.« Neue Zeit. XXIII. Bd. Nr. 44 (p. 563).

50 MICHAIL BAKUNIN: »Il Socialismo e Mazzini.« 4. Ediz. Roma-Firenza 1905. F. Srantoni. p. 22.

51 MICHEL BAKOUNINE: Oeuvres, Vol. II, p. 297.

52 Das wird natürlich von den Führern, denen daran liegen muß, daß die Fiktion der demokratischen Allmacht bewahrt bleibt, nicht zugegeben. Sie argumentieren so: die Tatsache, daß die Führer noch Führer sind, beweist es an und für sich schon, daß die Massen hinter ihnen stehen. Sonst... »wären sie nicht in ihrer Stellung«. (So KARL LEGIEN auf dem sozialdemokratischen Parteitag zu Jena, s. Protokoll, Berlin 1905, Vorwärts, p. 265).

53 ANTOINE ELISÉE CHERBULIEZ: »Théorie des Garanties Constitutionelles«. Tome II. Paris 1838. Ab. Cherbuliez. p. 253.

54 »Gezwungen, sich auf dem Parkettboden des ihrem eigentlichen Wesen fremden, bürgerlichen Parlamentarismus zu bewegen, hat die Sozialdemokratie anscheinend unwillkürlich und unbewußt auch manche Sitten dieses Parlamentarismus übernommen, die aber mit ihrem demokratischen Charakter nicht recht in Einklang zu bringen sind. Dahin gehört z.B. unseres Erachtens das Auftreten der Fraktion als einer geschlossenen Körperschaft nicht nur den bürgerlichen Parteien, was durchaus notwendig, sondern auch der eigenen Partei gegenüber – was zu Unzuträglichkeiten führen kann.« (ROSA LUXEMBURG: »Sozialreform oder Revolution?« Anhang: »Miliz und Militarismus.« Leipzig 1899. Verlag der Leipziger Volkszeitung, p. 75).

55 »Die Berichterstattung über die Reden der ›gewöhnlichen‹ Delegierten ist meist sehr dürftig und lückenhaft« (EDUARD DAVID: »Fraktion und Parteitag.« Vorwärts, Jahrg. XXII, Nr. 131).

56 »Ein sehr viel debattierter Punkt ist das Recht der Reichstagsabgeordneten auf selbständige Teilnahme an den Parteitagen. Dies Recht datiert aus dem Jahr 1890. Auer hat damals ausgeführt: Die Abgeordneten müßten jämmerliche Kerle sein, wenn sie sich kein Mandat zu verschaffen wüßten. Aber da wegen ihrer Verantwortung gegen die Partei ihre Anwesenheit unter Umständen notwendig sein könnte, solle man sie nicht in die Lage bringen, um Mandate zu betteln«. (GEORG V. VOLLMAR, auf dem Parteitag zu Jena 1905, p. 171).

57 In den meisten anderen Arbeiterparteien, wie in denen Frankreichs, Italiens, Hollands usw. ist diese Entwicklung noch nicht so weit gediehen. Dort haben die

Deputierten auf den Kongressen nur insoweit Sitz und Stimme, als sie ein regelrecht zu diesem Zwecke ausgestelltes Mandat aufzuweisen haben.

58 »Wir wollen, daß das Volk sich selbst regiere, unser Parteiprogramm fordert, daß es über die wichtigsten und schwierigsten Probleme durch unmittelbare Abstimmung und direkte Gesetzgebung entscheide, aber in der nächstliegenden, einfachsten Frage, wer der Mann seines Vertrauens sei, soll es von einer Erlaubnis vorgesetzter Behörden abhängig sein? ... Beginnen aber die Parteifunktionäre selbst zu bestimmen, wer in ihren Kreis aufgenommen werden dürfe, so liegt die Gefahr vor, daß frisches Blut und neue Gedanken mehr und mehr ferngehalten werden könnten und die Partei der Verknöcherung verfiele, die das Kennzeichen aller Oligarchieen und Bureaukratieen ist. Man wende nicht ein, daß die Unbestechlichkeit und Tüchtigkeit unserer Parteifunktionäre und ihre Liebe für unsere große Sache eine Schutzwehr gegen solche Folgen bilden würden. Im Gegenteil: Eine Beamtenschaft, die ihre Sache versteht und uneigennützig dem allgemeinen Besten zu dienen bemüht ist, wie wir sie in der Partei glücklicherweise haben, wird am ehesten geneigt sein, im Bewußtsein ihres eigenen Verdienstes das, was sie für richtig und geeignet hält, als unüberschreitbare Norm zu betrachten, abweichende Bestrebungen im vermeintlichen Interesse der Sache auszuschließen und dadurch der gesunden Fortentwicklung der Partei einen Riegel vorzuschieben. Als weitere Folgen einer solchen Tendenz können das Nachlassen der Initiative und des Interesses am geistigen Leben der Partei und die Neigung zum eigensinnigen oder gedankenlosen Festhalten an hergebrachten Formeln, kurz, wie man sagt, zum *Fortwursteln* sich einstellen. In diesem Sinne ist eine gute Bureaukratie gefährlicher, als eine schlechte«. (W. HEINE, loco cit. p. 282, 284.)

59 Dr. ROSA LUXEMBURG: »Massenstreik, Partei und Gewerkschaften.« Hamburg 1906. Erdmann Dubber. p. 61.

60 »Partei und Gewerkschaften«, wörtlicher Abdruck des Punktes P. und G aus dem Protokoll der Konferenz etc. Vorwärts 1906. p. 4.

61 S. »Korrespondenzblatt der Gewerkschaften Deutschlands.« Jahrg. VII. Nr. 28.

62 OTTO GEITHNER: »Zur Taktik der Sozialdemokratie.« Betrachtungen eines Lohnarbeiters. Neue Zeit. Bd. XIII. Nr. 47 (p. 65).

63 Auf dem Convegno pro Amnistia vom 31. März 1908. Nach dem Bericht der Turiner »Stampa«, XLII, Nr. 92.

64 »Bebel meint: die Führer hätten den Massen zu folgen. Ich bin nicht dieser Ansicht. Ich glaube, die sogenannten ›Führer‹, d.h. die Vertrauensmänner der Arbeiter, sind die Sachwalter der Arbeiterklasse. Sie haben sich allerdings mit ihren Mandatgebern ins Einvernehmen zu setzen, aber sie haben vor allem nach bester Überzeugung das Interesse der Arbeiter wahrzunehmen und, wenn es nötig ist, der Stimmung der Arbeiter entgegenzutreten und ihre Argumente geltend zu machen. Wir dürfen uns eben nicht abhängig machen von zeitweiligen Strömungen. Bebel machte sich darüber lustig, daß man die Frage der Fraktion vorbehalten wollte. Aber ist es nicht ganz richtig, daß die Abgeordneten, die ständig im Reichstage sind, diese Frage besser beurteilen können als Draußenstehende? Wenn man nicht von vornherein der Fraktion ein Mißtrauensvotum ausstellen will, dann kann man allerdings diese Frage durchaus der Fraktion überlassen«. (EDUARD BERNSTEIN, auf dem Parteitag der Sozialdemokratischen Partei in Dresden, 1903. »Protokoll über die Verhandlun-

gen des Parteitages«, Berlin 1903, Buchhandl. Vorwärts, p. 399).

65 Auch in der ernsten, urdemokratischen Frage der Maifeier gaben Parteivorstand und Generalkommission 1908 eine ganz neue Parole aus, in der die Haltung der Kartelle ohne weiteres von oben herab bestimmt wurde. Beide Instanzen hielten es nicht einmal für nötig, »in einer die Kartelle und die örtlichen Parteileitungen so tief berührenden Frage wenigstens deren Meinung zu hören«. (Nach der Volksstimme, Frankfurt. N. 22, 3. B.) – Die Frage, ob nicht den Kartellen auf den Gewerkschaftskongressen eine direkte Vertretung gesichert werden könnte, ist immerhin eine Frage der Erweiterung des Kreises der Oligarchen.

66 Vgl. Karl Kautsky: »Wahlkreis und Partei« in der »Neuen Zeit«, XXII, Nr. 28, p. 36.

67 H.G. Wells: »Anticipations of the Reaction of Mechanical and Scientific Progress upon Human Life and Thought«. London 1904. Chapman and Hall, p. 58.

68 Siehe die Artikelserie »Streikeindrücke« von Konrad Haenisch in der Dresdener Arbeiterzeitung, XVI, Nr. 51–58 und die Serien in der Leipziger Volkszeitung 1905 Nr. 41–44 und 61–63.

69 Während der Regierungspräsident den Anschlag des Beschlusses der Geführten (Fortsetzung des Streiks) verbot, wurde dem Anschlag der Führer (Wiederaufnahme der Arbeit) seitens der Behörden aller nur mögliche Vorschub geleistet.

70 Wie weit die Korruption unter den *Volksvertretern* in jenem Lande fortgeschritten ist, scheint eine Nachricht zu beweisen, die kürzlich durch alle großen europäischen Zeitungen ging. Nach ihr hat sich in Washington eine eigenartige Gewerkschaft gebildet, die den Schutz ihrer Mitglieder gegen Ausbeutung durch die Amerikanischen Volksvertreter erstrebt. Dieser neue Verband heißt »Union der Privatsekretäre«. Die Mitglieder des Repräsentantenhauses erhalten außer ihrem Gehalt von 7.500 Dollars pro Jahr (über 30.000 Mk.) noch 1.500 Dollars extra für einen Sekretär. Die Abgeordneten erhalten das Sekretärgehalt selbst ausgezahlt, müssen aber bescheinigen, daß sie dasselbe einem Sekretär aushändigen. Viele ökonomisch veranlagte Staatsmänner haben es nun so eingerichtet, daß sie einen der Stenographie kundigen jungen Mann für etwa 500 Dollars für die Dauer der Session anstellen und den größeren Rest der Bewilligung dann in die eigene Tasche gleiten lassen. Andere haben Familienmitglieder als Privatsekretäre installiert, sodaß das ganze Geld in der Familie bleibt. Andere haben wieder andere Kombinationen arrangiert, so z.B. daß ihrer fünf sich einen Sekretär zulegen und demselben doppeltes Gehalt zahlen. Dann kann jeder der fünf 900 Dollars von den ihm zustehenden 1.500 Dollars einstecken. So gibt es allerhand Variationen. Aber keine derselben sichert dem Privatsekretär die volle Frucht seiner Arbeit.

71 Austin Lewis: »The Rise of the American Proletariat«. loco cit. p. 196–202.

72 Daniel De Leon: »The Burning Question of Trades Unionism.« New-York 1904. New-York Labor News Company, 2–6 New Reade Street, p. 10–12, 41–43.

73 Em. Cauderlier: »L'Évolution Économique du XIX. Siècle«. Bruxelles–Paris–Stuttgart 1903. p. 209

74 De Leon, p. 12.

75 Denis Diderot: »Le neveu de Rameau«. Oeuvres de Diderot. Paris 1877. Delarue, Edit. p. 44.

76 Dieses Problem der Grenzen hat zumal die Politiker und Sozialwissenschaftler in der ersten Hälfte des 19. Jahrhunderts beschäftigt (s. z.B. J. STUART MILL: »Essay on Liberty«).
77 GAETANO MOSCA: »Elementi di Scienza Politica.« loco cit. p. 62.
78 ALEXANDER J. HERZEN: »Erinnerungen.« Übers. u. herausgeg. von OTTO BUEK. Berlin 1907. Wiegandt u. Grieben, Bd. II, p. 150
79 CESARE LOMBROSO: »I Frutti di un voto.« Avanti, Nr. 2987 (27.4.05).
80 Vgl. VILFREDO PARETO: »Les Systèmes Socialistes.« Paris 1902. Bibliothêque Internationale d'economie Politique. Giard et Brière. 2 vols.
81 Ausgerechnet nach einer Abstimmungsliste im Temps vom 17. Dez. 1906.
82 CHARLES FOURIER: »De L'Anarchie Industrielle et Scientifique.« Paris 1847. Libr. Phalanst. p. 40.
83 ANGELO OLIVIERO OLIVETTI: »Problemi di Socialismo Contemporaneo.« Vol. I. Lugano 1906. E. Cagnoni. p. 41.
84 ARISTIDE BRIAND: »La Grève générale et la révolution.« Discours, réédité en 1907. Paris, Girard. p. 7.
85 FRIEDRICH ENGELS: »Die Entwicklung des Sozialismus von der Utopie zur Wissenschaft.« [MEW Bd. 19, S. 223 f.].
86 GAETANO MOSCA: Antwort auf eine Enquête über den Sozialismus, erschienen in dem von Marescotti redigierten Jahrbuch Bios (Mailand 1904).
87 VICTOR CONSIDÉRANT: »Principes du Socialisme.« Manifeste de la Démocratie au XIX. Siècle. Paris 1847. Libr. Phalanstérienne. p. 53.
88 »Nicht, weil das Volk keine Fehler machen könnte – solche Behauptung wäre lächerliche Demagogie –, sondern weil eine wahrhaft demokratische Verfassung jedermann zur Tätigkeit und zur Kritik anspornt und ganz andere Möglichkeiten einer Beseitigung des Verfehlten gewährt, als eine aristokratische und bureaukratische Organisation, in der stets die Rücksicht auf die Autorität der Regierenden das Falsche zusammen mit dem Guten stützt und erhält« (Wolfgang Heine: »Demokratische Randbemerkungen zum Fall Göhre.« loco cit. p. 283).
89 GIAMBATTISTA CASTI: »Gli Animali Parlanti«. Poema. Lugano 1824. Tip. Vanelli. p. 259.

6
Grundsätzliches zum Problem der Demokratie

Das Proletariat ist demokratisch. Aus dem Gefühl der Masse, dem Prinzip der Zahl. Es ist die Mehrzahl, oder wähnt es zu sein. Gewiß ist ein Teil der Proletarier parteipolitisch unproletarisch, Stimmbasis für andere Zwecke. Es zum »Klassenbewußtsein« zu bringen, ist folglich eine Komplementärerscheinung des sozialdemokratischen Gedankens. Naumann[1] hat die theoretische Basis allzu stark vereinfacht, aber doch das Hauptsächliche richtig gesehen, wenn er gesagt hat, dem Arbeitervolke einreden, daß es sich politisch auf etwas anderes stützen solle als auf seine Zahl, wäre Torheit, denn der Proletarier habe wenig Geld, wenig politische Vergangenheit, wenig Durchschnittsbildung, aber eines besitze er, was ihm keine andere Volksklasse nachzumachen imstande sei, nämlich Kinder; und diesen Platz zu machen, das bedeute für das Proletariat Demokratie. Man kann deshalb dem Sozialismus, oder doch wenigstens dessen demokratischen Formen – denn der Sozialismus der Saint-Simon, Fourier, Proudhon, Pisacane, Blanqui und Sorel ist keineswegs als demokratisch anzusprechen, und seine Vertreter gehören teilweise sogar ausgesprochen zu den Verneinern der Demokratie –, mit Hendrik de Man vorwerfen, er bediene sich der Zahl nur als Mittel zum Zwecke der Machtgewinnung.[2] Dem haben jüngst hochmögende sozialistische Führer, wie Otto Bauer in Österreich, lebhaft widersprochen, indem sie (im neuen Linzer Programm) hoch und heilig versichert haben, das Bekenntnis zur Demokratie sei nicht taktischen, sondern prinzipiellen Erwägungen entsprungen, nämlich dem Streben des Volkes nach Freiheit und Selbstbestimmung.[3] Wo indes die Proletarier die Staatsmacht wirklich in Händen halten und sich sagen müssen, daß sie nicht Masse genug sind, sie auf demokratischen Wegen weiter behalten zu können, da greifen sie behende zur Diktatur des Proletariats.

Indes ist die Grundfrage des Problems keineswegs im Willen zum Übergang von einer Gesellschaftsform zur anderen gegeben, sondern liegt objektiv begründet.

Ist die Demokratie ein Ziel im entwicklungshistorischen Sinne? Man hat die Demokratie eine »Vollendung« nennen wollen. Das ist aber pure Ideologie. Es muß erklärt werden, daß es keine Vollendungstheorie geben kann. Die Entwicklung hat keine erkennbaren Ziele; die Geschichte vollzieht sich nicht in einer geraden Linie. Sie stellt sich, ganz besonders in den Staatsformen und Massengefühlen, umgekehrt in wahrnehmbarem Gewoge des Hin und Her dar. Das ist das Gesetz, welches Giambattista Vico als das der *corsi e ricorsi* beschrieben hat. Die Geschichte besteht aus in ewiger Aufeinanderfolge einander abwechselnden demokratischen und aristokratischen, sozialen und nationalen Perioden. Wohin führt uns letztendlich die Geschichte? Zur Erkaltung der Erde? Zu Gottes ewigem Gericht? Wir wissen es nicht; aber das können wir schon sagen: genau wie die Aristokratie, so ist, historisch gesprochen, auch die Demokratie, als Staatsform wie als Massengesinnung, nicht eine Vollendung, sondern bloß ein Akzidens.

Auch ein in engerem Sinne theoretischer Vorbehalt ist am Platz.

Demokratie beruht auf Wahl. Wahl ist aber »innere, logische Unmöglichkeit«. Denn Wahl ist Willensübertragung. Der Wille ist jedoch nicht übertragbar ohne Willensentäußerung. Celui qui délègue abdique. Dieser Satz bedeutet nicht anarchistischen Atomismus, sondern ist Denkgesetz und Erfahrungserkenntnis zugleich. Immerhin ist hier ein Unterschied zu machen: beim charismatischen Führertum überträgt die Masse in bewußter Bewunderung und Verehrung und fast in Form eines selbstverständlichen, freiwilligen Opfers ihren Willen auf den Führer, während in der Demokratie bei dem Akte der Willensübertragung der Anschein aufrechterhalten bleibt, als verharre der Wille potenziell in den Händen der ihn Abgebenden. Von der Tatsache der Willensübertragung machen auch solche Abstimmungen, die sich auf elementare und klarumrissene Einzelfragen konzentrieren, an sich keine Ausnahme. Aber sie rechtfertigen sich doch in besonderen Fällen. So z.B., wenn die politischen Wogen so hoch gehen und einzelne Fragen so tief die Gemüter ergreifen, daß die Wahl tatsächlicher Ausdruck, wenn auch nicht immer eines starken Gedankens, so doch eines starken Gefühls wird; oder auch in der Form des Referendums, d.h. bei Gelegenheit einmaliger, direkter Willensäußerung. So rechtfertigen sie sich, wenn auch freilich nur unter ganz besonderen, hier nicht näher anzuführenden Umständen, bei Entscheidungen über die Zugehörigkeit zu einer Nation, welch letztere ohnehin einen reinen Willensakt bedeutet. Bei komplizierten, technische und sachliche Kompetenzen voraussetzenden Fragen sowie bei langfristiger Vertretung wird die Willensübertragung hingegen vollends sinnlos. Wie Giovanoli berichtet, hat der Sozialistenführer Robert Grimm, der als Direktor der industriellen Betriebe der Stadt Bern einen tiefen Einblick in das Verhältnis von Demokratie und Technik besitzt, in seiner kürzlich erschienen Arbeit über »Die Wirtschaftlichkeit kommunaler Betriebe« diese These auch vom sozialdemokratischen Standpunkt aus aufgestellt. Mit Recht, denn es ist für sachlich und billig denkende Menschen ein Unfug, wenn sich (wie es in einer der größten Städte der Schweiz geschehen ist) eine Gemeindeabstimmung über die technische Frage, ob für einen gegebenen Fall Dampfturbinen oder Dieselmotoren zu benutzen seien, zu entscheiden hat, oder wenn sich in einer anderen Stadt die Stimmberechtigten vor die Frage gestellt sehen, ob für die neue Gasanstalt horizontale oder vertikale Koksöfen anzuschaffen seien.[4]

Jedoch nicht einmal im Akte selbst ist die Wahl in der modernen Demokratie frei. Gerade der Demokratie als einer Volksherrschaft ist »Wahlmache« zu eigen, welche ihre natürliche Voraussetzung in der Beeinflußbarkeit der Masse hat, wodurch die Wahlen als »freie Willensakte« außerordentlich beeinträchtigt werden. Auch auf die weitverbreitete, strafrechtlich nicht immer faßbare Wahlkorruption (vom Stimmenkauf und den Versprechungen bis zum vin électoral) und der sich mehr »moralisch« äußernden, aber ganz adäquat wirkenden Geltendmachung des (sich auch auf die zu Wählenden selbst mit erstreckenden) Einflusses hochmögender Individuen aus dem Wählerkreis (the most skilfull electioneers) muß in diesem Zusammenhang hingewiesen werden.

Selbst die Wahlfreiheit im Sine der Freiheit, vom Wahlrecht Gebrauch zu machen oder auf es zu verzichten artet immer mehr in außerrechtlichen oder widerrechtlichen Wahlzwang, so z.B. in Wahlnötigung (das »Schleppen«), aus. Das Wahlresultat ist folglich nur in äußerst beschränktem Maße Ausdruck des »Volkswillens«.

Wahl führt also zur Herrschaft der Gewählten über die Wähler, welche oft einer Herrschaft von Führern über Geführte gleichkommt.[5] Die von Kelsen auf dem Wiener Soziologenkongreß vom Herbst des vergangenen Jahres trefflich geltend gemachten Gedanken, die ich bereits seit 1910 in meiner Soziologie des Parteiwesens in der modernen Demokratie entwickelt habe, enthalten also mehr als bloße Abschwächungstendenzen für die Durchführbarkeit der indirekten (und zum Teil auch der direkten) Demokratie. Wer in der Demokratie nur ein Vertretungssystem durch Volkswahl erblickt, vermag sich zur Rechtfertigung dieses Systems auf die auch von Kelsen angeführten Gründe zu stützen, muß sich aber darüber klar sein, daß die Akzentuierung der Volkssouveränität auch für jedes aristokratische System sprechen kann. Denn der *Volkswille* vermag nicht einmal als Kriterium der Demokratie zu dienen. Es gibt auch eine Herrschaft der Diktatur oder des Tribunats mit Genehmigung des

Volkes (Konsensus statt Parlament: oft nur schweigender, oft aber auch sehr lauter und greifbarer, wenn auch statistisch nicht faßbarer Konsensus). Es gibt aber ferner auch monarchische Diktatur durch meßbare Volkswahl. Das Volk gibt sich auf plebiszitärem Wege die absolute Regierung. So im Bonapartismus. In ihm erscheint der Caesar als Inkarnation des Volkswillens (la volonté populaire faite homme).

Nur in der Abstraktion ihrer Zielsetzung sind Demokratie und Aristokratie einander entgegengesetzt. Nur rein logisch genommen sind sie antipodisch. Aber historisch-empirisch impliziert dieser Antipodismus eine Fiktion. Es ist wissenschaftlich unzulässig, an der Absolutheit dieser Gegensätzlichkeit systematisch auch da festzuhalten, wo sie längst de facto überwunden ist. Realiter ist die Distanz zwischen Demokratie und Aristokratie zwar vorhanden (und zwar besonders handgreiflich in der Behandlung der Presse), aber sie entspricht keineswegs den Voraussetzungen der Abstraktionen. Und zwar aus folgenden Gründen:

Erstens: die Bedeutung der Staatsform ist nur eine sehr bedingte. Wir müssen uns bei der Analyse der Demokratie loslösen von einer rein staatsrechtlichen Formulierung des Problems. Denn der Staatsform braucht ihr massenpsychologischer Inhalt (Sitte, öffentliche Meinung, paretianische Residuen) nicht zu entsprechen. Historisch könnte man für viele Länder und viele Perioden die These aufstellen und erhärten, daß die Demokratie für die Dehnbarkeit ihrer gesetzlichen Formen eine Art von Komplementärerscheinung in der Unduldsamkeit und Härte der Demokraten aufweist. Oft konstatieren wir ein fast kampfloses Nebeneinanderbestehen höchst demokratischer Rechtsnorm und höchst undemokratischer Geistesverfassung. Es gibt freie protestantische Staaten, die auf den Papismus als unfrei herabblicken, in denen aber nur der zu Amte kommt, der sich durch ostentative Kirchengeherei legitimiert. In anderen ist (oder war) der Alkoholgenuß frei, aber der von dieser Freiheit Gebrauchmachende gilt (oder galt) als ein unanständiger Mensch. Wieder ein anderes, liberales, Land ist stolz auf seine Preßfreiheit, aber republikanische Zeitungen finden weder Verleger noch Vertreiber, weil diese mit dem öffentlichen Boykott bedroht würden. Ein viertes, diesmal republikanisches, Land läßt keine monarchistische Partei gesetzlich zu, denn eine solche sei staatsgefährlich. Dabei ist die Argumentation auf folgenden Syllogismus eingestellt. Die Monarchie will Rechtsungleichheit und Unfreiheit. Es ist also nur folgerichtig, wenn, um die Prinzipien der Rechtsgleichheit und Freiheit zu schützen, die Bildung einer solchen Partei gesetzlich untersagt bleibt. Die Behandlung der Neger ist in Demokratien völlig auf die aristokratische Hybris der Annahme von der Existenz von Herrenvölkern und elenden Rassen gestellt.

Das theoretische Wahlrecht der Neger wird dadurch »korrigiert«, daß, in einigen Staaten wenigstens, die Neger, die sich herausnehmen würden, davon Gebrauch zu machen, vor den Wahlurnen mit Revolverschüssen empfangen werden würden.

In den europäischen Staaten hat die Massenpsychologie die alten Unterschiede zwischen Demokratie und Aristokratie längst verwischt. Heute gehen die aristokratischen Strömungen insgesamt durch die Masse, und enden die demokratischen insgesamt im Führertum. Wer vermöchte zu leugnen, daß eine faschistische, eine alldeutsche, eine antisemitische Masse sich von einer demokratischen oder sozialistischen in etwas anderem unterscheidet, als in dem (in Massenäußerungen und Verhalten nicht zum Ausdruck gelangenden) Parteiprogramm?

Daß fernerhin auch die Demokratie dem Gesetz der nationalen Transgression unterliegt, ist bereits festgestellt worden. Keine Demokratie der Welt hat bisher den Instinkten des nationalen Egoismus, ja den Versuchungen des nationalen Prestige-Gedankens zu widerstehen gewußt. Die Demokratie besitzt sogar einen besonders stark ausgeprägten Zug zum Expansionismus. Der Burenkrieg und die Behauptung Ägyptens sind Ausdrücke liberalen englischen Machtwillens.

Daß in der Demokratie das Vertretersystem als Führerauslese wirkt, ist richtig. Aber Kelsen hat doch unrecht, wenn er diese Führerauslese als ein Spezifikum der Demokratie behandelt. Er behauptet, die entscheidende Wesenheit der »realen« Demokratie liege in der Auslesemöglichkeit. Sie liegt aber höchstens im Auslesereichtum, und auch der darf nicht überschätzt werden. Die Geschichte, deren Lehren von Fanatikern und Demagogen ignoriert zu werden pflegen, lehrt, daß die absolute Monarchie häufig im hohen Grade die Bildung von Eliten befördert und sich die begabten Elemente der beherrschten Klassen, sei es auch bisweilen nur auf dem Mittelwege ihrer Aufnahme in den Kreis der herrschenden Oligarchie (durch Adeligung), nutzbar gemacht hat. Die Kenntnis der Geschichte des Sonnenkönigs in Frankreich beweist, daß der soziale Aufstieg mit dem Absolutismus nicht im Widerspruch zu stehen braucht und die Gentilhommierung der Bourgeoisie zu Nutz und Frommen der Verwaltung und des Heeres gerade damals sozusagen auf der Tagesordnung der Regierungspolitik stand. Eine aufgeklärte Aristokratie hat noch niemals das Gesetz der *circulation des élites* zu unterbinden versucht.

Daß aber in der Demokratie die Führer aus der Masse kommen, tut dem Prinzip der Führermacht keinen Abbruch und stärkt den Machtwillen der Massen ebensowenig als der Typus selfmademan etwa das Prinzip des kapitalistischen Wirtschaftssystems schwächt oder die Arbeiterklasse »erlöst«. Die

Führer weichen niemals der »Massse«, sondern immer nur anderen, neuen Führern.

Anmerkungen

1 FRIEDRICH NAUMANN, Demokratie und Kaisertum. 3. Aufl., Berlin 1904, Buchverl. der Hilfe. S. 42.

2 HENDRIK DE MAN, Zur Psychologie des Sozialismus. Jena 1926, Diederichs. S. 216.

3 ERICH HULA, Zum neuen Parteiprogramm der österreichischen Sozialdemokratie, in Der Deutsche Volkswirt, 1. Jahrg., Nr. 23 (4. März 1927).

4 FRITZ GIOVANOLI, Zur Soziologie des Parteiwesens und Betrachtungen zur schweizerischen Demokratie; in »Forschungen zur Völkerpsychologie und Soziologie«, hg. von R. THURNWALD, vol. II: Partei und Klasse, Leipzig 1926, Hirschfeld, S. 56. Es muß zugegeben werden, daß sich die Demokratie in manchen Verhältnissen, wenn auch nicht restlos gut, so doch recht leidlich bewährt hat; so in der allerdings kleinen Schweiz, wo säkulare Traditionen bäuerlich-besitzerlicher Herkunft, ein notwendiger und heilsamer Verzicht auf auswärtige Politik und Expansion, sowie eine eigentümliche Absorption der intellektuellen Schichten des Volkes durch das Erwerbsleben (und somit deren fast gänzliche Fernhaltung von der Politik) besondere, anderwärts nicht leicht nachzuahmende Verhältnisse geschaffen haben.

5 Bekannt sind die Worte Kants: »Unter den drei Staatsformen ist die der Demokratie im eigentlichen Verstande des Wortes notwendig ein Despotismus, weil sie eine exekutive Gewalt gründet, da alle über und allenfalls auch wider einen (der also nicht mitstimmt), mithin alle, die doch nicht alle sind, beschließen; welches ein Widerspruch des allgemeinen Willens mit sich selbst und mit der Freiheit ist.«

IV
Intelligenz und politische Eliten

7
Historisch-kritische Untersuchungen zum politischen Verhalten der Intellektuellen

Versuch einer Definition der Intellektuellen

Die Intellektuellen sind die Menschen mit Erkenntnis; in engerem Sinne Menschen, deren Urteil weniger direkt und ausschließlich aus sinnlicher Wahrnehmung und jedenfalls nie ohne durch Wissen erworbene und geschulte Reflexion stammt. Ein Gegensatz zur moralischen Bildung des Willens oder der Tugend oder zur ästhetischen Bildung des Geschmackes besteht nicht, da diese sich dem Intellektualismus sehr wohl vermählen können. Indes sind sie keine unerläßlichen Bestandteile desselben und können fehlen, da sie aus anderen Wurzeln des Seins stammen. Intellektualität mit Schelling und anderen als »produktive Einbildungskraft« fassen, wäre allerdings zu viel. Intellektualismus ist mehr produziert als notwendigerweise produktiv.

Indes, in einem höheren Sinne bedeutet die Wissenschaft nicht lediglich Anhäufung von Wissen. Der Mann der Wissenschaft muß Priesterqualitäten besitzen und Priesterfunktionen erfüllen. Um mit Fichte zu reden, besteht die wahre Bestimmung des Gelehrtenstandes darin, die oberste Aufsicht über den wirklichen Fortgang des Menschengeschlechtes im allgemeinen und die stete

Beförderung dieses Fortschrittes zu verkörpern. Eine derartige Auffassung schließt eine politische Tätigkeit ein. In der Tat sagt Fichte: »Seine (des Gelehrten) für die Gesellschaft erworbene Kenntnis soll er wirklich zum Nutzen der Gesellschaft anwenden; er soll die Menschen zum Gefühl ihrer wahren Bedürfnisse bringen und sie mit den Mitteln ihrer Befriedigung bekannt machen.«[1] Wir wiederholen: Er soll die Menschen, seine Mitbürger, zum Gefühl ihrer wahren Bedürfnisse bringen und sie mit den Mitteln zu deren Befriedigung bekannt machen. Knapper und zugleich schärfer kann die ethische Pflicht der Politik, die dem Manne der Wissenschaft obliegt, nicht bezeichnet werden.

Als die typischsten Intellektuellen sind die Lehrer an den hohen Schulen, aber zugleich auch die Lernenden und gelernt Habenden, die Akademiker, anzusehen. Der Begriff Intellektuelle wäre indes einmal nach der formalen, dann nach der inhaltlichen Seite hin näher zu formulieren. Es wäre verfehlt, die Intellektuellen etwa mit dem Metermaß eines akademischen Examens zu messen und diese Kategorie erst mit dem bestandenen Doktorexamen beginnen lassen zu wollen. Für uns ist der Intellektuelle der sich berufsmäßig mit geistigen Dingen Beschäftigende, bei Vorhandensein einer gewissen Bildung, deren Umschreibung nach dem Grad und der Methode hin äußerst elastisch ist; der »Halb«-Gebildete, der »ewige Student«, der seine Bildung schulmäßig nicht abgeschlossen hat, ja selbst der Autodidakt gehören deshalb, insofern sie nur den Wissensstoff assimiliert haben und sich zu ihren Zwecken (sei es auch nur aus Verdienstzwecken) geistiger Arbeit bedienen (Journalisten z.B.) zur Kategorie der Intellektuellen.

Das Vorhandensein eines gewissen Maßes von Freiheit wurde zum Lebenselement der Universitäten. Die spezifische akademische Freiheit in ihrem vierfachen Sinne als Lehrfreiheit, Lernfreiheit, Universitätsautonomie und Freiheit der studentischen Lebensform hat in der Geschichte der meisten Länder des europäischen Kontinents eine große Rolle gespielt.

So sahen wir die Intellektuellen sich überall da gegen die bestehende Ordnung auflehnen, wo diese ihrem Drange zu geistiger Selbständigkeit, zu geistigem »Ausleben« hindernd im Wege steht. Das war typisch bei den russischen Nihilisten, überhaut bei den »Westlern« in ihrem Kampf gegen den Zarismus der Fall. Zu diesem intellektualistischen Motiv gesellte sich noch ein Derivat, das patriotische. War das alte Rußland nicht ein Hohn auf die Erfordernisse der modernen Zivilisation, und seine Beseitigung deshalb nicht ein Gebot echter Vaterlandsliebe?[2]

Intellektualismus und Entdeckung des Nationalbegriffs

Voraussetzung des Intellektualismus in der Genese des Nationalbewußtseins ist der Missionsgedanke, durch welchen jedes Volk von Gott eine Sendung zur Ausführung erhalten hat, da deren Herleitung nur durch einen Generalstab von Mythologen, Archäologen und Dichtern bewerkstelligt werden kann, also eines ausgedehnten intellektuellen Mechanismus bedarf, auch wenn das Resultat nur der Volksempfindung etwa entsprechen dürfte.[3] Der Name Natio selbst findet sich als Rechtsbegriff für eine organisierte Gemeinschaft zuerst an den Universitäten und auf den Konzilen vor.

Das ausgehende Mittelalter, die Renaissance und die Reformation waren, zum Teil wenigstens, durch den Nationalismus der Intellektuellen bedingt, welche durch die hof- und schriftfähig gewordenen Vulgärsprachen (Nationalsprachen) ihr geistiges und persönliches Interesse darin fanden, sich vom Universalismus des Latein und des Papsttums abzuwenden. Die Los-von-Rom-Bewegung vom Gallikanismus bis auf Calvin und Luther hatte neben religiösen-geisteswissenschaftlichen Ursachen den Wunsch der erstarkenden Fürstengewalten, Herren im eigenen Hause zu sein und über reichliche Stellen und Güter nach staatlichen Gesichtspunkten zu verfügen, auch den Wunsch der Intellektuellen nach Stärkung ihrer eigenen Position im Lande zur Ursache.

Der stärkste Einfluß der Intelligenz auf den Weltengang offenbarte sich in der Vorzeit der französischen Revolution, in welcher der Intellektualismus alle Gesellschaftsklassen einschließlich der Privilegierten von oben bis unten durchdrungen hatte und die Gebildeten der Nation über alle konkreten wirtschaftlichen und staatspolitischen Interessen hinweg »Philosophie« trieben. In den literarischen Kreisen verführte Beruf und Denkungsart tout le monde zu Generalisierung und rein logischer Entwicklung der Gedankengänge. Nicht so sehr von persönlichen, momentanen und materiellen Gegensätzen bewegt, sondern auf Grund langjähriger, echt wissenschaftlicher Gedankenarbeit wurden gerade die besten Männer der bürgerlichen Intelligenz immer mehr zu Vertretern reiner Prinzipien. Das war die ideologische Vorarbeit, welche die Philosophen von Rousseau bis Voltaire der französischen Revolution, wenn auch großenteils ohne bewußte Absicht, geleistet haben. Sie haben in den herrschenden Schichten das Selbstvertrauen in die Güte ihrer Sache erschüttert und somit deren politische Widerstandskraft aufs Äußerste geschwächt.[4] Damals konnte die Behauptung aufgestellt werden: La terre est gouvernée par des livres. Et pourquoi? C'est que le genre humain a besoin de lumières; c'est que toute Révolution heureuse est due, soit aux lettres, soit à la philosophie (Mercier).[5] Noch ein Ernest Renan konnte sich für die Menschheit nichts Besseres wünschen als le règne des philosophes. In der französischen Revolution selbst wütete dann ein gefährlicher Intellektualismus, zumal im Jakobinertum mit seiner sich den Massen mitteilenden naiv-optimistischen Anschauung, die Bosheit der Menschen sei nur Ausfluß falscher Staatseinrichtungen und ihrer Ideologien, und es genüge daher die Änderung der Staatsform und die Arbeit der Guillotine, um die »natürliche Güte« in den Herzen der Überlebenden wiederherzustellen.[6]

Mehr noch als in den Zeiten der französischen Revolution und zumal bewußter als in ihr, wurde die Rolle der Intelligenz in der unmittelbaren Nachzeit der Napoleonischen Epoche betont. Es war das die Lehre von Saint-Simon vom Producteur, einer Lehre, derzufolge die Wirtschaft von einem obersten Rat der Gelehrten geleitet werden sollte und in welcher der Typus des Erfinders als eine Art von Chefprodukteur dasteht.

Die größte Gabe, welche der sozialistische Intellektualismus der politischen Bewegung gemacht hat, ist der Marxismus.[7] Indem dieser die Entwicklung des Sozialismus »von der Utopie zur Wissenschaft« zu vollziehen proklamierte und die Zwangsläufigkeit der sozialistischen Zukunft nachwies, intellektualisierte er die moderne Arbeiterbewegung in zweifacher Hinsicht: er umgab die wirtschaftliche Interessenbewegung des Proletariats mit dem ethisierenden Nymbus einer definitiven Kulturbewegung und drückte ihr den Stempel einer wissenschaftlichen Funktion auf, derzufolge sie die notwendig kommende Gesellschaft im Schoße trage.

Die politisch-dynamischen Folgen dieser Marxistischen Leistung sind unübersehbar, wobei es ganz einerlei ist, ob ihr Ausgangspunkt objektiv den Tatsachen entspricht oder nicht. Es wird die Aufgabe künftiger Historiker sein, die Ursachen zu untersuchen, weshalb dieser Mythus trotz seiner Stärke wieder starke Einbuße erlitt.

Die Geschichte des 19. Jahrhunderts lehrt mit aller Eindringlichkeit, daß es der Intellektualismus war, welcher auch den nationalen Gedanken weiter gehegt und gepflegt, in kalten Zeiten warmgehalten und über alle Hindernisse hinweg zum Siege geführt hat.

Meinecke hat für Deutschland ausgesprochen, die großen Wirkungen urtümlicher nationaler Reaktion gegen Fremdherrschaft seien gewiß von Wichtigkeit, aber ohne die Ideenbildung der geistigen Führer, ohne die allmähliche Ausstrahlung ihrer Ideale in die weiteren Schichten, ohne die langsam wachsende Empfänglichkeit der Volksmassen durch sie würde es nie zu einer politischen Nationalbewegung von starker Wucht gekommen sein.[8]

Genau das Gleiche läßt sich von der entsprechenden Entwicklungsperiode der Italiener behaupten. Bei ihnen erschien der nationale Gedanke zunächst sogar als intellektualistisches Monopol. Das geht bereits aus dem Charakter der ersten italienischen Revolution 1799 in Neapel klar hervor. Zu Beginn der italienischen Freiheitsbewegung waren die Patrioten durchaus intellektualistisch nicht nur in ihrem Wesen, sondern auch in ihrer Gesinnung und in ihrer Taktik. Im Statutenentwurf der Gebrüder Bandiera (hingerichtet 1844 als Märtyrer der italienischen Sache) heißt es in § 10, es sei verkehrt, sich an das Volk zu wenden, da es unvorsichtig und korrupt sei. Propaganda dürfe überwiegend nur unter den Gebildeten, den Reichen und den Mächtigen getrieben werden. Dieser Charakterzug, der sich in dem starken Vorherrschen des Universitätselementes in der Bewegung wiederfindet, hat sich im weiteren Verlauf der Freiheitskämpfe durchaus erhalten.[9]

Auch die Freiheitsbewegungen der Polen, der Ungarn, der Jugoslawen, der Litauer, der Armenier, der Inder sind durchaus auf die intellektualistische Note eingestellt.[10] Auf die kürzeste Formel gebracht: ohne Studenten und Professoren, Journalisten und Schriftsteller keinen Nationalstaat.

Intellektualistisch betrachtet, haben auch die modernen Sprachenkämpfe in Europa eine zugleich idealistische und ökonomische Bedingtheit. An die Erhaltung und Pflege der Volkssprache sind erhebliche pekuniäre Interessen geknüpft und innerlich verankert, bei den Verlegern, Herausgebern, Autoren und Mitarbeitern an Büchern, Zeitschriften, Zeitungen sind kapitalistisch oder berufsmäßig gebundene Erwerbsinteressen lebendig, welche in der Kenntnis einer bestimmten Sprache ihren Angelpunkt haben.[11] Sie sind daher die gegebenen Verteidiger der Sprache und deren Schönheiten und literarischen Erzeugnissen, mit denen sie zugleich affektiv wie instrumental und professionell verwachsen sind. In bunten Völkerstaaten, wie in der österreichischen Monarchie, entstand aus solchen Verhältnissen der Streit der Nationen um die Schulen, die Universitäten, die Ämter. Die Intellektuellen mußten dort um ihre Nationalität kämpfen, weil diese für sie Existenzfrage war. Was bedeutete im alten Österreich z.B. ein italienischer Gelehrter ohne italienische Universität? Ein tschechischer Dichter ohne das Vorhandensein eines gewaltigen tschechischen Schulapparates?

Nicht nur durch das Hineinreisen in die Kultur der Völker, denen sie angehören, sondern auch durch die Wanderbewegungen in fremdsprachige Gegenden, in denen sie des eigensprachlichen Unterrichts bedürftig werden, gelangen weite Arbeitermassen in den Bannkreis nationaler Kultur- und folglich Machtkämpfe und reißen hierdurch den Sozialismus mit in ihrem Strudel. »Die sozialistische Gesellschaft wird, indem sie jeden Deutschen zum Erzeugnis deutscher Kultur macht und ihm die Möglichkeit gibt, den Fortschritt deutscher Kultur mitzugenießen, den Partikularismus innerhalb der Nation erst beseitigen. Kein Zweifel, daß diese Entwicklung die Kraft des politischen Nationalitätenprinzips aber stärken wird.«[12]

Der Weltkrieg brachte die Intellektuellen sofort wieder in die vorderste Reihe.[13] Es kam in doppelter Hinsicht zu einer Mobilmachung der Intellektuellen. Ihre Opfer waren gewaltig. Keine Berufsklasse hat so viele Kriegsfreiwilligen geliefert als die Intellektuellen, zumal die Studenten. Im weiteren Verlauf des Krieges lag ihnen als den Reserveoffizieren die ganze Last der unteren und mittleren Armeeführung auf den Schultern. Die berüchtigte »Gedanken's Blässe« verhinderte also das praktische Heldentum keineswegs. Freilich ging das starke Sentiment auf Kosten der reinen Wissenschaft. Alle Residuen wurden auch in den älteren Gelehrten wach, sowie sie sich bei den literarischen nationalen Kundgebungen des Weltkrieges äußerten. So entstand typisch die Proklamation »Es ist nicht wahr« der deutschen Gelehrten 1916. So auch in Italien, wo die offizielle Professorenschaft, wenn auch unter anderen Voraussetzungen, für die Beteiligung ihre Landes an dem Weltkrieg eintrat. In England ließen die Professoren an der Universität Oxford gleich nach Ausbruch des Weltkrieges unter dem Titel »Oxford Pamphlets« eine periodische Publikation zur Verteidigung der englischen Position erscheinen. In Frankreich erließ 1919 ein Häuflein von 57 Intellektuellen, freilich vornehmlich Literaten und nicht Universitätslehrer, ein »Manifeste du Parti de l'Intelligence«, das sich ziemlich unverblümt für eine nationale Machtpolitik unter französischer Vorherrschaft aussprach.[14] Der Weltkrieg entwickelte sich, wenigstens in seinen literarischen Äußerungen, zu einem erbitterten Kampf zwischen nationalen Sonderkulturen.[15]

Die Führung der Massen durch die Intelligenz

Die Führung der Arbeitermassen in der Politik durch bürgerliche Intellektuelle entspricht einem historischen Gesetz, demzufolge jede Klassenbewegung von Mitgliedern derjenigen Klassen geleitet wird, gegen welche sie sich richtet. Karl Marx hat durchaus recht gesehen, wenn er ausführte, der Bourgeoisie sei das tragische Verhängnis zuteil geworden, die Lehrmeisterin ihres wirtschaftlichen und sozialen Todfeindes zu sein. Zunächst, weil sie »in dem fortwährenden Kampfe«, zu dem sie sich »anfangs gegen die Aristokratie, später gegen die Teile der Bourgeoisie selbst, deren Interessen mit dem Fortschritt der Industrie in Widerspruch geraten, und stets gegen die Bourgeoisie aller anderen auswärtigen Länder« genötigt sieht, fortwährend gezwungen ist, »an das Proletariat zu appellieren, seine Hilfe in Anspruch zu nehmen und es so in die politische Bewegung hineinzureißen«, wodurch sie dann dem Proletariat »ihre eigenen Bildungselemente, d.h. Waffen gegen sich selbst« zuführt.[16] Aber die Bourgeoisie wurde noch in einem ganz anderen Sinne zur Lehrmeisterin, ja, zur Fechtmeisterin des Proletariats. Durch die stete, enge Berührung mit ihm löste sich nämlich ein Teil ihrer selbst von ihr los und stellte seine Kenntnisse und seine Nerven in den Dienst der arbeitenden Massen, um sie zum Kampfe gegen die bestehenden Verhältnisse, die sie als Mißverhältnisse empfinden und begreifen, anzufeuern. In der Geschichte der Gesellschaft und der Arbeiterbewegung haben die Akademiker ein Kapitel von großer Tragweite bedeutet.[17]

Groß ist die Typenverschiedenheit des intellektuellen Sozialisten. Wir skizzieren grosso modo[18] 1. den Ethiker, mit sozialem Gewissen Gewaffneten oder Mitleidigen, 2. den Mann der Wissenschaft, der sich von der Notwendigkeit oder doch von der Durchführbarkeit des Sozialismus überzeugt haben will, 3. den geschäftigten Politiker und Demagogen, 4. den Quacksalber und Doktor Eisenbart, der seine krause ideologische Ware an den Mann bringen will, 5. die Coriolan-Natur, die aus »Ressentiment« ein erlittenes persönliches Unheil rächen möchte, 6. den übersättigten Reichen, oder Philanthropen oder auch Grandseigneur.

Letztendlich läßt sich diese Typenverschiedenheit auch in zwei Hauptkategorien unterbringen, die »Missionäre« (Apostelnaturen) und die »Interessenten«; ersterer würde 1,2 und 6, letzterer 3, 4 und 5 zuzuzählen sein. Zu 5 gehören, wenn auch in mehr unpersönlicher, »vergesellschafteter« Form, die Angehörigen des sogenannten, »intellektuellen Proletariats«, die »Deklassierten«.

Zwischen den aufgeführten Typen gibt es aber unzählige Schattierungen von Mischtypen; wie stark diese über die skizzierten reinen Typen überwiegen, weiß jeder Psychologe des Parteiwesens.

Ethisch setzt der Anschluß bürgerlicher begabter Intellektuellen an den parteipolitischen Sozialismus die Fähigkeit zur Einfühlung in ein heterogenes Massenschicksal (Vorhandensein eines »sozialen Gewissen«) und zur entsprechenden Einfügung des Einzelschicksals voraus. Was den Arbeiter zum Sozialismus treibt, ist nur triebhafte Reaktion auf seine Klassenlage. Beim Intellektuellen ist es die Reaktion eines geistigen Arbeitsmotivs oder einer seelischen Not, welche ein heterogenes individuelles Schicksal bestimmt. Es ist ethische oder intellektuelle Zwangsläufigkeit. Was die Intellektuellen zum Sozialismus treibt, kann indes auch unbewußte (oder selbst bewußte) Spekulation auf das glänzende Rohmaterial sein, das die proletarischen Massen jedem politischen Ehrgeizling zur Erringung eines politischen Piedestals bieten.[19]

Die Intellektuellen bringen als Parteiführer Gefahren mit sich. Je größer die Reinheit ihrer Absichten und die Höhe ihres Ideals, um so eher verzagen sie, wenn die Massen sich als elend und feige oder grausam und egoistisch erweisen.[20] Oder aber, zumal wenn sie der Ressentiments-Kategorie angehören, veranlaßt sie jeder große Erfolg ihrer Politik zur Desertions und zum, wenn auch bisweilen verschleierten, Verzicht auf ihre Ideale; sie führen dann entweder die Massen auf die Wege, die ihren eigenen persönlichen Interessen entsprechen oder, falls sie ihnen nicht zu folgen bereit sind, trennen sie sich von ihnen, um auf der von jenen geschaffenen Basis der Notorietät anderswo Karriere zu machen.

Ein drittes Gefahrenfeld für die radikalen Intellektualitäten liegt im Impossibilismus, der den rabiaten, verbissenen Fanatiker und Prinzipienreiter erzeugt, der entweder die Bewegung zugunsten irgendwelcher unsterblicher Prinzipien totreitet, oder sie, was seltener der Fall ist, mit Hilfe günstiger Außenumstände (Akzessorien) zwar zum Siege führt, diesen aber durch Einseitigkeit, Übertreibung und menschliche Härte unkulturell gestaltet, d.h. verdirbt. Denn unter den Intellektuellen macht sich vielfach eine Tendenz nach der Extreme hin geltend. Die Ursachen dafür liegen auf der Hand: die Funktion der Geistesarbeit, die sich auf keine »Tatsache« zu stützen braucht, ihre Gewandtheit in der Umwertung aller Werte und im Kampf gegen die Klasse, mit der sie alle Brücken brechen mußte; die Heftigkeit nunmehr ungehemmter Empfindungen und Überzeugungen. Die Überläufer, die Abtrünnigen, sind die von ihrem Geburtsmilieu gehaßtesten. Sie sind, wie alle Renegaten eben, Fanatiker. Aus allen diesen Gründen sind sie mehr prinzipiell gerichtet und infolgedessen von aller notwendigen Kleinarbeit instinktiv abgewandt.

Das sogenannte intellektuelle Proletariat entsteht aus einer Überproduktion an markteingestellten Offerenten von Kenntnissen und ist stets als ein Krankheitszustand zu betrachten. Dieser Zustand ist verursacht 1. durch eine geistige Überschätzung der formalen Bildung im allgemeinen, 2. durch plötzliches Stocken des »Konsums« an geistigen Gütern, Verarmung der Bevölkerung in Krisen, welche die Gesellschaft in einen Zustand versetzen, der sich keinen großen Luxus an geistigen Verbrauchswerten leisten kann, 3. durch eine im Lande vorhandene industrielle Rückständigkeit, welche die Jugend einer unproduktiven, weil überlaufenen Beamtenlaufbahn oder den sogenannten liberalen Berufen konzentrisch zudrängt[21], 4. durch persönliche Liederlichkeit und Lebensunklugheit (verkrachte Existenzen).[22]

Das geistige Proletariat besteht indes nicht nur aus verkrachten Existenzen oder gesellschaftlich ununterbringbaren Mitgliedern der oberen Klassen, sondern auch aus einer weiteren Kategorie: Die durch die Großindustrie schwer gefährdeten Klassen des Handwerkertums und der Kleinindustrie versuchen ihre Söhne anderwärts unterzubringen, wozu ihnen die Staatskrippe mit dem Recht auf Pension, das sie verleiht, als Lückenbüßerin am geeignetsten erscheint. Die übergroße Nachfrage nach Beamtenstellen, die aus diesen Verhältnissen entspringt, bewirkt die Entstehung einer Masse von intellektuellen Proletariern, die großen numerischen Veränderungen unterliegt. Denn von Zeit zu Zeit sieht sich der Staat, durch das unablässig wachsende Angebot in Bedrängnis geraten, gezwungen, die Schleusen seiner bürokratischen Kanäle zu öffnen, um seinem Beamtenkörper einige neue Tausende von Postulanten einzuverleiben und sie so aus gefährlichen Gegnern in eifrige Beschützer und Klienten zu verwandeln. Staatspolitisch betrachtet, gibt es mithin zwei Klassen Intellektueller. Die eine setzt sich aus denen zusammen, welchen es geglückt ist, an der Staatskrippe ein Unterkommen zu finden, während die andere aus denen besteht, die die Festung belagert haben, ohne daß es ihnen gelungen wäre, in sie einzudringen. Die ersteren sind einer Schar Sklaven vergleichbar, die immer bereit sind, den Staat, ihren Brotgeber, um welche Fragen es sich bei dieser Verteidigung handeln möge, teils aus Klassenegoismus, teils aus persönlichem Eigennutz (der Angst, ihre Stelle zu verlieren), zu verteidigen. Sie sind deshalb unzweifelhaft als treue Staatsbürger zu betrachten. Die anderen hingegen sind die geschworenen Feinde des Staates; sie sind die ewig unruhigen Geister, welche die bürgerliche Opposition führen und die Führerschaft der revolutionären Parteien des Proletariats übernehmen. Die staatliche Beamtenschaft besitzt dabei die generelle Tendenz, sich in langsamerem Tempo zu vergrößern und zu erweitern als es den unzufriedenen Elementen aus den Mittelklassen zupaß käme.[23]

In den Reihen der Sozialisten ist der Anteil der intellektuellen Juden staunenswert. Er erklärt sich aus dem Pessimismus des jüdischen Geistes, seiner analytischen und kritischen Kraft. Hierzu kommt, im Mittel- und Osteuropa der Vorkriegszeit, der Mangel an nicht mit der politischen zugleich errungener sozialer Emanzipation, der sich bis zur Einführung des Numerus Clausus an den Universitäten verstieg, und welcher die tüchtigsten Kräfte des Judentums entweder dem Wirtschaftsleben oder, insoweit sie sich geistigen Aufgaben dennoch zuwenden wollten, deren Studium im Auslande zuführte; ferner das kurze historische Gedächtnis der Juden, das sie an den Traditionen der Gastvölker nur sehr geringen Anteil nehmen ließ; der brennende Ehrgeiz, der alle jüdischen Könner beseelt und sie mit der Autorität in Konflikt bringt, sobald diese sich ihnen nicht fügt; ihre internationale Beziehungswelt und Verwandtschaft; endlich ihr, den Besten unter ihnen eigener, weltenerlösender Messianismus.[24]

Wie die Geschichte der Arbeiterbewegung beweist, verhalten sich die arbeitenden Massen dem sich ihnen als Führer zur Verfügung stellenden Intellektuellen gegenüber je nach den Perioden verschieden. In der ersten Periode, in welcher die Bewegung noch naiv, unbeholfen und eigener geschulter Führer bar ist, erscheint trotz gelegentlicher Aufstellung der These, daß nur Arbeiter die Arbeiterschaft zu befreien vermöchten, der sich anbietende Intellektuelle als Retter in der Not den Massen als durchaus vertrauens- und verehrungswürdig.[25] Später, wenn das intellektuelle Angebot an Führern stärker geworden und sich aus dem Arbeiterschoße selbst neue, »echt proletarische« Führer herauszubilden beginnen, die als Funktionäre in Partei und Gewerkschaft in Arbeit stehen, wird der Intellektuelle zwar um so unentbehrlicher bleiben, als die Aufgaben der Parteiorganisation als solche, der politischen Kampfziele und Kampfesorte (Parlamente), sowie der mehr oder weniger angegliederten Nebenbewegungen, wie der Gewerkschaften und Genossenschaften, im Wachsen begriffen ist, aber die moralische Stellung der Intellektuellen im sozialistischen Verbande wird doch weniger unantastbar. Der Intellektuelle wird unter den Massen zum Gegenstand des Argwohns, wird der Streberei, des Arrivismus beschuldigt. Er wird als Fremdkörper empfunden. Hierzu tragen die Kämpfe und Intrigen der Intellektuellen untereinander sehr viel bei. Sie kompromittieren durch ihren Zank ihre eigene Gens vor den Massen. Es wäre hingegen unzutreffend anzunehmen, daß die aus dem Proletariat selbst entstammenden Führer einen größeren Grad von politischer Zuverlässigkeit aufweisen als die Führer aus dem gebildeten Bürgertum. Der Verbourgeoisierungsprozeß weist bei den Arbeiterführern wie bei den gehobenen Arbeitermassen selbst[26] einen schnellen Rhythmus auf.

Die robusten Arbeiterführer aus dem Proletariat neigen entschieden zur Tendenz, ihre aus den oberen Ständen stammenden Kollegen zu mißhandeln und nach Möglichkeit zu verdrängen.[27] Der Intellektuelle und der Reiche sind ohnehin im Volke nicht beliebt. – In Rußland und in vereinzelten Fällen auch anderswo hat das Bekenntnis zum Sozialismus die Intellektuellen dazu geführt, durch einen Prozeß bedingungsloser Selbstentäußerung Gesinnung und Lebensform miteinander in Einklang zu bringen, indem sie letztere ersterer opferten, sich willentlich proletarisierten, »ins Volk« gingen (Narodniki).[28] Neben dem ethischen Element der Entsagung und Anpassung nach unten, das später wieder im Tolstojismus lebendig wurde, ließen sich die Narodniki auch von Rücksichten politisch-psychologischer Art leiten. Die Wirksamkeit des

Wortes in der Propaganda sei als beschränkter zu betrachten als das stille Beispiel des täglichen Lebens. Aus ähnlichen Erwägungen erwuchs auch der Anstoß zur freilich weder stillen noch täglichen Propaganda der Tat. Für das Führertum entsteht aus der Theorie der Entsagung ein heroisches Postulat: unmittelbar nach der mit der Erzielung einer siegreichen Revolution ungespielten Rolle wieder zu verschwinden oder Selbstmord zu üben, um nicht in ihrer Person eine neue Herrschaft aufkommen zu lassen (Bakunin).

Die innere und äußere Teilnahme einer sozialistischen Intelligenz an der Geschichte der Arbeiterbewegung gilt zumal für die großen und kleinen Länder des europäischen Kontinents. In England ist – vielleicht mit Ausnahme der Chartistenbewegung in den dreißiger Jahren des vergangenen Jahrhunderts sowie der Fabian Society, der allerdings mehr der Charakter einer Studiengemeinschaft als der einer aktiven politischen Partei innewohnte – die Teilnahme der Akademiker an der politischen Bewegung des Sozialismus viel geringer gewesen. Unter den Ursachen dieser Erscheinung muß zunächst auf die geistige Atmosphäre verwiesen werden: die berufsmäßige Beschäftigung mit der Politik galt in England bis in unsere Zeit hinein und gilt teilweise noch heute als Privileg der Leute von gesicherter Lebensstellung, nicht geschaffen für Junge, die Karriere machen wollen, sondern für Alte, die bereits Karriere gemacht haben, oder die wenigen Jungen, die es durch Geburt nicht nötig haben, solche zu machen. Außerdem sind in keinem Lande der Welt die Wahlen so teuer als dort und folglich für mittellose Private oder auch Gruppen so schwer zugänglich. In dieser Exklusivität dürfte auch eine der Ursachen für das altangelsächsische Zwei-Parteien-System mit ihren Symptomen liegen: fair play, mehr spielerische als prinzipielle und ernstgemeinte Kampfesführung, Überwiegen freundschaftlicher Verabredung zwischen Führergruppen sozial gleichgestellter Klubgentlemen.

In Frankreich spielen sich der Wahlkampf und der Kampf im Parlament zwar in harter Form ab, aber zwischen den Abgeordneten hat sich trotz der Unterschiedlichkeit ihrer Herkunft, ihrer Bildung, ihrer Berufe, ihrer Fähigkeiten und ihrer Überzeugungen doch jenes Zwischending zwischen Korpsgeist und gegenseitiger Übernahme der Mitverantwortlichkeit herausgebildet, das man Camaraderie nennt und welches die Abgeordneten der verschiedensten Parteien untereinander, innerlich wie äußerlich, mehr »frères et cochons« sein läßt und mehr solidarisiert, als es zwischen einem Abgeordneten und einem Mitglied der gleichen Partei außerhalb des Parlaments der Fall sein könnte.[30] So droht hier der Parlamentarismus zu einer Vermischung der Gegensätze zu führen und das Spiel der natürlichen Kräfte zu paralysieren.

In Amerika befinden sich die Intellektuellen in einer besonderen Lage: wirtschaftlich, wenigstens insoweit sie an den Universitäten wirken, sind sie zumeist schlecht gestellt, sozial vom Millionärtum völlig überschattet, dazu eigentlich ohne Standesgefühl und ohne vom übrigen Volke irgendwie unterscheidbare Lebensführung.[31] Die Atmosphäre, in der sie leben, schätzt die Werte wesentlich als Gebrauchswerte; es ist die einer Pionierkultur, die zwar ihre ökonomiche Grundlage verloren hat, deren geistiger Überbau aber noch fortlebt.[32] Dennoch ist der Unionismus in seinem Führertum stark mit Halb- und Ganzintellektuellen durchsetzt. Nach den Berechnungen von Pitirim Gorokin gehören in the United States unter den Leaders of Labor and Radical Movements von je 100 in Amerika tätigen Arbeiterführern 14,4 der obersten Klasse (qualified professional, managerial and big business class), 8,8 der zweiten Klasse (officials, less qualified profesisonal managerial and business class) an; von je 100 in Amerika geborenen Arbeiterführern (national American leaders) lauten die entsprechenden Ziffern 25,4 und 20,9.[33] Als Uniongründer, Tarifvertrag-Sachverständiger, Streikführer und Sachwalter in Preußen ist auch dort der Intellektuelle unentbehrlich. [...]

Kritik des sog. revolutionären Charakters des Intellektuellen im 19. Jahrhundert

In den französischen Revolutionen 1830 und 1848 haben die Studenten der Pariser Universität Legionen gebildet. Eine ähnliche Rolle spielten die Wiener Studenten 1848 in Wien. Auch die deutsche Burschenschaft war mehr oder weniger revolutionär.[34] Das gleiche gilt von der Studenteska in Rußland. Doch entzieht es sich jeder historischen Nachweisbarkeit, ob es sich in allen diesen Fällen anstatt um kräftige oder selbst tonangebende Bestandteile wirklich um die kompakte Geschlossenheit der Studenten gehandelt habe. Nach allen sozialen und psychologischen Gesetzen ist letzteres so gut wie ausgeschlossen. Wir erhielten aus dem Studium der Quellen den starken Eindruck, daß sich die revolutionäre Studenteska ganz wesentlich aus folgenden zwei Kategorien zusammensetzte: 1. Söhne gleichgesinnter Väter, 2. ortsfremde Studenten. Die Söhne der preußischen Geheimräte und österreichischen Hofräte dürften mit geringen Ausnahmen in den Reihen der Revolutionäre nicht mitgefochten haben.

Die in historischen Einzelfällen oft aufgestellte These vom Eintreten der Intelligenz für eine revolutionäre Idee ist stets cum grano salis zu verstehen.

Denn es handelt sich hier häufig nur um Ausschnitte derselben, etwa im Sinne einer Altersklasse (wie etwa die französische Jeunesse des Ecoles, der sich keineswegs eine entsprechende Solidarität der Professorenschaft zuzugesellen braucht). Oder aber es handelt sich um eine über alle Altersgrenzen hinausgreifende Berufsklasse, etwa die in freien Berufen arbeitenden Intellektuellen (Schriftsteller, Advokaten, Ärzte), während die beamtete Intellektualität (Regierung, Richter, Staatsanwälte usw.) meist an der alten politischen Staatsform festhält. Ein historisches Beispiel: das neben dem mehr oder weniger wohlbestallten, mit dem gleichen Lehrgang ausgestatteten offiziellen Professorentum und der Bürokratie in der ersten Hälfte des neunzehnten Jahrhunderts in Deutschland aufgekommene studierte freie Literatentum stellte sich sogleich zu den Staatseinrichtungen und den Staatsgewalten und ihren gelehrten und beamteten Vertretern in Opposition; es war sowohl patriotischer als auch sozialer, jedenfalls radikaler als jene.[35] In Frankreich konnte 1848 Proudhon sogar behaupten, die Intellektuellen hätten entgegen der allgemeinen Annahme die Revolution nicht nur gar nicht vorbereitet, sondern sie eher hintangehalten, denn die schöne Literatur habe die Leidenschaften der Massen nur auf andere, romantische oder erotische, Wege geleitet.[36] Eine Beobachtung, die an und für sich stimmte, und doch ein Quiproquo enthielt, weil die politischen und historischen Wissenschaften, deren hervorragendster Vertreter Louis Blanc war, umgekehrt ihrerseits sehr wohl sich längst in den Dienst der revolutionären Sache gestellt hatten.[37] Selbst im intellektualistischen Italien, wo wirklich alle Literaten von Rang ohne Ausnahme patriotisch gesinnt waren, erhob unter dem Eindruck der Langsamkeit der erreichten Fortschritte kein Geringerer als Giuseppe Mazzini um 1830 den Vorwurf, die Schriftsteller seien Prosatoren und Versmacher, Gelehrte und Pedanten, aber keine eigentlichen Bürger.[38]

Ein Analogon des Parteiwesens zu den Lebensaltern (Jugend = Radikalismus; Jungmännertum = Liberalismus; reifes Mannesalter = Konservativismus; hohes Alter = Absolutismus), wie es Rhomer erträumte[39], ist vollends nicht nachweisbar.

Die These von dem immanent revolutionären Charakter der Intelligenz stößt sich mithin hart an den historischen Tatsachen. Auch hier ist wieder daran zu erinnern, daß auf dem Gebiet der Politik die Intelligenz überall ist. Von jeher sind nicht nur die Parteien des »Umsturzes«, sondern auch die der »Beharrung« und der »Reaktion« in den Händen der Intellektuellen und deren Wortführer.

In der Nachkriegszeit hat sich in einigen Zentralpunkten europäischer Kultur, wie zumal in Italien und Deutschland, eine gewaltige faschistische

Bewegung gebildet, an welcher die akademische Jugend (die Professorenschaft nur in sehr viel bedingterem Maße) hervorragenden Anteil hat. Diese Bewegung ist ausgesprochen antisozialistisch, aber darf nicht, wie ihre Gegner es wünschen, als »reaktionär« bezeichnet werden. Sie ist typisch jugendlich, d.h. stürmisch und »revolutionär«.

Nach allem Gesagten kann von einer einheitlichen Wirkung der Intellektuellen im politischen Leben keine Rede sein. Nach Herkunft, Charakter, Einstellung, Vorbildung, Theorie völlig verschieden, sind die Intellektuellen die Offiziere und Unteroffiziere aller Waffengattungen und aller untereinander feindlichen Heere. In gewissem Sinne und sub specie aeternitatis betrachtet, heben sich die von ihnen ausgeübten Wirkungen also auf, paralysieren sie sich gegenseitig.

Die Bildungsklassen sind nur schulmäßig, an der Leistung von Examina und Erbringung von Diplomen meßbar.[40] Ökonomisch haben sie keine Bedeutung. Höchstens in Rußland hat man von einer Intelligentia als Klasse, und auch das nur in übertragenem Sinne, sprechen können. Die *classe intellectuelle* in Europa ist über alle Erwerbs- und Besitzschichten zerstreut. Ihre ökonomische Unfaßbarkeit und ihre geringe örtliche Kompaktheit bewirken ihre Unorganisierbarkeit. Die Organisation der Kopfarbeiter, die heute überall versucht wird, bleibt deshalb ein *pio desiderio.* Nur einige wenige intellektuelle Berufsarten sind wesentlich homogen und führen zu den gleichen Erwerbsklassen. Zumal, wenn sie ihren Erwerb in Gestalt fester Gehälter (Staatsbeamte mit akademischer Bildung) beziehen. In diesem Fall drückt ihre *spezifizierte* Intellektualität immerhin einen leidlich feststellbaren ökonomischen Grad aus und sind dann diese Unterklassen oder Klassenbruchteile auch der Organisation leichter zugänglich. Aber akademische Solidarität ist nur in äußerst bescheidenem Maße vorhanden. Ganz allgemein genommen, kann man von den Intellektuellen nur sagen, daß sie 1., von Stipendiaten natürlich abgesehen, durch die für das Studium erforderte Anlage von Kapital (Zeit und Geld) bewiesen haben, daß sie nicht der besitzlosen Klasse entstammen, 2. daß sie ihrem Wesen nach nach den höheren Einkommensklassen hin tendieren.

Die Studentenschaft ist (mit Ausnahme derjenigen an den alten englischen Hochschulen) nicht ohne weiteres Bourgeoisie. Die soziologische Lage der Studentenschaft ist dadurch mit bedingt, daß für sie in denselben Jahren, in denen ihre Altersgenossen aus der Arbeiterschaft, aber auch im Handel und in der Leitung der Industrie, systematisch arbeiten und verdienen, nur arbeiten und zuzahlen, d.h. konsumieren[41], und außerdem über das Maß der Arbeit hinaus noch ein weitgehendes qualitatives wie quantitatives Selbstbestimmungsrecht, akademische Freiheit genannt, besitzen. Für die Studenten ist die Studienzeit mithin eine Art Kapitalanlage, über deren in weiter Sicht befindliche Rentierung nichts Bestimmtes auszusagen ist. Das ist es, was dem Leben der Studentenschaft zugleich die goldene Sorglosigkeit verleiht, sie aber auch in späteren Semestern oder bei Eintritt ins Philistertum, mit bitterer Angst um die Zukunft erfüllt.[42] Die Studenten sind, mit wenigen Ausnahmen, nur Aspiranten auf die Bourgeoisie. Für den aus niederen Ständen herkommenden Teil der Studentenschaft seinerseits wirkt die Universität geradezu als »Klassenerhöhungsmaschine«, als Bindeglied zwischen einer niederen und einer oberen Gesellschaftsschicht.

Erreichen die Intellektuellen ihr Ziel nicht, so qualifiziert man sie deshalb entweder retrospektiv als Deklassierte: sie sind ihrer Ursprungs- (Geburts-) klasse verlustig gegangen; oder prospektiv als *spostati*, d.h. sie haben ihren natürlichen Charakter als Eroberer guter Posten nicht (oder noch nicht) bewiesen.

Die Zusammenhänge zwischen Besitz und Bildung sind logisch und empirisch zweifellos. Aber ein bestimmtes Maß von Bildung vermag dennoch den einzelnen Klassen als immanente Eigentümlichkeit oder kulturelle Begleiterscheinung nicht beigegeben zu werden. Die Intellektuellen sind keineswegs mit der Bourgeoisie zu verwechseln. Im Frankreich des siebzehnten Jahrhunderts war der Intellektualismus Übergang zum Adel (noblesse de robe), im Handwerkerstande das Universitätsstudium der Söhne als höchstes Ziel aller Opfer wert. Kleinfabrikantentum und Kaufmannschaft erscheinen, von den bürgerlichen Intellektuellen scharf getrennt, durchaus als Unterklasse. Indes auch innerhalb der Studierten selbst ist straffe Struktur. An der Spitze stehen die Juristen (les hommes de loi), dann kommen die Ärzte; die Professoren bilden, insoweit sie nicht im Colège de France sitzen oder die Priesterwürde bekleiden, die Queue.

Überhaupt ist zu bemerken: Ebenso wie Reichtum, Sich-bedienen lassen, Sich-absondern, gehört auch der Besitz der Bildung zu den »critères de distinction« der Bourgeoisie. Freilich Bildung allein kennzeichnet, wenn überhaupt, nur deren unterste Schicht: »Les intellectuels sont des bourgeois d'un rang social peu élevé s'ils ne sont bourgeois que par leu intelligence.«[43] Bildung ist höchstens pars pro toto der Bourgoisie.

»A vrai dire, la supériorité de la bourgeoisie n'est ni intellectuelle ni morale. Le travail de l'esprit est estimé plus honorable que le travail du corps, mais il est plus honorable encore de ne pas travailler du tout et vivre de ses rentes. Et parmi les qualités d'esprit et les qualités morales, les plus honorées sont celles dont on est récompensé par l'accroissement de sa fortune.«[44]

Karl Renner nannte einmal die Intellektuellen die Wirtschaftslosen. Der Ausdruck ist mißleitend. Sowohl die Ausübenden der freien Berufe als auch selbst die Festbesoldeten in Staat und Gemeinde sind von den Konjunkturen des Wirtschaftslebens keineswegs unabhängig (weder in Gehaltshöhe noch gar in der Kaufkraft des Geldes).

Nochmals: Bildung und Erziehung, Intelligenz, schnelle Auffassungsgabe sind keiner absolut klassenmäßigen Differentation unterworfen. In allen Einkommen- und Besitzklassen gibt es, wenn auch in verschiedener Quantität, Gebildete. Gehören diese den unteren Einkommensklassen an, so bezeichnet man sie auch als intellektuelles Proletariat. Sie sind jedoch vielfach nur Wartende mit sicherer Anwartschaft auf sozialökonomische Erhöhung. In diesem Falle sind sie Übergangsklassen und wird die diesen entsprechende Charakteristik auf sie angewandt werden müssen. Oft sind diese Elemente aber ungeduldig oder haben voreilig alle Hoffnung auf Besserung verloren und laufen Gefahr, von den unteren Klassen aufgesogen zu werden.[45] Dann treten die mittellosen Gebildeten in bewußten Gegensatz zu den bemittelten Gebildeten. Sie machen den suprême effort. Sie geben den Sauerteig zu allen sozialen Revolutionen ab und werden zu den berufenen Wortführern der Massen im Klassenkampf. Dieser stellt sich dann dar als Kampf zweier ökonomisch geschiedener Klassen von Gebildeten um die Macht.

Trotzdem wäre es unhistorisch als auch den Gesetzen der psychologischen Logik widersprechend, annehmen zu wollen: »Est riche celui qui est plus riche qu'il n'est requis pour vivre comme on vit commenément dans le classe à laquelle il appartient, c'est-à-dire celui qui a *du superflu.* Est pauvre celui qui manque du *nécessaire.*«[46]

Historisch-soziologische Kritik an der Funktion der Intelligenz

Die Intellektuellen, im Ganzen von der öffentlichen Meinung des 19. Jahrhunderts überschätzt, gerieten gegen Ende des Jahrhunderts in einen auch heute noch längst nicht beendigten Prozeß heftigster Selbstanalyse und geistiger Selbstzersetzung hinein. Das war der Fall in Italien, in den angelsächsischen Ländern und in Deutschland, vollzog sich aber wohl am tiefgründlichsten und geistreichsten in Frankreich. Das erste *punctum controversiae* besteht in der historisch genugsam überprüften Tatsache, daß die verschiedenartig eingestellten wirtschaftlichen Gruppen, wie Arbeiter und Arbeitgeber, in den meisten Ländern die politische Vertretung ihrer Interessen den Intellektuellen zu überlassen pflegen.[47] Einige Schriftsteller (wie De Man) haben daraus eine Theorie konstruieren wollen, der zufolge der Intellektuelle hiermit eine soziale Funktion der geistigen Initiative, der Schöpfung, der Leitung und der Führung erfülle.[48] Russischen Marxisten zufolge vermag die Intelligenz nur durch einen Anschluß an die Arbeiterklasse die ihr sonst vorbehaltene Macht zu erhalten.[49] Aber gerade diese Funktion ist von anderen Denkern als unschöpferisch und steril und, insoweit sie in der Führung der Massen besteht, verderblich und innerlich falsch an den Pranger gestellt worden. Der Sorelschüler Edouard Berth beklagt es bitter, daß die Produzenten mit der Wahrnehmung ihrer wichtigsten Angelegenheiten gerade die der Demagogie verfallenen, wirtschaftlich interesselosen Intellektuellen betrauten, die sich gleich Dirnen allen Parteien abwechselnd um Geld und gute Worte verkauften, während sie im Grunde niemandem zu dienen vermöchten.[50]

Im Syndikalismus der Sorelschen Schule schrumpft die Funktion der Intelligenz von der Lehrmeisterin zur bescheidenen Stellung der Lernenden zusammen. So sagt Lagardelle auf dem Kongreß der französischen Sozialisten in Toulouse 1908: »Mieux que nous, mieux que tous les politiciens, que tous les docteurs et tous le savants du monde, la classe ouvrière connait sa vie, les exigences de son action, les conditions de sa lutte... Reconnaissons-le-done: nous n'avons pas à dicter des leçons au prolétariat, nous avons à interpréter ses expériences, à utiliser ses indications, et à nous servir, pour une œuvre de culture générale, des principes nouveaux qu'il apporte dans le monde.«[51] Der Intelligenz liege bloß die Aufgabe ob, die vom Proletariat gesammelten Erfahrungen zu interpretieren.[52] Gerade als ob diese neue Funktion nicht den höchsten Grad von Intellekt voraussetze.

Die Ansichten über den sozialen Wert der Intellektuellen gehen also weit auseinander. Die einen verhöhnen das unter dem Einfluß der bürgerlichen Intelligenz stehende neunzehnte Jahrhundert als die Epoche der Dummheit: unwissenschaftliche Einseitigkeit der Rationalisierung des nicht Rationalisierbaren; statt der göttlichen Skepsis von Rabelais, die scheinbare Objektivität des Systems von Auguste Comte.[53] Die anderen vermeinen aus dem Protest gegen die Demokratie und aus den aristokratischen Neigungen, welche zu Beginn der Dritten Republik gerade einige der erlauchtesten Geister in Frankreich, wie Ernest Renan, Hyppolite Taine und Fustel de Coulanges an den Tag legten, darauf schließen zu dürfen, daß die Intelligenz ihres angeborenen Elitecharakters nicht verlustig gegangen sei.[54]

Als allgemeiner Satz mag gelten, daß die Intelligenz durch ihre Beziehung zur Tagespolitik in allerhöchster Gefahr schwebt. Maurras stellt sie vor die

Alternative: Option für Geld oder für Blut, für Kapitalismus oder für Tradition. Das heutige Regime der öffentlichen Meinung führe zum Dominium der Finanz; es erniedrige den Intellekt, indem es seiner Arbeitsleistung den Charakter der Selbständigkeit raube, denn in einer vom Golde beherrschten Welt entscheide nicht mehr die Sachlichkeit, sondern die Anpassungsfähigkeit an die jeweiligen Bedürfnisse. Deshalb sei in der parlamentarischen Demokratie die Intelligenz als Gruppe sozial völlig machtlos. In einem Regime der Ordnung, in welchem nicht mehr das wechselnde Geld, sondern das hierarchisch-ständische Prinzip, zum dauernden Element würde, wird die Intelligenz hingegen ihre ihr eigentümliche Bedeutung wiedererlangen. Die Bildungs- und Traditionsgüter müssen den mit ihnen nur Verschwendung treibenden Massen entzogen werden, damit sie ihre Reinheit und Feinheit zurückgewinnen. Das ist die Entpolitisierung der Intellektualität.[55]

Die Politisierung und Nationalisierung unseres Literatentums und unserer Gelehrtenschaft hat zweifellos seit 1800 die größten Fortschritte gemacht. Noch im achtzehnten Jahrhundert lebten die Gelehrten ein unpolitisches, eigenen Zwecken dienliches Leben.[56] Ihr Eintreten für Staat, Klasse, Vaterland hat sich inzwischen zusehends dynamisiert. Der Intellektualismus hat seine reine Wissenschaftlichkeit eingebüßt, seine *passion universaliste* ist dahin. Der Gelehrte ist nicht nur von den »Fakten«, den Konkretheiten, besiegt worden, er hat auch seine Gedankenwelt ihnen assimiliert.[57] Vielleicht hat Benda recht, wenn er die Schuld dafür in der stärkeren Verstaatsbürgerlichung erblickt; der Gelehrte ist heute nicht mehr *»exempt de devoirs civiques«;* er ist Steuerzahler und muß Militärdienst leisten. Benda spricht von einem Verrat der Skribenten. Ob diese Erscheinung einen Fehler oder einen Vorzug darstellt, muß in diesem Zusammenhang unerörtert bleiben, ebenso ob es, wie einige vermeinen, möglich ist, die Intellektuellen wirtschaftlich so gut zu stellen, daß sie gegen alle politischen Versuchungen fürderhin gefeit sein würden.[58] Die Pflicht zur Politik im erwähnten Fichteschen Sinne wird durch diese Erörterungen nicht berührt.

In einigen Ländern weht heute der Wind auch staatlich anti-intellektuell. In Rußland ist vom freien Spiel intellektueller Kräfte keine Rede mehr. Obgleich die Sowjetmacht von Intellektuellen geboren und zur Macht erhoben worden ist, wurde die Intelligentia doch bald, wenigstens in ihrer Gesamtheit, durch die diktatorialen Notwendigkeiten einer streng zentralistischen Politik sowohl als auch durch den eurasischen Charakter der zu Mythik und Gehorsam neigenden russischen Volksmassen entthront. Heute ist die Intellektualität in Rußland ganz wesentlich »amerikanisiert«, d.h. zu Leistungen optimaler

Energie angespannt. Sie unterliegt nicht mehr den Gesetzen geistiger Spekulation, sondern, den Zwecken des Sowjetstaates entsprechend, der Ausnutzung zu spezifischen, angewandten Zwecken, zumal der Produktionserhöhung (Konjunkturkunde und Kinokunde, Chemie und Agrartechnik statt Philosophie und Soziologie).

Im faschistischen Italien sind der Stellung des geisteswissenschaftlichen Intellektualismus durch den zentralisierten starken Staatsbegriff sowie die Herkunft der Bewegung aus den Schützengräben ebenfalls Grenzen gezogen. Der Korporativismus hat indes die juristischen, technischen und zum Teil volkswirtschaftlichen Studien mächtig angeregt.[59]

In den übrigen mehr oder weniger demokratischen Staaten[60] ist der Intellektualismus zwar im weiten Umfange demoralisiert, spielt aber politisch seine alte Rolle weiter.

Zusammenfassend muß unter dem Gesichtspunkt politischer Wissenschaft gesagt werden: Bildung ist Macht. Aber zur soziologischen Dynamis der politischen Machtausübung gehört doch wieder nur ein Maß von Intellektualität. Denn zur Eroberung der Macht und zu deren längerer Konservierung sind andere Faktoren wie Energie, Glaube an sich selbst, Menschenkenntnis von weit größerer Wucht. Demnach bleibt der Einfluß der Intelligenz auf die Masse an der Oberfläche. Nur wenn er durch objektive Elemente sekundiert wird, löst er politische Bewegungen aus, die sehr tiefgehende Veränderungen in der Struktur des sozialen Körpers hervorbringen.

Anmerkungen

1 Joh. Gottlieb Fichte, Über die Bestimmung des Gelehrten. Leipzig, Reclam. S. 45.

2 Alexander Herzen, Erinnerungen. Berlin 1907, Wiegandt. Bd. I.

3 Vgl. meinen Band: Der Patriotismus. Prolegomena zu seiner soziologischen Analyse. München 1929, Duncker & Humblot. S. 1–84.

4 Louis Blanc: Sortie vibrante de l'Encyclopédie, ce grand laboratoire des idées du XVIIIe siècle, elle (la Révolution) n'avait plus, en 1789, qu'à prendre matériellement possession d'un domaine déjà conquis moralement.« (Organisation du Travail. 4 Ed. Paris 1845. Camille. p. XIII.)

5 Sébastien Mercier, Fragmens de Politique et d'Histoire. Paris 1792. Buisson. Vol. I. p. 152. (Vgl. andererseits seine Bekämpfung des Doktrinarismus. S. 92 ff.)

6 Die Ideologie der französischen Konventsperiode hat einen unsterblichen literarischen Niederschlag gefunden in dem Werk von Anatole France: Les Dieux ont soif. Paris, Lévy. (vgl. z.B. p. 225).

7 Dieses Problem habe ich ausführlich behandelt im Kapitel: »Gewißheit des Sieges«. [Abgedruckt in diesem Band S. 35–58].

8 Friedrich Meinecke, Preußen und Deutschland im 19. und 20. Jahrhundert. Historische und politische Aufsätze. München 1918, Oldenbourg. S. 154. – Vgl. auch das bekannte große Werk des gleichen Verfassers: Weltbürgertum und Nationalstaat. 3. Aufl. München 1915.

9 Über die prädominierende Rolle der Intellektuellen in den späteren und entscheidenden Perioden des italienischen Risorgimento vgl. vor allem Benedetto Croce, Storia d'Italia dal 1871 al 1915. Bari 1928. Laterza; Aldo Ferrari, La preparazione intellettuale del Risorgimento Italiano (1748–1789). Milano 1923. Treves.

10 Nur in diesen Zusammenhängen kann das Wort geschichtslose Nationen (oder wie der sonst geist- und kenntnisreiche Otto Bauer noch schlimmer sagt, »ehemals geschichtslose« Nationen) (Otto Bauer, Die Nationalitätenfrage und die Sozialdemokratie. Wien 1914. Wiener Volksb., S. 594) entstanden sein, mit welchem die großen Kulturvölker, wie die Deutschen, ihre schwächeren Widersacher, wie die Slowenen, die Kroaten, ja selbst die Tschechen und die Polen disqualifizierten. Der Ausdruck, biologisch und selbst historisch sinnlos, läßt, wenn überhaupt, nur eine intellektualistische Deutung zu: Geschichtslose Nationen wären dementsprechend die, welche in ihrer Geschichte keine hohen Kulturwerte aufzuweisen hätten.

11 Max Weber in den Verhandlungen des 2. Deutschen Soziologentages vom 20. bis 23. Okt. 1912 in Berlin. Tübingen 1913. Mohr. S. 52.

12 Otto Bauer, l.c., S. 565, 510. – Vgl. auch Rudolf Springer (Pseudonym für Karl Renner), Der Kampf der Österreichischen Nationen um den Staat. Leipzig 1902, Deuticke. Bd. I. S. 17. S. auch vom gleichen Verfasser: Der nationale Streit um die Ämter und die Sozialdemokratie. Wien 1908, »Vorwärts«. S. 7 ff.

13 Hierüber bereits eine vorahnende interessante Schrift von André François-Poncet, Ce que pense le jeunesse allemande. Paris 1913, S. Oudin.

14 Vgl. Julien Benda, La Trahison des Clercs. Paris 1927. Grasset, S. 189, 296 ff.

15 Vgl. meinen Partiotismus (Prolegomena). I. c., S. 36 ff.

16 Karl Marx, Das Kommunistische Manifest. [MEW Bd. 4, S. 471].

17 Hans Kurella, Die Intellektuellen und die Gesellschaft. Wiesbaden 1913, Bergmann; Hennoch Brin, Zur Akademiker- und Intellektuellenfrage in der Arbeiterbewegung. Basel 1928 (Diss.); Robert Michels, Italien von heute. Politische und wirtschaftliche Kulturgeschichte von 1860 bis 1930. Zürich 1931, Orell Füßli. S. 165.

18 Die im Texte angezeigte Typenverschiedenheit ist von mir in meiner Soziologie des Parteiwesens in der modernen Demokratie. Untersuchungen über die oligarchischen Tendenzen des Gruppenlebens ausführlich analysiert und dargestellt worden. Ich komme hier deshalb nur schematisch darauf zurück. Seit dem Erscheinen der zweiten Auflage meines Werkes [1925] sind einige neuen Studien über das Thema erschienen, die eine kurze Charakterisierung erfordern. Da sind zunächst die Arbeiten von Hendrik De Man, die viel Aufsehen gemacht haben und in viele Sprachen übersetzt worden sind. Es sind dies: Die Intellektuellen und der Sozialismus (Jena 1926, Diedrichs, S. 38 ff.) und Zur Psychologie des Sozialismus (Jena 1926, Diede-

richs, S. 434 ff.). Die Arbeiten von De Man sind nicht selbständig. Sie fußen, direkt oder indirekt, fast völlig auf Arbeiten anderer. Die Darstellung der Rolle der Intellektuellen im Sozialismus selbst stammt in fast allen ihren Einzelheiten aus den Kapiteln I 35 und IV 1–6 meiner Soziologie des Parteiwesens. Es ist indes nicht zulässig, daß so starke Anlehnung ohne Nennung der Namen der Vorarbeiter bleibt (wie es De Man zu tun beliebt hat). Andererseits sind die Arbeiten De Mans mit so erfrischender Geradheit und der Anschaulichkeit und Unmittelbarkeit des Selbstmiterlebten geschrieben, daß man sie gewiß nicht missen möchte.

Auf einem völlig anderen Brett stehen die Ausführungen von Werner Sombart in Bd. I seines Proletarischen Sozialismus, Jena 1924, Fischer, zumal S. 31–87. Sombart spricht mit der vollen Sachkenntnis des über das Problem vorhandenen gedruckten internationalen Materials und mit peinlich genauer Angabe desselben. Seine Typologie des sozialen Ursprungs und der Kausalität des Beitritts zur sozialen Massenbewegung bringt indes außer der Illustrierung mit neuem Stoff keine neuen Gesichtspunkte. Auf die unerhörte Überschätzung des Ressentiment-Komplexes unter den Ursachen des Beitritts der Intellektuellen zum Sozialismus habe ich bereits anderen Ortes aufmerksam gemacht (Michels, Bedeutende Männer. Charakterologische Studien. Leipzig 1927. Quelle. S. 147 ff.).

Ein sehr guter und durchdringender Aufsatz über das gleiche Problem von Alfred Meusel ist unter dem Titel Die Abtrünnigen, in Heft 2/3, 1923, der Kölner Vierteljahrshefte für Soziologie erschienen.

19 De Man, Die Intellektuellen und der Sozialismus, l.c., S. 32.

20 R. Rolland, Le buisson ardent (Jean-Christophe, La Fin du Voyage). Paris, Ollendorff. 25. Aufl. S. 62; Meusel, S. 159 ff. – Meusel stellt die Abtrünnigen als dekadent dar, da sie den »natürlichen Lebenswillen« der Gesellschaftsschicht, welcher sie angehören, verneinen; der Haß gegen sie sei folglich gesund, es sei derselbe Haß, der die Tiere dazu treibe, ein erkranktes Tier der gleichen Gattung zu töten (S. 165). Hier fällt Meusel aber einer argen Unterschätzung der ideologischen und ethischen Potenzen im Abtrünnigen zum Opfer, die zu übersehen unhistorisch ist und zu falschem Urteil verleitet. De Man sieht in dieser Hinsicht weniger »originell«, aber schärfer (vgl. Die Intellektuellen S. 30/31).

21 Befürchtungen hinsichtlich der Entstehung eines intellektualistischen Proletariats finden sich bereits in einigen Stellen der von Antonio Genovesi an der Universität Neapel 1754 gehaltenen Vorlesungen über Nationalökonomie. »Del resto non è necessario nè utile che ella (la giustizia) eresca proporzionalmente, cicè più in là dei pubblici bisogni. Perchè crescendo oltre ogni misura, non solo teglie gli uomini alle arti, ma è spesso cagione per cui si aumentino le liti e i pubblici disordini. Crederei ancora che fosse difficile che la giustizia non venisse assediata, dove ella, questa turba di forensi, cresca fuor del bisogno.« (Antonio Genovesi, Lezioni di Commercio o sia die Economia Civile. Mailand 1820, Silvestri. Bd. I, S. 200, 202).

22 In diesem Zusammenhang verdient auch die Frage Beachtung, ob die hohe Intellektualität, wie vielfach irrtümlich angenommen wird, proletarischen Ursprungs ist und sich das Genie wirklich erst im »Dachstübl« durchhungern und durchringen muß, bevor es zur gebotenen Valorisierung gelangt. Die bisherigen Untersuchungen auf diesem Gebiete führen eher zur Verneinung dieser Hypothese. Vgl. U. Odin, Jeunesse des grands hommes. Gens de lettre français modernes. Paris 1895. 2 vol.

Vgl. auch die kritische Zusammenstellung bei ALFREDO NICEFORO, Anthropologie der nichtbesitzenden Klassen. Leipzig 1910, Maas. S. 226 ff.

23 SCIPIO SIGHELE, L'intelligenza della folla. Torino 1903; GIORGIO ARCOLEO, Forme vecchie, idee nuove. Bari 1909; VILFREDO PARETO, Trattato di sociologia generale. Firenze 1916, 2 voll.

24 MICHELS, Parteiwesen (2. Aufl.), S. 305, 331, 332–338, 383; GUGLIELMO FERRERO, L'Europa Giovane. Milano 1896. Treves. S. 358 ff.; RUDOLPH SCHAY, Die jüdischen Intellektuellen. Kölner Vierteljahrshefte für Soziologie. III, 2/3 (1923), S. 126 ff.

25 DE MAN, Die Intellektuellen und der Sozialismus, I.c. S. 13.

26 THEODOR GEIGER, Verbürgert die Arbeiterschaft? In der Zeitschrift Die Volkswirte. XXX. Nr. 6 (Juni 1931).

27 Über die im Schoße der deutschen Sozialdemokratie geführten Kämpfe der Akademiker ist der Band, welcher das Protokoll über die Verhandlungen des Parteitages der Sozialdemokratischen Partei Deuschlands in Dresden (Sept. 1903) enthält, wohl das ausdrucksvollste. Anführer im Kampf gegen die Intellektuellen war der Kleinbürger August Bebel (vgl. über diesen meine Abhandlung über Bedeutende Männer [abgedruckt u. S. 231 ff.], aber er hatte die Masse der Parteifunktionäre und gehobenen Arbeiterexistenzen hinter sich. Daß er in seinen Ausstellungen keineswegs überall im Unrecht war, versteht sich aus der Situation am Rande. – Über die Auseinandersetzungen zwischen den proletarischen und den bürgerlich-intellektuellen Bestandteilen der sozialistischen Partei Italiens vgl. meinen Band: Prolétariat et bourgeoisie dans le mouvement socialiste Italien. Paris 1921; sowie auch, Sozialismus und Faschismus in Italien. München 1925. 1. Bd.

28 Vgl. mein Kapitel Das Postulat der Entsagung in dem Parteiwesen, l.c. [Anm. 24], S. 432 ff. IWAN TURGENIEFF hat diese Psychologie und ihre Folgen in seinem Roman Die neue Generation (Reclam 1920) behandelt.

29 Wozu noch der Einfluß der außerhalb wie innerhalb der Partei stehenden Plutokraten kommt (SIDNEY and BEATRICE WEBB, A Constitution for the Socialist Commonwealth of Great Britain. London 1920. S. 80)

30 ROBERT DE JOUVENEL, La République des Camarades. 32. Aufl. Paris 1924, Grasset, S. 2, 13, 16, 17.

31 CHARLOTTE LÜTKENS, Staat und Gesellschaft in Amerika. Zur Soziologie des amerikanischen Kapitalismus. Tübingen 1929, Mohr.

32 Etwas stark zugespitzt kann es von Amerika heißen: »Für den Gesellschaftsmechanismus Amerikas ist das humanistische Persönlichkeits- und Bildungsideal gänzlich belanglos«. (ADOLF HALFELD, Amerika und der Amerikanismus. Jena 1928, Diederichs, S. 191)

33 PITIRIM A. SOROKIN, Leaders of Labor and Radical Movements in the United States and Foreign Countries. »American Journal of Sociology«. Bd. XXXIII, Nr. 3 (1927).

34 FRIEDRICH SCHULZE und PAUL SZYMANK, Das Deutsche Studententum von den ältesten Zeiten bis zur Gegenwart, Leipzig 1910, Voigtländer. S. 222–232.

35 WILHELM HEINRICH RIEHL, Die bürgerliche Gesellschaft. 3. Aufl. Stuttgart 1861, Cotta, S. 417 ff.

36 PROUDHON, Mélanges. Articles de Journaux (1848–1852). Paris 1868, Lacroix, Bd. I. S. 40/41. – Ein halbes Jahrhundert später schied Izoulet die französische gebildete

Bourgeoisie in vier Gruppen: die Berufsintellektuellen, die Intellektuellen der guten Gesellschaft (Müßiggänger, Rentner, Frauen), die Katholiken und die Freidenker. Erstere haben Kenntnisse, nicht Wissenschaft; die zweiten Zeit, lassen sich aber der Wissenschaft gegenüber von Zuständen der Furcht oder der Neugier beherrschen; die dritten haben felsenfesten Glauben, aber gerade deshalb verhalten sie sich zu den Ergebnissen der Wissenschaft ablehnend; letztere endlich lieben die Wissenschaft mit echter Liebe, aber es fehlt ihnen doch an heiligem Feuer; da sie überall in der Natur, im Menschen, im Staate nur Kampf erblickten, sind sie Skeptiker geworden. JEAN IZOULET, L'âme française et les Universités nouvelles selon l'esprit de la Révolution. Paris 1892, Colin. S. 28–48.) Unnötig hinzuzufügen, daß eine solche Einteilung sich aus der Verkennung der kritischen Voraussetzungen herleitet.

37 PROUDHON versuchte 1848 überhaupt die Wissenschaft in den Augen der Arbeiter herabzusetzen. Er schreib unter dem 28. Mai im Représentant du Peuple: »Mettez-vous bien cela là travailleurs: il faut cent fois plus d'intelligence pour construire une machine à vapeur que pour écrire cent ehapitres de Balsamo«. (Mélanges, Bd. I, S. 39. Der überintellektualistische Proudhon vergaß bei diesen Sätzen allerdings, daß dieser Appell an die schwielige Faust in Wirklichkeit nur eine Form geistigen Schaffens zugunsten einer andren Form geistigen Schaffens in den Schatten stellte. Proudhon, der proletarisch reden wollte, redete in diesem Falle höchstens saint-simonistisch.

38 GIUSEPPE FERRARI, Le Rivoluzione e i Rivoluzionari in Italia (dal 1796 al 1844). 2. Aufl. Palermo 1901, Sandron, S. 120; MARC-MONNIER, L'Italie est-elle la Terre des Morts? Paris 1860, Hachette, S. 48.

39 THEODOR RHOMER, Die Lehre von den politischen Parteien. Zürich 1844, Beck, S. 125. – Auch die von Bakunin aufgestellte Behauptung, daß die Studenten der naturwissenschaftlichen Fächer den Ideen des Sozialismus leichter zugänglich seien als die der mehr konservativ gerichteten Jurisprudenz und Geschichte mag hier Erwähnung finden. (BAKUNIN, Les Endormeuers. 4. Aufl. Paris 1900, Allemane, S. 7)

40 Das kommt z.B. klar in der Stellung der Intelligenz in England zum Ausdruck, wo nicht nur die Studentenschaft auf den althistorischen, aristokratisch-plutokratisch eingestellten Universitäten Oxford und Cambridge sozusagen einen anderen Rang einnimmt als die Studentenschaft auf den neueren und mehr plebejischen Universitäten in Manchester und London, sondern auch die Ausstudierten selbst, je nach Länge und Art der Vorbildung (sollecitors und barristers) wie nach Grad ihrer Karriere und erreichten Chance verschiedenen Klassen (teils Middle Class, teils Upper Middle Class) zugerechnet werden (vgl. CHARLES DESCAMPS, La formation sociale de l'Anglais moderne. Paris 1914, Colin, S. 120 ff., S. 293 ff., S. 317 ff.). Über den aristokratisch-monopolistischen Charakter der englischen Hochschulbildung vgl. bereits LEDRU-ROLLIN, De la Décadence de l'Angleterre. Paris 1850, Escudier. Bd. I, S. 72 ff.; EDWARD LYTTON BULWER, England and the English. Paris 1836 (5 Ed.), Baudry, S. 106 ff; WILLIAM RALPH INGE, England. London 1926. S. 57.

41 »Wenn das arbeitende Volk sich und seine Jugend vergleicht mit der Ihrigen, meine Herren, wie mit dem Leben derer unter Ihnen, die jahrelang nicht arbeiten, ewig Feiertag und Festtag haben und Saufen und Raufen für einen genügenden Lebenszweck halten, so wird es mit Recht voller neidischer Empörung.« (THEOBALD ZIEG-

LER, Der Student am Ende des 19. Jahrhunderts. Stuttgart 1895. Göschen. S. 144)

42 Wir lassen hier natürlich die sogenannten Werkstudenten aus, die eine eigene Behandlung verdienen würden.

43 EDMOND GOBLOT, La Barrière et le Niveau. (Etudes sociologiques sur la Bourgeoisie française.) Paris 1925, Alcan. S. 81.

44 Ebd., S. 54.

45 Proudhon wirft der Klasse der Künstler und der Schriftsteller vor, sich in ihrem sozialen Verhalten zur Schaffung der Bohème verstanden und in ihr zu Repräsentanten einer Art hochfahrender Misere gemacht zu haben. (PROUDHON, Les Majorats littéraires. 2 éd. Paris 1862. S. 249.)

46 GOBLOT, l. c., S. 36.

47 Jean Jaurês hat in seinen historischen Studien darauf aufmerksam gemacht, daß sich die französische Bourgeoisie im Konvent der Französischen Revolution selbst in den industriereichsten Departements fast ausschließlich durch Intellektuelle und Beamte vertreten ließ. (CHARLES RAPPOPORT, Jeran Jaurès, l'Homme, le Penseur, le Socialiste. 2. Aufl. Paris 1916. L'Emancipatrice, S. 164 ff.).

48 DE MAN, S. 8.

49 A. LUNATSCHARSKI, Die Kulturaufgaben der Arbeiterklasse. Bern 1918. Lomachos, S. 19.

50 EDOUARD BERTH, Les Méfaits des Intellectuels. Paris 1914, Rivière. S. 223. – Vgl. auch die im »Mouvement Socialiste« erschienene Artikelserie des gleichen Autors: Marchands, Intellectuels et Politiciens (1908). Es ist auch daran zu erinnern, daß auch das bereits erwähnte Werk von JOUVENEL, La République des Camarades letztendlich zu einer Geringwertung der Intellektuellen ob ihrer zweideutigen politischen Haltung führt.

51 HUBERT LAGARDELLE, Le socialisme ouvrier. Paris 1911, Giard et Brière. S. 381. Vgl. GEORGES SOREL, Les Illusions du Progrès. Paris 1908, Rivière, S. 131.

52 Vgl. auch RENÉ JOHANNET, Itinéraire d'Intellectuels (Etudes sur Sorel et Péguy). Paris 1921, Nouv. Libr. Nat.; CHARLES MAURRAS, L'Avenir de l'Intelligence (Aug. Comte, Le Romantisme féminin. Mademoiselle Monk). Paris 1909, Nouv. Libr. Nat. (296 pp.).

53 LÉON DAUDET, Le stupide dix-neuvième siècle. Paris 1920, Libr. Nat. S. 47, 49, 225. – Selbst in Deutschland konnte ein LANGBEHN vom Professorentum als der deutschen Nationalkrankheit sprechen. (Rembrandt als Erzieher. Von einem Deutschen (Kunstkritiker LANGBEHN). Leipzig 1890. Hirschfeld. S. 96.)

54 ANDRÉ BELLEFORT, Les intellectuels et l'avènement de la troisième république. Paris 1931, Grasset. – Der gleiche Geist der Kritik war auch bei den Goncourt wach (vgl. Journal des GONCOURT. Paris, Charpentier. Bd. VIII (1889–1891). S. 22, 36; Bd. IX ()1892–1895). S. 108.

55 WALDEMAR GURIAN, Der integrale Nationalismus in Frankreich. Frankfurt a.M. 1931, Klostermann. S. 66, 126.

56 Ein Mann wie GOTTSCHED, in der ersten Hälfte des achtzehnten Jahrhunderts der anerkannte Führer der literarischen Kreise Deutschlands, stand allem politischen Interesse so vollkommen fern, daß in den 4700 Briefen, welche aus seinem Nachlasse in 22 mächtigen Foliobänden gesammelt sind, ein sorgfältiger Forscher bis jetzt just zwei Zeilen politischen Inhalts hat entdecken können. (J. JASTROW, Ge-

schichte des deutschen Einheitstraumes und seiner Erfüllung. 2. Aufl. Berlin 1885, S. 69.)

57 Benda, l. c., S. 42, 196, 222.

58 Johannet, Eloge, l. c., S. 324. Johannet sprach auch den bedeutungsvollen Satz aus: »Sans argent les intellectuels ne peuvent qu'engendrer des rêves; sans intellectuels les ploutocrates perdent contact avec l'opinion.«

59 Darüber steht zwar in dem im übrigen über die Intellektualität des Faschismus guten Aufschluß bietenden Werk von Aldo Bertelè, Aspetti ideologiei del Fascismo. (Torino 1930) kein Wort.

60 Die neuen Verhältnisse in Deutschland konnten in dieser Abhandlung noch nicht eingehend berücksichtigt werden.

8
Zur Soziologie der Bohème und ihrer Zusammenhänge mit dem geistigen Proletariat

Das Dictionnaire de l'Académie Française hält heute darauf, zwischen zwei phonetischen Synonymen orthographisch streng zu unterscheiden und somit ihre Sinnverschiedenheit zu unterstreichen. Bohême und bohème. Ersteres, mit Zirkumflex, ist ein Gebiet in Mitteleuropa, zu deutsch: Böhmen, das politische Zentrum (mit Mähren) der Tschechoslowakischen Republik, ein Gebiet, dessen Einwohner bohémiens (Böhmen) sind bzw. heißen; letzteres dagegen ist eine Klasse junger und armer Literaten oder Künstler, die von den mäßigen Produkten ihrer Intelligenz in den Tag hinein leben. Die Einwohner dieses »Landes«[1] heißen die bohèmes: la bohème, die Klasse; le bohème, das Einzelmitglied derselben (also nicht bohémien, wie man früher mißverständlich im Französischen sagte, und von dort übertragen heute noch im Deutschen zu sagen pflegt).

Die Bohème im obigen Sinne hat im Laufe der Zeit eine Sinnesänderung erfahren. Längst gab es nur *bohémiens,* und zwar nicht nur im Sinne des deutschen Zigeuners, sondern auch im ethnischen sowie im übertragenen, ans Kriminologische streifenden. Der bohémien war dem homme sans feu ni lieu, dem gueux, dem Landstreicher oder dem der Hefe des Volkes angehörigen Straßenbummler gleichbedeutend. So erscheint die Bohème bei Fançois Villon; so noch schildert sie Victor Hugo in seinem großen Roman Notre Dame de Paris (1831), in dem die Bohème mit eigener Hierarchie verzünftet in der Cour des Miracles ihren Platz findet. Selbst noch Béranger überhäuft die Bohème mit sie in Verlegenheit bringenden Fragen. Sie seien doch wohl Zauberer, Gaukler oder Strolche, ekle Überbleibsel einer verschwundenen Welt. Woher die kämen, das wisse man nicht. Ohne Vaterland, ohne Oberhaupt und ohne Gesetz müsse ihr Leben schier Neid erregen. Könnten sie nicht wenigstens zweimal in der Woche glücklich sein?

Der bei Béranger noch so wenig klare Begriff der Bohème klärt sich dann in der Folgezeit bald. Er intellektualisiert sich und ästhetisiert sich, indem er fast alle Züge von an Betrug, wenn nicht gar Verbrechen erinnerndem Zigeunertum[2] verliert, die ihm bisher anhafteten. Im Jahre 1829 veröffentlichte Charles Nodier seine Histoire du Roi de Bohème et de ses sept châteaux, welche eine Parodie der Sentimental Journey von Lawrence Sterne sein soll; in ihr ist die neue Bohème bereits kräftig angedeutet. Gegen 1835 weiß man, wenigstens in Frankreich, bereits, daß die Bohème eine Art von Klasse oder Gesellschaftsschicht bedeutet, die gewiß ihre Fehler aufweist, ja, sie sogar ostentativ zur Schau trägt, die aber keinerlei Beziehungen zum Verbrechertum unterhält, daß sie nicht »hergewandertes Volk« ist, sondern umgekehrt zumeist aus Landeskindern zusammengesetzt ist, die Söhne der mittleren, gutbürgerlichen, manchmal selbst großbürgerlichen Klassen sind.

Im Jahre 1841 endlich läßt Henry Murger das klassisch gewordene Werk Scènes de la vie de Bohème erscheinen. Auf die Nachahmungen und Variationen, die ihm auf dem Fuße folgten, können wir hier nicht eingehen. Nur erwähnt werden möge, daß das Dictionnaire de l'Académie noch im Jahre 1855 mit der die Offizialität kennzeichnenden, hinkenden Weise dieser inzwischen eingetretenen fachlichen Unterscheidung immer noch keine Rechnung trug.

1. Die psychologische Analyse der Bohème ergibt das Vorhandensein folgender Elemente:

a) Gleichgültigkeit der die Bohème ausmachenden Elemente gegenüber den materiellen Werten,
b) geringe Zeitökonomie.

Die Bohèmes werden von Murger als Träumer charakterisiert.[3] Sie haben die Gewohnheit angenommen, ihre Tage mit unerhörtem Großmut und herrschaftlicher Freigiebigkeit zu verschenken, wie Leute, welche vermeinen, Ewigkeiten verausgaben zu können. So erklärt sich die Definition der Bohème, wie wir sie in einem berühmten, mit einer Vorrede von Jean Richepin geschmückten Lexikon des Pariser Argot finden: unter Bohème verstehe man einen Haufen lustiger, sorgloser, um ihre Zeit unbekümmerter Gesellen.[4]

Immerhin ergibt die eingehende Synthese der von der Bohème ausgeübten zeitlosen Funktion ihre Approximation als eines Stadiums, einer Periode, einer Etappe, die für jeden einzelnen von ihnen an einem Kreuzweg endet. Denn von der Bohème aus führt der Weg sowohl zu den höchsten Ehren und Würden, welche die Menschen an ihresgleichen zu vergeben haben, als auch zu den traurigsten Orten des Lebens. Auch hier hat Henry Murger wieder richtig gesehen, wenn er in plastischer Definition ausgesprochen hat: die Bohème ist der Anfang des Künstlerdaseins; sie ist sozusagen die Vorrede zur Akademie der Künste, aber auch zum Hospital und zur Leichenhalle für Selbstmörder.[5]

Als zeitlich an die Etappe gebunden, entspricht die Bohème in der Regel einer Jahres- oder Altersgruppe. So meint Honoré de Balzac: zur Bohème gehören nur junge Leute zwischen zwanzig und dreißig, aber nicht mehr als dreißig Jahre; alle sind in ihrer Weise genial, auch wenn ihre Begabungen weit auseinanderliegen und gestaffelt erscheinen, und sind noch weniger bekannt, werden sich aber durchsetzen und anerkannt bedeutende Männer werden.

Zum Kapitel der Bohème als einer vorübergehenden, jugendlichen Etappe:

In allen diesen Erscheinungen steckt c) viel von jener Furcht vor der Einsamkeit, welche den jungen vom Elternhaus getrennten Menschen leicht befällt. Andererseits ist nicht zu verkennen, daß der Hang, den Gefahren des Quietismus und Traditionalismus, die gerade im Elternhause häufig drohen, zu entkommen, gesund für die freie Entwicklung der Talente und der objektiven Anschauungen des Sohnes ist. Fichte schrieb seinem König 1804, es läge im Interesse des Staates, daß die Jünglinge »das Leben einmal selbständig von vorne anfangen«.[6]

Vorübergehend und gelegentlich führt auch ein mehr oder weniger beträchtlicher Bestandteil der Studenten an den Universitäten ein Leben, das dem der Bohème nahekommt. Das gilt zumal für junge Semester, deren Sinn nach Unabhängigkeit und Abenteuerlust[7] geht, aber oft auch für ältere Semester und bemooste Häupter aller Fakultäten. Fern vom Elternhause sind sie sich selbst überlassen, vielfach sich im Gewimmel der Großstädte, wo sie ihren jugendlichen Instinkten freien Lauf lassen und ihre Lust an Ausleben und Selbstgeltung befriedigen können, nicht zurecht findend. So lebt die studentische Jugend von der üblichen Masse der »Philister« isoliert, aber doch zu knäuelartigen Gruppen sich vereinend, in Kneipen und Kaffeehäusern ein lautes, unruhiges Leben, aus dem sie erst die Nachkriegszeit mit dem ernsten Werksstudententum wenigstens teilweise herausgerissen hat. Die studentische Bohème ist stets, in Frankreich wie in Deutschland[8], Revolte, Flucht vor dem Elternhause und den lästigen Behörden, sich selbst unbewußt auch Hang zu unbeaufsichtigter Erotik. Unter den Beweggründen ihrer Entstehung berührt sie sich mit der Wandervogelbewegung, trotz der Grundverschiedenheit der Zeitenfolge, der Ausdrucksformen und des Milieu.

d) Die Grundursache des Verzichts der Bohème auf Reichtum und Ehren besteht aber in der Liebe zur individuellen Freiheit. Auf deren Altar werden alle Ehren und Bequemlichkeiten des Lebens leichten Herzens geopfert. So ruft, um wieder zu einigen Texten zu greifen, z.B. Georges Sand in einem mit ihrer eigenen Lebensführung freilich in offenbarem Widerspruch stehenden

Exzeß lyrischen Sichgehenlassens, einmal aus: »O du grüne blühende Bohème, du phantastisches Vaterland aller Seelen ohne Ehrgeiz und ohne Hemmungen, ich werde dich also wiedersehen!« Und Jules Vallès: »So glücklich könnten sie sein! Die Bäume sind ja so grün, der Wein ist so frisch, die Betten sind so rein und weiß. Aber nein! Willkommen seien vielmehr Hunger und Kälte. Was soll das Herdfeuer und der schöne Sonntagsschmaus mit dem Huhn im Topf und der Hammelkeule in naher Sicht? Viel schöner ist es doch im Schnee zu stampfen, den Hunger im Magen, aber dafür den Feuerbrand im Busen. Denn nur so ist man frei!«[9]

Unter den verschiedenen Seiten der Freiheit, die den Bohèmen am Herzen liegen, dürfte die Geschlechtsfreiheit eine besonders erhebliche Rolle spielen. Daher erklärt sich die Häufigkeit der freien Ehen.

Die Mädchen, welche am Leben der Bohème nicht nur gelegentlich, sondern ständig teilnehmen, sind entweder selbst Künstlerinnen und junge Literatinnen und Studentinnen, oder aber feste »Verhältnisse« aus anderen Ständen. Nicht aber Dirnen. Letzteres stände mit dem Charakter der Bohème in Widerspruch. Ein mit einer Prostituierten zusammenlebender Student oder Künstler führt kein Bohèmeleben, ebensowenig kann ein Bohèmepaar etwa gebildet werden von einer Modistin, die mit einem aus reichem Hause entstammenden und über Geldmittel verfügenden Studenten oder Künstler ein Liebesverhältnis pflegt.[10]

Gegen 1833 entstand in Frankreich eine literarische Schule, an deren Spitze Théophile Gautier stand und welche sich als die der Jeune-France bezeichnete. Sie führte heftige Polemiken und zumal eine harte, ironische Sprache gegen die Bourgeoisie, welche sie als épiciers de Montrouge (Spezereihändler der Pariser Vorstadt M.) verspottete. Immerhin gehörte diese Richtung nicht eigentlich der Bohème an. Sie bezeugte zwar klare Neigung zur freien Liebe, aber diese galt ihr als Verhöhnung der bürgerlichen kleinlichen Moralbegriffe, nicht aber als Bestandteil eines der Freiheit und Ungebundenheit völlig gewidmeten Lebens oder Lebensabschnittes.

e) Gegnerschaft gegen die ästhetische, politische und moralische (»moralinsaure«) Konvention und Antithese gegen den herrschenden Geschmack. Dem entspricht der Haß der Bohèmes gegen die bürgerliche Moral, die sie gleich Atavismen perhorreszieren. Der Habitus des Wohlanständigen wirkt auf sie wie auf den Stier das rote Tuch.

So wird in den Augen der Bohème der Bourgeois zum eigentlichen Feind. Bourgeois ist nicht nur der reiche Kunde, der schlecht zahlt, sondern auch der Hauswirt, der seine Miete verlangt, der Restaurateur, der sich nicht anpumpen läßt, der Gläubiger, der an die Zahlung der Schulden mahnt. Der Begriff wird weiter gespannt. Der Bourgeois ist arm an Kunstsinn, an Empfindung, Erziehung, Lebensart, Takt, eigentlicher echter Eleganz. Er ist letztendlich Analphabet, Banause, Böotier, mit dem Pariser Argotausdruck gesagt un daim huppé. In den Ateliers wissen die Künstler häufig kaum ein heftigeres, ehrenkränkenderes Schimpfwort anzuwenden als Bourgeois!

Der Bourgeois ist schlechthin der Inkonpelente, der Kleinliche, der Unverständige, letzthin Dumme. Selbst seine geldmäßige Überlegenheit ist nur ein Symptom dieser Lebenstorheit, welche die Genußmittel dem Genuß entzieht.

Das Grundelement dieser Auffassung hatten die Bohèmes mit den Romantikern gemeinsam. Diese waren weit davon entfernt, in der Bourgeoisie etwa eine Gesellschaftsklasse zu erblicken. Seit der Renaissance hatten die französischen Klassiker im Bourgeois den verdiensthungrigen und -kundigen Kaufmann, der sich seiner Reichtümer erfreut, im übrigen rein materiellen Sinnes ist und sich für keinerlei Ideal zu erwärmen vermag, gesehen.[12] Flaubert haßte den Bourgeois und wurde nicht müde, auf ihn zu schelten. Wie seine getreue Nichte Caroline Commanville berichtet, war dieses Wort für ihn gleichbedeutend mit »être médiocre, envieux, ne vivant que d'apparence de vertu et insultant toute grandeur et toute beauté«.[13] Dabei war Flaubert unter ökonomischen Gesichtspunkten durchaus Angehöriger der Bourgeoisklasse.

Der Inhalt, den die Bohème (und übrigens auch ein guter Teil der zu Reichtum gelangten, selbst »Bourgeois« gewordenen Künstler) mit dem Worte Bourgeois verbinden, hat indes auch zahlreiche Berührungspunkte mit dem Begriff, welche die Arbeiter und Sozialisten dem gleichen Worte verleihen. Benedetto Croce zufolge betrachtet der Sozialist den Bourgeois als »ausgesprochen ökonomische Realität«, aber mit den Übertreibungen und Nachteilen der Ökonomie, ihren vulgären und rohen Seiten behaftet, voller Falschheit und unermüdlich in der Suche nach stetem Profit. Daran ist richtig, daß auch heute noch im Sozialisten vielfach die Marxsche Auffassung weiterlebt, der entsprechend der Bourgeois ein elender Sparer ist. Denn nach Marx besitzt der Kapitalist drei »Kardinaltugenden«, nämlich Willen, Arbeitskraft sowie Sparsamkeit und Geiz, denen er selbst seine fleischlichen Gelüste zum Opfer bringe.[15]

Das Sonderleben, dem sich die Bohème weiht, hat auch auf anderen Gebieten Blüten getrieben. So hat sich ein der Bohème eigener Jargon entwickelt, der sich in den einzelnen Ländern an das nationale Idiom anschließt, aber sich dem Argot, dem slang, der Vulgärsprache öffnet und diese mit eigenen Worten und Wendungen zu bereichern sucht. Ebenso sondert sich der Bohème durch seine Kleidung, in der der Samt eine Rolle spielte. Somit gehörte auch das (aus den Pyrenäen stammende) Barett, das allerdings auch von den regulären Pariser Studenten als Abzeichen ihrer Gattung getragen wird, zur Ausrüstung eines echten Jüngers.

2. Eine Subspecies der Bohème ist die Gattung von Menschen urwüchsigen Charakters, denen jede Seßhaftigkeit verhaßt ist, die sich nirgendwo wohl fühlen, die an keinen Kirchtum, an kein Dach, kein Möbel und kein Haustier Anhänglichkeit zu empfinden vermögen. Die ewigen Juden, die im ständigen Umzug von Mietszimmer zu Mietszimmer, von Haus zu Haus und von Stadt zu Stadt, mit oder ohne Hausstand, begriffen sind.[16] Deren nahe Verwandte sind die »Landstreicher«, die amerikanischen Vagrants, welche Hunter als die modernen Nomaden, die ohne Ziel und ohne Ehrgeiz umherschweifen, beschrieben hat.[17] Mancher dieser Menschen ist nicht ohne Bildung; manche von ihnen können ihren Shakespeare auswendig, sind von feinen Umgangsformen und Gentlemen vom Scheitel bis zur Sohle. Manch einer von ihnen hat ein echtes Gefühl für die Schönheiten des Frühlings und der Blumen.

Besonders reich vertreten ist der Vaganttypus übrigens in Chicago, wo ein Viertel, als aus sog. »Hobos« bestehend, Hobohemia genannt wird und zwischen 30.000 und 75.000 Personen ausmacht, die sich in etliche Unterkategorien einteilen lassen, 1. einfacher hobo, der abwechselnd bummelt und arbeitet, 2. der »bum«, der wandert und trinkt, 3. der home-guard, der Tendenzen zur Seßhaftigkeit, nicht aber zum Verbleiben an der Arbeitsstelle oder im Beruf aufweist, und 4. der »Tramp«, der »wandert und träumt«. Obgleich die Mehrzahl der Hobos in Chicago natürlich den unteren Klassen angehört, sind doch die Gebildeten unter ihnen, zumal in der Unterkategorie der tramps, nicht selten.[18] Alles in allem teilen diese Typen mehr als einen der hervorragendsten Charakterzüge mit den eigentlichen Bohèmes. Vielleicht könnte man behaupten, sie seien in etwa Karikaturen von jenen, zumal mit ihrem parasitären Charakter und ihrem Mangel an Arbeitsfreude, Eigenschaften, die bei den Bohèmes, wenn überhaupt vorhanden, nicht konstitutionell sondern nur Fiktion und Pose sind.

3. Die von der Bohème geführte Lebensart stellt sie an den Rand der Gesellschaft. Elle est en marge de la Société. Kein Wunder, daß die Gesellschaft selbst gegen sie mit Mißachtung, ja dem Boykott ihrer Mitglieder reagiert. Was die Bohèmie ihrerseits meist kalt läßt. Denn als Künstler trägt sich der Bohème häufig nur mit inneren Idealen, er liebt die Kunst um ihrer selbst willen und hält sich gegen jede Hintansetzung, die ihm seitens Staat und Gesellschaft widerfährt, für von vornherein gefeit.

Historik: Die Bohème hat ihre Zeltlager überall aufgeschlagen. Ihr Vaterland ist aber Frankreich und zumal Paris, wo die geistigen und örtlichen Voraussetzungen

zungen für sie am besten erfüllt sind. Die Periode ihrer Geburt liegt etwa in der nachnapoleonischen Zeit, der Restauration. Die Vaterschaft ist kompliziert. Die Nachforschung nach ihr würde eine Abhandlung für sich in Anspruch nehmen. Hier mögen einige Andeutungen genügen. Vorbereitet war sie durch die Vorliebe für freie und ungebundene Studien und die Entwicklung eines in den Formen liebenswürdigen und keineswegs künstlerischer Reize entbehrenden Konkubinats- und Verhältnislebens gebildeter Männer mit oft unter ihnen stehenden, aber doch fast nie völlig ungebildeten Frauen, wie sie im Frankreich Ludwigs XV. und Ludwigs XVI. bestanden. Indirekt bestimmt wurde sie fernerhin durch den Heroismus der Dezennien, in denen der große Korse von Frankreich aus über Europa herrschte. Denn die Bohème entstand aus dem Widerspruch zur vorhergehenden Periode, zum Massenenthusiasmus für die Werte Staat, Vaterland, Kaiserreich, Imperium und zur Verehrung des Helden Napoleon. Mit ihren aufs stärkste individualistischen Tendenzen war die Bohème letztendlich pazifistisch orientiert und stand in schroffem Gegensatz zum Paroxysmus der langen und blutigen napoleonischen Kriege. Die Bohème war eine Revolte der Jungen, die ihr eigenes Leben leben (vivre leur vie) wollten, gegen die Alten und Mittleren. Nach 1830 und 1848 findet die Bohème neue Nahrung im Antiklerikalismus und im Zerfall so vieler alter Ideale. Das Gedeihen der Bohème hängt vom Staate ab. Sie gedeiht am besten im schwachen Staat, in welchem aber auch die antistaatlichen Kräfte nicht überhandnehmen dürfen, weil es ihr zwar nicht am Glauben an Kunst, Wissenschaft und Persönlichkeit, wohl aber an starken sozialen ethischen Prinzipien und dem Einsetzen für dieselben gebricht. Die Bohème ist eine Vorwegnahme Nietzsches in ihrer Umwertung der Werte und ihrer Zugänglichkeit hinsichtlich der Theorien vom Übermenschen.

Trotz ihres französischen Ursprungs ist die Bohème in einem Punkte wenig französisch. Denn sie kontrastiert in höchstem Grade mit einigen anderen Grundeigenschaften des französischen Volkes: der Ordnungsliebe, der Klarheit in Gedankenwelt und Leben, die bis zur Philisterhaftigkeit und Kleinbürgerlichkeit geht.[19] In Italien hat die Bohème aus vielen Gründen wenig Wurzel gefaßt.

In Deutschland entwickelte sich die Bohème etwa um die gleiche Zeit wie in Frankreich, aber der geringeren Großstadtentwicklung und Freiheit der Lebensführung sowie auch des geringen Schwergewichts des Künstlers in der Gesellschaft entsprechend langsamer und sporadischer. Spuren der Bohème finden wir auf einigen Seiten E.T.A. Hoffmanns und Jean Pauls. Ende des Jahrhunderts greift die Bohème etwas weiter um sich. In Berlin entsteht der Kreis Peter Hilles; in München, begünstigt durch die geringen menschlichen

Beziehungen zwischen der bayerischen Bevölkerung und den zugezogenen, unter sich lebenden »Nordlichtern«, ein freier Verkehr von Künstlern und »Malweibchen«.[20]

Sehr geringfügig ist die Ausbreitung der Bohème in England geblieben. Unter den Ursachen dieser Erscheinung möge auf folgende Erwägungen verwiesen werden: Die Bohème ist eine Zwittererscheinung, weder »gut« noch »böse«, weder bürgerlich noch proletarisch und widerspricht somit den in England geltenden sozialen Grundanschauungen, und zwar nicht nur, selbstverständlich, dem Geist des Puritanismus, dem jedes freies Leben ein Greuel ist, sondern auch anderen wurzelhaften Gesinnungen. Einmal wünscht der Engländer eine klare, wenn auch etwas harte Gliederung im sozialen Leben und mißtraut allem Neueren. Lord Henry Lytton Bulwer, der Bruder des Romanschriftstellers, stellt in seinen komparativen Studien über das französische und das englische Gesellschaftsleben fest, daß das traurige Herabsinken englischer und das französischer Mädchen in die Niederungen des vielgeschlechtlichen Lebens nicht zu den gleichen Folgen führe. Die englische Dirne wird gott- und weltverlassen, sie verdummt und vertiert[21], die französische hingegen bewahrt sich einen beträchtlichen Rest von Humanität und verliert selten das Streben nach sozialem Aufstieg, nach Kapillarität.[22]

Einer Entstehung von Bohème und intellektuellem Proletariat in England wirkt auch ein ökonomisch-soziales Element entgegen: die aristokratisch-plutokratische Auffassung vom Wesen der Bildung. Die besten englischen Hochschulen setzen das Vorhandensein von Vermögen bei den Eltern der Studenten voraus, oder verlangen doch mindestens das Vorhandensein von auf Zeit garantierter Sicherheit, hinter welcher entweder ein Mäzen, oder eine Gesellschaft (Genossenschaft, Gewerkschaft, Partei) steht, die für den Studierenden, ihren Stipendiaten, gutsagt. Die englische Psychologie stößt auf unüberwindliche innere Widerstände, wenn von ihr verlangt wird, die Möglichkeit einer Synthese von Bildung und Armut zuzulassen. Der Arme hat nach englischer Auffassung kein Recht, sich über University Extention hinaus mit hoher Bildung abzugeben. Mittellose Intellektuelle werden zum Kinderspott. Die Stellungnahme entspringt nicht, oder nicht nur, der Verachtung der als schuldig empfundenen Armut, sondern sie entspricht einem Lebensideal, dem Ideal des untadeligen, selbständigen, unabhängigen und komfortablen Lebens des Gentleman, mit dem das Leben des salopp gekleideten, dem Sport abgewandten, in Kneipen hockenden, brotlosen und nach Brot Suchenden, Unregelmäßigen unvereinbar ist. Welchem Grad von Bildung er immer angehöre, der *shabby-genteel* ist im englischen Gesellschaftsleben schlechterdings ein *outcast.*

Der Antipode des Bohème ist der Snob. Der Snob ist gesinnungslos, zu allem fähig, biegsam, stets sprungbereit, um in die gute Gesellschaft, insofern er ihr nicht schon angehört, hineinzukommen und in ihr zu Ansehen zu gelangen. Durch seine – echte wie falsche – Bewunderung für alles was reich, groß, glänzend und zumal erfolgreich ist, sind seine Erfolgschancen selbst dann erheblich, wenn er nicht einmal über Mittel verfügt.[23] Es gibt aber auch einen Typus Snob, den wir als den invertierten Snob bezeichnen möchten, der statt des *ammirari omnia* dem Hang oder dem Prinzip des *nil ammirari* folgt. Auch diesem Typus mit seinem geschickt zur Schau getragenen Skeptizismus und Indifferentismus und seinem Übermenschentum öffnen sich manche Pforten. Denn es sind der Wege viele, die nach Rom führen.

Stendhal bemerkt einmal hinsichtlich der Intellektuellen, die Gesellschaft bezahle nur, was sie sehe. An dergleichen Auffassungen hat die klassische Nationalökonomie, wenn schon zuzugeben ist, daß sie häufig mißverstanden oder allzu eng beim Wort genommen wird, ihr gerüttelt Maß von Schuld. In seiner »Inquiry« hat bekanntlich Adam Smith Sätze aufgestellt, welche die geistige Arbeit als von geringem produktivem Werte darzustellen geeignet waren. Im Umlauf der tauschbaren Wirtschaftsgüter sei für die geistigen Arbeitsleistungen kein rechter Platz. Die von ihnen vollbrachten Dienste hinterließen keine greifbaren Werte (der Gesang des Sängers zerfließt in nichts, desgleichen die Kunst des Redners und des Vortragenden). Gemäß der smithianischen Formel zerstören sich diese Produkte im Augenblicke ihrer Produktion selbst, und nichts Konkretes bleibt übrig, mit welchem diejenigen, welche diese Leistung mit barem Gelde bezahlt haben, sie weiter marktmäßig gegen einen gleichen Arbeitswert Dritter umzusetzen vermöchten. Somit müßten die Intellektuellen der Klasse der unproduktiven Arbeiter, die mit dem Gesamtarbeitsaufwand der Nation erhalten werden müssen, zugezählt werden.[24] Hier werden also die Intellektuellen fast den Schmarotzern gleichgestellt.

Richtig bemerkt Sorel, es sei sehr wahrscheinlich, daß in ihrem Unterbewußtsein selbst bei den Physiokraten das Wort citoyens Personen bedeutete, die mit ihrer produktiven Arbeit sich und dem Lande Profit erübrigt hätten. In seinen Memoiren über die Munizipalitäten hat Turgot denjenigen als citoyen entier bezeichnet, der einen zur Erhaltung einer Familie ausreichenden Grundbesitz zu eigen habe.[25]

Gegen solche Begriffsverengungen hatte schon früher Antonio Genovesi Worte des Protestes eingelegt. In seinen 1754 an der Universität Neapel gehaltenen Vorlesungen über Nationalökonomie lehrte er, daß es zwar unleugbare Klassen von Personen gebe, welche Berufe ausübten, die keine sofortige Rente abwürfen, diese aber dennoch nicht als wirtschaftlich nutzlos zu betrachten wären. Das sei für die Ärzte und die Apotheker ohne weiteres klar. Aber auch die Berufsstände der Soldaten oder der Advokaten, die nicht eigentlich produktiv seien, bereicherten auch doch indirekt das nationale Arbeitseinkommen, indem sie den Wohlstand höben, dem Einzelnen zu seinem Rechte verhülfen und gegenüber eventuellen Gelüsten des Auslandes den ungestörten Fortgang der nationalen Wirtschaft sicherstellten. Genovesi schließt seine diesbezüglichen mehrseitigen Bemerkungen mit dem Hinweis darauf, daß Unproduktivität erst dann eintrete, wenn sich gewisse Berufsstände als überfüllt erwiesen, d.h. wenn ein Mißverhältnis zwischen den von ihnen zu erwartenden Leistungen und den gesellschaftlichen Bedürfnissen klaffe.[26]

Der Gedanke der Werteleistung des Militärs wurde von keinem Geringeren als Saint-Simon wiederaufgenommen, der in einem seiner an die Industriellen gerichteten Briefe den Ritter ohne Furcht und Tadel, Bayard, als den Retter der französischen Industrie seiner Zeit schilderte, wobei er den seltsamen Satz mitunterlaufen läßt, damals, im sechzehnten Jahrhundert, seien die Industriellen noch nicht imstande gewesen, ihre Interessen mit eigener Kraft zu schützen.[27]

Quesnay hielt dafür, daß die Rüstungsbedürftigkeit eines Staates mit dem Reichtum seiner Bevölkerung zunehme, wenn er auch andererseits der Meinung war, daß für die Zwecke der Landesverteidigung eine geordnete Staatsfinanz von größerer Bedeutung sei als eine zahlreiche Bevölkerung.[28]

Gegen die Scharen der Klassiker und Neoklassiker wandte sich dann 1841 bekanntermaßen grundsätzlich Friedrich List, indem er der Schule den »unglaublichen Syllogismus« vorwarf, der, drastisch ausgedrückt, in der Annahme bestehe, daß die Arbeit, menschliche Seelen oder menschliche Köpfe zu bilden, weniger produktiv sei als die Arbeit, Schweine zu züchten.[29]

Schon vor List, wenn auch vielleicht weniger unmittelbar und mehr auf die Entwicklung der Produktion zugespitzt, waren die Saint-Simonisten für eine Vollwertung der intellektualistischen Leistungen eingetreten. Bei ihnen wird der Intellektuelle zum Grundpfeiler der Produktion, zum Prototyp des Produzenten. Die Unterwertung der Geistesarbeit war ihnen daher in der Seele verhaßt und ihren Prinzipien entgegenstehend. Enfantin beklagt sich bitter über die Stellung der Gebildeten in einer Gesellschaft, in der sie weniger verdienen als der Wagenschmierer, in der die Schriftsteller und Richter zu eiliger und unnützer Arbeit für die Müßigen genötigt seien, und die Gelehrten nur für die Industrie arbeiteten. Womit sich übrigens Enfantin als von der eben genannten engeren Auffassung Saint-Simons frei erwies.

Die Bohème wäre mithin das Stadium der Sammlung und der Vorbereitung auf ein geordneteres Leben, ja auf eine geachtete und gesicherte Lebensstellung. Von hier aus führt ein kurzer Weg zu einer pessimistischen Auslegung. Ihr zufolge wären die Bohèmes keineswegs Idealisten, sondern Spekulanten und Opportunisten; im letzten Grunde seien sie feile Ehrgeizlinge, die im Vorzimmer warten, bis es ihnen gelinge, in die Prunkräume der üppigen Parvenus einzudringen und sich in diesen häuslich niederzulassen. Sie betrieben ein ödes, unmännliches, und vor allem unehrliches Versteckenspiel hinter einer bunten lächerlichen Kulisse. Proudhon hat den Literaten und Künstlern seiner Zeit vorgeworfen, sich in der Bohème künstlich zu Vertretern einer Art von hochmütigem Elend (misère vaniteuse) gemacht zu haben.[30] Gérard de Nerval meinte, viele Bohèmes bezeugten dem Gelde ihre Verachtung nur deshalb, um den Mammon desto sorgloser verschwenden zu können. Sie sind also gar nicht die armen Teufel, die sie zu sein vorgeben. Schon Murger stellte fest, daß es neben den anderen, beschriebenen, in der Bohème auch einen Amateur-Typus gäbe, einen Bohème aus Dilletantismus.[31] Daudet hat einen noch verächtlicheren Typus Bohème unsterblich gemacht, den des Ausbeuters und falschen Literaten, der sich reichen Frauen anhängt, und gierig nach Wohlleben, zu welchem er selbst keinerlei Arbeitsrente beiträgt, hascht.[32] Auch die weiblichen Komponenten der Bohème entgehen nicht immer dem Vorwurf eines Mangels an Folgerichtigkeit. Heiratet nicht selbst die süße Musette, die so viel Verachtung gegen den Mammon an den Tag legt, zumal wenn es gilt, die fällige Miete zu bezahlen, schließlich doch einen vulgären aber wohlbestallten Apotheker?

Ein zu langes, die Altersgrenze überschreitendes Verharren in der Bohème führt, einige starke Charaktere ausgenommen, zum Typus verbummelter Genies und Deklassierter, zum raté. Denn die Bohème eröffnet nicht nur bisweilen neue Wege, sondern häufiger noch führt sie in Sackgassen, aus denen kein Ausweg leuchtet.

Auch im Herzen des Bohème wohnt eine mit den Jahren wachsende Sehnsucht nach Sicherheit, nach Gesichertheit, nach der automatischen Regelung der Mittel zur menschlichen Bedürfnisbefriedigung am Monatsschluß. So wird der Wunsch nach dem Besitz fester Stellungen, selbst in Handel und Industrie, auf die Dauer oft zur letzten Hoffnung aller in oder durch die Bohème schiffbrüchig gewordenen Ängstlichen, Schwachen, Enttäuschten und Unverstandenen.

Einen anderen Ausweg aus der Bohème bildet die Politik. In der Regel gehört die Politik zu den Gebieten, die der Bohème als seiner Aufmerksamkeit schier unwert betrachtet. Der echte Bohème ist »Anarchist«. Indes konnte man gerade in den besten Jahren der Bohème in Frankreich 1830–1848 in den ihr gehörigen Kreisen das Aufkommen politischer Leidenschaft verspüren.

Die Sorglosigkeit der Bohème wurde in jenen Jahren auf eine zu harte Probe gestellt. So trat mancher Bohème zum Typus des Réfractaire, den Jules Vallès am kräftigsten repräsentierte, über, warf das Samtbarett weg und setzte sich statt seiner die phrygische Mütze auf. Das war der Politisierungsprozeß der Bohème. Er zog indes nur einen Bruchteil in seinen Strudel. Die Mehrzahl blieb dem »Anarchismus«, bisweilen im störrischen Sinne, treu.

Das Komplexum Bohème, wie wir es in den vorhergehenden Seiten zu analysieren versucht haben, weist einen starken Nexus mit dem Phänomen des sog. geistigen Proletariats auf.

Immerhin ist dieses letztere, wie von vornherein festzustellen ist, nicht wesentlich »Willensakt«, Kaprice, Laune, Lebensstil oder selbstgewählte Überzeugungssache wie die Bohème, sondern ist streng ökonomisch bedingt. Das geistige Proletariat ist die Wirkung einer ungeregelten geistigen Produktion, welche über den jedesmal möglichen Konsum hinausgewachsen ist. Das Proletariertum wird dann durch das Unterliegen im gesteigerten Konkurrenzkampf unter den Geistigen selbst bestimmt. Die Folge davon besteht in Elend oder doch wenigstens der Gêne und dem sozialen Niedergang der Überzähligen: psychologisch besteht sie im Gram und in der Verbitterung der Betroffenen. Das geistige Proletariat ist mithin in gewissem Sinne eine Begleiterscheinung des Komplexes Kapitalismus.[33]

Zahlreich sind die Motive, welche die Jugend den Pforten der Hochschulen zutreiben. Das Bedürfnis des Staates an Beamten, die Ausbreitung des Journalismus, die Verzweigung und Interessenvertretung der Großindustrie, die politische Karriere, die Hoffnung, Universitätsstudium vermöge zu Klassenerhöhung zu führen.

An historischen Beispielen für die Existenz eines intellektuellen Proletariates gebricht es nicht, wenn auch das gewonnene Zahlenmaterial nicht immer völlig sicher ist. Wir greifen ein typisches Beispiel heraus. In Deutschland ergab die erste nach den Selbstaussagen der Interessierten vorgenommene Enquête, wie sie die vom Minister Miquel durchgeführte Steuerreform gebot, daß in Berlin nur ein verschwindender Prozentsatz der Ärzte mit einem einigermaßen hinreichenden Einkommen rechnen konnte.

Die bald darauf folgende offizielle Enquête, die von der Provinz Brandenburg angestellt wurde, ergab, daß in Berlin unter den über 40 Jahre alten Ärzten 5 ½ Proz. überhaupt kein Jahreseinkommen besaß. 13 Proz. hatte nur gelegentliche Einnahmen, 27,2 Proz. zwischen 900 und 3.000 M., 14 Proz. zwischen 3.000 und 5.000 M. und nur bei 40,3 Proz. überstiegen die Einnahmen 5.000 M.[34]

Das intellektuelle Proletariat ist ein Proletariat von Beschäftigungslosen und dem Charakter der Beschäftigungslosigkeit entsprechend nichts lebenslänglich Gebundenes, nichts eigentlich Klassenmäßiges. Die Mehrzahl seiner Kooponenten gehört ihm nur für eine Periode, meistens das jüngere Lebensalter – schwerer Aufstieg zur Karriere – an. Der psychologische Reflex der intellektuellen Arbeitslosigkeit wächst meistens mit den Lebensjahren der Betroffenen und der Dauer der Karenz.

Man kann zwei Kategorien Intellektueller unterscheiden. Der ersten ist es geglückt, in Staat und Gesellschaft standesgemäß und lukrativ unterzukommen, während die zweiten die Festungen umsonst belagern, ohne in sie einzudringen.[35] Die einen sind Mietstruppen vergleichbar, die aus Pflichtgefühl, Besorgnis den Posten zu verlieren und sonstigem Egoismus mit allen Mitteln den Brotstaat verteidigen. Von ihnen kann es immer noch heißen:

Staatserhaltend sind nur jene,
Die vom Staat sich erhalten.

Was nicht hindert, daß sie, wenn der Staat seinen Herrn wechselt, diesen Wechsel mitmachen. Die übrigen sind die geschworensten Staatsgegner, unruhige Elemente, die jede Unzufriedenheit schüren, sich jedem Aufruhr zur Verfügung stellen. Zur Beschwichtigung dieser zweiten gefährlichen Kategorie Intellektueller sieht sich der Staat von Zeit zu Zeit genötigt, die Schleusen seiner Bürokratie zu öffnen und so eine Reihe von Unzufriedenen und Unruhegeistern in sein »konservatives« Lager zu überführen. Indes hinkt der Staat dem intellektuellen Proletariat, das sich schneller zu vermehren pflegt als es dem Staat möglich ist, neue Bürokraten zu schaffen, stets nach. Aber der Staat bleibt sich dennoch immerfort der Gefahr bewußt und sinnt nach Mitteln der Abwehr. Er bedarf dieser Abwehr desto dringender, als die Intellektuellen geistige Krieger sind und in der Regel, falls sie in der zweiten Kategorie verharren müssen, dazu neigen, gerade diejenige Institution anzugreifen, an deren Intakthaltung der Staat eine seiner zentralsten Aufgaben erblickt: das Privateigentum.[36]

Die Bourgeoisie hat im Aufkommen einer Arbeiterbewegung von vornherein stets etwas künstlich Gemachtes, das böse Werk böser hungriger Akademiker, erblickt. Selbst Adolphe Blanqui, der sonst gewissenhafte Historiker der proletarischen Bewegung von 1848 in Frankreich, der im Namen der Akademie schrieb, hielt dafür, die Arbeiteraufstände seien auf die Hetzereien minderwertiger Studenten, ungebildeter Kommis und Müßiggänger ohne eigentlichen Lebensberuf zurückzuführen.[37]

Die an die sozialistischen Akademiker gerichteten Anklagen, nur dem intellektuellen Proletariat anzugehören und folglich nur in eigenem Interesse zu handeln, durchziehen die gesamte sozialistische Historik. Selbst ein Karl Marx bediente sich dieses Mittels, als er in einer Polemik gegen Bakunin die italienischen Studenten (die diesem leidenschaftlich anhingen) als ein Rudel sich um soziale Gerechtigkeit nicht scherender, wohl aber stellenloser Deklassierter unter den Gebildeten[38] bezeichnete, während Bakunin in seiner Polemik gegen Mazzini 1871 gerade der italienischen studentischen Jugend Gerechtigkeit hatte widerfahren lassen, indem er sie heldenhaft genannt hatte. »Prächtige, arme Jungen, voller großmütiger Bestrebungen und Ideale, wenn auch recht unwissend, wenig orientiert und gegenüber den konkreten Dingen schier verloren.«[39] Schreiber dieses hat es unternommen, an der Hand historischer Dokumente der Zeit, den Beweis dafür anzutreten, daß es sich in der italienischen Internationale nicht um Deklassierte, sondern um Sichselbstdeklassierende, d.h. um häufig reiche, fast immer hoffnungsvolle, junge Akademiker handelte, die sich ohne Hintergedanken, leichten Herzens, aber festen Entschlusses einer ihnen menschenwürdig erscheinenden Sache hingegeben haben.[40] Später hat dann Sombart, den Fußspuren Marxens folgend, aber ihn internationalisierend und die marxistischen Intellektuellen in das Urteil mit hineinziehend, eine sozialpsychologische Theorie entwickelt, derzufolge der junge Revolutionär immer ein Enttäuschter und im Examen des Lebens Durchgefallener sei, der sich in seinen Handlungen von Gefühlen des Ressentiments leiten lasse.[41] Mit Recht ist aber Sombart von etlichen Autoren erwidert worden, daß das Ressentiment viel häufiger Wirkung als Ursache des Anschlusses an die sozialistische Bewegung ist.[42] Das intellektuelle Proletariat ist übrigens natürlich nicht ausschließlich aus Söhnen bürgerlicher oder kleinbürgerlicher Eltern zusammengesetzt. Dem Schoße des Proletariats und der Bauernschaft entspringen häufig genug begabte Söhne, denen es gelingt, den Weg zur Universität zu finden. Vielen von ihnen gelingt es dann weiter, sich in der Gesellschaft durchzusetzen und zu guten, ja besten Stellen zu gelangen. Viele andere hingegen, die weniger glücklich oder energisch sind, vermehren über kurz oder lang das intellektuelle Proletariat.

Zwei Wege gibt es, der Entstehung des intellektuellen Proletariats vorzubeugen oder es doch politisch zu neutralisieren und somit die vorher erwähnten beiden Gruppen Intellektueller miteinander zu verschmelzen. Der erste Weg würde dann vorliegen – wie es das Ideal des Fascismus ist –, wenn es dem Staate gelingt, in den Köpfen der Intellektuellen, und zwar nicht nur der von ihm Besoldeten, die feste Überzeugung von der inneren Macht des Staates zu befestigen und in ihnen Staatssinn, sentimento dello Stato, als höchsten Ordner und Schützer aller Dinge, zu erzeugen. Der zweite Weg ist der nordamerikanische: die Potenz der Staatskrippe ist dem Angebot von Handel und Industrie gegenüber so geringfügig, daß dieses letztere genügt, die Gelüste der Intellektuellen zu befriedigen.

Anmerkungen

1 Im Französischen bezeichnet man die vornehmlich von bohèmes bewohnte Straße neckisch, aber nicht sympathielos als pays de Bohème; das Pariser Lateinviertel (Universitätsviertel) als le pays Latin.

2 Im Englischen gipsy, im Spanischen gitano, im Italienischen zingaro.

3 Henry Murger, Scènes de la vie de Bohème (1851), Ed. Paris, Calman Lévy, p. 259/60.

4 Georges Delesalle, Dictionnaire Argot-Français et Français-Argot, New Ed., Paris 1899, p. 40.

5 Murger, l. c., p. VI.

6 Arnold Ruge, Kritische Betrachtung und Darstellung des deutschen Studentenlebens, Tübingen 1906, S. 72.

7 Vallès spricht einmal von den mißleiteten Gymnasiasten, welche, bereits durch falsche Erziehung sowie Lebensverhängnis verwirrt und gierig geworden, nunmehr in Abenteuer hineinstürzen, deren Erzählung Lachen und Weinen zugleich erweckt. (Jules Clère, Les Hommes de la Commune, 4. Ed., Paris 1871, p. 187.)

8 Friedrich Schulze und Paul Szymank, Das deutsche Studententum von den ältesten Zeiten bis zur Gegenwart, Leipzig 1910, S. 458 ff.; Theobald Ziegler, Der deutsche Student am Ende des XIX. Jahrhunderts, Stuttgart 1895, S. 64; Ernst Thesing, Duell – Ehre – »Ernst«!, Marburg 1896.

9 Jules Vallès, Les réfractaires, Neue Aufl., Paris 1881, p. 11.

10 Fernand Baldensperger (Bohème et Bohême: un doublet linguistique et sa fortune littéraire. Revue des Littératures Comparées, Paris 1927, p. 6) vermeint mit Recht, daß in den Novellen von Alfred de Musset, wie Frédéric et Bergerette oder Mimi Pinson, es sich nicht um Schilderungen echter Bohème handele, da hier nur das Zusammenleben einer Grisette mit einem Bourgeois-Studenten zum Gegenstand der Darstellung gemacht worden sei. Nach dem Mussetschen Liede Mimi Pinson (Aufl. Paris 1906, Lemerre, p. 17 ff.) müßte man freilich schließen, daß Mimi Pinson zu den jungfräulichen Studentenliebchen gehöre, die man später manchmal als *étudiantes* bezeichnete.

11 Delesalle, l.c., p. 323. – In Deutschland machte sich bekanntlich vor dem Kriege eine starke Verbourgeoisierung und Verphilisterung der Studentenschaft geltend; vgl. Schulze und Szymank, l. c., S. 251; Ziegler, l. c., S. 42. Vgl. auch die statistischen Mitteilungen, die Schreiber dieses in seinem Artikel: Nuovi Studi sulla prove-

nienza sociale degli studenti universitari (in Educazione Fascista, Anno IV, Dez. 1928, p. 734) veröffentlicht hat.

12 Edmond Goblot, La Barrière et le Niveau (Essais sur la Bourgeoisie Française), Paris 1929, p. 131, 133; vgl. auch p. 54.

13 Préface à la Correspondance de Gustave Flaubert, p. XI.

14 Benedetto Croce, Aspetti morali della Vita politica, Bari 1928, p. 55.

15 Karl Marx, Das Kapital. Kritik der politischen Ökonomie [MEW Bd. 23, Kap. 4].

16 Hanna Meuter, Die Heimlosigkeit. Ihre Einwirkung auf Verhalten und Gruppenbildung der Menschen, Jena 1925, S. 33, 29, 66.

17 Robert Hunter, Poverty, New York 1906, p. 107.

18 Nels Anderson, The Hobo. The Sociology of the Homeless Man, Chicago 1923.

19 Natürlich ist der verbreitete Philistertyp sehr weit davon entfernt, das Franzosentum zu erschöpfen, in welchem umgekehrt die energetischen, idealstrebigen und ethischen Eigenschaften zahlreiche Typen schaffen, die in Kunst, Wissenschaft und Geschichte weiten Raum einnehmen (vgl. meine Abhandlung, Zum Wesen des Franzosentums, »Neuphilologische Monatsschrift«, I, 6, S. 291). – Über die übergroße Vorsicht der Franzosen, selbst in den Arbeiterklassen, in der Ehepolitik und ihre Vorliebe für Verstandes- und Konvenienzehen wundern sich die Nachbarn füglich. Vgl. Philip Gilbert Hamerton, French and english, Ed. Tauchnitz 1889, Bd. II., p. 148/49 und Giuseppe Prezzolini, La Francia e i Francesi nel Secolo XX. osservati da un italiano, Milano 1913, p. 20.

20 Einige Seiten des Münchener Milieus haben in Ernst von Wolzogens Roman, Das dritte Geschlecht, eine geistreiche Schilderung erfahren.

21 Henry Lytton Bulwer, France social, literary, political, Paris 1834, p. 226.

22 Bulwer, p. 226; A.G.B. Parent-Duchatelet, De la Prostitution dans la Ville de Paris, 3. Aufl., Paris 1857, Vol. I, p. 151.

23 Vgl. Mario Scot, Filosofia dello Snob. Profili e Prospetti della Buona Società, Roma 1912, p. 79.

24 Adam Smith, An Inquiry into the Nature and Causes of the Wealth of Nations, London 1926, p. 313.

25 Georges Sorel, Les Illusions du Progrès, Paris 1908, p. 89.

26 Antonio Genovesi, Lezioni di Commercio o sia di Economia civile, Milano 1820, Vol. I, p. 201.

27 Henri Saint-Simon, Du Système industriel, in den Oeuvres de Saint-Simon, Vol. V, Paris 1869, p. 168.

28 François Quesnay, Oeuvres économiques et philosophiques. (Hrsg. von August Oncken). Frankfourt s.M. u. Paris 1888, p. 356.

29 Friedrich List, Das nationale System der politischen Ökonomie, 2. Aufl., Jena 1910, S. 231.

30 P.J. Proudhon, Les Majorats Littéraires, 2. Ed., Paris 1862, p. 249.

31 Murger, p. XI.

32 Alphonse Daudet, Jack, Paris, p. 83 ff., 64 ff., 180 ff., 261 ff.

33 Vgl. Robert Michels, Proletariat und Bourgeoisie in der sozialistischen Bewegung Italiens. Studien zu einer Klassen- und Berufsanalyse des Sozialismus in Italien, im »Archiv für Sozialwiss. u. Sozialpol.«, Bd. III, Heft 2 (1905), S. 393 ff.

34 Clara Zetkin, Geistiges Proletariat: Frauenfrage und Sozialismus, Berlin 1902, S. 17.

35 Scipio Sighele, L'Intelligenza della Folla, Torino 1903, p. 160.
36 Vgl. Amilcare Puviani, Teoria della Illusione Finanziaria, Palermo 1903, p. 258.
37 Adolphe Blanqui, Des Classes Ouvrières en France pendant 1848, Paris 1849, Vol. II, p. 182.
38 K. Marx, L'Alléance de la Démocratie Socialiste et l'Association Internationale des Travailleurs. Rapports et documents, London–Hamburg 1873, p. 48.
39 Michael Bakunin, Il Socialismo e Mazzini, 4. Aufl., Rom 1905, p. 39.
40 Robert Michels, Il Proletariato e la Borghesia nel movimento socialista italiano. Saggio di Scienza Sociografico-Politica, Turin 1908, p. 39 ff.
41 Werner Sombart, Der proletarische Sozialismus, Jena 1924, Vol. I, p. 55.
42 Henrik De Man, Zur Psychologie des Sozialismus, Jena 1926, S. 149; Robert Michels, Bedeutende Männer. Charakterologische Studien, Leipzig 1927, S. 146 ff.

9
August Bebel

Das geschichtliche Andenken großer Parteiführer ist keine konstante Größe. Es unterliegt der Gunst oder Ungunst des Schicksals, das ihrer Partei zuteil wird. Der Triumph der Partei macht den Namen des Führers unsterblich. Denkmäler wachsen pilzgleich für ihn aus dem Boden. In den Geschichtsbüchern werden seine Taten, seine Worte und seine Gedanken in dithyrambischer Form den kommenden Generationen zu ewiger Erinnerung warm ans Herz gelegt. Als Heros wird er leben, so lange der Staat lebt, den er, oder doch seine Nachfolger umgeschaffen. Wäre Bismarck 1866 unterlegen, nur als Brudermörder und Schänder Deutschlands würde vielleicht sein Andenken fortleben; wäre ihm nicht auch der letzte Coup 1870 gelungen, keine einzige Bismarcksäule ragte gen Himmel. Mazzinis Traum ist zur Hälfte in Erfüllung gegangen. Die ersehnte Einheit Italiens ist zur Tatsache geworden. Aber die von ihr unzertrennliche Begleitidee Mazzinis, die Republik, hat keine Gestaltung gewonnen; die Partei, die Mazzini hinterlassen hat, ist gegenwärtig weiter denn je von der Macht entfernt. Was folgt daraus? Wir sehen Mazzini in Italien heute als Einheitshelden, nicht als Freiheitshelden gefeiert werden. Der halb gebliebene Erfolg seines Lebenswerkes gewährt seinem Andenken das Recht des Halbgottes; während, falls Italien heute republikanische Staatsform aufwiese, der italienische Patriotismus Mazzini als Gott verehren würde. Das gleiche Gesetz gilt auch für Bebel. Schon heute, wenige Monate nach seinem Tode, kann man der geschichtlichen Würdigung August Bebels ein ähnliches Horoskop stellen. Sein Ruhm wird, man weiß es nicht, steigen oder fallen. Seitens seiner Genossen freilich ist er als Parteioberhaupt der Kanonisierung sicher. Bebel wird von seiner Partei in allen Zeiten gefeiert, seine Reden und Schriften werden gesammelt und mit Andacht gelesen werden, seine Büste wird bei Maifeiern und sonstigen sozialdemokratischen Festen neben denen Marxens und Lassalles den Ehrenplatz erhalten. Aber die staatlichen Organe sowie die Massen der Gebildeten seines Volkes haben sich ein Urteil über Bebel gebildet, das ihm wegen seiner gutdeutschen Familieneigenschaften zwar mildernde Gründe zubilligt, aber keine Bedenken trägt, ihn als vaterlandsschädlichen Gesellen und unpraktischen Politiker zu verurteilen. Diese offizielle Prägung des Andenkens des großen deutschen Volksführers steht heute für alle Zeiten fest; sie vermöchte sich nur in einem Falle zu ändern: wenn es den Trägern der Gesinnungen und Überzeugungen des Toten gelänge, den preußischen Staat zu vernichten oder doch mit ihrem Geiste zu durchdringen und die Herrschaft zu erringen. Erst dann würde August Bebel neben dem alten Fritz Unter den Linden ein Denkmal erhalten, das vom Reichskanzler im Beisein der das Gewehr präsentierenden Garnison der Hauptstadt eingeweiht würde. Auch Danton hat in Paris auf dem Boulevard Saint Germain sein großes ehernes Standbild erstehen sehen. Und Danton hat in seinem Leben den Gegnern seiner Partei mehr Leid zugefügt als Bebel den seinen.

Indes muß es Sache des Sozialwissenschafters sein, die Wertung bedeutender Persönlichkeiten von den Kristallbildungen des Erfolgs oder Mißerfolgs loszulösen und in ernsterem Lichte zu betrachten. Gewiß kann es in den Niederungen der Populärliteratur von jedem bedeutenden Manne heißen: »von der Parteien Haß und Gunst entstellt, schwankt sein Charakterbild in der Geschichte«. Die Wissenschaft muß aber doch trachten, dieses Charakterbild nach Möglichkeit zu fixieren.

Bebel war in vieler Beziehung der typische moderne Massenführer, wie ihn die proletarische Bewegung erzeugt, wenn dem auch sofort hinzugefügt werden muß, daß er nicht nur intellektuell und moralisch sich über den Durchschnitt der Seinesgleichen riesenhaft erhob, sondern daß er so stark individuelles Gepräge trug, daß hinter dem Massenführer die Persönlichkeit nie verschwand, so daß das Wesen Bebels nicht aus dem des modernen Parteiwesens allein heraus verstanden zu werden vermag.

Man kann die Wirksamkeit Bebels den Massen gegenüber getrost mit der Marxens, Engels' und Lassalles vergleichen. Man kann sogar die Behauptung wagen, daß er ihnen mehr gewesen ist. Bebel war in weit höherem Maße als jene der Führer, der Exponent, der Anleiter. Marx saß weit ab vom Schuß in seiner Gelehrtenkammer oder im Saale des British Museum in London und war mit den deutschen Arbeitern, von einer kurzen Periode in Köln 1842/43, wo er die Rheinische Zeitung geleitet und ab und zu in Handwerker- und Arbeiterversammlungen gesprochen hatte, abgesehen, nicht in Berührung gekommen. Dem deutschen Proletariat ist er bis heute ein unpersönlicher, olympischer Gott geblieben, zu dem sie bewundernd aufsehen, zu dem sie aber keinerlei inneren Beziehungen haben und dessen Lehren sie nur in zweimal gewässerter Form verstehen. Engels war nur im Nebenamt Sozialdemokrat, im Hauptamt dagegen Fabrikant. Als er in seinen letzten Lebensjahren das Hauptamt mit dem Nebenamt vertauschte, war er selbst bereits zu einer Art olympischem Nebengott geworden; gewiß weltlicher als Marx: nicht ein zweiter Dioskur, sondern vielmehr, in den Augen der Massen, bereits Epigone, der höchstens als praktischer Beirat auf Selbständigkeit Anspruch erheben konnte. Was ihm auf seiner letzten Reise nach dem Kontinent 1893 in Zürich und Wien Beifall zujubelte, das waren nicht so sehr authentische Arbeitermassen, als vielmehr zu höherem Verständnis durchgedrungene Scharen genössischer Berufspolitiker. Lassalle gar war ganz Herrenmensch, ganz Diktator, und was er von Arbeitern gelegentlich jubelnd um sich sammelte, das war nur ein kleiner Ausschnitt der jugendlichen, noch ganz in Theorie und Praxis der Heroenverehrung befangenen damaligen Arbeiter, denen der geld- und wortreiche Advokat und Freund und Beschützer der Gräfin Hatzfeldt doch wohl mehr imponierte als er innerlich als zu ihnen gehörig empfunden wurde.

Was August Bebel den Massen hingegen lieb und wert machte, was ihn ihnen näher brachte und zu dem ihren machte, das war gerade, daß bei ihm die überwiegende Note nicht die wissenschaftliche war. Er war nicht, wie die Marx, Engels und Lassalle ein Intellektueller, sondern ein Volksmann. Fleisch von ihrem Fleische, Blut von ihrem Blute. Man hat Bebel als den unverfälschten Exponenten der proletarischen Millionen Deutschlands darstellen wollen. Geistig und politisch war das, immer cum grano salis, in sehr hohem Grade der Fall. Aber sozial läßt sich, bei Licht besehen, die These nicht ohne weiteres unterschreiben. Wenn die sozialdemokratischen Zeitungen Bebel auch genealogisch als »Produkt des Proletariats« beanspruchen und auf die kümmerlichen Verhältnisse anspielen, aus denen er hervorgegangen sei, so ist noch die Frage aufzuwerfen, seit wann ein Unteroffizier Proletarier ist und seit wann die Handwerksmeister und Geschäftsreisenden – und das ist Bebel, von der Wanderzeit, die damals noch zum Metier gehörte, abgesehen, doch so lange gewesen, bis seine pekuniären Verhältnisse es ihm gestatteten, seine Kräfte restlos in den Dienst der politischen Sache zu stellen, – der Arbeiterschaft im engeren Sinne anzugehören pflegen. Immerhin mag man indes zugeben, daß Bebel als Waisenkind schon einige Jahre die Not des Armen gekostet hat, und daß er zu den wenigen Männern seiner Gesellschaftsschicht gehört, welche in der Bewegung der unteren Volksklassen einen bedeutenden Platz eingenommen haben.

Gewiß: es kann und soll nicht geleugnet werden, die große Mehrzahl der deutschen Arbeiter *fühlte* Bebel auch sozial als zu ihnen gehörig, nicht nur als sozialdemokratischen Parteigenossen, sondern auch als proletarischen Klassengenossen. Darin liegt ja eben die merkwürdigste Erscheinung. Sie läßt sich zum Teil durch Bebels reinmenschliches, bescheidenes, einfaches Wesen erklären, das er auch im Verkehr mit den Arbeitern zur Schau trug und das auch in seinem Äußern, seiner Kleidung, zum Ausdruck kam. Indes beruhte die enge Gemeinschaft, die den Durchschnittsarbeiter in Deutschland mit seinem Bebel verband, der doch im Grunde ein radikaler Kleinbürger war und blieb, auf der Gemeinsamkeit eben dieses kleinbürgerlichen Grundzugs. Denn an den revolutionären deutschen Proletariermassen sind, trotzdem an ihrer proletarischen Authentizität, soweit ihre Stellung im Produktionsprozeß in Frage kommt, nicht gezweifelt werden darf, aus historischen und vielleicht auch aus ethnischen Gründen tiefe kleinbürgerliche Züge haften geblieben.

Was Bebel aber vor allem andern den Massen vertraut machte, das war seine Nähe. Seine Sprache war ihre Sprache, seine Art war ihre Art. Er entzog sich ihnen nicht durch tiefsinniges Theoretisieren, ihm lag es fern, neue Gesetze aufzustellen. Er war der Mann der politischen Praxis. Er war ihr Mann. Sie störte es auch nicht, daß er durch und durch Parlamentarier war. Im Gegenteil. Hier, von der Tribüne des Reichstages aus, sprach er vom arbeitenden Volke, ja, manchmal wollte es scheinen, zum arbeitenden Volke, von seinen Leiden, seinen Bedürfnissen, wie immer sie sich auf allen Gebieten äußerten. Nichts blieb ihm verborgen. In allen Tönen, unter allen Gesichtspunkten, in allen Stücken und mit bedingungsloser Gradheit, nahm er sich, angesichts der Vertreter der herrschenden Klasse sowie der preußischen Krone, der Darbenden an. Und im blätterreichen Wald der sozialdemokratischen Parteipresse schallten seine Anklagen hundertfach wieder. Von Marx hörten die Arbeiter nur etwa einmal im Jahre, wenn ein temperamentvoller Mairedner ihnen vom kommunistischen Manifest sprach, von Bebel hörten sie allabendlich, wenn sie ihre Zeitung zur Hand nahmen. Wer von ihnen hat je Marx gelesen? Bebel aber, seine Reden auf Reichs- und Parteitagen, lasen sie alle, und selten verging ein Monat, in welchem ihre Herzen nicht ob eines neuen gewaltigen Bebelwortes, in dem Zorn und Hoffnung in machtvoller Synthese zusammengeschweißt waren, voll Ergriffenheit pochten und ihr Sinn mit dem des großen Wortführers aufs neue Vermählung feierte.

Die Begeisterung und Verehrung, deren Mittelpunkt Bebel war, hatte aber auch noch andere Ursachen. Bebel hat nicht nur an der Wiege der Partei, sondern an der Wiege der modernen deutschen Arbeiterklasse selbst gestanden. Seine schwere, langsame Entwicklung zum Sozialismus in der zweiten Hälfte der sechziger Jahre, nicht das feurige Ergreifen einer magnetisch anziehenden Weltanschauung, sondern ein peinliches Durchringen und stückweises Überzeugtwerden, war die der intellektuell höchststehenden und politisch am lebhaftesten interessierten Schicht der Arbeiterklasse selbst. In diesen Jahren fand der Prophet, und der ist in Bebel stets sehr stark gewesen, ein doppelt günstiges Feld. Einmal waren die deutschen Arbeitermassen der damaligen Zeit noch ungeschult und durch ihre noch nicht gelösten Beziehungen zur Kirche kindlichem Glauben leicht zugänglich. Naumann hat sich erzählen lassen, daß, wenn Bebel in den Jahren 1867 oder 1868 in seinen ersten Wahlkreis kam, die Menschen um ihn standen und ihn mit einer innigen Sehnsucht nach Erfüllung ihrer Hoffnungen ansahen, die tief in der Erinnerung derer, die das miterlebt haben, eingeprägt geblieben ist; wie immer man zur Sozialdemokratie stehe, man vermöge den Erzählungen jener Leute nicht ohne Ergriffenheit zuzuhören. Der Hunger nach erlösenden Worten war aber nicht lediglich in der Jugend der Bewegung verwurzelt. Das deutsche Proletariat war für die Lehre einer nahe bevorstehenden radikalen Umgestaltung der Dinge – Bebel hat bekanntlich erst spät zugegeben, sich in seinen Angaben über das Tempo der zu erwartenden Revolution geirrt zu haben und jahrzehntelang das Eintreffen der großen Tage, welche von der Aera des bürgerlichen Kapitalismus in die der sozialistischen Gesellschaft überleiten sollten, auf eine überaus kurze Frist vorausgesagt – am Ende der sechziger Jahre sowie, in noch höherem Maße, nach Ablauf der kurzen Periode, in welcher die junge deutsche Industrie die französischen Milliarden verdaute und welche in den Annalen der deutschen Wirtschaftsgeschichte unter der Bezeichnung »Gründerperiode« fortleben wird, besonders empfänglich. Man kann die Zeit von etwa 1860–78 getrost in Deutschland nationalökonomisch und sozial mit der entsprechenden Aera von 1807–55 in England vergleichen. Der Hereinbruch der maschinellen Manufaktur und die Hebung der durch die Vervollständigung der Verkehrsmittel und die Vereinfachung des Tauschverkehrs, insbesondere auch des Börsenwesens, neu belebten Produktion rief in dem späten Deutschland reservatis reservandis die gleichen Begleitumstände hervor, die sich in England ein halbes Jahrhundet früher gezeigt hatten. Mit der Verbesserung und Beschleunigung der Produktion hielt indes die Hebung der Arbeitermassen nicht nur nicht Stand, sondern man kann umgekehrt den Satz aufstellen, daß die Jugendzeit des modernen Kapitalismus die chronischen Leiden der Arbeiterschaft um viele akute Krankheiten vermehrte. Die Theorie von der Verelendung der Massen war demnach durchaus von Gültigkeit. Sie ist keineswegs dem Denkerhirn Marxens entsprungen, sondern findet sich bei allen zeitgenössischen sozialistischen wie auch bei einer beträchtlichen Anzahl bürgerlicher Volkswirtschaftsbeflissenen der ersten Hälfte des XIX. Jahrhunderts in fast stereotypisch zu nennender Weise wieder.[1] Die geängstigten und gepeinigten Gemüter der Arbeiter mußte es deshalb mit der größten Hoffnungsfreudigkeit erfüllen und sie scharenweise der Partei, die er vertrat, zutreiben, wenn ein Mann von der Autorität, der Begabung und der leuchtenden Ehrlichkeit eines August Bebel im vollen Brustton tiefster Überzeugung Worte aussprechen konnte, wie die, daß sich nur wenige im gleichen Saale mit ihm befinden möchten, die den Tag der Befreiung nicht noch erleben würden.[2]

Dabei war Bebel in seinen Prophezeiungen apodiktisch. War er »inspiriert«, so duldete er keinen Widerspruch. Da wurde er ganz Diktator. Nicht aus Herrschsucht, die ihm fern lag, sondern aus Überzeugung, aus Bewußtsein vom eigenen Werte. David hat recht: für Bebel gab es weder Probleme noch Zweifel. Seine jeweilige Auffassung war ihm alleinige Wahrheit, unumstößliche Gewißheit. Er war keine wissenschaftliche, kritisch forschende, sondern eine künstlerisch gestaltende Natur. Nicht durch logische Deduktion wirkte er, sondern durch psychologische Suggestion.[3]

Die modernen Volksbewegungen werden, insbesondere in ihrer Jugendzeit, von Rednern geführt. Sie sind kraft ihrer Unerfahrenheit und des noch geringen Standes ihrer politischen Bildung, aber auch kraft ihrer Begeisterungsfähigkeit, wie endlich ihrer Leichtgläubigkeit, der flammenden Gewalt der Rede leicht ausgesetzt und unterliegen den Reizen redebegabter Männer mit Behagen, ja bisweilen mit Wollust. Darum sehen wir in der Geschichte der Parteien des internationalen Sozialismus allüberall hervorragende Redner an der Spitze stehen: in Frankreich einen Jaurès, in Italien einen Ferri, in Belgien einen Vandervelde, in Holland einen Troelstra, in Österreichisch-Polen einen Daszynski, in England einen Macdonald; in Deutschland erst einen Lassalle, dann, in anderer Form, aber nicht minder bedeutend, einen Bebel. Die Beredsamkeit eines Bebel war freilich ganz eigner Art. Sie hatte nichts von dem literarischen Schwung und dem häufig an Renommisterei und persönliche Eitelkeit streifenden hochtönendem Selbstbewußtsein des Breslauer Juden Lassalle; nichts von der dichterischen Dünnflüssigkeit, dem erhabenen ätherischen Idealismus und dem natürlichen Wortreichtum des Südwestfranzosen Jaurès; nichts von der klassischen Stilistik und der berechnenden Treffsicherheit des italienischen Tenors Enrico Ferri; nichts von der advokatischen Kraft und dem verhaltenen Groll des holländischen Volkstribunen Troelstra. Die Beredsamkeit Bebels war echt deutsch-germanisch; mehr erworben als angeboren. Bebel selbst berichtet davon, wieviel Mühe ihm seine ersten Versuche auf diesem Gebiete bereiteten; wie nahe er daran war, daran zu verzweifeln, je Eindruck auf seine Zuhörer machen zu können.[4] Bernstein sagt, er sei, als er ihn 1872 hörte, absolut kein Festredner gewesen. »Er hatte einen viel zu sehr am Sachlichen haftenden Geist und war auch dazu sehr aufs Dozieren versessen.«[5]

Bebel hatte eine harte, bisweilen etwas schrille Stimme, deren Klang häufig an den einer geborstenen Glocke erinnerte, aber weit trug und in Momenten heftigen Affektes von großer, durchdringender Wirkung war. Sein Wort scholl militärisch, gehorsamheischend; man hörte ihm an, wie der Redner selbst von seinem Stoffe erfüllt war. Da war kein rednerischer, gleisnerischer Affekt, keine wohlbedachte, flüssige Überredungskunst, da war eine mit starkem Temperament vorgetragene Überzeugung selbst. Die Klangfarbe des Wortes war prononziert ostdeutsch. Zwar war sein Körper schwächlich, aber sein Auge war herrisch und bohrte sich mit klarem Blick hell und gebieterisch in das des ihm Gegenüberstehenden. Wenn Bebel sprach, konnte er etwas Majestätisches an sich haben. Als mein damals fünfjähriges Töchterchen Manon 1909 Bebel in Grindelwald mit mir im Gespräch gesehen, und, wie es so ihre Art ist, beobachtet hatte, frug sie mich kurz darauf: È un re? Ist dieser Mann ein König? Der naiven Frage des kleinen Mädchens lag gute Beobachtung zugrunde.

Bei der Untersuchung der Frage, aus welchen Elementen die geistige Anziehungskraft und Herrschaft eines Menschen über die Masse zusammengesetzt ist, führt der französische Philosoph Gabriel Tarde folgende Elemente an: Erstens Stärke des Willens, die längst nicht immer mit hervorragender Intelligenz gepaart zu sein braucht. Zweitens außerordentliche Gradstärke und Tiefe der Überzeugung und guter Glauben an sich selbst. Drittens endlich scharfe Analyse oder schöpferische Phantasie.[6] Tarde selbst sagt, nur selten seien diese drei Elemente in einem einzigen Menschen vereinigt. In Bebel waren sie indes in seltener Synthese anzutreffen. Er war ein gewaltiger Willensmensch, ein Mann von grundehrlicher Überzeugung und konnte, wenn er sich tragen ließ, eine hinreißende Phantasie entwickeln. Aber freilich trifft auch die Analyse, die Mariano Patrizi vom Redner gibt, auf Bebel im wesentlichen zu: der Redner ist ein Mann voll angehäufter Energie, großer Willensfähigkeit, unumschränktem Optimismus (nach P. gibt es keine pessimistischen Redner, deren Existenz würde eine contradictio in adiecto sein), vermag hingegen schöpferisch nicht tätig zu sein. Patrizi sagt wörtlich: »Es ist so gut wie unmöglich, einen großen Redner namhaft zu machen, an dessen Gedächtnis sich auch nur die geringste neue Erkenntnis oder neue Entdeckung, seien diese nun naturwissenschaftlicher, geisteswissenschaftlicher oder gesellschaftswissenschaftlicher Natur, knüpft. Der Redner ist ein Talent, das geschaffene Werte mitteilt, nicht ein Genie, das eigene Werte schafft.« Das Beispiel Amerikas, das Dutzende von großen Rednern, aber sehr spärliche Denker und Künstler aufweist, tut dar, daß zur Hervorbringung oratorischer Künstler eine rein materielle Kultur genügt.[7] Auch Bebel war sicherlich kein gewaltiger Theoretiker.

Immerhin ist der Autodidakt ein ungewöhnlich fleißiger, erfolgreicher und brauchbarer Schriftsteller gewesen.

Gelegentlich einer Rezension von Getrud Bäumers Geschichte der Frauenbewegung in Deutschland in der Wiener Monatsschrift »Neues Frauenleben« schrieb eine der intelligentesten bürgerlichen Frauen Jungösterreichs, Adele Gerber: »Andererseits hätte der große Einfluß, den Bebels ›Die Frau und der Sozialismus‹ auch auf die bürgerliche Frauenbewegung ausübte, zumindest erwähnt werden müssen.« Und dabei hatte die also Gerügte selber vorher im übrigen in durchaus anerkennenswerter Unparteilichkeit Bebels Buch einen vom bürgerlichen Standpunkt aus sehr hohen Rang in der zeitgenössischen Literatur über die Frauenfrage angewiesen. Die noch höhere Wertung, die dasselbe im Urteil der Wienerin einnimmt, spricht dafür, daß das bei seinem Erscheinen von den bürgerlichen Frauen so stark angefeindete Buch Bebels die historische Anerkennung gefunden hat, die ihm gebührt.

Um das zu erreichen, hat das Werk freilich auch seine 34. Auflage erleben müssen. Um diesen außergewöhnlichen Erfolg zu verstehen, muß man sich zunächst darüber klar sein, was Bebel in diesem seinem Hauptwerk seinen Lesern inhaltlich bietet, sowie ferner darüber, was es bedeuten und bezwecken wollte. Denn die Bebelsche »Frau« ist nicht nur ein Buch der Wissenschaft, das heißt ein Buch, welches, wenn auch nicht immer nach rein wissenschaftlicher Methode gearbeitet und auch nicht immer einwandsfrei in seinen erzielten Resultaten, ein ernstes Problem in ernster und würdiger Weise erfaßt hat und zu lösen sucht, und zwar mit Verwendung aller Hilfsmittel, welche die Geschichte und die modernen Naturwissenschaften dem Verfasser bereits vorgearbeitet haben. In diesem Sinne kann man das Werk getrost eine Enzyklopädie nennen. Wer das Wissen an Tatsachenmaterial und Doktrinen, welches in ihm enthalten ist, auch nur halbwegs beherrscht, den wird man mit Fug und Recht einen hochgebildeten Menschen nennen können. Was denen gegenüber gesagt werden muß, welche jenes Buch schlechtweg als das ungebildete Machwerk eines Autodidakten bezeichnen. Aber neben seinem wissenschaftlichen Wert hat das Bebelsche Werk doch überwiegend politischen Wert, ebenso wie es neben seinem wissenschaftlichen Zweck auch noch seinen politischen Zweck hat. Denn das Bebelsche Buch vereinigt in selten gelungenem Maße die Auffassung der in ihm gestellten Probleme als *Selbstzwecke* und als *Postulate*, oder vielmehr, das Studium des Problems entwickelt sich aus einem Selbstzweck durch die Macht der angeführten Tatsachen selbst zu einer Tendenz, einer Forderung.

Der Titel, den August Bebel seinem Werke gegeben hat: »Die Frau und der Sozialismus«, ist sozusagen beinahe geheiligt durch den langen Gebrauch durch viele Hunderttausende, ja beinahe Millionen von Menschen aller Gegenden und Zungen – denn das Buch ist nunmehr in fast sämtliche Kultursprachen, ja sogar auch in etliche Nichtkultursprachen übersetzt worden. Aber eigentlich ist er nicht ganz genau gefaßt. Der Inhalt des Buches ist keineswegs damit erschöpft, daß in ihm das Interesse, welches dem Verfasser gemäß gerade die Frau an einer möglichst baldigen Herbeiführung der sozialistischen Gesellschaftsform hat, klargelegt und die Stellung, welche sie in dieser später mit Naturnotwendigkeit einmal einnehmen soll, des näheren besprochen und erläutert wird. Deutlicher wäre die Benennung des Buches als: »Die Frau und die sozialistische Gesellschaft« gewesen. Denn das Werk zerfällt in zwei sehr verschiedene Teile. Der erstere handelt, soweit dies bei dem engen Zusammenhang, in welchem die Geschlechter überall – sowohl in den Berufen, als auch zumal in der Familie und in der Liebe – zueinander stehen, überhaupt möglich ist, lediglich *von der Frau.* Da wird eingehend die Geschichte des Frauenlebens im Altertum, im Mittelalter und in der Neuzeit geschildert, die historischen Rechte und Pflichten der Frau von den Zeiten des sogenannten Mutterrechts bis zu der schon überlange anhaltenden Epoche des »zweierlei Rechtes« für Mann und Weib. Da wird fernerhin die Frau als Geschlechtswesen besprochen und auf die berühmte uralte Frage, ob das Weib ein physisches und folglich sittliches Recht auf Liebesgenuß habe, die Antwort erteilt, daß nur eine so widersinnige Gesellschaftsordnung wie die kapitalistische und die aus ihr abgeleitete Geschlechtsmoral ihr dieses unbestreitbare Naturrecht verweigern könne. Bebel erörtert gründlich die Ehe sowie ihre Hemmnisse und Hindernisse, das Zahlenverhältnis der Geschlechter zueinander und dessen Ursachen sowie Wirkungen auf das praktische Leben. Die Prostitution, die Bebel als eine notwendige soziale Einrichtung, freilich nur der bürgerlich-kapitalistischen Ordnung, bezeichnet, mit all ihren furchtbaren Anhängseln und Auswüchsen, der Kuppelei, dem Mädchenhandel, dem Bordellwesen und anderem wird einer sachlichen Untersuchung unterzogen, aus der diese Blüte der Kultur freilich nicht ohne die gebührende Brandmarkung hervorgeht. Dann wendet sich der Verfasser einer sehr feinen analytischen Darstellung des Erwerbslebens der Frau und der damit zusammenhängenden Frage ihrer geistigen sowie körperlichen Fähigkeiten zu und beleuchtet schließlich die rechtliche und politische Stellung, welche die Frau heute im Staate einnimmt. Das ist kurz die Inhaltsangabe des ersten Teiles, der schon stofflich reichhaltig genug erscheint. In ihm wird die Frauenfrage tutta quanta behandelt, die sogenannte bürgerliche sowohl als die sogenannte proletarische. Daher ist das Buch auch für alle Frauen geeignet, das heißt alle diejenigen unter ihnen, welche ohne Rücksicht auf Besitz und Lebensstellung, überhaupt lernen wollen und lernen können.

Ist der erste Teil des Bebelschen Werkes vorzüglich der Geschichte und der heutigen sozialen Stellung der Frau gewidmet, so hat der Verfasser es im zweiten Teil übernommen, die Zustände, in welchen die ganze Menschheit in der Zukunft leben wird, in ihrer Mutmaßlichkeit zu skizzieren. Bebel hat in peinlicher Ausführlichkeit ein Bild von dem gezeichnet, was er sich unter der »sozialistischen Zukunftsgesellschaft« vorstellt. Wie diese die Fragen einer Regelung von Produktion und Konsumtion, der Berufswahl, der Hand- und Kopfarbeit, des Tauschmittels, der Erziehung, der Liebe, der Übervölkerung, der Nationalität lösen soll: alles das wird dem Leser wie in einem Kaleidoskop vor Augen geführt. Wenn auch für den Sozialisten bei Entwurf eines Bildes von der heißersehnten Zukunft gewisse Linien von vornherein als gegeben zu betrachten sind, er sich also zum Beispiel Fürsten, Hofdamen, Großgrundbesitzer, Fabrikherren, Prostituierte nicht da mithineinzudenken vermag, so ist es doch eine andere Sache, wenn er über diese Grundzüge hinaus bereits mehr oder weniger Detailmalerei betreiben möchte. Ein solches Beginnen, und das hat Bebel im zweiten Teile der Frau unternommen, läuft stets auf eine Spekulation hinaus und wird deshalb auf eine Anzahl von Gegnern zu rechnen haben, und zwar nicht nur außerhalb der Partei. Und das aus zwei Ursachen. Zunächst läßt sich eine Entwicklung zwar vielleicht in ihrer Grundtendenz voraussagen, nie aber bis in ihre Einzelheiten hinein mehr oder minder apodiktisch bestimmen, und zweitens wird sich das Zukunftsideal, dessen große Züge Hunderttausende in der sozialistischen Weltpartei zusammengeführt haben, in diesen seinen großen Zügen – politisch: soziale Republik, ökonomisch: Kollektivismus – zwar im Kopfe eines jeden Anhängers gleich widerspiegeln, aber über die positiveren Teile desselben wird noch mindestens so lange Unklarheit und Uneinigkeit herrschen, als bis sie diese Einzelbestände der künftigen Gesellschaft erst aus greifbarer Nähe zu beurteilen vermögen. Nun entspricht das Bild, das sich Bebel vom sogenannten Zukunftsstaat gemacht hat, sicherlich so ungefähr dem Bilde, das sich eine große Anzahl anderer Sozialisten von ihm entweder bereits entworfen haben oder das sie im Kopfe oder doch im Herzen tragen. In diesem Sinne wird das Bebelsche Buch einer großen Anzahl seiner Genossen auch in seinem zweiten Teil im ganzen immer willkommen sein. Freilich müssen wir in vielen Punkten von Bebel abweichen. Zum Beispiel ist das, was Bebel über die Wahl des Berufs in der sozialistischen Gesellschaft sagt, nicht überzeugend (S. 348). Die Selbstwahl eines Berufes aus Neigung läßt sich nicht mit der von Bebel gleichfalls angenommenen »Verwaltung«, welche »die Arrangements zu treffen« und »einen Ausgleich« herbeizuführen hat, vereinen. Eines schließt das andere aus. Noch könnte die Verwaltung auf jegliche Machtbefugnisse verzichten und sich mit der Aufgabe begnügen, ein nur den Willen der sich an sie wendenden Genossen ausführendes Organisationsorgan zu sein. Noch weniger will uns die Bebelsche Ansicht von der Dezentralisation der städtischen Bevölkerung, also unumwundener ausgedrückt, von der Selbstzerstörung der Städte (S. 401) gefallen. Die Städte werden immer die Heimstätten der Kultur bleiben. Man weiß nicht, wie sich Bebel die Benutzung von Theater und Bibliotheken und ähnlichem ohne eine entsprechende Benutzermenge gedacht hat. Will er sie auf das flache Land legen? Gleich wie im frühen Mittelalter sich die Städte um die Klöster gruppierten, so würden sich dann in der sozialistischen Gesellschaft um die dezentralisierten Theater und Bibliotheken, deren Benutzung doch fraglos als sehr stark zu denken ist, herum, wohl ebenfalls neue Städte bilden. Der Bebelsche Versuch, den Unterschied von Stadt und Land aufzuheben, würde also in ein chassez-croisez der Städte ausklingen. Der Unterschied von Stadt und Land ist aber obendrein durchaus nützlich. Der Sozialismus kann die Menschheit nicht uniformieren, sondern nur immer mehr differenzieren. Mit den menschlichen Eigenschaften auch den Geschmack. So wird die Vorliebe der einzelnen entweder für Landleben oder für Kleinstadtleben oder für Großstadtleben später noch weit ausgeprägter sein als jetzt. Der Unterschied von Stadt und Land aber ist doch durch Erweiterung der Bildungsmöglichkeiten auf dem flachen Lande, Vermehrung der Verbindungswege und Transportmittel, Anlage von Schulen usw. allein zu heben oder doch mindestens auf ein Minimum zu reduzieren. Auch in der Erziehungsfrage vermag man Bebels Standpunkt nur schwer zu teilen. Bebel plädiert bekanntlich für gänzliche Übernahme des Erziehungswesens durch die Gesellschaft, also Zwangserziehung mittels Unterbringung der Kinder in besondere Institute. Wenn diese Methode bei genügender Überwachung jener Einrichtungen durch die demokratische Gemeinde auch zweifellos ihre großen Vorzüge haben mag, so halte ich doch dafür, daß den Eltern eine größere Freiheit in der Bestimmung über ihre Kinder vorbehalten bleiben muß. Ebenso vermag nicht jeder sich, wie Bebel, für allgemeine Einführung von Wöchnerinnenheimen und Kleinkinderasylen (S. 412) ins Zeug zu legen. Da ist der Vorschlag schon gefälliger, den Ladislaus Gumplowicz gemacht hat[8], nämlich, daß diejenigen Eltern, welche ihre Kinder selbst zu erziehen, diejenigen Mütter, die ihre Kleinen selbst zu säugen gewillt sind, dies ruhig zu Hause tun mögen und dafür von der Gesellschaft wie für jeden anderen Dienst, welchen sie ihr leisten, entlohnt werden. Auch in einer anderen Frage vermag man sich nicht Bebel anzuschließen. Er schreibt von dem Tagewerk der künftigen Frau: »Eben noch praktische Arbeiterin in irgendeinem Gewerbe, ist sie in einem anderen Teile des Tages Erzieherin, Lehrerin, Pflegerin, übt sie in einem dritten

Teile irgendeine Kunst aus oder pflegt eine Wissenschaft und versieht in einem vierten Teile irgendeine verwaltende Funktion.« (S. 412) Abgesehen davon, daß wir hier ja beinahe, scherzweise gesagt, den Vierundzwanzigstundentag vor uns hätten, halte ich eine Einteilung des Tagwerks in so unendlich verschiedenartige Tätigkeiten, die jedesmal wieder vollständig voneinander variieren, stets aber, soll das Ganze nicht in ein großes, alles gleichmäßig umfassendes Dilettantentum auslaufen, tiefer gehende Fähigkeiten voraussetzen, nur ganz ausnahmsweise – bei Übernaturen – für überhaupt durchführbar. Gewiß birgt die einseitige spezialisierende Tätigkeit, die sich entweder nur der Muskelkraft oder nur der Gehirnnerven oder nur der Sehmuskeln bedient, wie sie heute vorherrscht, eine Einseitigkeit in sich, deren physische und soziale Schäden die Gesellschaft der Zukunft durch eine gleichmäßige Ausbildung von Körper und Geist planmäßig einzuschränken bemüht sein muß. Aber Bebel scheint mir hier in seiner Forderung doch über das Ziel etwas hinausgeschossen zu haben, indem er das als Regel fordert, was immer nur eine seltene Ausnahme sein wird: das Universalgenie. Endlich wäre noch der überschäumende Optimismus Bebels zu erwähnen, der sich in dem Glauben offenbart, das Geld könne später von selbst wegfallen, sowie in seiner Meinung, das Verbrechertum könne völlig eliminiert werden – Bebel spricht an einer Stelle seines Buches sogar kühn von einem »Ausscheiden« der ganzen juristischen Literatur! Das Geld bietet als Tauschmittel unschätzbare Vorzüge, und daß das Verbrechergehirn nur in Cesare Lombrosos Kopf existiert hat, ist wissenschaftlich noch nicht definitiv nachgewiesen. Die kritischen Bemerkungen, die vor nunmehr langen Jahren Simon Katzenstein über Bebels »Frau« machte, haben zum Teil immer noch ihre Berechtigung.[9] Die fast durchweg ausgezeichneten Erläuterungen, die Bebel kurz darauf auf die ihm gewordenen Anregungen hin schrieb und die den Inhalt seines Buches in hervorragender Weise zu ergänzen geeignet gewesen wären, haben in den Neuauflagen, aus denen sonst manches Fehlerhafte ausgeschieden ist, leider keine Anwendung gefunden.[10] Das ist um so bedauerlicher, als durch eine etwaige Anfügung der Bebelschen Erwiderung an den Text der »Frau« dem Buche wahrscheinlich manche Mißverständisse und Mißdeutungen erspart bleiben würden.

Manche bürgerlichen Blätter haben sich erdreistet, Bebels »Frau« als ein unmoralisches Buch zu bezeichnen. Wir sagen ausdrücklich erdreistet, denn es gehört die ganze Dreistigkeit parteipolitischer Gehässigkeit dazu, die Wahrheit so zu verkehren. Und diese Lüge hatte lange Beine. Es mußte erst ein konservativ gerichteter Universitätsgelehrter kommen, der Nationalökonom Karl Oldenberg, und seinen bürgerlichen Freunden in allem Ernste versichern, das – im übrigen nicht anzuerkennende – Werk sei nicht eigentlich unsittlich zu nennen[11], bevor wenigstens ein Teil derselben sich bekehren ließ. Und doch ist es gerade das, was an Bebels Buch außer dem Wissen und dem Riesenfleiß des Verfassers am meisten imponiert: Die weise Reinheit der Intention, der erfrischende Kampfesmut, die tiefsittliche Entrüstung, die innerliche Überzeugung und der überquellende Idealismus, die ihm Pate gestanden haben.

Die große historische Bedeutung des Bebelschen Buches liegt jedoch in dem großen Einfluß, den es auf die theoretische Stellung der Frau in den sozialdemokratischen Parteien der ganzen Welt gehabt hat. Wenn auch immer noch ein kleiner Restbestand, meist ausländischer Sozialisten – unter ihnen freilich Namen wie Enrico Ferri und Ernest Belfort Bax – der Anerkennung der Frau als gleichwertiges und gleichberechtigtes Wesen mit dem Manne mehr oder weniger zurückhaltend gegenübersteht, so hat Bebel doch mit seinem Programmsatz: *»Es gibt keine Befreiung der Menschheit ohne die soziale Unabhängigkeit und Gleichstellung der Geschlechter«* (S. 6) die Ziele aller frauenbefreienden Bewegungen in die Ziele des Sozialismus ausdrücklich mit eingefaßt und so auch der Frau die Stelle angewiesen, an welcher sie für die Erreichung des gemeinsamen Zieles zu kämpfen habe.

Bebel war Parteimann. Völlig. Er war, wenn wir das Wortspiel gebrauchen dürfen, weit mehr Sozialdemokrat denn Sozialist. Außerhalb der Partei gab es für ihn kein Heil. Sozialisten, die der Partei den Rücken kehrten, weil sie ihnen zufolge die sozialistischen Ideale nicht in genügendem Maße oder nicht rein genug zum Ausdruck brachte, verstand er nicht. Ihnen gegenüber war er in seinen Urteilen härter und auch formell schärfer als gegenüber ausgesprochen bürgerlichen Gegnern, über die ihm manches anerkennende Wort über die Lippen kam. In diesem Parteimannstum lag Bebels Stärke und Bebels Schwäche. Die Liebe zur Partei war in diesem Mann hell und rein wie ein Johannisfeuer. Und wie sollte sie es nicht sein? Ein ganzes Menschenalter lang hat Bebel für »die Partei« gelebt. Und kein persönlicher Ehrgeiz leitete ihn dabei. Auch von Bebel vermag gesagt zu werden, was der Biograph Liebknechts diesem nachzurühmen wußte, als Parteiführer sei sein unverrückbarer Grundsatz die Wahrung der Einheit der Partei gewesen. Wenn er auch nicht ganz selten inneren Hader und peinliche Konflikte mitverschuldet habe, so habe er doch stets bereits in nächster Stunde ein Wort des Ausgleichs, ein Mittel der Versöhnung, eine Formel der Einigung gefunden.[12] Bebel wirkte, wie das ein gegnerisches Blatt mit feinem Takte hervorhob, »als echtes deutsches Volkskind für die Sache um der Sache willen und verzehrte sich im Dienste dieser Sache.«[13]

Wir haben Bebels Liebe zur Partei einem lodernden Feuer verglichen. Wie ein Feuer verschlang diese Liebe in diesem von seiner Überzeugung tief durchdrungenen, so oft als herrschsüchtig und nachträgerisch gescholtenen Manne alle persönliche Bitternis. Niemand war seinen Gegnern gegenüber nachsichtiger, weniger von Rachsucht getrieben als Bebel, wenn es sich um innerhalb der Partei stehende Gegner handelte. Die Geschichte der Arbeiterbewegung wird manches harte, manches grausame, ja, manches ungerechte Wort buchen, das dieser Mann, wenn der Zorn ihm die Wangen rötete, öffentlich über Parteigenossen ausgesprochen hat. Aber sie kennt keine Begebenheit, in der sich August Bebel als persönlich verletzbar und nachhaltend gezeigt hätte. Bebel empfand im Grunde die Partei als eine Familie, deren Mitgliedern er, wenn auch dem Grade der Intensität ihrer Bedeutung und der Übereinstimmung mit seinen jedesmaligen Anschauungen nach natürlich abgestufte, väterliche Gefühle entgegenbrachte. In dem letzten Briefe, den Schreiber dieses von Bebel (aus Zürich, 5. Sept. 1909) aufbewahrt, heißt es: »Bevor wir die Schweiz verlassen, möchte ich noch Ihren Brief vom 11 d. Ms. beantworten. Ich bin keine Natur, die jemand etwas nachträgt. In der Regel habe ich nach Jahr und Tag selbst ernsthaftere Differenzen, als wir sie hatten, so vergessen, daß ich mich ihres Zusammenhangs noch kaum entsinne. Der Parteimann muß Parteigenossen gegenüber vergessen können. Anders dem Gegner gegenüber, über dessen Natur man sich nie täuschen soll. Es hat uns gefreut, Sie und Ihre Gemahlin wieder zu sehen und dabei auch Ihre Kinderchen kennen zu lernen. Ich nehme an Sie sind allesamt mit heiler Haut wieder in Turin angekommen. Mit den besten Grüßen von uns allen an Sie alle Ihr ergebener A. Bebel.«

Indes die Partei drohte ihm doch mehr und mehr zum Selbstzweck zu werden. Die Partei vor Leid und Schaden nach Möglichkeit zu bewahren, wenn es sein mußte auch auf Kosten der großen Gedanken, welchen diese Partei ihr Dasein verdankt, das war, bewußt oder unbewußt, Bebels konstante Sorge. Dies war es, was sein oft schwankendes, oft unlogisch scheinendes Verhalten in der äußeren wie in der inneren Politik, in der Partei oder im Staate, verursachte. Hundertmal hat Bebel – auch darin Wilhelm II. nicht unähnlich – seinen Feinden mit Tod und Verderben gedroht. Er hat die Revisionisten vernichten zu wollen ausgesprochen; er hat dem Staate mit dem Umsturz Angst gemacht. Aber immer wieder hat dieser unversöhnliche Mann den versöhnlichen Ausweg gefunden, sobald er merkte, daß die Ausführung der Drohung die äußere Organisation der Partei, im erstern Fall durch Spaltung, im zweiten durch die Provozierung eines machtvollen neuen Sozialistengesetzes, aufs Spiel gesetzt haben würde. Es war nicht innere Haltlosigkeit, es war Taktik im Sinne der Parteierhaltung, wenn wir Bebel wenige Monate nach seinen heftigen Zusammenstößen mit den Kapuanern 1903 an der Seite just dieser Kapuaner wiederfanden; wenn wir sahen, wie Bebel in Jena 1904 den Generalstreik pries und ihn für ein im politischen Kampf des Proletariats brauchbares Mittel erklärte, und ein Jahr darauf in Mannheim den schier entgegengesetzten Standpunkt vertrat. Die voraussichtliche Erklärung für diesen Umschwung ist die, daß Bebel sich in der Zwischenzeit klar gemacht hatte, daß nicht nur die Erklärung des Generalstreiks als solche, sondern selbst die Sympathieerklärung für ihn, die Regierung zu heftig reizen und mit Hilfe der scharfmacherischen Hetze zu Schritten veranlassen könnte, welche das Gefüge der sozialdemokratischen Partei schwer zu schädigen imstande seien. Das Heil der Partei, wesentlich doch in ihren äußeren Merkmalen, der Organisation, verstanden, bildete den Zentralpunkt seiner Gedanken.

Bebels Charakter entsprach den realpolitischen Bedürfnissen des deutschen Arbeiterstandes. Indes Bebel verstand mit großer Umsicht und Vorsicht, wenn auch nicht in Worten, so doch in Taten, einen großen Fonds ewig jugendlichen Ungestüms und sprudelnden Idealismus zu vereinigen. Jedoch auch diese Eigenschaften sind dem deutschen Proletariat kongruent. Der deutsche Arbeiter besitzt nur in sehr bescheidenem Maße Tatendrang. Überlegter, bewußter Heroismus im französischen und italienischen Sinne ist ihm ebenso fremd als russisches oder englisches Draufgängertum. Aber er weist, auch darin ein Erbe der deutschen Demokratie des neunzehnten Jahrhunderts, ein schier unerschöpfliches Bedürfnis nach geistigen Werten auf. Deshalb wird der deutschen Arbeiterschaft als Führer nie ein Gewerkschaftsfunktionär mit seiner geschäftsmäßigen Nüchternheit auf die Dauer genügen können. Bebel aber besaß in hohem Grade die Eigenschaften, um die reineren Saiten im deuschen Arbeiter erklingen zu lassen. Bebel wußte nicht nur meisterhaft in ihm die Begehrlichkeit zu wecken, sondern auch den Hunger nach sittlichen Werten zu stillen. In einem interessanten Nekrolog hat Achille Loria von Bebel gesagt, er sei zugleich Zaum und Sporn gewesen. Sein Werk habe darin bestanden, die Partei auf den Weg der Gesetzlichkeit zurückzuführen, sobald es schien, daß sie ihn verlassen könnte, und andererseits sie sofort zu ihrer Kampfespflicht zurückzurufen, sobald sie sich anschickte, allzu tief in die weichen Kissen der Kompromißpolitik zu versinken.[14]

In der Tat: Zwei Gefahren sind es, gegen die der moderne Parteiführer einer sozialistischen Arbeiterbewegung Tag und Nacht auf der Hut sein muß, wenn anders es ihm um die Erhaltung der Partei als selbständigen lebendigen Organismus und der Partei als Werkzeug gewaltiger Ideen zu tun ist. Er muß einerseits verhüten, daß der revolutionäre Drang, sei es verzweifelter Massenteile, sei es energischer, aufs ganze gerichteter Persönlichkeiten unter den

Führern, plötzlich die eisernen Fesseln der öden Tagespolitik durchbrechen und den großen, aber gefahrvollen, alles bisher erreichte und die gesamte äußere Struktur der Partei mit ihren historisch gewordenen kollektiven und zumal individuellen Materialinteressen in Frage stellenden Angriff auf die Hochburg des Staates wagen. Andererseits aber muß er auch darauf achten, daß in der Tretmühle des politischen Lebens mit seinen Notwendigkeiten und der tausendfältigen Verführung zu einer immer mehr im Morast des Opportunismus versinkenden Politik, der auch die Sozialdemokratie verfällt, der ewige Ideengehalt der internationalen Menschenverbrüderung nicht verkümmere und das heilige Feuer des klassenkämpferischen Sozialismus nicht verlösche. Dieser schwierigen Aufgabe des Führers hat August Bebel mit glänzendem Eifer gerecht zu werden versucht. Bebel hat Zeit seines Lebens sein Augenmerk darauf gerichtet gehabt, abwechselnd die politisch schädlichen Intransigenzen der einen und die seelisch schädlichen Transigenzen der anderen mit Energie auf die Anklagebank der Parteiöffentlichkeit zu zerren, zu vernichten oder doch zu mäßigen. Er war der erklärte Feind aller Übertreibungen. Dieser doppelte Charakter seiner innerparteilichen Tätigkeit verlieh Bebels Handlungsweise und Taktik häufig den Anschein größter Widerspruchsfülle. Es nahm ihnen in ihrer Gesamtheit jeden künstlerischen Schwung und setzte sie den widerspruchvollsten Anklagen aus. Die gesammelten Schriften Bebels würden, insofern man nicht unter ihnen ad usum Delphini eine peinlichere Auswahl mit entsprechender Ausschaltung der anderen Hälfte veranstalten wollte, niemandem als »Text« zu dienen vermögen. Schon heute gleicht die Mehrzahl der Bebelschen Reden, soweit ihr theoretischer Gehalt und ihre taktische Methode und Wegweisung in Betracht kommt, trotz aller sonstigen Verschiedenheiten bedenklich den sozialistischen Schriften italienischer Opportunisten vom Schlage des Prof. Enrico Ferri.[15] Theoretisch ist ihr hervorragendstes Kennzeichen: Unentschiedenheit und Unausgeglichenheit. Selbst von der Bebelschen großen Rede auf dem Parteitag zu Dresden 1903, die zweifellos eine der größten rednerischen und sachlichen Leistungen Bebels darstellt, hat ein ehemaliger Parteifreund Bebels, Johann Most, sagen können, sie gliche einer Echternacher Springprozession, in der bekanntlich jeweils drei Schritte vorwärts und wieder drei Schritte rückwärts gegangen werden.

Bei der praktischen Veranlagung, welche das Heil des äußeren Bestandes der Partei zum Angelpunkt und die Erinnerung an das Chaos der Zustände unter dem Sozialistengesetz zum Erklärungsgrund hatte, mußte das Wort Bebels naturgemäß jener gedanklichen Kontinuität entbehren, welche den großen Theoretiker und den ganz großen Politiker gleichmäßig auszeichnen. Widerspruch häufte sich auf Widerspruch. So konnten sich die Revisionisten lange Jahre geradezu ein Geschäft daraus machen, fuderweise Aussprüche von Bebel zusammenzustellen und ein wohlgefügtes Gebäude ihrer Sondertheorien daraus zu bauen. Aber auch die Marxisten, ja selbst die Anarchisten vermochten das. Von Bebel darf, wie von seiner Namensbase, der Bibel, gesagt werden, daß aus seinen Worten die Argumente zur Unterstützung der extrem verschiedensten Anschauungen geschöpft, und sich auf ihn jeder berufen, aus ihm alles bewiesen werden kann. Es fehlte der Bebelschen Taktik in hohem Grade an Kontinuität. Bebels taktische Schwankungen waren nicht, wie mancher hat glauben wollen, das Resultat eines *Flair,* der den wandelbaren Massenwillen herausfühlte und ihm blindlings Gefolgschaft gewährte[16], sondern entstanden vielmehr aus der Pendelbewegung zwischen einer kühnen Phantasie und einer kühlen, nüchtern nachprüfenden Überlegung. Es war die Addition des Dualismus in Bebel mit dem Dualismus in der Partei, der die Pendelbewegung erzeugte. Helmut von Gerlach hat Bebel den Vorwurf gemacht, er habe stets nur entweder allerfernste Zukunftspolitik oder allernächste Augenblickspolitik getrieben. Was dazwischen liege, habe ihn nicht beschäftigt.[17] Das ist richtig. Aber dieser Mangel war kein Capriccio. Er entsproß dem Charakter des Mannes und dem Charakter der deutschen Arbeiterbewegung nach 1870.

Bebel betrachtete die Wahlen als das beste Mittel ausgleichender Gerechtigkeit. Der Hinweis auf die kommenden Wahlen war seine Antwort auf jede Herausforderung. Jeder der ihn kannte, weiß, wie jäh der Zorn in ihm kochte, wenn ihn eine Nachricht von einer wahren oder vermeintlichen Verunrechtung der Sozialdemokratie durch die Regierung oder die bürgerlichen Parteien traf; dann schien es, als ob der kleine Mann mit der harten Stimme zu einem grollenden Gotte werde. Der weiß aber auch, daß dieser Groll schnell verrauchte, sobald ihm der erlösende Gedanke an die Rache kam, welche das Schicksal in Gestalt der Wahlen schon an den Feinden nehmen werde.[18]

Auch in dieser, der »marxistischen« Note, die Bebel mehr als die Mehrzahl der übrigen Alten, sicher mehr als Liebknecht und als Bernstein, anschlug, vermeinen wir einen Koeffizienten seiner Beliebtheit bei den deutschen Arbeitermassen erblicken zu dürfen. Wir sind völlig mit Willy Hellpach einverstanden, wenn er als typisches Merkmal des ihm bekannten Proletariats zwei Eigenschaften erkennen zu können glaubt. Einerseits starke Instinkte, ein kräftiges Begehren; andererseits das Fehlen entschlossener Tatkraft, die fähig wäre, diese Wünsche in Taten umzusetzen, und die in eine gewisse Apathie ausmündet. In der Tat beruht zum Teil auch auf dieser psychischen Veranlagung die suggestive Wirkung, die gerade der Marxismus auf die Massen ausübt.[19] Denn keine Theorie kommt so wie er den beiden Charakterzügen der Massen entgegen: er verspricht den Begehrenden Erfüllung ihrer Wünsche und verlangt, da die Erfüllung selbsttätig eintreten soll, vom Begehrenden keine besondere Anstrengung. Er braucht nur seinen Beitrag der Parteikasse zu entrichten und bei den Wahlen einen sozialdemokratischen Stimmzettel abzugeben. Das andere besorgt »die Entwicklung«.

Bebel hat, mehr noch als die Mehrzahl der anderen Massenführer der modernen Zeit, die Verehrung der Massen genießen können. Das Verehrungsbedürfnis persistiert neben dem kritischen Bedürfnis in den Massen in so hohem Maße, daß wir es als eine Umbildung des ihnen wenigstens in den protestantischen Großstädten Deutschlands verloren gegangenen religiösen Bewußtseins betrachten können. In der bescheidenen Wohnung des sächsischen Arbeiters ist das Lutherbildnis nur durch das Bebelbildnis ersetzt worden. Die zeitgenössische, freilich dem politischen Laien schwer zugängliche Literatur ist voll von Beschreibungen, wie die Massen ihren Bebel empfingen und umjubelten. Man höre nur einen Gegner: »Bebel – das war das Zauberwort der Sozialdemokratie. Nicht die Reden und Flugschriften der Partei haben ihr eine solche Stimmenzahl erweckt: Bebel – der Nimbus – Bebel. Eine Szene, wie ich sie vor 12 Jahren erlebte: Vor dem überfüllten Riesensaale einer Arbeiterversammlung stehen viele Tausende. Sie können nicht mehr hinein, die Polizei hat Saal und Straße besetzt. So wollen sie ihn wenigstens sehen, durch Zuruf ihm ihre Liebe zu zeigen. Und als er schließlich kommt und einer Droschke entsteigt, da durchbricht die Menge unaufhaltsam den Kordon, ein donnerndes Jauchzen umtost ihn. Man will den sich Sträubenden tragen – leuchtenden Auges umdrängen sie ihn – und mühsam nur erreicht er in dieser blinden, täppischen und doch so rührenden Liebkosung der Menge das sichere Portal. Und nun mischt sich das Jauchzen drinnen mit dem draußen. Ein Polizeileutnant, in die wogende Menge eingepreßt, schüttelt verwundert, bestürzt den Kopf: »Aber – das ist ja toller, als wenn der Kaiser kommt!« – »Das ist unser Kaiser«! ruft ihm ein Arbeiter zu; das Wort pflanzt sich weiter – und neuen Jubel weckt es überall. – Drin aber, auf dem Podium ordnet der Gefeierte ruhig inmitten der lauten Begeisterung seine Aufzeichnungen. »Man hat mich ja beinah umgebracht«! – meint er zu einem Genossen. Ohne Eitelkeit, ohne merkbaren Stolz – man hört heraus: dieser Mann ist hinweg über den Rausch der Stunde; vorwärts will er, ruhelos vorwärts. In weiter Ferne erst liegt das Ziel. Solche Naturen haben Ziele, die sie nie erreichen.«[20] – In der sozialdemokratischen Presse selbst fand diese Stimmung häufig ihren Widerhall, wenn auch natürlich in sozusagen destillierter intellektualisierter Form.[21] Bekannte sozialdemokratische Journalisten konnten sogar in gelinder Übertreibung die These aufstellen, daß die Parteitage lediglich Bebels Befehle ausführten: Bebels Wille sei in der Partei absolutes Gesetz.[22] Gustave Hervé hat auf einem internationalen Kongreß unter dem Gelächter der französischen und englischen Delegierten Bebel als »Kaiser Bebel« apostrophiert. Wie ein Kaiser ist Bebel beerdigt worden.[23]

Aber das starke Bewußtsein vom eigenen Wert und der untrüglichen Richtigkeit seiner jemaligen Meinung besaßen in August Bebel nicht das Attribut, das sie in der Mehrzahl der Fälle zu haben pflegen: er war weder hochmütig noch hielt er sich im ganzen für unfehlbar. Henry Mayers Hyndman hat von ihm gesagt:

»Ich begegnete Bebel oft, in Stuttgart und anderwärts. Er machte auf die meisten anwesenden Engländer den Eindruck eines finsteren, unnahbaren Mannes mit geringem Sinn für Humor und vielleicht einem großen Bewußtsein seiner Stellung in der Partei und der Arbeit, die er in der Welt geleistet hat. Ich aber, der ihn von der Nähe betrachtet hatte, teilte diese Ansicht über ihn nicht. In der Tat, ich bin selten einem Manne begegnet, der so viel getan hat, worauf er hätte Stolz sein können, und doch so einfach und bescheiden in der privaten Unterhaltung war oder sich im täglichen Verkehr mit seinen Genossen so wenig anmaßte. Es wäre leicht zu verzeihen gewesen, hätte er einiges Bewußtsein seiner Bedeutung gezeigt. Denn Bebel war sozusagen von allem Anfang an in der Partei, und wie er als qualifizierter Arbeiter anfing, so ließ er sich auch später von seinen Erfolgen im Geschäft oder von dem Gelde, das ihm ganz unerbeten zufloß, nie auch nur für einen Augenblick von der großen Aufgabe, die er sich gesetzt, ablenken.«[24]

Er haßte den Personenkultus und suchte sich ihm zu entziehen, wo immer es angängig war. Seine Sprache war im ganzen einfach und bescheiden. Der beste Beweis, hat man gesagt, wie stark er seine Person zurückstellte, wie für ihn die Sache das Entscheidende war, sind die zwei Bände seiner Lebensgeschichte, die alles andere ist, als Memoiren, weil seine Erlebnisse stark zurücktreten hinter der Geschichte von der Entwicklung der Partei. Er konnte es nicht fassen, daß andere nicht ebenso unpersönlich waren wie er. Er hat in schroffster Weise in Parteidifferenzen eingegriffen, er hat Personen dabei nicht geschont, selbst seine ältesten und besten Freunde nicht, wie zum Beispiel Grillenberger, er hat es dann aber, wenn der Gegenstand des Konfliktes erledigt war, auf das schwerste getragen, daß sich die alte Freundschaft nicht wieder einstellte.

Bebel besaß heiligen Ernst. Man hat ihn den Ernst des Autodidakten nennen wollen. Nicht ganz mit Unrecht. Dem Autodidakten ist sein Wissen lieber als dem methodischen Studierten. Weil er es mit unendlich größerem Kraftaufwand erworben, und weiße Nächte und grüne Tage daran gesetzt hat, ist die Bildung dem Autodidakten ein Schatz, der nicht eifersüchtig genug gehütet werden kann, und dem mit Spott und Hohn zu begegnen Sünde wider den heiligen Geist der Arbeit wäre. Aber bei Bebel war der Ernst doch mehr als dies; er entsprang der Tiefe seiner Überzeugung, Bebel hatte eine hohe Meinung von den Pflichten des Führers. »Die Führer haben das Vorrecht, an der Spitze der Partei zu marschieren und alle Hiebe unserer Gegner, die der Partei zugedacht sind, in erster Linie zu parieren«, hat er einmal ausgeführt.[25] Und daß derartige Meinungsäußerungen keineswegs Phrasen waren, hat er in seinem eigenen Leben hundertfach zu beweisen Gelegenheit gehabt. Er gehörte noch zur alten Garde der Sozialisten, die kein Bedenken trugen, die Freiheit ihrer Meinungsäußerung gelegentlich auch mit Monaten oder auch Jahren Gefängnis, d.h. Aufopferung der äußeren Bewegungsfreiheit zu bezahlen.

Bebel pflegte von tiefem Mißtrauen gegen alle Elemente erfüllt zu sein, welche ihn in der Partei als Opportunisten angriffen und die Fahne des Radikalismus oder gar des Anarchismus schwangen. Er pflegte zu sagen, daß solche Elemente binnen kurzer Zeit plötzlich auf dem allerrechtesten Flügel der Sozialdemokratie, wenn nicht gar im bürgerlichen Lager aufzutauchen beliebten. Historisch traf Bebel den Nagel auf den Kopf. An Beispielen in der Parteigeschichte fehlt es nicht. Vollmar; die Mehrzahl der Jungen; Kampffmeyer; Schippel; Merlino; Enrico Ferri, die ihn einstens im Namen der unverfälschten Prinzipien radikaler Gesinnungstüchtigkeit angegriffen hatten, haben, wie Bebel selbst gelegentlich sich einmal ironisch ausdrückt, die Mauserung vom Hyperradikalen zum Hyperopportunisten vollzogen. Aber er war sich doch nicht klar darüber, einen wie großen Teil der Schuld für die Schwankung der jungen aus Akademikerkreisen stammenden Idealisten er selber und die allzu überwiegend parlamentarische Richtung trugen, welche er vertrat, und die den jungen meist noch unfertigen und auch auf ökonomisch schwachen Füßen stehenden Studenten oder Studierten eine Schwächung der idealen Potenzen dünkte. Bebel war ein freundlicher Berater für junge Akademiker, für deren Schicksal er sich besonders interessierte, wie er denn überhaupt vor Bildung und Wissen viel Respekt hatte. Aber er war in seiner normalen Nüchternheit, in seinem in Friedenszeiten fast ausschließlichen Interesse für parteitaktische Fragen und Schachzüge, und seiner manchmal selbst bis ins Kleinbürgerliche schillernden Abneigung gegen das, was ihm als exzentrisch erschien, gegen alles Großangelegte, Ästhetische, Heroenhafte, gegen jede Art von Romantik[26] wenig dazu angetan, junge Feuerköpfe zu lenken. Manch junger ehrlicher Springinsfeld, der bereit gewesen wäre, Gut und Blut für die gute Sache zu opfern, der aber keinen Sinn dafür hatte, als braver Parteibeamter an jenem Strang zu ziehen, dessen Ende niemand absehen konnte, ging gerade durch Bebel der Partei verloren. Sie ist dadurch zweifellos von vielen Abenteurern, unklaren Schwärmern und kleinen wie vielleicht auch großen

Marschällen Vorwärts bewahrt worden; aber sie stieß auch viele prächtige Menschen und reine Idealisten von sich ab, wurde öde und mittelmäßig, träge und schwunglos. Es blieben ihr die idealkräftigeren Elemente unter der akademischen Jugend fern, und der Nachwuchs bestand mehr und mehr aus guten tüchtigen Funktionären ohne höhere geistige und seelische Interessen. Das fühlte Bebel bisweilen selbst.

Aus seinem unbezwinglichen Temperament und seinem tiefen Glauben an den endlichen Sieg der sozialistischen Bewegung floß auch Bebels bisweilen selbst bis zur Verachtung gehender Unmut über diejenigen unter den Arbeiterführern, die, niedrigen Standes entsprossen, zu Amt und Würden in der Partei oder den Gewerkschaften gekommen, und sich nun auf ihre alten Tage, zufrieden mit sich und den errungenen Erfolgen, gemütlich in das Fahrwasser eines ungläubigen oder doch glaubensschwachen Quietismus begeben hatten. Wiederholtermaßen hat sich Bebel grimmig über gewisse, wie es in dem von ihm selbst geprägten Terminus heißt, »Arbeiter in gehobener Lebensstellung« ausgelassen. Das seien »Leute, die eben einen gewissen Abschluß ihrer Lebensstellung sehen.«[27] Dabei bekundete dann Bebel zeitweilig eine seltene Erkenntnis von der Notwendigkeit des angedeuteten Prozesses. So, wenn er sagte, die materialistische Geschichtsauffassung selbst lehre uns, daß der sozialen und ökonomischen Entfremdung der ehemaligen Arbeiter von ihrer Klasse die ideologische Entfremdung auf dem Fuß folgen müsse. Ebenso klar war Bebel sich der notwendigerweise umgestaltenden Folgen, welche sich für eine Oppositionspartei aus einer Regierungspolitik ergeben. »Wenn eine sozialistische Partei sich mit einem Teil der Bourgeoisie verbindet und Regierungspolitik treibt, dann wird sie nicht nur die besten Streiter von sich abstoßen und zum Anarchismus oder zur Eigenbrödlerei treiben, sondern sie wird sich auch einen ganzen Haufen von Bourgeois sehr zweifelhaften Wertes an die Fersen heften.«[28]

Das waren die Eigenschaften, die Bebel schon in den ersten Jahren nach seinem Eintritt in die Partei das tiefe Vertrauen der bedeutendsten Leute in ihr einbrachten. Marx und Engels trauten ihm zu, durch seine Klugheit und Besonnenheit auch die schlimmsten Böcke seiner Parteigenossen wieder gut machen zu können.[29] Aber auch seine Gegner von der Bakunin-Richtung waren von Zutrauen zu ihm erfüllt. Mehr als alle anderen deutschen Sozialisten flößte Bebel ihnen Sympathie ein. Seine Stellungnahme zur Kommune, die er auf das wärmste verteidigt, brachte ihm auch den Ruf eines Internationalen ein, der er nie recht gewesen. Aber ein mutiger und überzeugter Mann ist er sein Leben lang gewesen. Ein Mann, der auch auf sozialpolitischem Gebiete über großes Können und Wissen verfügte, wenn auch nicht darin, sondern vielmehr in den oben angeführten Charakteristiken seine Bedeutung für die Partei liegt. Als Mann von Charakter, als moralisches Vorbild ist er seiner Partei unersetzlich. Männer wie Bebel lassen sich nicht improvisieren. Noch lassen sie sich, wie schon vor Jahren ein italienischer Geschichtsphilosoph gerade in bezug auf den deutschen Sozialistenführer ausführte[30], nachahmen. Sie sind, individualiter betrachtet, aus einem Gusse, Kunstwerke der Natur, mit denen diese uns vergessen machen will, daß ihre Maschine in der Regel nicht mehr leistet als Dutzendware. Deshalb mag auch von Bebel gelten, was der Psychologe der Zeit des großen Ludwig gesagt hat:

Il parait de temps en temps sur la face de la terre des hommes rares, exquis, qui brillent par leur vertu, et dont les qualités éminentes jettent un éclat prodigieux. Semblables à ces étoiles extraordinaires dont on ignore les causes, et dont on sait encore moins ce qu'elles deviennent après avoir disparu, ils n'ont ni aïeux ni descendants: ils composent seuls toute leur race.«[31]

Anmerkungen

1 Hierüber verweise ich auf einige Seiten meiner Saggi Economico-Statistici sulle Classi Popolari. Palermo 1913. Sandron, p. 131 ff. und die dort enthaltenen bibliograph. Angaben.

2 Protokoll der Verhandlungen des Parteitags zu Erfurt, 1891, p. 174.

3 Eduard David: Die Eroberung der politischen Macht. Sozialist. Monatshefte, 1904, Heft 1, p. 16.

4 August Bebel: Aus meinem Leben. Stuttgart 1911. Dietz Nachf., Bd. 1, p. 91.

5 Ed. Bernstein: Einige Erinnerungen an August Bebel. Frankfurter Zeitung. 1913, Nr. 234. Es ist nicht verwunderlich, daß eine so markante, ästhetisch anziehende Persönlichkeit wie Bebel, der von 1870 bis auf unsere Tage in den vordersten, sichtbarsten Reihen der politischen Welt Deutschlands gestanden hat, auf Psychologen eine besondere Anziehungskraft ausübt.

6 G. Tarde: L'Action Inter-mentale. Grande Revue, IV, 11, p. 321.

7 Mariano L. Patrizi: L'Oratore. Saggio Esperimentale, illustrato da 87 incisioni. Milano 1912. Frat. Treves. 328 S.

8 Gumplowicz: Ehe und freie Liebe. Berlin 1902. 4. Auflage.

9 Simon Katzenstein: Kritische Bemerkung zu Bebels Buch: Die Frau und der Sozialismus. Neue Zeit 1896/97, Nr. 10.

10 August Bebel: Kritische Bemerkungen zu Katzensteins kritischen Bemerkungen. Neue Zeit, 1896/97, Nr. 11.

11 Karl Oldenberg: Die Ziele der deutschen Sozialdemokratie. Leipzig 1891. Gru-

now, p. 67. (Evangelisch-Soziale Zeitfragen.)

12 KURT EISNER: Wilhelm Liebknecht, sein Leben und Wirken. Berlin 1906. 2. Aufl., Vorw., p. 101.

13 Tägliche Rundschau, 13. Aug. 1913.

14 A. LORIA: Augusto Bebel, im Marzocco (Florenz), XVIII, N. 34, p. .

15 Wer sich davon überzeugen will, vergleiche nur die Reden Bebels auf den letzten Parteitagen (von Jena 1906 an) mit der Schrift von ENRICO FERRI: Die revolutionäre Methode (Leipzig 19087, Hirschfeld; von mir übersetzt und kommentiert). Hauptwerke des Sozialismus herausgegeben von Georg Adler.

16 Werner Sombart hat die Ansicht ausgesprochen, daß Bebels Größe wie Bebels Schwankungen in seinem taktischen Verhalten daher rührten, daß er in jedem Augenblick mit seinem Instinkt herausfühlte, was an Wünschen und Gedanken, an Hoffnungen und Idealen in den Massen nach Ausdruck rang«. (SOMBART: Dennoch! Aus Theorie und Geschichte der gewerkschaftlichen Arbeiterbewegung. Jena 1900. Fischer, p. 107.) Wir vermögen uns dieser Anschauung nicht anzuschließen.

17 GERLACH: August Bebel, ein biographischer Essay. München 1909, p. 56.

18 Von Bebels Wahlglaube nur einige typische Beispiele als Beleg: »Tag für Tag sah man ihn dann mit seiner Tochter an den See gehen und dort promenieren, bis die Parlamentsarbeit ihn wieder nach Berlin rief. Als er zurückkam, glaubten wir ihn um Jahre gealtert. Aber seine Zähigkeit war erstaunlich. Als ich ihm damals am See das Telegramm brachte mit der Meldung über das Eindringen der Polizei in den preußischen Landtag, da brauste er auf: »So etwas ist natürlich nur in Preußen, einzig in diesem erbärmlichen Polizeistaat möglich!« Aber er setzte seine Hoffnung auf die Berliner Arbeiter, die die nötige Antwort schon geben würden, »jetzt oder bei den Wahlen!«... (ROBERT ALBERT: Bebel zu Hause in Zürich, in der Wiener Arbeiterzeitung, XXV. 224.) Bei einer anderen früheren Gelegenheit gab Bebel Braun auf dessen Äußerung, die Partei brauche die Akademiker und müsse sie deshalb mehr als bisher zu gewinnen trachten, die typische Antwort: »Dafür lassen Sie nur ruhig die Verhältnisse sorgen. Sie werden uns schneller, als Sie alle meinen, die Massen zutreiben. Noch ein paar Jahre Weltenrummel, noch einige Reden Seiner Majestät.« (LILY BRAUN: Memoiren einer Sozialistin. Kampfjahre. München, A. Langen, p. 259.)

19 WILLY HELLPACH: Nervenleben und Weltanschauung. Wiesbaden 1906. BERGMANN, 89 S. (Grenzfragen des Nerven- und Seelenlebens, N. 41.)

20 ALBERT WEIDNER, »Bebel«, in d. Wochenblatt »Der arme Teufel«, Berlin 1902, II, Nr. 21.

21 Gelegentlich der bekannten Rede Bebels auf dem Dresdener Parteitag brachte die Sächsische Arbeiter-Zeitung (XIV. Nr. 216) folgenden Leitartikel:

Ich klage an!

Das Donnerwort Zolas faßt am ehesten den Eindruck und die Bedeutung der zweiten großen Bebelschen Rede. Es war eine leidenschaftliche Anklagerede wider den Revisionismus, die die gestrige Nachmittagssitzung des Parteitages ausfüllte. Und diese Rede war noch gewaltiger als die des zweiten Tages.

Die leise Befürchtung, die am Dienstag auftauchte, daß Bebel sein Pulver zu früh verschossen habe, daß jener großen Anstrengung die Erschöpfung folgen werde, ist völlig zu schanden geworden. Frischer und jugendfeuriger denn je sprach der Redner. Das Arsenal voll gewaltiger Kraft ward aufgetan und mit vollen Händen ward ausgeteilt.

Was die Partei an Bebel hat, das konnte man gestern ermessen. Und so wenig wir Anhänger der materialistischen Geschichtsauffassung die Persönlichkeit zu überschätzen geneigt sind – so wenig wir das Schicksal und den Charakter einer Partei und den Inhalt einer Massenbewegung von dem Wollen und Können eines noch so bedeutenden Menschen allein oder auch nur vornehmlich bestimmt glauben, so unterschätzen wir darum doch nicht den Einfluß des einzelnen und wissen sehr wohl, daß die Form und die zeitweilige Richtung einer Bewegung in nicht unerheblichem Maße von der Persönlichkeit der Führer abhängig sind. Und in dieser Begrenzung ist der Einfluß Bebels auf die deutsche Sozialdemokratie groß und gewaltig, und der Maßstab für seine Bedeutung ragt weit hinauf. Diese Rede hinterließ einen Eindruck, den Jahre nicht verwischen werden.

Mit einer objektiven Darlegung der politischen Situation, die der Dreimillionensieg geschaffen hat, beginnt Bebel. Gespannt folgen die Zuhörer. Auf allen Gesichtern liest man die Frage: Wann wird's losbrechen, das Gewitter, das schon von Küßnacht herübergerollt hat? Ruhig, sachlich zeichnet der Redner die Lage der Dinge. Manches Lehrreiche hören wir da, so jenen Exkurs über die Bedeutung der Ernennung Frhr. v. Stengels zum Schatzsekretär für die Politik Bayerns – große Bewegung ruft die Enthüllung hervor, wie der Dalles in Thielmanns Kasse schon so schlimm geworden, daß das Reich seine Gläubiger, seine Lieferanten nicht mehr pünktlich bezahlen kann. Auch in diesem Teil fehlt es nicht an geistreichen Wendungen und rednerischem Feuer. Aber die ganze Macht seines jugendlichen Temperaments legt Redner doch erst in seine Worte, als über die Frage: »Was nun!« die Scheidung der Geister sich vollziehen muß. Sofort ist Bebel mitten in der Sache, und mit hinreißendem Feuer beginnt er seine Anklage. Wie elektrisiert horcht die Versammlung auf und die leidenschaftliche Erregung des Redners springt über auf die Versammelten – die Augen leuchten, die Gesichter strahlen, starr wie gebannt, stehen in drangvoll fürchterlicher Menge die Zuhörer – tiefste Ruhe herrscht, die Ruhe der gespannten Aufmerksamkeit, unterbrochen von stürmischen Ausbrüchen des Jubels, des Beifalls und auch der Heiterkeit. Denn auch dieser Anklagerede fehlt der liebenswürdige Humor nicht – aber auch nicht die ätzende Satire.

22 In einer Rezension meiner »Soziologie des Parteiwesens« von Dr. August Müller, in welcher sich dieser, nebenbei bemerkt, im ganzen zustimmend äußert, aber meine über gewisse Formen besonders der amerikanischen Trades-Unions und deren Schäden gemachte Bemerkungen erst in unzulässiger Weise auf die Gewerkschaftsbeamten überhaupt bezieht und dann mit grobem Geschütz bekämpft, stellt er bezüglich Bebels und seiner Machtvollkommenheit folgende Behauptung auf: »Wo zwischen den Führern keine Meinungsverschiedenheiten bestehen oder wo sie wenigstens geschlossen den Mandatgebern gegenübertreten, werden sie immer die Herrscher sein. Michels weist mit Recht darauf hin, daß auf den deutschen sozialdemokratischen Parteitagen die große Mehrheit der Delegierten den bekannteren Führern gewohnheitsmäßig Gefolgschaft leistet. Man braucht in der Tat sich nur die letzten acht Parteitagsprotokolle anzusehen, um festzustellen, daß es gar nicht einmal auf den Willen der bekannteren Führer, sondern nur auf den Willen eines einzigen unter ihnen ankommt. Von Dresden bis Jena, von 1903 bis 1911, haben alle Parteitage

entschieden, wie Herr Bebel es haben wollte. Von den Meinungen, Stimmungen, von den taktischen Überlegungen dieses einen Mannes hängen die Parteitagsbeschlüsse ab. Wenn er es im vergangenen Jahre für ratsam gehalten hätte, auf die Seite der Ultraradikalen zu treten, so würde der Parteitag genau so gut das Verhalten des Parteivorstandes in der Marokkofrage verurteilt haben, wie er es diesmal billigte.« (Annalen für Soziale Politik und Gesetzgebung, Bd. I, Heft 4/5.)

23 Vgl. Vorwärts, XXX, Nr. 210.

24 H.M. Hyndman: »Further Reminiscences«. London 1913, Macmillan Co., p. 128.

25 A. Bebel: Ein Nachwort zur Vizepräsidentenfrage und Verwandtem, Neue Zeit (Sonderabdr.) 1903, p. 21.

26 Als Schreiber dieses Bebel zuerst kennen lernte, kam er – es war das im Garten seiner berühmten Villa – auf das damals viel besprochene Verhalten des belgischen Sozialisten Anseele zu sprechen, welcher den Thronfolger seines Landes brieflich wie den ersten besten Genossen als Citoyen angeredet und überhaupt ostentativ im achtundvierziger Ton behandelt hatte. Bebel war empört über diese Formverletzung, die er ganz deplaciert fand. Unter den heutigen Verhältnissen, meinte er, sei es lächerlich, im Verkehr mit den Fürsten deren Titel unterdrücken zu wollen.

27 Protokoll über die Verhandlungen des Parteitags zu Dresden 1903. Berlin 1903, Verl. Vorwärts, p. 230.

28 Bebel auf dem internationalen Sozialistenkongreß zu Amsterdam. (Nach dem Bericht von »Het Volk«, V, Nr. 1314.)

29 Brief von Engels an Sorge aus London den 3. März 1887 [MEW Bd. 36, S. 623].

30 Antonio Labriola: Discorrendo di Socialismo e di Filosofia. 2. Aufl. Roma 1902. Loescher, p. 19.

31 Les Caractères de La Bruyère, Paris, Penaud, p. 47.

10
Max Weber

Mit Max Weber, dessen am 14. Juni 1920 in München erfolgtes, erschütternd frühes Ableben als einer der tückischsten von der entsetzlichen Grippe, die Europa zur Strafe für seinen Kriegswahnsinn befallen hat, begangenen Morde zu betrachten ist, ist eine als Gelehrter, als Politiker und als Mensch gleich interessante und anziehende Erscheinung dahingegangen. Max Weber war eine sehr komplexe Natur; ein Mann strenger und exakter Wissenschaft, Gelehrter vom Scheitel bis zur Sohle, der die Wissenschaft feurig wie eine Braut liebte, Nationalökonom, Staatsrechtler, Soziologe, Religionshistoriker, dann aber auch praktischer Politiker, Organisator, und nicht zuletzt eine wahrhaft dämonische Natur.

Max Weber war am 28. April 1864 in Erfurt im Schoße einer reich begabten und an wissenschaftlichen und politisch liberalen Traditionen reichen Familie geboren. Sein Vater war national-liberaler Abgeordneter im Parlament gewesen. Nach Ablauf der Gymnasialstudien immatrikulierte sich Max Weber in Berlin, wo er unter der Ägide von Goldschmidt und Mommsen Jurisprudenz, Geschichte, Ökonomie und Philosophie studierte. Er doktorierte mit einer glänzenden Dissertation über die Geschichte der Handelsgesellschaften im Mittelalter. Seine Karriere vermag glänzend genannt zu werden. Sie verlief sozusagen Schlag auf Schlag. Privatdozent an der Universität Berlin im Jahre 1893, wurde er bereits ein Jahr später, mit 29 Jahren, zum Extraordinarius für Handelsrecht an derselben Universität ernannt. Ein Jahr darauf schon erhielt er einen Ruf als ordentlicher Professor für Nationalökonomie an die Universität in Freiburg i.Br. als Nachfolger des nach Wien berufenen Eugen v. Philippovich. Von 1897 an lehrte Max Weber in gleicher Eigenschaft Volkswirtschaftslehre an der Universität Heidelberg, eine Stellung, die ihm außerordentlich ans Herz wuchs, die er indes im Jahre 1903 infolge eines schweren Nervenleidens aufgeben mußte. Er erhielt nunmehr, da das Leiden nur sporadisch auftrat, Zeit zu eingehenden Studien, ohne die er, wenngleich er durch die Trennung vom geliebten Lehrberuf ständig gewaltig litt, sein gigantisches Werk im Dienste der Wissenschaft niemals durchgeführt haben würde. Dem Auftreten dieser Krankheit bei Max Weber muß die Nachwelt infolgedessen wohl dankbar sein. Erst während des Weltkrieges vereinigten sich der dem Gelehrten innewohnende Drang nach Mitteilung und Ausbreitung seiner Gedanken mit einem Nachlassen seines Krankheitszustandes dazu, ihn von neuem für die Übernahme großer Dozenturen an großen Universitäten flottzumachen.

Max Weber ist in seinem ganzen Leben den Drang zur Politik, zur politischen Aussprache und zur politischen Wirksamkeit nicht los geworden. Von ganz rechtsnationalliberalen Gesichtspunkten mit stark nationalistischem Einschlag ausgehend, hat er sich allmählich, unter dem Einfluß der politischen Fehler und der ihn stark erregenden nationalen Verantwortungslosigkeit in der inneren Politik Deutschlands, immer mehr nach links entwickelt, bis er zu einem der politischen Mitarbeiter und Inspiratoren der »Frankfurter Zeitung« wurde. Dementsprechend wandelte sich auch seine Stellung zur Sozialdemokratie, die er zuerst völlig ablehnte, der er aber später in wichtigen Fragen der Gegenwartspolitik beipflichtete. Insbesondere unterschied er sich von dem banausenhaften Wesen derjenigen Politiker und Gelehrten aus der deutschen Bourgeoisie, die die Sozialisten gesellschaftlich zu verfemen unternahmen und das Heil der Gesellschaft in der erfolgreichen Jagd auf sozialistische Privatdozenten suchten. Max Weber war es nicht verborgen geblieben, wie viele sittliche und objektiv-wissenschaftliche Kräfte in einer großen Zahl dieser von allen Stellen, die der Staat zu vergeben hatte, ausgeschlossenen Akademiker obwalteten. Was ihn hingegen von der Sozialdemokratie abstieß, das war, wohlbemerkt außer seiner rein liberal-individualistischen Weltanschauung und Denkweise, die er selbst gerne hervorhob, die Abneigung vor dem kleinbürgerlich-spießermäßigen Anstrich der großen Mehrzahl der Parteibeamten, deren wirtschaftlich gehobene Existenz sie in dominierende Stellungen gebracht hatte, in denen sie nun das vorwiegende »behäbige Gastwirtsgesicht und die kleinbürgerliche Physiognomie« und daneben dieselbe naive Überzeugung von ihrer Gottähnlichkeit mit dem diesem Gebaren entsprechenden absoluten Mangel an demokratischem Empfinden, dieselbe unsachgemäße politische Führung zur Schau trugen, wie sie bei der Staatsbureaukratie in so erschreckendem Maße zutage getreten waren.

Nach dem Kriege wurde Max Weber zu einem überzeugten Republikaner. Eine Weile schien es, als ob er, dem die geistige Neuorientierung der demokratischen Partei oblag und der mit Wort und Schrift nunmehr in die Speichen des Geschickes seines von ihm heißgeliebten Volkes eingriff, zum Größten berufen sei. Eine kleine, aber zur gegebenen Zeit einflußreiche und geistig wie sittlich bestqualifizierte Gruppe erblickte in Max Weber geradezu den kommenden Mann Deutschlands, den Retter aus der Not. Diese Stimmung führte den Gelehrten aus seiner Heidelberger Stube als Mitglied der deutschen Friedensdelegation nach Versailles, wo er mit Hans Delbrück und Graf Montgelas eine Denkschrift verfaßte. Aber darüber hinaus führte sie ihn nicht. Selbst der bescheidene Plan einer Wahl Webers in die Nationalversammlung nach Weimar zerschlug sich, und Weber zog sich, noch unter der Ägide Eisners, nach München zurück, wo er als Nachfolger Brentanos zum Professor der Nationalökonomie ernannt worden war. Seine politische Karriere war zu Ende, noch ehe sie recht angefangen hatte. Ist Max Weber von seinem Volke nicht recht verstanden worden, so daß er nicht vermocht hat, das in ihm verborgene Rheingold nutzbar zu machen? Viele seiner Freunde sehen in der Tat die Tragik Webers in diesem Lichte. Sicherlich in gewissem Sinne mit Recht. Turmhoch stand Weber über der Quasi-Totalität der Männer, welchen nach dem Zusammenbruch des Hohenzollernstaates das Schicksal Deutschlands in bunter Reihenfolge anvertraut worden war. Sein Geist, sein Wissen, seine Ehrlichkeit, seine Willensstärke hätten mit Erfolg zum Wohle seines Landes verwandt werden können. Und doch war Max Weber wohl zu stark in der abgeschlossenen Periode wurzelnd. In Weber war der imperialistische Gedanke lebendig gewesen. In einer akademischen Antrittsrede in Freiburg i.Br. hatte er ausgerufen: »Wir müssen begreifen, daß die Einigung Deutschlands ein Jugendstreich war, den die Nation auf ihre alten Tage beging und seiner Kostspieligkeit halber besser unterlassen hätte, wenn sie der Abschluß und nicht der Ausgangspunkt einer deutschen Weltmachtpolitik sein sollte.« Auch in der letzten Zeit seines Lebens gipfelten seine Untersuchungen vom Wesen der Politik in der objektiven Anerkennung der ihr zugrunde liegenden Machtfaktoren und Gewaltanwendungen. Der ethischen Auffassung Friedrich Wilhelm Försters schnurstracks entgegengesetzt, die ihm zufolge den Fehler besitzt, nie die Frage nach den »Folgen« zu stellen, proklamierte er die Unterordnung der Mittelauswahl beim Politiker unter die Hoheit der von ihm zu erstrebenden Zielkomplexe und zitierte gerührt Machiavelli, der einen seiner Helden jene Bürger preisen läßt, »denen die Größe der Vaterstadt höher stand als das Heil ihrer Seele.« Auch die herbe Kritik, die er an den Geschehnissen der deutsch-preußischen Monarchie Wilhelms II. anlegte, wandte sich fast ausschließlich nur gegen die technische Unfähigkeit, den Mangel an Sinn für Verantwortlichkeit in den herrschenden Kreisen und die Gebrechen des staatsrechtlichen Organismus.

Dem Schreiber dieses war es vergönnt, mit Max Weber in jahrelanger Freundschaft eng verbunden gewesen zu sein, die freilich gleich zu Beginn des Krieges, wenigstens in ihrer wertvollsten persönlichen Form, zusammenbrach. Über seine Stellungnahme im und zum Kriege steht es mir nicht an, mit dem Verstorbenen zu rechten. Max Weber trug die Verantwortung für seine Gedanken mit Stolz und Würde und litt tief unter dem Verfall des deutschen Machtstaates. Aber in einem, allerdings wesentlichen Punkte zog er zugleich mit historischem Schneid und ethischer Logik die Konsequenz aus den Geschehnissen des Weltkrieges, nämlich in der elsaß-lothringischen Frage. Noch im Herbst 1918 hatte Weber den Mut, in einem Artikel, in dem er sich als leidenschafltichen Anhänger der deutschen Einheit, möglichst (wenn dieses selbst es wünsche) mit Anschluß Deutsch-Österreichs bekannte, den endgültigen Verzicht der Deutschen auf das ehemalige Reichsland auszusprechen. Das staatliche Schicksal Elsaß-Lothringens, d.h. seinen Anschluß an Frankreich, müsse man, da es dem alten System in 50 Jahren nicht gelungen sei, »dieses kerndeutsche Land für Deutschland innerlich zu gewinnen«, in der Hoffnung, daß es möglich sei, ihm wenigstens seine Eigenart zu erhalten, »ehrlich akzeptieren«.[1]

Webers letzter politischer Akt stand in seiner, um keine Folgen bekümmerten und den bösen Chauvinismus der Münchener Studentenschaft resolut die Stirne bietenden offenen Mißbilligung der von der studentischen Jugend der bayrischen Hauptstadt ins Leben gerufenen Agitation zugunsten der Begnadigung des Grafen Arco, des fanatisierten Mörders jenes Präsidenten Eisner, dessen politische Tätigkeit Max Weber wenige Wochen vorher von der Höhe seines Katheders herab ebenso offen als Unheil bringend und vom nationalen Standpunkt aus gesehen »unwürdig« bekämpft hatte.

Max Webers Welt- und Menschenkenntnis machte vor den Zaunpfählen des Deutschen Reiches nicht Halt. Max Weber reiste viel und gern. Er kannte England und lernte dort aus dem Umgang oder auch der Schwierigkeit und Ungefügigkeit des Umganges manches, das ihm für seine religionsgeschichtlichen Studien über die Zusammenhänge von Calvinismus, Sektierertum und Wirtschaftlichkeit von Nutzen war. Er weilte viel in Südfrankreich und ergötzte sich dort an Land und Leuten. Auch über Italien hatte sich Max Weber eine sympathische Meinung gebildet. Den ökonomischen Wissenschaften des Landes stand er vielleicht nicht nahe, und weniger noch den politischen Lehrmeinungen, aber er wußte doch genug von ihnen, um sie zu schätzen. In Turin trat er durch mich mit Loria in Verbindung. Von den klassischen Staatswissenschaftlern hatte er von Machiavelli und Botero eine hohe Meinung. Unter den Modernen kannte und achtete er vor allen Gaëtano Mosca. Er sprach, wenn auch nicht rein, so doch nicht ohne Eleganz und Schwung, italienisch. Aus einem Diner bei Giulio Caslini in Turin ist mir Max Weber noch in frischer Erinnerung. Er war zuerst still und nachdenklich und hörte sich das laute südländische Treiben an. Dann plötzlich beim Dessert wurde auch er lebendig und begann mit viel Verve und Witz Anekdoten zu erzählen, unter denen auch seine Lieblingsgeschichte vom toten russischen General und der toten Tante an die Reihe kam und wobei denn alle Tischgenossen über seine sich selbst in kleinen Dingen äußernde geniale Art entzückt waren. Am meisten aber zog ihn doch vielleicht das russische Wesen an, über das er auch in seinem Werk über den russichen Konstitutionalismus wissenschaftlich-literarisch berichtet hat. Er lernte damals zu diesem Behufe sozusagen im Handumdrehen russisch, nicht ohne dabei die Bewunderung und den Neid seiner Freunde zu erwecken.

Indes glauben wir, den Manen des Freundes und Gelehrten kein Unrecht zu tun, wenn wir die Behauptung aufstellen, daß Max Weber bei aller seiner geistigen Penetrationsgabe und dem unermeßlichen Umfang seiner tatsächlichen Kenntnisse doch im Grunde zu sehr Deutscher war, um die Einfühlung in nichtdeutsche Menschen und Zustände bis ins Letzte durchführen zu können. In der Lektüre der Bücher und bei der bei ihm ohnehin seltenen Zitierung der Autoren gab er unbewußt den Landsleuten den Vorzug.

Ein Unverständliches: Max Weber kannte einen Mann wie Vilfredo Pareto nur dem Namen nach. Und ein ebenso Unverständliches: Vilfredo Pareto kannte Max Weber nur vom Hörensagen. So dachten, redeten, schrieben, lehrten und entdeckten die (nach dem Tode von Gabriel Tarde) großen zwei Dioskuren der modernen Soziologie, die sich soviel gegenseitig zu sagen gehabt hätten, aneinander vorbei. Die Beziehungsdünne Max Webers zu Außerdeutschland trat dann zumal während der Weltkrieges zutage. So kam es, daß er die elsässische Frage damals noch ganz wesentlich für »aufgebauscht« hielt und die französischen Traditionen, die aus der großen Revolution stammten, fast völlig übersah. Die Gründe, welche Italien 1915 zum Eintritt in den Krieg an Seite der Entente veranlaßten, entgingen ihm vollends. In einem der Briefe an den Schreiber dieses, die den Bruch des alten Freundschaftsverhältnisses hervorriefen (einen Bruch, den aller menschlichen psychologischen Voraussicht nach ein Wiedersehn und eine Aussprache in der Nachkriegszeit wieder gut gemacht haben würde) qualifizierte Max Weber das Eingreifen Italiens als einen Akt der Feigheit gegenüber dem meerbeherrschenden England. Zur Erfassung der Auslandspolitik schien der große Inlandsdeutsche doch nicht geschaffen.

Am größten aber war Max Weber als Mensch. Hier fiel er völlig aus seiner Umgebung heraus. Sein Temperament war ganz verhaltene – und nicht immer verhaltene – Glut, deren Strahlen, der Sonnenglut gleich, in weitem Kreise reichste Baumblüte hervorriefen. Denn die Anregung, die von Max Weber ausging, war nicht nur kritisch, sondern auch menschlich. Hingegen vermochte die Glut auch zu versengen, und gegen wen sie sich wandte, der ist nicht immer unversehrt davongekommen. Aber groß war der Mensch allemal, sittlich, edel und rein in seinen letztendlichen Zielen, wie in seinen Empfindungen, die Haß gegen alle Feigheit und Verächtlichkeit sprühten. Nie ist die Masse, einerlei, ob die des »Volkes«, die der Partei»bonzen« oder die seiner schreibseligen und politisch unmündigen Kollegen, so offener Kritik und Mißachtung anheim gefallen wie bei diesem Demokraten. Letztere, die Männer der offiziellen Wissenschaft, beschuldigte er als »Staatspfründer« der Unselbständigkeit und Liebedienerei. Das Examendiplom oder die Würde des Professors garantiere weder das Vorhandensein politischer Qualifikation noch gar den Besitz politischen Charakters. Der Haß gegen den »stupiden Haß der Straße« war in diesem deutschen Patrioten so groß, daß er in einer seiner letzten Schriften kein Bedenken trug, ausdrücklich häufig auf das feindliche England Bezug zu nehmen, um, wie er sich selbst ausdrückte, der Masse »nicht einmal diese Konzession« zu machen.

Neben der Größe des sittlichen Inhaltes stand in Max Weber die Pracht der Form. Weber vermochte als Redner hinreißend zu sein, elegant, temperamentvoll, treffsicher; glänzend selbst bei so trockenen Gegenständen, wie es z.B. Geschäftsberichte auf Soziologentagen zu sein pflegen. Zwar hat ihn sein böses Nervenleiden dezennienlang von jeder geregelten Dozententätigkeit ferngehalten. Aber, wo und wann immer seine Gesundheit es ihm gestattete, als akademischer Lehrer zu wirken, da hat er Großes geleistet. Als er sich im vorletzten Kriegswinter dazu bestimmen ließ, versuchsweise das Katheder für Nationalökonomie an der Universität in Wien zu besteigen, da lauschte eine vielhundertköpfige Hörermenge den sich stundenlang ausdehnenden Vorlesungen Max Webers in der dunklen und kalten Aula magna, ähnlich, wie es einst einem Fichte in Berlin geschehen war, nur mit dem Unterschied, daß in Wien das Hohelied der Wissenschaft und der Hoffnung die Enttäuschten zwar zu betäuben und zu bezaubern, aber nicht wieder aufzurichten vermochte.

Dabei blieb Max Webers Stellung zum Problem der Führerschaft eigentümlich. Er lehnte es ab, Führer und Prophet zu sein, weil er, wie Karl Jaspers[2] mit Recht bemerkt, in diesem Punkte überempfindlich und »sich seiner außerordentlichen persönlichen Wirkung als einer Gefahr bewußt« war. Auf der andern Seite war Weber gern bereit, im Falle einer Aufforderung seitens der Masse selbst, die Führung zu von ihm erstrebten Zielen zu übernehmen. Zum

Politiker im engern Wortsinne fehlte es ihm in Folge dessen an Willen zur Macht und an persönlichem Ehrgeiz.

Max Weber war ein Renaissance-Mensch. Er beschäftigte sich produktiv mit so verschiedenen Dingen wie Recht, Musikwissenschaft, Soziologie, Nationalökonomie, Religion, Erkenntnisphilosophie, angewandte Politik. Man hat sich darüber gewundert, mit welcher erstaunlichen Leichtigkeit Max Weber abwechselnd ein Wissensgebiet aufgab, um sich einem anderen zuzuwenden. Aber er war in allem zugleich gründlich, gewissenhaft, von hohem Pathos geleitet. Daß er mit den verschiedenen Wissenschaften stürmisch vorging, ist nur richtig für die Art deren Inangriffnahme, nicht für die Art deren Bearbeitung und Durchführung. Hier war er oft eher trocken, paragraphal und subparagraphal, auf das äußerste vorsichtig und abgemessen. Vor allem in seinen älteren und mittleren Arbeiten gab er sich fast überbescheiden, sich auf Autoritäten der gegebenen »Fächer« berufend, bisweilen als ob Schreiben eine Dreistigkeit, Behauptungen aufstellen eine Anmaßung, eine Profanation echter Wissenschaft sei. In einzelnen seiner Schriften ist er fast ungefüge; die langen Anmerkungen überwuchern den Text, enthalten in ihrem Versteck mehr Thesen als dieser.

Was von Max Weber zunächst wissenschaftlich bleib, möge hier nur angedeutet werden. Kein eigentlich großes Werk, kein Volumen im Sinne des Materiellen, nicht einmal ein volkswirtschaftstheoretischer Leitfaden. Wohl aber eine große Reihe wertvollster, mehr monographischen Charakter tragender Untersuchungen, die ein Verleger, dem das Andenken eines Großen im Reiche des Geistes lieber ist als die Spekulation auf die Durchschlagskraft eines neuen Sterns, in einigen Bänden sammeln konnte, wie das inzwischen durch Siebeck in Tübingen ausgiebig geschehen ist. Dabei dürfte sich herausgestellt haben, daß auch die »Zugkraft« Max Webers buchhändlerisch weit größer war, als selbst seine besten Freunde und Verehrer angenommen hatten. Aber auch das zu Webers Lebzeiten nicht sichtbare Volumen kam, dank der aufopfernden Tätigkeit seiner ihm auch geistig unzertrennlichen Gattin, Marianne Weber in Heidelberg sowie einiger jüngerer Freunde, nunmehr zum Vorschein und ans Tageslicht. Schier unerschöpfliches, manchmal der posthumen Veröffentlichung entsprechend noch unausgeglichenes und etwas skeletthaftes Material, aber ein Material voll tiefer Einblicke und theoretisch bleibendem Wert, dazu von einer schier unglaublichen stofflichen Weite: Wirtschaft und Gesellschaft, musikwissenschaftliche Studien, Aufsätze über Religionssoziologie, Vorlesungen über Handelsgeschichte. Die ganze Weite und Tiefe des Wissens Max Webers ist seinen erstaunten Zeitgenossen erst nach seinem Tode klar geworden. Von den noch durch Weber selbst veröffentlichten Arbeiten nennen wir nur einige, die uns die wichtigsten scheinen: Die Agrarverhältnisse des Altertums; Rußlands Übergang zum Scheinkonstitutionalismus; Zur Psychophysik der industriellen Arbeit; Die Stammlersche Geschichtsauffassung; Calvinismus und Kapitalismus; Die Wirtschaftsethik der Weltrevolutionen; endlich, nach der Niederlage Deutschlands, die politischen und staatsrechtlichen vier Arbeiten über Deutschlands künftige Staatsform, Parlament und Regierung im neugeordneten Deutschland, Politik als Beruf, Wissenschaft als Beruf. Im ganzen überwiegt in Max Webers Arbeiten die methodologische Bedeutung. Vieles, auch der früheren Arbeiten, trägt durchaus fragmentarischen Charakter. Man merkt ihnen förmlich an, daß der Autor sie mit Schmerzen von sich abgestoßen hat, mit der Hoffnung, später vollständigeres zu geben, und ohne jegliche wissenschaftliche Morgue, wenn schon immer, bei aller Unausgeglichenheit, tiefschürfend und ernst.

Wichtiger fast noch als die literarisch-wissenschaftliche Tätigkeit im engeren Sinne war bei Max Weber indes die des Ordners und Leiters, Anregers und Förderers. Max Weber ist einer der größten und fruchtbarsten Organisatoren freier, wissenschaftlicher Tätigkeit in Deutschland gewesen. Um ihn scharten sich die Jungen und auch die Älteren unter den freieren Geistern, die, welche unter irgendwelchen höheren Gesichtspunkten die geisttötende Regel, das staubgewordene Altertum, die öde, blöde Routine haßten oder wissenschaftlichen Fragen und Gedanken anhingen, für die im Rahmen akademischer Einrichtungen noch kein Raum war.

Darum war er ein Freund aller derer, von denen er annahm, daß sie »etwas zu sagen« hatten. Als er seine Mitarbeiter auf soziologischem Gebiete zur Teilnahme an dem ersten deutschen Soziologentag in Frankfurt a.M. aufforderte, ersah man, daß die meisten von ihnen noch nicht in absoluten akademischen Ämtern und Würden standen, sondern noch mit irgendwelchen obrigkeitlichen Widerständen zu kämpfen hatten: Werner Sombart, Georg Simmel, Arthur Salz, Hermann Kantorowicz, Franz Oppenheimer, Ferdinand Tönnies, Schreiber dieses u.a. Er selbst nannte einmal im Kreise der Getreuen seine eigene Schöpfung einen salon des refusés.

Was das Haus Max Webers in der Ziegelhäuser-Landstraße am Neckar im Leben Ungezählter bedeutete, und was er im Geistesleben des Deutschland von (etwa) 1897 bis 1914, dessen wichtigstes Kulturzentrum er war, bedeutet hat, das werden erst spätere Abhandlungen in das richtige Licht setzen. Gewaltig und überaus fördernd war seine Arbeitsleistung auch im Verein für Sozialpolitik, im von ihm mitgeleiteten Archiv für Sozialwissenschaft und Sozialpolitik, zumal aber in der deutschen Gesellschaft für Soziologie, die von ihm begründet worden war und deren zwei große Tagungen (Frankfurt a.M. 1910 und Berlin 1912) er organisierte und präsidierte, sowie bei der ebenfalls von ihm geleiteten Herausgabe des wichtigen, großangelegten (noch nicht völlig vollendeten) Grundrisses der Sozialökonomik. Daneben trug er sich noch mit weiteren Unternehmungen großen Stils, wie mit Erhebungen über die Auslese und Anpassung, Berufswahl und Berufsschicksal der Arbeiterschaft in der geschlossenen Großindustrie (über die ein privater Teildruck vorliegt) und einer gigantischen, internationalen, rein wissenschaftlichen Erkenntniszwekken dienen sollenden Enquête über das Zeitungswesen.

Nun ist dem Arbeiter der Lebensfaden jäh abgerissen. Die Kämpfernatur schläft den ewigen Schlaf. Wer ihn kannte – und wer kannte ihn nicht? – wird es nie völlig fassen können, daß dieses Leben verklungen ist.

Anmerkungen

1 Vgl. z.B. die Artikelserie von Max Weber in der Frankfurter Zeitung (November 1918): Die Staatsform Deutschlands.

2 Karl Jaspers: Max Weber. Rede. Tübingen 1921, Mohr, S. 24.

V
Faschismus und »Konsensustheorie«

11
Der Aufstieg des Fascismus in Italien

I. Die Entstehung des Fascismus

a) Politische Unzufriedenheit

Der Friede hat Italien einen gewaltigen, schier unerwarteten Zuwachs an Land und Leuten gebracht. Mit Ausnahme einiger umstrittener dalmatischer Zonen, in denen die Italiener eine kulturkräftige und als solche von starkem Herrscherwillen durchdrungene Minderheit bilden, die herrisch ihre Vereinigung mit der Metropolis verlangt, ist die italienische Irredenta an der Adria zu Italien gelangt und sind darüber hinaus noch etliche von Jugoslawen und von Deutschen bewohnte Gebiete, auf die man aus historischen oder aus strategischen Ursachen nicht Verzicht leisten zu können glaubte, mitgenommen worden. Italien ist mithin zunächst territorial saturiert. Aber der wesentliche Vorteil, der für Italien aus dem Kriege außenpolitisch entstand, liegt doch anderswo. Er liegt in der unwiderruflichen Zerstörung der seinem Bestand und zumal seiner südöstlichen Expansion stets gefährlichen österreichisch-ungarischen Monarchie. Was an der Stelle dieser sich aus dem Chaos heraus entwikkelte, das Reich der Serben, Kroaten und Slowenen, ist für Italien, im Vergleich mit dem erschlagenen Todfeind, trotz seines tüchtigen Heeres, an Bevölkerungszahl, innerer Solidität und Solidarität sowie Finanzkraft gemessen, unschädlich. In diesem Sinne ist Italien, ähnlich wie Großbritannien, viel eher Kriegsgewinner als Frankreich, dem es nicht gelang noch nach der gegebenen völkischen Sachlage gelingen konnte, sich der Gefahr eines national kompakten Deutschland zu entledigen. Für Italien wie für England verlor Deutschland nicht nur seine Giftzähne, sondern wurde eher zu einem möglichen Stützpunkt für den Fall einer französichen Antithese, einem Druckmittel, um bestimmte Wünsche dem mächtigeren Alliierten gegenüber durchsetzen zu können. Gewiß, die Gemeinschaft zwischen Italien und Deutschland hat enge Grenzen. Im nördlichen Südtirol sowie im Verhältnis zu Deutschösterreich liegen heftige Reibungsflächen, ganz abgesehen davon, daß ein Deutschland von dem Machtwillen und der Mentalität von 1914 Italien sicher nicht an seiner Seite finden würde. Jedenfalls Italien hat durch den hoffnungslosen Zusammenbruch Österreichs eine Bewegungsfreiheit und ruhige Zuversicht erlangt, um die es Frankreich und, natürlich erst recht, Rußland und Deutschland, aber auch Tschechoslowakien und selbst das in seinem Imperium nicht unbedrohte England nur beneiden können.

Indes, diesem im italienischen Volksbewußtsein nicht immer gebührend gewürdigten Plus stand ein gewaltiges Minus gegenüber, und es ist menschlich, daß dieses sich mehr in den Gemütern verankerte und tiefere Furchen hinterließ als jenes. Ohne Wertbeurteilung sei da folgendes festgestellt: In den Jahren nach dem Friedensschluß hat sich in der öffentlichen Meinung Italiens immer mehr die Annahme verbreitet, die Italiener seien durch ihre Alliierten schwer benachteiligt worden. Diese Benachteiligung bezöge sich hauptsächlich auf folgende Punkte: Es ist Italien versagt geblieben, aus dem Kriege außerhalb Europas, also für seine Weltgeltung, die gleichen Vorteile zu erlangen wie Frankreich und England und selbst Belgien. An der Beute des deutschen Kolonialreiches nahm es (oder erhielt es) keinen Anteil. Somit erlitt Italien in gewisser Hinsicht eine Schädigung durch die Störung des Gleichgewichts unter den Großmächten. In Europa selbst wurde es bei der Festsetzung der Ostgrenze vielfach gehemmt. In der Fiumer Frage vermeinte man auf französischen, englischen und amerikanischen Einfluß zu stoßen. Wilson, der sonst so freigebig fremdes Gebiet an neue Machthaber verteilte, glaubte Italien das italienische Fiume vorbehalten, ja Italien vor aller Welt brüskieren zu dürfen. Französische Soldaten schlugen sich mehrfach mit ihren italienischen Waffenbrüdern. Dabei war die Gründung des Pufferfreistaates Fiume, zu welcher weder ethnisch noch historisch noch gar unter Zweckmäßigkeitspunkten künftiger Entwicklung ein Anlaß vorlag, letzten Endes ein offenbarer Akt der Verlegenheit. Auch im übrigen litt Italiens außenpolitische Stellung, trotz seiner offiziellen Zugehörigkeit zu den drei die Schicksale Europas leitenden großen Konferenzmächten. Frankreich trieb in Tunis eine (unter französischen Gesichtspunkten natürlich durchaus berechtigte) Entnationalisierungspolitik gegen die dort ansässigen, den politisch herrschenden Franzosen an Zahl weit überlegenen und seit dem Kriegsausbruch auch wirtschaftlich erstarkten italienischen Kolonisten, und ließ somit Italien, das politisch kräftig gewordene, von neuem die Schwäche fühlen, mit der es sich 1882 aus seiner nordafrikanischen Position hatte herausdrängen lassen. Am peinlichsten aber empfanden die Italiener die ungerechtfertigte Geringfügigkeit ihres militärischen Prestiges bei den übrigen Ententestaaten. Italien hatte (und hat) die feste Überzeugung, durch seinen Eintritt in den Weltkrieg die Entente vor sicherer Niederlage gerettet und durch seinen Sieg an der Piave den ersten Auftakt zum endgültigen militärischen Durchbruch gegeben zu haben. Desto erbitternder, daß in der öffentlichen Meinung der Ententestaaten das italienische Opfer und die italienische Tüchtigkeit ständig unterschätzt oder doch nur dann anerkannt wurden, wenn es galt, durch gleisnerisches Lob politisch erwünschte Stimmung zu machen. Die geringe Einschätzung der italienischen Leistung durch die militärwissenschaftliche Literatur der Franzosen führte (und führt noch) zu andauernden Polemiken, zu welchen leider selbst ein Marschall Foch Stellung zu nehmen sich hinreißen ließ.

Überhaupt änderte der Krieg nichts wesentliches an der üblichen Einschätzung Italiens als einem unübertrefflichen Museum und der Italiener als eines Volkes von Fremdenführern, Kellnern und Künstlern. Gerade hiergegen aber bäumt sich der berechtigte Stolz Italiens auf. Ihr Land ist keine *terre des morts* mehr und bringt auf dem Gebiete des *Lebendigen,* auch auf den (vom Ausland nicht gewürdigten) Gebieten von Wissenschaft, Recht, Wirtschaft und Politik, viel des Interessanten und Anerkennenswerten. Oder, um es mit Benito Mussolini zu sagen: das neue Italien will nicht von den Renten seiner großen Vergangenheit, sondern von seiner Arbeit leben. Und die Arbeit anerkannt sehen.

b) Wirtschaftliche Unzufriedenheit

Nicht weniger ernst waren und sind die Anstände auf wirtschaftlichem Gebiet. Der Tiefstand der Lira, die längste Zeit nur etwas mehr als die Hälfte des französischen Frankens und ein Viertel des englischen Schillings ausmachte, wurde für die Italiener seelisch und wirtschaftlich zugleich zu einem Stein des Anstoßes, um so mehr als er von ihnen zum Teil allerlei unrechten Manövern zugeschrieben wurde. Oder doch mindestens erschien es weiten Kreisen als ein Anzeichen unfreundlicher Gesinnung oder sträflicher Gleichgültigkeit, daß sich sichtlich keine Finanzkreise in London und Paris für eine Aktion zur Stützung des Lirakurses einsetzten. Damit zusammenhängend gewann selbst der an sich gewiß erwünschte Fremdenverkehr ein ganz anderes Gesicht. Es entstand das Beschämung und Ärger erweckende Gefühl, von hochvalutigen Fremden »ausverkauft« zu werden, genau wie es die Österreicher und Deutschen auch besaßen. Es wäre übertrieben, zu behaupten, daß die besten Antiquariate und die vornehmsten Hotels und Restaurants dem einheimischen Publikum nunmehr verschlossen wären und nur den reichen Ausländern offen ständen (wie eine derartige Behauptung selbst für Wien unzulässig wäre). Denn auch Italien hat seine üppigen und frechen Schieber. Das hindert aber nicht, daß das unangenehme Gefühl der übergroßen Mehrheit im eigenen Lande, den reicheren Fremden auf Schritt und Tritt, natürlich auch in Handel, Bankwesen und Industrie, ausgeliefert zu sein und den armen Schlucker spielen zu müssen, sitzen blieb. Auch der nach Kriegsende automatisch einsetzende Mangel Italiens an den wesentlichsten Rohstoffen (Baumwolle, Kohle, Eisen, Wolle usw.) und Lebensmitteln (Getreide usw.), der sich durch die gleichzeitig mit der (relativen) Freiwerdung der Grenzen neu wachsende ausländische Konkurrenz noch drohender gestaltete und zu vielfachen gewerblichen Stockungen führen mußte, stand zu dem Siegesbewußtsein der Nation in schreiendem Gegensatz und verleitete die italienische Diplomatie zu dem Versuch, die unmögliche Forderung zu verfechten, die Rohstofe der Welt (gemeint waren natürlich England und Amerika) möchten von nun an unter den siegreichen Völkern zu tunlichst gleichmäßiger Distribution gelangen. Böse wirkte auch die Sperrung der Grenzen der wesentlichen Einwanderungsstaaten für die italienische Auswanderung, eine Sperrung, an der sich Nordamerika mit der Aufstellung der Percentage-Bill besonders empfindlich beteiligte. Dieser ausländische Protektionismus brachte auf dem italienischen Arbeitsmarkt gefährliche Stauungen hervor, welche die Übervölkerung, die ohnehin seit einem Menschenalter eine der Charakteristiken der italienischen sozialen Verhältnisse ist, noch deutlicher erkennen ließen.

Aus diesen Gründen (mit vielen anderen noch) entstand in Italien eine immer mehr zunehmende siedende Unzufriedenheit mit den verschiedenen schwachen und unentschlossenen Regierungen, die nach Ablauf des Krieges in schneller Abwechslung einander abzulösen begannen. Wie die römische Wölfin das Zwillingspaar Romulus und Remus, so war es diese vielgestaltige Unzufriedenheit, welche das Zwillingspaar Bolschewismus und Fascismus säugte. Denn die Tatsache des diese beiden Richtungen trennenden grimmigen

Hasses vermag an der Gleichheit ihrer Geburt in Zeit und Raum nicht zu rütteln. Beiden liegen ursprünglich Klassenkämpfe zugrunde. Der Krieg war, soweit der Frontkrieg in Frage kam, wesentlich von zwei Elementen getragen worden, den Bauern und den Intellektuellen, ihrem geistigen Wesen entsprechend von den ersteren mehr passiv, von den letzteren mehr aktiv. Die Studenten waren, schon in der Zeit der Neutralität, überwiegend für den Eintritt in den Krieg gewesen. Die Minderheit, die sich aus deutschfreundlichen, antifranzösischen, sozialistischen oder auch einfach pazifistischen Elementen zusammensetzte, hatte sich, als der Krieg einmal ausgebrochen war, ihm ebenso unentwegt gestellt, als die kriegsfreundliche Mehrheit ihrer Kommilitonen. Alle haben mit größtem Opfersinn geblutet, auch die nationalistischen »Schreier«. Es ist Pflicht, objektiv anzuerkennen, daß die italienische Bourgeoisie, welche den Großteil der Intellektuellen stellt, sich auch im Weltkrieg ihrer Traditionen würdig gezeigt hat. Dabei haben vor allem die Studenten heldenmütig geblutet. Um nur ein Beispiel zu nennen: von dem Kreis junger Juristen, der meine nationalökonomischen Übungen an der Universität Turin besuchte, fiel über die Hälfte, und zwar unter ganz heroischen Begleitumständen. Als dann der Krieg zu Ende war, flutete der verschont gebliebene Teil der Intellektuellen aus den Schützengräben und von den Höhen der Alpenkämme, ruhmbeladen, mit Wunden und Ehrenkreuzen bedeckt und im Bewußtsein erlittener Leiden und getaner Pflicht, in das bürgerliche Leben zurück, in der heißen Hoffnung nach Erfüllung längst gehegter und zurückgestellter Wünsche nach Broterwerb, Familiengründung, Stellung. Was sie fanden, war etwas anderes: für die meisten eine Häufung abzulegender (wenn auch nach Möglichkeit und sachlich zum Teil sogar über Gebühr erleichterter) Examina, für fast alle größte Schwierigkeit des Unterkommens, die durch die schnell eintretende Wirtschaftskrise und den unvermeidlichen Zusammenbruch mancher der nun nicht mehr vom allmächtigen Besteller Staat unterstützten Kriegsindustrien noch verschärft wurde. In vielen Ämtern hatten sich in der Kriegszeit auch Frauen eingenistet, deren Provisorium nicht überall sofort friedlich gelöst wurde. Im ganzen: Wartezeit, unsichere Zukunft und für manche eine bis zum Elend gehende Gêne. Es entstand sogar – trotzdem von einem Abbau der Bureaukratie noch gar keine Rede sein konnte –, eine Übervölkerung an Intellektuellen. In den meisten italienischen Universitätsstädten sind die Zimmer so selten und so teuer, die Pensionen so unerschwinglich geworden, daß die Zahl der Studenten oft absolut, stets aber relativ, d.h. gemessen an der Zahl der tatsächlichen Frequenz, zurückgegangen ist. Es ist selten, daß Studenten, deren Eltern nicht in der Stadt ansässig sind, in welcher der Sitz der Universität ist, dort wohnen. In der Mehrzahl der Fälle verbleiben sie vielmehr ruhig im

Elternhaus und reisen in die Universitätsstadt schlechterdings nur zur Immatrikulation und zu den Examina. Aber auch der Kollegienbesuch der wirklich die Stadt bewohnenden Studenten ist ein sehr mäßiger, da die Zahl derer rapide wächst, die sich während ihrer Studienzeit auf der Universität nach einem Erwerb umsehen und infolgedessen keine Zeit haben, den Vorlesungen nachzugehen. Besonders nachteilig wirken derartige Zustände auch auf die Privatdozenten der italienischen Universitäten. Während in den großen juristischen Fakultäten fleißige und beliebte Privatdozenten einst auf etwa 150 Studenten pro Jahr rechnen konnten, schmolz nach dem Krieg die entsprechende Zahl auf 30 zusammen, was einem Jahreseinkommen von etwa 450 Lire gleichkommt. Im September 1920 erließ deshalb unter diesem Eindruck das Generalkommissariat für Auswanderungswesen in Rom ein Zirkular an die italienischen Konsulate im Auslande, das eine Anfrage nach der Möglichkeit einer Auswanderung italienischer Akademiker und ihrer anderweitigen Unterbringung enthielt. Besonders wurde die Frage ins Auge gefaßt, ob und wieweit es möglich sei, daß sie als Sachführer und Berater der italienischen Arbeiter Anstellung finden könnten. Ein entsprechender Erfolg blieb natürlich aus.

Aber noch eine andere Überraschung harrte der Akademiker. Die Industriearbeiter waren, zumal in den letzten Kriegsjahren, in immer zunehmendem Maße unabkömmlich geworden und an ihrem heimatlichen Herd belassen worden. Ihre guten Leistungen, aber auch die Notwendigkeit, diese aus Zweckmäßigkeitsgründen zur Hintanhaltung von Unzufriedenheit und Kriegsverdrossenheit mit *prezzi politici* (politisch, d.h. nicht rein wirtschaftlich gerechtfertigten Löhnen) zu entgelten, haben zu dem Ergebnis geführt, daß die Industriearbeiter ihre Lage sehr verbessern konnten. Die verarmten Studenten standen mithin plötzlich bessersituierten Proletariern, denen der Krieg verhältnismäßig geringere Blutopfer auferlegt hatte, gegenüber. Ähnliche Erscheinungen ließen sich auch in der Beamtenschaft aufweisen. Die Gehaltserhöhungen (von der Vorkriegszeit bis 1919/20) beliefen sich z.B. bei den Direktoren und höheren Beamten der Eisenbahnverwaltung auf etwas mehr als das Doppelte, bei den niederen auf etwas mehr als das Neunfache. Die Bahnwärter, deren Vorbildung gleich Null ist, die zumeist auf dem billigen flachen Lande umsonst wohnen und deren Frauen überdies meist auch im Eisenbahndienst angestellt sind, erhielten ein nur um die Hälfte geringeres Jahreseinkommen als die Inspektoren mit ihren langen Vorstudien, ihrer städtischen und standesgemäßen Haushaltung, und folglich sicherlich ebensoviel, wenn nicht mehr, als die meisten Akademiker. Die außerordentlich zahlreichen Belege für den Niedergang der Gebildeten gehen zum Teil indirekt aus einem Vergleich zwischen dem Gehaltsaufschlag der unteren, nicht studierten Klassen und dem entsprechenden der oberen, studierten hervor. Aus vielen Einzeltatsachen aus den verschiedensten Ländern läßt sich beweisen, daß ersterer bedeutend größer ist als letzterer. Es gibt Länder, in denen z.B. ein Weichensteller mehr Jahreseinkommen als ein Kreisarzt oder ein Extraordinarius an der Universität hat. Ein besonders treffendes Beispiel bildet die Stadt Venedig. Hier erhielt eine von der Gemeinde angestellte Bürgerschullehrerin ein Gehalt von etwa 10.000 Lire jährlich. In der gleichen Stadt wurden die von der Regierung abhängigen Mittelschullehrerinnen nur mit 6–7.000 Lire (bei einem Maximum von 10.200 Lire) besoldet. So konnte es vorkommen, daß sich junge Lehrerinnen unter Verzicht auf die Geltendmachung ihrer höheren Leistungsfähigkeit und ihren Anspruch auf Anstellung an sozial höheren Posten an technischen Schulen oder Lateinschulen, aus finanziellen Gründen dazu entschlossen, von ihrer Qualifikation keinen Gebrauch zu machen und bei den Elementarschulen unterzukommen.

Mithin entstand zwischen den Studenten und Studierten auf der einen und den Arbeitern auf der andern Seite ein Verhältnis, das man bis zu einem gewissen Grade als Klassenkampf *à rebours* bezeichnen kann. Die (relativ) arm gewordenen Intellektuellen lehnten sich gegen die (relativ) reich gewordenen Arbeiter auf. Das Verhältnis wurde noch schlechter, als im Herbst 1920 die Arbeiter, angeregt durch das russische Beispiel und, fügen wir hinzu, provoziert durch ein ebenso böses Beispiel, das ihnen einige Tausend industrieller Kriegsgewinnler in ihrer höhnenden Intransigenz gaben, mit schnellem Impuls fast die gesamten Betriebe besetzten und etwa zweiundzwanzig Tage lang in ihrer militärisch organisierten Gewalt hielten.[1] In jener Zeit wurden die Uniformen des siegreichen Heeres im Lande so unbeliebt, daß die verängstigte Regierung den Offizieren offiziell den Rat erteilte, zur Vermeidung von tätlichen Angriffen von seiten der Arbeiterbevölkerung tunlichst nur noch in Zivil auszugehen. Viele Offiziere gaben voller Entrüstung und Verzweiflung ihren Abschied. Italien schien dem Bolschewismus geweiht.

Doch die intellektuelle Bourgeoisie rüstete sich unvermutet zum Widerstand. Als kurz nach der auf dem Wege feinsten Kompromisses durch Giolittis Künste erreichten gütlichen Aufgabe der Fabrikbesetzung durch die Arbeiter in der Hochburg des revolutionären Gedankens, dem fiatgewaltigen Turin, Wahlen stattfanden und diese ein für die bürgerlichen Parteien günstiges Resultat lieferten, sah man ein bisher in der italienischen Sozialgeschichte unerhörtes Bild: Universität und Polytechnikum durchzogen in so gut wie absoluter Geschlossenheit im Triumph der Freude geschlossenen Zuges die Stadt. Es folgte ein Bürgerkrieg mit all seinem Grauen und allen seinen Gräueln. Jede italienische Stadt schien in die Zustände des Mittelalters zurückfallen zu sollen. Mit

Feuer und Schwert und einem bisher fast unbekannten Fanatismus führten die »Faktionen« der Nationalgesinnten und der Sozialisten und Kommunisten miteinander Krieg, grausam und absolut schonungslos. Wobei die ersteren, weil besser geführt[2] (vielleicht auch noch mehr Gewaltmenschen in ihren Reihen zählend), Sieger blieben. Wenige Monate nach einem mißglückten Eisenbahngeneralstreik der Linken ergriff die Rechte auf dem außerparlamentarischen Wege des »Marsches nach Rom« die Zügel der Regierung (November 1922).

c) Die Entstehung der fascistischen Reaktion

Aus den hier nur knapp angedeuteten Ursachen war vom März 1919 an die Macht des *Fascio dei Combattenti* (Bund der Kriegsteilnehmer) entstanden, als dessen dreifache, komplizierte Wurzel etwa zu bezeichnen wäre:

1. die Besorgnis der Patrioten, durch unbesonnenes Eintreten in die bolschewistische Anarchie vermöchte das italienische Vaterland in seinem Bestand wieder in Frage gestellt zu werden;

2. der von uns erwähnte Klassenkampf *à rebours,* d.h. die Bewegung der in ihrer sozialen Existenz bedrohten intellektuellen Schichten gegen die Anmaßungen emporgekommener Proletarier;

3. die Interessenvertretung des Kapitals.

Die Sozialisten haben Unrecht, wenn sie in ihrer Kritik des Fascismus diese dritte Wurzel als die eigentliche Grundwurzel der Bewegung bezeichnen und die Fascisten als feile Knechte der Reaktion und des Kapitalismus verschreien. Die Fascisten selbst haben Unrecht, wenn sie diese Wurzel ihrerseits gelegentlich überhaupt leugnen. Sie ist da, wenn ihr auch wohl historisch erst tertiär zugewachsen. Das Großkapital, zumal in Industrie und Ackerbau, hätte auf den Kopf gefallen sein müssen, wenn es sich des Fascismus nicht zu eigenem Nutz und Frommen zu bedienen verstanden hätte. Übrigens scheint sich die Landwirtschaft eher und unbedingter zur moralischen und finanziellen Unterstützung entschlossen zu haben als die Industrie. Am unentschlossensten blieben wohl großenteils, aus naheliegenden Gründen, die Banken. In ihnen war der jüdische, freimaurerische und ausländische Einfluß am größten. Auch ließ sie ihre feine Verknüpfung mit der internationalen Finanzlage und gleichzeitig ihre geringe Fähigkeit zur Beurteilung der moralisch-ideologischen Faktoren im eigenen Lande den Fascismus als ein gefährliches Va-Banque-Spiel betrachten und ihm deshalb abhold sein.

Daß es den Fascisten gelungen war, die Agrarier für sich zu gewinnen, war mindestens seit dem Frühjahr 1922 klar. Da hielten sie in Mailand eine Heerschau ab, zu welcher über 20.000 junge Leute aus allen Gauen Italiens zusammengeströmt waren. In endlosen Reihen durchzogen sie die Straßen, die mit Fahnen und wertvollen Teppichen geschmückt waren, und die Menge jauchzte ihnen, ohne daß es zu Gegendemonstrationen gekommen wäre, zu. Dabei war einer der Begleitumstände der Veranstaltung als besonders bedeutungsvoll hervorzuheben: Innerhalb der Lombardie reisten die Fascisten zum Kongreß umsonst. Die Eisenbahnkosten trugen die Agrarier, welche die Fascisten als die Hauptstützen ihrer Politik betrachteten. Daran hindert auch der Umstand nichts, daß die Fascisten bisweilen eine sehr energische Preispolitik trieben. Diese Politik ist insofern recht originell, als sie sich der gleichen Mittel bedient, wie derjenige Teil ihrer Politik, der sich gegen die Sozialisten richtet. Es ist das Mittel der direkten Aktion.

d) Fascismus, Industrie und Arbeiterschaft

Das Verhältnis des Fascismus zur Industrie ist kein einheitliches. Nicht alle Industrien sind dem Fascismus gleich freundlich gegenübergetreten und nicht alle werden nunmehr von ihm die gleiche Gewogenheit erfahren. Aber auch das innere Verhältnis zwischen beiden ist an sich kein völlig vertrautes. Auf der einen Seite weist der Fascismus eine starke moralisch-intellektualistische Note auf, die bis zur Verachtung des Materiellen geht. Die Fascisten sind in der Tat nicht müde geworden, zu betonen, daß sie nur durch eine Umwertung der Werte im Sinne einer Übertragung der Macht der Idee auf das Staatsleben ihr Heil erwarten. Hervorragende Häupter, wie der Minister Dino grandi, haben sich mit Stolz zum Romantizismus bekannt.[3] Die Fascisten sind Idealisten, Ideologen, und ertragen als solche nicht ohne verbissene Wut das Gängelband der Industrie mit ihrem Schwarm von pescicani (Haifische, italienischer Ausdruck für neue Reiche). Auf der anderen Seite sehen die Industriellen – oder sahen doch bis zu deren Regierungsantritt – nicht ohne geheimes Grauen auf ihre kühnen Befreier aus den Klauen der Bolschewisten. Dieses Grauen ist, im Lichte der historischen Logik betrachtet, nicht ganz grundlos. Zunächst war des Fascismus bisher wild, tumultuarisch, brausköpfig und daher seiner ganzen Charakteranlage nach schlecht dazu geeignet, sich mit einer ruhigen und besonnenen Geschäfsführung, wie sie die Industrie, ganz besonders noch in so kritischen Zeiten wie den gegenwärtigen, nötig braucht, verständigen zu können. Auch auf dem Gebiet der Außenpolitik erschien sein Ungestüm als gefährlich. Die gefährlichste Seite des Fascismus für die Bourgeoisie aber lag, und liegt vielleicht immer noch, auf zwei weiteren Gebieten:

1. Zunächst in den Ansätzen zu einem neuen (oder erneuten), die herrschenden Klassen zu spalten drohenden Klassenbegriff. Gewiß sind die Fascisten in ihrem starren Leugnen des Klassenkampfgedankens, der ihnen zumal aus nationalen Momenten anstößig erscheint, der Bourgeoisie auch theoretisch willkommen. Mussolini ist Kollaborationist. Er hat oft, so im Juni 1923 in Rovigo, ausgeführt, die Klassen müßten sich im Staatsgedanken wiederfinden. Der Klassenkampf könne im Völkerleben nur eine Episode darstellen. Würde er zum politischen System, so bedeute er Zerstörung des Reichtums und folglich Verelendung aller. Indes der Fascismus ist unternehmerfreundlich, nicht bourgeoisiefreundich. Er steht, ohne es zu wissen, dem Neo-Saintsimonismus nahe, der es in der Nachkriegszeit ja auch in Frankreich zu einem kurzen, aber intensiven Aufschwung gebracht hatte (Gabriel Darquet und seine Freunde im Producteur). Der Fascismus verabscheut den »faulen Wanst«, das geldheckende Kapital, er unterscheidet zwischen den Produzenten und den Nur-Konsumenten, dem Dörrobst des Kapitalismus. Schon 1919 erklärten sich die ersten Fasci di Combattimento gegen die Borghesia parasitaria und für den Produttivismo.[4] Mussolini selbst hat nach seinem Regierungsantritt die Bourgeoisie in zwei Teile eingeteilt: einen unnützen, den er nicht zu respektieren vermöge, und einen arbeitsamen, welcher die Cadres des Fascismus fülle und vor welchem er große Achtung empfinde. Diese etwas simplizistische Formel vermag aber die Bourgeoisie angesichts des unentwirrbaren Knäuels von ausbeuterischen und arbeitswertlichen Funktionen, der ihre gesellschaftliche Basis darstellt, nicht zu befriedigen. Wo hört bei ihr der Arbeiter auf, wo fängt der Ausbeuter an? Kurz, der Fascismus ist der Bourgeoisie unheimlich, die mögliche Interpretation seiner weitmaschigen Begriffe wirkt auf sie beengend.

2. In der Art der Bekämpfung des Sozialismus durch den Fascismus selbst. Diese Waffe hieß und heißt: die Masse. Um die Massen dem Sozialismus abspenstig zu machen, hat der Fascismus selbst ausgesprochenste Massenpolitik getrieben. Der Erfolg ist ihm gerade auf diesem Gebiet nicht ausgeblieben. Die Suggestion des Siegers, des Wagemutigen und des Überzeugten hat ihm, mehr noch als bloße Angst und roher Terror, die Massen der Besiegten selbst zugeführt. Scharenweise haben die Sozialisten die roten Schlipse abgesteckt und sich die schwarzen Hemden angezogen.[5] Auf einem im Sommer 1922 abgehaltenen Kongreß erklärten die Fascisten, 470.000 Mitglieder (bald darauf, im August, schon 800.000) zu zählen. In der ersten Ziffer sollen neben 277.084 Landarbeitern und Bauern 72.000 Industriearbeiter enthalten gewesen sein. Das wäre immerhin eine auch bei Berücksichtigung des überwiegend agrarischen Charakters der italienischen Volkswirtschaft doch starke Präpon-

deranz des ländlichen Elements über das städtisch-industrielle. Heute sind in der fascistischen Organisation an die 2 Millionen Arbeiter vertreten während die sozialistische Organisationen ihre Mitgliederzahl auf einen kleinen Rest zusammenschrumpfen sahen. Die fascistischen Arbeitervereine haben an Stärke und Zahl die sozialistischen freien Gewerkschaften weit überholt (2 Millionen gegen 170.000) und haben im Oktober 1923 auf der Internationalen Arbeitskonferenz in Genf auch ihre offizielle Anerkennung im internationalen Verbande durchgesetzt.

Den Massenpsychologen bietet die Geschichte des Fascismus also ein Beobachtungsfeld von gewaltigen Dimensionen. Die Fascisten haben den Sozialismus sozusagen von innen ausgehöhlt. Sie haben seine Gewerkschaften und Genossenschaften mattgelegt dadurch, daß sie selbst Gewerkschaften und Genossenschaften gründeten. Diese Gründungen haben hier und dort schon vor dem Marsch auf Rom zu Reibungen mit dem bestehenden Industriellenverein geführt und noch am 21. September 1921 hat die in Rom tagende Generalversammlung des Bundes italienischer Industrieller sich dem Anschlußgesuch fascistischer Gewerkschaften gegenüber ablehnend verhalten. Die Bourgeoisie war dennoch zunächst über den Gang der Ereignisse hocherfreut und begünstigte, obgleich ihr an einigen Orten die im Vollbewußtsein ihrer Macht und ihres Einflusses mutigeren und übermütigeren Arbeiterorganisationen der Fascisten lästiger waren als die plötzlich zu bescheidenem Auftreten bekehrten alten Gewerkschaften, doch im ganzen die ersteren, einmal weil sie sich nicht mit der Regierung überwerfen wollte, dann auch, weil ihr immer noch der rote Schrecken vom Herbst 1920 in den Gliedern steckte. So hatten sich die fascistischen Organisationen also zunächst nicht zu beklagen. Aber die Wirtschaftskrise auf der einen Seite und eine gewisse Verärgerung über die fascistischen Arbeiter auf der anderen Seite führte doch auf die Dauer zu ernsten Reibungen. Auf einem Kongreß der fascistischen Gewerkschaftsleiter Piemonts, der im Oktober 1923 in Turin stattfand, gingen die Wogen sehr hoch. Einstimmig kam die Anklage zum Ausdruck, daß die Arbeitgeber der hohen Aufgabe des Fascismus nicht gerecht zu werden vermöchten und nun, nachdem sie gesehen, daß ihre boshafte Hoffnung, der Fascismus werde der Arbeiterbewegung den Garaus machen und die Arbeiterklasse der Willkür der Unternehmer überliefern, sich nicht erfüllt habe, ihrer Enttäuschung durch schlechte Behandlung der Arbeiter sowie gefährliche Intrigen und Versuch, Mussolini vom Fascismus zu trennen, Luft machten. Dementsprechend müsse sich der Fascismus auch der Industrie gegenüber auf seinen glorreichen Ursprung, die Gewaltanwendung, besinnen.

Es entsteht die Frage, ob der Fascismus als den Sozialismus ablösende Partei bei seinem weiteren Wachstum nicht fataliter, nämlich bei Strafe des

Verlustes der neugewonnenen, aber vom Sozialismus nicht umsonst ein halbes Jahrhundert praktisch und theoretisch gedrillten Massen der städtischen und ländlichen Arbeiterschaft an den Restbestand der alten Partei, dazu übergehen müsse, die Interessen und Gedankenrichtungen dieser Massen auch auf dem Gebiete der Wirtschaftspolitik zu vertreten, d.h. sei es auch unter Wahrung einer stärkeren Hervorkehrung des vaterländischen Selbstbewußtseins, selbst sozialistisch zu werden. Die Frage steht noch offen. Mussolini hat ausgeführt: »Die fascistischen Syndikate bewähren sich; es ist ein Unsinn, zu behaupten, die Arbeiter wären in ihnen gefangen. Man kann nicht anderthalb Millionen Menschen gefangen halten. Diese Syndikate sind nicht »gemischte« Syndikate, die fascistische Organisation vermittelt nur zwischen den Verbänden der Arbeitnehmer und der Arbeitgeber. Der Zustrom der Massen ist der beste Beweis dafür, daß das Proletariat im Fascismus nicht seinen Feind sieht.«

Unter den Ursachen der schnellen Beliebtheit, deren sich der Fascismus unter den Massen erfreut und die seiner Werbekraft Vorschub geleistet haben, möge noch eine Erwähnung finden, nämlich die von den Fascisten des öfteren, wenn auch unsystematisch unternommenen Versuche einer Preisbestimmung der Lebensmittel sowohl auf den Märkten, als auch in den Läden. Das geschah mit dem Hinweis auf die Notwendigkeit des Preisabbaues einerseits und der sittlichen Beschränkung der Profite (Wucherprofite) andererseits, und war praktisch mit der ganzen Inszenierung begleitet, die dem Fascismus eigentümlich ist: eigenmächtige Preisfixierung (mit Hilfe nationalökonomisch gebildeter Parteimitglieder), Bekanntgabe der neuen Tarife mit Strafandrohungen für Zuwiderhandelnde und nötigenfalls Durchsetzung der Bestimmungen durch die Schwarzhemden mit bewaffneter Hand, Schließung der Läden usw. Diese Preispolitik der Fascisten hat freilich im eigenen Lager Widerspruch hervorgerufen. Der dem Fascismus nahestehende Volkswirtschaftslehrer an der Universität Rom, Maffeo Pantaleoni, hat sich für verpflichtet erachtet, gerade gegen diese Versuche Sturm zu laufen und ihnen vorgeworfen, durch dergleichen illiberale Eingriffe in die Gesetze vom Angebot und der Nachfrage eine im Grunde genommen sozialpolitische Politik zu treiben, die sich früher oder später rächen werde.[6] Nun da sich der Fascismus in das breite Bett der Regierung ergossen hat, hat er seine Haltung zu diesen wichtigen Fragen natürlich ohnehin modifiziert.

In einem wichtigen Punkte hat der Fascismus sich von vornherein dem sonst von ihm innig gehaßten Reformsozialismus angeschlossen: dem Achtstundentag. Dieser ist von ihm schon in den Erstlingstagen seines Bestehens anerkannt worden. Zur Macht gelangt hat Mussolini mehrfach feierlich sein Versprechen wiederholt: Questa vostra conquista è intangibile, e se qualcuno vi dice il contrario, mentisce sapendo di mentire.

II. Aktuelle Probleme und Programmpunkte des Fascismus

a) Der Liberismus im Wirtschaftsprogramm

Man hat der Fascistenpartei häufig nachgesagt, sie sei völlig untheoretisch und programmlos. Ihre rein negative Bekämpfung des Sozialismus sei in jeder Beziehung fruchtlos. In dieser Kritik liegt ein wahrer Kern. Die Fascistenpartei ist wohl das einzige Parteigebilde der Welt, dem es erst im dritten Jahre seiner Existenz – und welcher Existenz! – eingefallen ist, sich durch die Aufstellung eines Progamms irgendwie geistig zu legitimieren. Sie ist wirklich ursprünglich eine zusammengewürfelte Massenpartei auf ganz wesentlich nationaler Grundlage und mit ethischen Vorsätzen nationaler und individueller Erneuerung und Hebung. Im übrigen springt die synthetische oder, wenn man will, eklektische Note in die Augen. In der Idea Nazionale hat Carapelle der Opposition gegen den Fascismus jede Möglichkeit einer sich auf Prinzipien stützenden Bekämpfung als für logisch ausgeschlossen erklärt. Der Fascismus lasse sich weder unter religiösen, noch unter verfassungsrechtlichen noch endlich unter klassenpolitischen Gesichtspunkten bekämpfen, weil er als nationales System alle Ideen umschließe und sie zu einer höheren politischen Einheit verbinde. Ein fascistischer Schriftsteller hat diese massenhafte theoretische Systemlosigkeit auf die Formel gebracht: Besser ein wilder Strom als ein reguliertes Flußbett, in welchem aber nur ein schmächtiger Faden Wasser fließt.[7]

Trotzdem sind die manchesterlichen oder, wie man in Italien sagt, liberistischen Einschläge in der Partei unverkennbar. Die Gelehrten unserer Wissenschaft, die sich dem Fascismus angeschlossen haben, wie Maffeo Pantaleoni, Vilfredo Pareto und Umberto Ricci, gehören dieser Richtung an und üben ihren Einfluß in dieser Richtung aus. Die leidenschaftliche Bekämpfung der Produktiv- und Konsumgenossenschaften und die gewaltsame Auflösung der den Hafen von Genua beherrschenden Arbeitsgenossenschaft der Auslader durch die Fascisten waren gewiß parteipolitisch bedingt: Die Fascisten wollten mit der Schädigung oder Zertrümmerung dieser Einrichtungen die Sozialisten ihrer festesten Verbündeten und ökonomischen Grundlagen berauben. Aber dieser wichtige Teil der fascistischen Arbeitsleistung war doch gleichzeitig auch bedingt durch eine theoretische Überzeugung, nämlich die von der technischen Unfähigkeit und sozialen Schädlichkeit von Einrichtungen, die nur durch direkte oder indirekte Unterstützung durch öffentliche Gelder zu funktionieren vermöchten.[8] Der Fascismus ist tief durchdrungen von der Meinung, die Wirtschaft habe ganz wesentlich aus der privaten Initiative hervorzugehen;

er teilt hinsichtlich der Eignung des Staates zum wirtschaftlichen Unternehmer und Prämienausteiler die skeptischen Anschauungen der Klassiker unter dem englischen Nationalökonomen. Ob der Fascismus den Skeptizismus, mit dem er dem Protektionismus gegenübersteht, auch auf Grenzzollschutz und Handelspolitik übertragen wird, ist freilich sehr zweifelhaft; ja, bisher mehren sich vielmehr im Lager der Fascisten die Anzeichen einer Rückentwicklung zum Protektionismus auf dem Gebiete des Außenhandels.[9] Immerhin trägt der Fascismus keine Bedenken, auf anderen Gebieten von dem Grundsatz staatlicher Leitung tatsächlich abzugehen. So z.B. auf dem Gebiet des Telephonwesens und des städtischen Postverkehrs, den die Fascisten den Händen des Staates zu entwinden und in die privater Unternehmungen zu legen ernstlich beabsichtigen. Bei Entstaatlichung der Betriebe ist die Privatisierung des Telephons deshalb beabsichtigt, weil es sich fiskalisch nicht rentiert und zudem sehr schlecht funktioniert hatte. Auch die Eisenbahnen sollen, wenigstens teilweise, nach und nach diesen Weg beschreiten. Überall Privatinitiative, verstärkt durch Staatskontrolle. Mit Ausnahme der Tabaksregie hat sich die Monopolisierung in Italien überhaupt nicht gelohnt. Auch eine ganz eingreifende Reduktion der Beamtenschaft, zumal in der Eisenbahnverwaltung, ist in Aussicht gestellt und zum Teil bereits durchgeführt worden. Dabei gehen die Fascisten wesentlich von dem opportunistischen Gesichtspunkte aus, daß der Staat ein schlechter Sparer ist. Italiens Finanzlage aber erfordert dringend das Eindringen eines unentwegten Sparprinzips im Staatshaushalt.

Diese Sparpolitik wird sich auch in der äußeren Wirtschaftspolitik bemerkbar machen müssen. Schon hat Mussolini es angekündigt: die neue italienische Regierung hat nicht die Absicht, im valutastarken Ausland Darlehen aufzunehmen. Dagegen ist sie bereit, die Gewährung fremder Darlehen an private Staatsbürger in jeder Weise zu begünstigen, was wiederum zugleich im Wesen des Liberismus gelegen ist. Unter den Maßnahmen zur Sanierung, welche die neue Regierung außerordentlich beschäftigten, war somit die Abschaffung der Nominativität der Wertpapiere, welche unter so vielversprechenden Auspizien von Giolitti eingeführt worden war, eine der ersten gewesen. Der Zweck der Beseitigung des Gesetzes bestand darin, der entstandenen Kapitalflucht Einhalt zu tun und durch Anlockung neuen fremden Kapitals die Industriekrise zu überwinden.

In der Wiedergutmachungspolitik gilt die gleiche Grundauffassung, nur aktiver. Schon die vorfascistische Regierung hatte sich übrigens zu ihr durchgerungen. Mussolini spricht es noch deutlicher aus: Deutschland muß zahlen, innerhalb der Grenzen der Möglichkeit, aber zahlen. Daher in diesem Punkt eine, freilich nicht bedingungslose, Unterstützung der französischen Politik.

Und noch ein anderes entscheidendes Moment führt Italien in die unmittelbare Nähe Frankreichs, zumal den angelsächsischen Gläubigerstaaten gegenüber: die Ansicht (fast wäre man versucht, Forderung zu sagen), daß die Frage von der der internationalen Schulden nie und nimmer getrennt werden dürfe.

Das fascistische Regime in Italien, welches bereits manchen Neuerungen der nachkriegszeitlichen Gesetzgebung ein frühes Ende bereitet hat, hat im Sommer 1923 auch der Erbschaftssteuer, einem der Lieblingsprojekte der demokratischen Steuerreformler, den Lebensfaden abgeschnitten. Die heutige Regierung stellt sich damit auf einen dem ihrer Vorgängerinnen diametral entgegengesetzten Standpunkt. Das bisher in Geltung gewesene Gesetz vom 24. September 1920 enthielt nämlich so hohe Steuersätze, daß der Senat es seinerzeit nur unter dem Drucke der Verhältnisse und mit der Reserve gebilligt hatte, daß die Regierung sich verpflichte, sobald als irgend möglich wenigstens für Hinterlassenschaften im engsten Familienkreise eine wesentliche Erleichterung der Steuerbelastung eintreten zu lassen. Nunmehr wird hingegen die Erbschaftssteuer für die nächsten Angehörigen überhaupt beseitigt: in allen Fällen, wo das Vermögen eines Verstorbenen an direkte Nachkommen, Vorfahren, Gatten, Brüder, Schwestern, Onkel, Tanten, Neffen oder Nichten ersten Grades übergeht, erhebt der Staat keinerlei Anspruch mehr auf Abgaben; und auch für Erbschaften, die an ferner stehende Anverwandte oder an Schwiegereltern und Schwiegerkinder oder endlich an nicht durch Familienbande an den Erblasser gebundene Außenstehende fallen, sind die bisher geforderten Steuersätze ganz bedeutend herabgesetzt worden.

Interessant sind die *Motivierungen* für diese Gesetzesabänderung, welche der Ministerpräsident Mussolini und der Finanzminister De Stefani dem Dekretentwurf, der dem König zur Unterschrift unterbreitet – und von diesem inzwischen auch bereits unterschrieben – wurde, beigefügt haben. Diesen Ausführungen zufolge erhofft die Regierung von der Abschaffung der Erbschaftssteuer eine weittragende Rückwirkung, auf direktem und indirektem Wege, auf die italienische Volkswirtschaft im allgemeinen und auf die Bildung von Sparkapitalien im besonderen. Die Förderung und Mehrung des Volksvermögens sei im heutigen Italien um so notwendiger, als ein klaffendes Mißverhältnis bestehe zwischen seiner enormen bevölkerungsmäßigen Kraftfülle, deren Ausbreitung nach außen hin durch die bestehenden Erschwerungen der Einwanderung in andere Staaten behindert werde, und seiner noch spärlichen und unzulänglichen kapitalistischen Ausrüstung. Deshalb sei es Aufgabe der Regierung, bei gleichzeitigem Abbau der Lebensmittelpreise mit Hilfe einer dazu geeigneten Zollpolitik und eines Drucks auf die kommunalen Behörden zum Zweck der Ermäßigung der städtischerseits erhobenen Abgaben auf eingeführte Lebensmittel (dazio consumo), die Finanzpolitik dergestalt zu handhaben, daß eine ausgedehntere und beständigere Nachfrage nach Arbeitskräften einsetzen könne.

Weiter wird ausgeführt, durch die Abschaffung der Erbschaftssteuer im engen Familienkreise werde eine der größten und beklagenswertesten Ungerechtigkeiten gegenüber dem *Immobiliarvermögen,* als der einzigen Reichtumskategorie, die bei der Erhebung der Erbschaftssteuer restlos erfaßt werden könne, beseitigt. Und zwar sei diese Ungerechtigkeit insofern noch ganz besonders schwer ins Gewicht gefallen, als sie sich infolge der Verschiedenartigkeit der Vermögensbeschaffenheit in den einzelnen Landstrichen zu einer territorialen Ungerechtigkeit gestaltet habe: Süditalien, dessen Reichtum vorwiegend in Immobilien besteht, wurde tatsächlich verhältnismäßig weit stärker durch diese Steuer in Anspruch genommen als das kapitalistisch bereits besser organisierte Norditalien, wo umfangreiche Vermögenswerte der steuerlichen Kontrolle entzogen werden konnten.

Zugunsten des Verzichtes auf die Erbschaftssteuer in ihrer bisherigen Form wird ferner auch auf die historischen *Traditionen* Italiens verwiesen: »Wir kehren somit zu derselben Einschränkung des für die Erbschaftssteuer geltenden Gebietes zurück, wie sie zur Zeit der Geburt des römischen Finanzrechtes, unter Augustus, bestanden hat, wie sie bei dem Wiederauftauchen der Steuer in Venedig im Jahre 1565 und später in anderen italienischen Fürstentümern des 17. Jahrhunderts beibehalten worden ist, und wie sie vor der Einigung des Vaterlandes im Kirchenstaat und in den Herzogtümern Parma und Modena in Geltung war.« Die fascistische Regierung setzt sich mit der Abschaffung resp. Einschränkung der Erbschaftssteuer bewußtermaßen in Gegensatz zu den gegenwärtig allgemein vorherrschenden Richtlinien in dieser Materie: »Der Fascismus ist auch, und zwar vor allem, auf der Achtung vor der Familie in ihrer gefühlsmäßigen und ihrer praktischen Auswirkung sowie auf der Achtung vor dem altrömischen Begriff des Eigentums aufgebaut. Der Fascismus will, als strenger Hüter der historischen Überlieferung der Nation, ein finanzielles System vermeiden, das den Staatsbürger dazu veranlaßt, nur sein eigenes individuelles Leben zu berücksichtigen, nur für dieses selbst zu sparen, der Leibrente den Vorzug zu geben vor der Versicherung zugunsten der Kinder, sich mehr dem Konsumieren als dem Sparen zuzuwenden und dadurch die Kapitalbildung und mit ihr die Produktivkraft der Nation selbst zu schädigen.«

Der Fascismus, so wird schließlich ausgeführt, erhebe demnach auch auf finanziellem Gebiete den Anspruch darauf, als ein politisches und zugleich ethisches System gewertet zu werden. Seine Auffassung und seine Praxis seien jenem Prozeß der Kapitalverbrennung und der Verwandlung der Kapitalien in dem Konsum dienende Renten, wie ihn das heutzutage vielfach vorherrschende sozialistisch-demokratische System mit sich bringe, absolut entgegengesetzt. »Wir kehren unter gewissen Gesichtspunkten und unter Berücksichtigung der durch die veränderten Zeiten hervorgerufenen Unterschiede zu der altrömischen Geistesverfassung zurück.«

Unter den Programmpunkten der neuen Regierung spielt die neue Auswanderungspolitik, die eingeschlagen werden soll, eine gewisse Rolle. Diese soll darin bestehen, daß die als hemmend und bureaukratisch empfundenen Kontrollbestimmungen in Wegfall geraten, durch welche die italienische Regierung, in seltsamem Festhalten an der inzwischen als falsch erkannten Annahme, daß der Krieg eine so gewaltige Industrialisierung Italiens mit sich gebracht habe, daß dieses seine Söhne fürderhin im eigenen Lande benötigen würde, und in der sich daraus ergebenden Pflicht der Hemmung, in den Nachkriegsjahren die Auswanderung zu lenken unternommen hatte. Man erhofft ferner von der Befreiung von den lästigen Bestimmungen auch das Eintreten der Gesetzgebung des Auslandes in ein frischeres Tempo zugunsten der heute stockenden Auswanderungsbewegung, die für das kräftig anwachsende italienische Volk (dieses, bevölkerungsmäßig gesprochen, Gegenpol des französischen) Lebensnotwendigkeit geworden ist. Indes muß bemerkt werden, daß die Lösung dieses Problems leider nicht in das Ermessen einer wie immer gestalteten italienischen Regierung gestellt ist, sondern wesentlich von der Aufnahmefähigkeit und dem Aufnahmewillen der fremden Staaten hinsichtlich der Fremdeneinwanderung abhängig bleiben wird. Immerhin ist zweierlei anzunehmen: erstens wird eine freiere Auswanderungspolitik der neuen Regierung zum mindesten bei den auswanderungslustigen Massen einen Stein im Brett verschaffen, und zweitens steht zu erwarten, daß gewisse Praktiken der Ausweisung oder der Verweigerung der Verlängerung fälliger Aufenthaltsbewilligungen fremder Staaten, die (per fas aut nefas) von Italien als unberechtigt angesehen werden könnten, wirksamer als früher auf Widerstand stoßen dürften.

b) Parlamentarismus und Elite

Im Inland wie im Auslande gilt der Fascismus als der geschworene Feind der Demokratie in Staat und Gesellschaft.[10]

Jedes System angewandter Politik bedarf seiner wissenschaftlichen Berater. Der Fascismus, der bis zu seiner spontanen Übernahme der Regierung rein empirisch und ohne wissenschaftlich-theoretische Fundierung gearbeitet hatte, hat sich, einmal zur Macht gelangt, desto intensiver des Rates hervorragender Gelehrter bedienen müssen, um so mehr überdies, als er den Anspruch darauf erhob, eine gewaltige Erneuerung der sittlichen und politischen Kräfte der Nation zu bewirken.

In dem engeren Kreis bedeutender Menschen, die in regem Gedankenaustausch mit Benito Mussolini stehen und von denen man annehmen darf, daß ihr Einfluß auf den Ministerpräsidenten und die von ihm getroffenen Regierungsmaßnahmen ein gewaltiger ist, stehen zwei Männer an erster Stelle: Maffeo Pantaleoni und *Vilfredo Pareto.* Beide hervorragende Nationalökonomen, beide Führer der liberistischen und mathematischen Schule, beide auch, ein weiteres seltsames Zusammentreffen, Ordinarien an Schweizer Hochschulen, der erstere an der Universität Genf, der zweite an der Universität Lausanne, wo einstens Mussolini als fahrender Landesflüchtiger ihn bewundernd gehört hatte.

Während Pantaleoni heute in Rom seines Amtes waltet, ist Vilfredo Pareto vor einigen Monaten in Céligny im Kanton Genf, wohin er sich zurückgezogen, gestorben, nicht ohne vorher zum Mitglied der Ersten Kammer des Königreiches ernannt worden zu sein. Pareto hat einen reichen Schatz politischer Schriften hinterlassen, auch, ja gerade aus diesen letzten Jahren. Nach seinem Tode gingen einige der für seine Ansichten charakteristischen Aperçus unter dem vielleicht etwas zu volltönenden Titel eines politischen Testamentes durch die periodische Presse Italiens.

Die von dem großen Gelehrten in diesem Artikel ausgesprochenen Sätze dürften indes nicht nur deshalb von allgemeinem Interesse sein, weil sie aus der Feder eines der klügsten Nationalökonomen und Soziologen der Zeit stammen, sondern auch noch aus dem eingangs angedeuteten Grunde, nämlich weil sie ein bestehendes *System* typisch zum Ausdruck bringen, das sie zum Teil vielleicht sogar selbst mit verursacht haben, ein System zudem, das sich heute in weitestem Maße der Bewunderung breiter Parteischichten außerhalb Italiens erfreut, während es wiederum von anderen bis aufs äußerste verabscheut wird.

Pareto ist ein Ungläubiger in puncto Volkssouveränität. Er bringt der Volksvertretung ehrlichste Mißachtung entgegen.[11]

Das Parlament hat in den Augen der Fascisten keine technische Kompetenz. Mussolini hat behauptet, es habe noch niemals ein Parlament bestanden, das technische Fragen zu lösen imstande gewesen sei. Vom italienischen Parlament hat Mussolini gesagt, daß es lebe, zwar ruhig, aber immerhin lebe und arbeite. Doch entspreche es nicht mehr den Anforderungen, die Zeiten haben sich geändert. »Ich«, sagt er, »lese meine Zeitungen und verwerte das Brachbare. Weshalb soll ich mir von einem Deputierten in der Kammer das erzählen lassen müssen, was ich schon in der Presse gelesen habe? Als die Parlamente entstanden, gab es keine Handels-, keine Arbeitskammern, keine Syndikate. Jedes Jahrhundert hat eben seine Einrichtungen.«[12] Aus denselben Gründen hält Pareto dafür, daß zum Regieren *Zustimmung* der Mehrheit, nicht *Mitwirkung* der Mehrheit nötig sei. Sich auf ein parlamentarisches Mehr allein stützen wollen, ist ungenügend, denn jede Majorität ist steter Gefahr der Zersplitterung und des Abfalls ausgesetzt. Mit bloßer Gewalt zu regieren, ist ebenfalls nicht ratsam. Die Basis der Regierung muß außer in der Macht auch im Beifall der öffentlichen Meinung bestehen; zu diesem Zwecke leisten Parlament und Referendum zumeist ganz nützliche Dienste. Deshalb ist Pareto nicht gesonnen, sich für die Abschaffung der Parlamente einzusetzen. Da die Einrichtung der Volksvertretung nun einmal bestehe, meint er, müsse man sie immerhin beibehalten. Die Aufgabe des Staatsmannes beschränke sich mithin schlechterdings darauf, Mittel und Wege ausfindig zu machen, der Gefährlichkeit des Systems nach Kräften vorzubeugen. Das geschieht einmal durch ein allfälliges Zurückgehen auf die ursprünglichere Form der Demokratie, die zwar auch nicht gut, aber doch besser ist als die spätere, indirekte. Pareto sagt wörtlich: *Volks*herrschaft ist nicht viel wert, aber sie ist immer noch mehr wert als die Herrschaft der Volks*vertretung*. Hierbei verweist er auf die Schweiz, welche gegen das Prinzip der Volksvertretung im Referendum ein Korrektiv gefunden habe. Auf England dürften sich die Freunde des Parlamentarismus jedenfalls nicht berufen, denn die dortige sog. Demokratie bestehe bei Licht besehen nur aus der Diktatur einer der beiden großen historischen Parteien (wohin die gegenwärtige Krise dieses Systems in England führe, sei noch nicht abzusehen). Es muß sich also darum handeln, den Parlamentarismus zur Schonung der im Volke noch lebendigen demokratischen Ideologien als dekoratives Element zu belassen, aber ihn gleichzeitig unschädlich zu machen.

Besonders wichtig ist die Pressefreiheit, ohne welche sich keine Macht auf die Dauer halten kann. Durch die Nichtbeachtung dieses Gebots der Klugheit haben sich schon Napoleon III. und der russische Zarismus das Grab gegraben. Die Zensur ist ein schlechtes Mittel zum Herrschen, einerlei ob es sich um den Kampf gegen die Unsittlichkeit oder um den Kampf gegen den Umsturz handelt. »Laßt nur die Krähen krächzen, aber seid unerbittlich darin, den Tatsachen entgegenzutreten!« ruft Pareto, ganz im Geiste des wissenschaftlichen Schöpfers der Theorie der Staatsraison, Giovanni Botero (1589) den Leitern des Staates zu. Auch an einer anderen Stelle dieses Testamentes hält Pareto mit eindringlichen Worten die Machthaber dazu an, die Gedankenfreiheit der Massen zu achten und an den Gefühlen und Meinungen der vielzuvielen nicht gleichgültig vorbeizugehen. Denn es sei nicht Aufgabe der Regierung, die Handhabe dafür zu bieten, daß eine kleine Gruppe sich ihrer Machtmittel bediene, um die persönlichen Empfindungen der Masse aufzudrängen.

Das ist nicht Ethik, aber doch bester politischer Opportunismus und als solchen will Pareto auch seine Prinzipien verstanden wissen. Indes kommt so die politische Strategie Paretos unausgesprochenermaßen letzten Endes doch wieder auf ein vorsichtiges Abwägen der gegebenen Grundbedingungen heraus. Sie bedingt jedenfalls, was man auch an ihr aussetzen möge, keine reaktionäre Desperadopolitik, sondern bietet, wie Pareto selbst rühmend zugibt, Machiavellismus. Aber einen geläuterten Machiavellismus, der sich zu seinen Zwecken der Errungenschaften und Erkenntnisse der modernen Massenpsychologie sowie der Lehren der neueren Geschichte bedient.

Ursprünglich halten sich die Fascisten für eine zweimal gesiebte Elite. Als Nationalisten erblicken die suchenden Fascisten ihren Theoretiker in dem Philosophen und Staatsmann Vincenzo Gioberti, dessen Postulat vom Primat Italiens sowie dessen These von dem aristokratischen (Elite-)Charakter des italienischen Volkes[13] sie sich zu eigen gemacht haben. Die Gioberti-Literatur ist in stetem Blühen begriffen. Wie die Italiener die Elite unter den Völkern Europas darstellen, so stellen die Fascisten die Elite unter den Parteien Italiens dar, dynamisch und der Zahl nach. In der ursprünglichen Instruktion an die jungen Fascisten heißt es, sie müßten sentirsi nel sangue l'aristocrazia della minoranza (sich blutmäßig bewußt sein, die Aristokratie der Minderheit zu bilden).[14] Als dann die Fascisten mehr und mehr zu Massen wurden, und nach der Eroberung der Staatsmacht der Moment eintrat, wo die Organisation kaum mehr die Zahl der Anhänger halten konnte, erklärten die Fascisten selbst ihre Cadres verengern und ripulisti (Reinigung) machen zu wollen. In dieser Maßregel, welche der natürliche majoritäre Machthunger freilich nur sehr unvollkommen zur Ausführung kommen ließ, trafen sich die alte Abneigung der Elite gegen die Vielzuvielen mit der realpolitischen Erwägung, durch zu großen Zulauf unsichere Kantonisten zu bekommen und so der Einheit der Partei Abbruch zu tun.

Für Pareto ergibt sich die wesentliche Unschädlichmachung des Parlamentarismus als Endresultat einer Verschiebung des maßgebenden politischen Einflusses von der Abgeordnetenkammer auf die *Elite.* Nur in den großen Fragen der hohen Politik will Pareto das Parlament als massenpsychologisches und sogar massenpathologisches Element gelten und zu Worte kommen lassen. In allen Fragen der praktischen Kompetenz aber soll nicht es, sondern sollen die großen Strömungen des nationalen Gesamtkörpers, welche in der Regierung ihre vornehmste und natürlichste Spitze haben, entscheiden. Und er spricht sich dabei lobend über die Fascisten aus, die auf dem besten Wege seien, die Schaffung dieser – außerparlamentarischen – machtvollen Elite in die Wege zu leiten. Es ist in der Tat fascistische Absicht, auch das Staatswesen dem Prinzip der Elite unterzuordnen. Zu dieser Elite sollen übrigens neben einsichtsreichen Produzentenräten auch Konsumentenräte, um so eine Art erweiterten Staatsrat darstellen zu können, herangezogen werden.

c) Judenfrage

Nach der Darstellung der Genesis des Fascismus seien im folgenden einige Probleme beleuchtet, mit denen sich das neue Regime auseinanderzusetzen hat.

Das Vorhandensein zahlreicher jüdischer Elemente im italienischen Sozialismus, aber auch die gleiche Erscheinung in den Banken, Ämtern und in der italienischen Zentralregierung veranlaßte im fascistischen Lager die Entstehung einer besonderen *antisemitischen* Strömung. Bisher hatte Italien zu den wenigen Ländern Europas gezählt, in welchen der Judenhaß auf einige aristokratische Salons beschränkt geblieben war, sich aber nie an das Licht des öffentlichen Lebens gewagt hatte. Nun nach dem Weltkriege wurde das anders. Es wurde zur Gründung antisemitischer Zeitungen und Zeitschriften geschritten, unter denen zumal die fascistische Monatsschrift »La Vita Italiana«, die Giovanni Preziosi in Rom herausgibt, sowie die bedeutende »Rivista di Milano« genannt sein mögen. Diese begannen alsbald den Juden auf den Leib zu rücken. Die kürzlich erschienenen Arbeiten eines objektiven, eher philosemitisch gerichteten italienischen Gelehrten, Livio Livi[15], mehr aber noch die (freilich weniger zuverlässigen) Berichte bei Preziosi, hatten die außerordentlich hohe Teilnahme der italienischen Juden an den hohen Ämtern des Staates, an den Universitäten usw. zahlenmäßig feststellen wollen (48 Konsuln und Diplomaten, 24 Senatoren, 35 Abgeordnete, 846 Professoren an Hoch- und Mittelschulen bei einer jüdischen Bevölkerung von eta 50.000 Seelen).[16] Demgegenüber begannen die Antisemiten den »Proporz« zu fordern. Wie Oel schwimme die internationale Judenschaft auf den Gewässern der Christenheit. Gegen die Juden fühlte man sich nun selbst mit den Deutschen eins. Während deutsche Schriftsteller sonst in der politischen Literatur Italiens noch nicht zum Worte zugelassen wurden, öffnete die »Vita Italiana« ihre Spalten bayerischen Antisemiten. Während der Konferenz von Genua konnten die italienischen Antisemiten die ironische Frage aufstellen, ob es in

Anbetracht der jüdischen Präponderanz wichtiger in- und ausländischer Delegationen (Deutschland: Rathenau; Italien: Schanzer; England: Sekretäre und Sachverständige Lloyd Georges usw.) nicht praktischer und zeitsparender wäre, statt sich mit dem Erlernen von Weltsprachen und langwierigen Übersetzungskünsten abzugeben, einfach dazu überzugehen, die Verhandlungen in Yiddisch zu führen. Besonders aufs Korn wurden die Juden als Anführer der sozialistischen Arbeiterpartei (Treves, Modigliani, Musatti) und als Lenker der Banken und Brasseurs d'Affaires (Toeplitz, Della Torre) genommen. Dennoch wird der Fascismus dem Judentum kaum gefährlich werden. Die Freimaurerschaft, die vor dem Fascistensieg diesem überwiegend kritisch gegenüberstand, war die erste, die sich nach dem Sieg in feierlicher Form der neuen Regierung anschloß und sich auch dann nicht abschrecken ließ, als Mussolini seine Anhänger unter den Freimaurern vor die Wahl stellte, aus der Partei oder aus der Loge auszutreten, denn Italiener sein heiße: offen sein und keine Geheimpolitik treiben. Aber noch gewichtigere Kräfte als die Schlauheit dürften den Antisemitismus der Fascisten neutralisieren. Unter ihren Judenthesen ist zum mindesten eine unrichtig, nämlich die, in welcher sie das Judentum des revolutionären Internationalismus ziehen. Vielleicht liefert das eingehende Studium der Judenfrage überhaupt kein anderes Resultat als das, daß die Juden alles können, d.h. daß ihre geistige Beweglichkeit, ihr ausgesprochenes Talent in rebus politicis sowie ihr weltumspannender Ehrgeiz sie dazu antreibt, sich an die Spitze aller Bewegungen und Strömungen zu stellen. So enthält auch die Fascistenpartei unter ihren Führern einige ausgesprochene Juden. Es gibt eben schlechterdings nichts in der Welt, das ohne Juden vor sich ginge. Daran werden sich die Antisemiten wie die Philosemiten unter den Historikern gewöhnen müssen.

d) Die Außenpolitik

Die nationale Außenpolitik Italiens kann sich nach mehreren Richtungen hin entwickeln. Sie wird sich, auch aus dem äußeren Grunde des Nichtvorhandenseins einer wahrnehmbaren deutschen oder russischen Außenpolitik, im Rahmen der Entente bewegen. Dieser Rahmen ist indes weit gesteckt. In der Orientpolitik steht der Fascismus der französischen Auffassung näher als der englischen. Mit den Türken unterhält er ostentativ gute Verbindungen. Viel davon ist nur die Folge eines natürlichen Gegensatzes Italiens zu Griechenland. Trotzdem ruht wohl die Türkenfreundschaft nicht auf festen Füßen. Die Türkenfreundschaft der Christenvölker ist überhaupt auf Sand gebaut und

Italien insbesondere besitzt eine starke Katholikenorganisation, mit der Mussolini rechnen muß und mit der er, wie das seine Annäherungsversuche an den Papst zeigen, tatsächlich auch rechnet. Mit Frankreich liegen Kontroversen vor, teils Interessenkonflikte, teils, und stärker wirkend, völkische Temperamentsverschiedenheiten. Beide werden nicht verschwinden, aber sich realpolitisch bei gegenseitigem guten Willen und ruhigem Blut gut überbrücken lassen. Zur Schweiz ist das Verhältnis folgendes: Während man noch im Kriege einen italienischen Irredentismus nach dem Tessin hin ehrlicherweise leugnen konnte, ist das gleiche heute nicht mehr möglich. Es gibt unter den Fascisten Kreise, die den Tessin als unter allen Gesichtspunkten schlechthin italienisches Land zu betrachten. Indes ist diese Strömung selbst innerhalb der Fascistenpartei durchaus minoritär. Auch schreitet sie nicht zur Aufstellung unmittelbarer Forderungen, die ohnehin im Lande auch in Zukunft nur dann Anklang finden würden, wenn die kulturelle Italianität des Tessins durch übermäßige deutsche (auch deutsch-schweizerische) Überfremdung gefährdet würde oder doch als in Gefahr stehend betrachtet werden könnte. Ende 1923 konnten wir schreiben: Die einzig sichtbar gespannte Saite tönt mithin auf dem italo-serbischen Lautenspiel. Hier haben sich die Fascisten in unzähligen Reden und Schriften zu weit eingelassen, um nun ihre Folgerungen sang- und klanglos wieder fallen lassen zu können. Wenn die Fascisten urbi et orbi verkündet haben, nicht eher ruhen zu wollen, als bis ganz Dalmatien für Italien zurückgewonnen sei, so ist allerdings damit nur ein Programm-Maximum gegeben, an dessen sofortige Durchführung sich die fascistische Regierung als nicht gebunden betrachten wird, ebensowenig als an die noch am Kongreß in Neapel von dem einflußreichen Referenten Dudan befürwortete Neuerrichtung eines unabhängigen Montenegro. Dagegen steht eine Revision des mit den Jugoslawen abgeschlossenen Vertrages von Santa Margherita so sehr im Mittelpunkt der fascistischen Außenpolitik der unmittelbaren Gegenwart, daß die neue Regierung nicht umhin können wird, den hiermit zusammenhängenden Fragenkomplex in Angriff zu nehmen. Daß dieses in möglichst sachlichen und versöhnlichen Formen vor sich gehen soll, hat Mussolini nach seinem Regierungsantritt sogleich den Jugoslawen versprochen. Der panikähnliche Sturm, der sich in Belgrad bei der Nachricht vom Siege des Fascismus erhoben hatte, hat sich infolgedessen wieder zu legen begonnen. Langfristiger Optimismus wäre nicht am Platz, aber ebensowenig überängstliche Schwarzseherei. Heute, Januar 1924, dürfen wir folgende Entwicklungslinie feststellen: Im Frühling 1921 erklärten die Fascisten auf öffentlichen Versammlungen auf dem Markusplatz und anderswo, alles dafür aufbieten zu wollen, daß Italien den Jugoslawen den Krieg erkläre und Dalmatien erobere. Die dalmatische Frage schien die conditio sine qua non jeder fascistischen Politik. Damit Hand in Hand ging die Unterstützung der Partei der Unzufriedenen und Loyalisten in Montenegro gegen die Serben. Im August 1922 beschloß das unter dem Vorsitz von Michele Bianchi in Mailand tagende Zentralkomitee der Fascisten, daß die Ratifikation des mit Jugoslawien in Santa Margherita geschlossenen Vertrages mit allen Mitteln verhindert werden müsse. Heute stehen wir vor der überraschenden Tatsache eines italo-jugoslawischen Bündnisses und einer starken psychischen Entspannung. Das ist ein gewaltiges und erfreuliches Resultat des Staatsmannes Mussolini, wenn dem Historiker freilich wegen der Nichtbeseitigung vieler Wurzeln des Gegensatzes auch immer noch Zweifel an der Beständigkeit dieser Etappe aufkommen mögen. Und dazu noch: vestigia terrent: auch mit Österreich hat Italien bis 1915 in unnatürlicher Ehe gelebt.

Das Verhältnis des italienischen Fascismus zu Rußland ist sehr belangreich und verwickelt. Innenpolitisch ist der Bolschewismus der Todfeind Mussolinis. Zum bolschewistischen Rußland ist der Faden dennoch ein fester. Zunächst ist es Kennern kein Geheimnis, daß die beiden »großen Männer«, Lenin und Mussolini, eine gewisse Achtung voreinander empfanden. Dabei war eine Annäherung schon vor der Konferenz von Genua (April 1921) spürbar. Die Fascisten haben, wie bekannt, ursprünglich dieser Konferenz selbst gegenüber allerdings eine Kampfesstellung eingenommen. Sie sind entschlossen gewesen, mit allen erdenklichen Mitteln das zu verhindern, was sie als Russifizierung Italiens bezeichneten. Jedem eventuellen Versuch der russischen Sowjetdelegierten, ihre Anwesenheit auf dem Kongreß in Genua zu bolschewistischer Propaganda zu benutzen, waren sie bereit, mit aller Energie entgegenzutreten. Es fielen in der fascistischen Presse sogar Äußerungen, die zur Folge hatten, daß die Regierung um das Leben ihrer russischen Gäste besorgt sein mußte und die Sowjetdelegierten in Genua zu ihrem Schutze mit einem großen Apparat erkennbarer und geheimer italienischer Polizisten umgeben ließ. Durch diese Stimmung und diese Entschlossenheit ist es den Fascisten sogar gelungen, sich die Sympathien derer zu erwerben, die bisher keinerlei Neigung für sie hegten, wie die der Franzosen, welche die Fascisten für die häufigen und heftigen Auftritte gegen französische Offiziere auf den Straßen italienischer Städte verantwortlich machten und überhaupt die unruhige Außenpolitik dieser leidenschaftlichen Italianissimi perhorreszierten. Wie dem immer sei, im gegebenen Moment schien der Fascismus der natürliche Bundesgenosse der französischen Politik in Italien zu sein. Es war vorauszusehen, daß er es nicht lange bleiben werde, aber im Augenblick war er es im ganzen Umfang, wenigstens in bezug auf die Politik Rußland gegenüber.

Das Verhalten der italienischen Nationalisten und Fascisten zum Genueser Kongreß im allgemeinen und zum russischen Problem im besondern wurde aber im Verlauf der Unterhandlungen einer starken Modifikation unterzogen. Während bei den ersten Schwierigkeiten internationaler Art, zu denen der Kongreß Anlaß gab, im nationalistischen Lager, z.B. der römischen »Idea Nazionale«, Stimmen laut wurden, welche dem Kongreß einen eklatanten Mißerfolg nicht nur prophezeiten, sondern direkt wünschten, als dem einzigen Mittel, Italien seine völlige Bewegungs- und Aktionsfreiheit zurückzugeben, so nahmen im weiteren Verlauf desselben Stimmungen überhand, welche sich nicht nur in weitem Umfang mit ihm abfanden, sondern ihm sogar allmählich eine gewisse Sympathie entgegenbrachten. Das war zumal dem Verhalten der russischen Delegation selbst zuzuschreiben und besonders dem mehr als nur höflichen Benehmen des Herrn Tschitscherin dem König von Italien gegenüber, welches einer ausdrücklichen Anerkennung des Zurechtbestehens der monarchischen Staatsform in Italien durch die russische Revolution nahekam. Man hatte befürchtet, die Russen würden in Italien das Ventil der sozialen Revolte öffnen wollen. Nun vollzog sich gerade das Entgegengesetzte: die Haltung der russischen Sozialrevolutionäre trug zu einer Stärkung der bestehenden Gesellschaftsordnung in Italien bei. Die schäumende Wut, der sich die italienischen Parteisozialisten ob dieses »Verrats« ihrer russischen Brüder hingaben, war natürlich Wasser auf die Mühlen der Nationalisten und tat das ihrige dazu, sie mit den Sowjets auszusöhnen. So ging denn das Genueser Schießen ganz anders aus, als man erwartet hatte. Die äußerste Rechte in Italien näherte sich der englischen These und entfernte sich gleichzeitig entsprechend von der französischen. Zumal dem Abschluß von Handels- und Wirtschaftsverträgen mit Rußland, nötigenfalls auch ohne Erlaubnis der Ententegenossen, wurde immer mehr das Wort geredet. Nun da die politische Gefahr beseitigt schien, kamen die wirtschaftlichen Postulate wieder zu ihrem Rechte.

Die Beziehungen zu Rußland haben sich nach der Besitzergreifung der Macht durch den Fascismus langsam, aber ständig gebessert. Wie Richelieu die französischen Protestanten niederhielt, aber den Protestantismus außerhalb Frankreichs begünstigte, so hat Mussolini die Politik der starken Faust gegen den italienischen Kommunismus sehr wohl mit einer Politik des Entgegenkommens gegen Moskau zu verbinden gewußt. Und Moskau ist ihm auf halbem Wege entgegengekommen. So hat denn Mussolini vor kurzem öffentlich sagen können, die Russen seien äußerst genau, man möchte fast sagen pedantisch, aber man bewundere ihre ängstliche Pedanterie, weil sie zeige, wie ängstlich sie die Interessen ihres Landes verfechten. Aus taktischen Gründen sei es für ihn, wenn er einen vorteilhaften Handelsvertrag abschließen wolle, besser, nicht mit übertriebener Hast vorzugehen. Die geistigen Beziehungen zwischen den beiden Ländern seien ausgezeichnet. Die einzige osteuropäische Presse, die im Korfuhandel Italien gegenüber Sympathie gezeigt habe, sei diejenige von Moskau gewesen.

III. Zur Soziologie des Fascismus

a) Giovinezza

In ihren Reden und Proklamationen nach der Eroberung der politischen Macht gebrauchten die Fascisten häufig den Ausdruck *ritmo di vita*, und zwar meistens in enger Verbindung mit dem Hauptwort *giovinezza* oder dem Eigenschaftswort *giovanile*. Mit anderen Worten: sie sprachen es als ihr Ziel aus, den alten Körper der Nation mit neuen roten Blutkörperchen zu durchsetzen, die *circolazione del sangue* frischer, jugendlicher zu gestalten. Man wäre versucht, diese Absicht für eine reine Ausgeburt politischer Phraseologie zu halten. Welcher Aspirant oder welche Aspirantenpartei in der Politik verspräche dem Volke nicht Neuerung, frisch-fröhliche Reformen, Verjüngung? Noch stets hat sich politischer Ehrgeiz, der zur Macht drängt oder sich zur Macht drängt, damit gebrüstet, die Mittel zu besitzen, den Staat in einen Jungbrunnen zu tauchen. Selbst im hohenzollerschen Preußen hing der Zukunftshimmel der sog. Kronprinzpartei stets voller Geigen. Indes, im Falle der Fascisten ist die Verknüpfung mit der Jugend immerhin eine festere, innerlichere; sie ist, man könnte beinahe sagen, eine historisch-demographische. Einerlei, ob die Fascisten in der konkreten Regierung des Landes wirklich Jugendliches, d.h. Zukunftsstarkes und Dauerhaftes hervorbringen werden oder nicht, sie sind an sich wirklich eine Partei der Jugend. Vielleicht geht man nicht fehl, an die Ausdruckskraft moderner Folklore zu glauben. Die Hymne des Fascisten, welche die beliebten alten patriotisch-demokratischen Lieder des Inno Mameli (1848) und Inno Garibaldi (1859) in den Hintergrund gedrängt hat, beruft sich im Ritornello ganz ausdrücklich auf die *giovinezza:*

Giovinezza, giovinezza,
Primavera di bellezza.
Nel fascismo è la salvezza
Della nostra libertà!

Vom Gebiet des Lyrischen auf das er exakten historischen Forschung übertragen, muß zunächst auf die Tatsache verwiesen werden, daß die Fascisten eine Partei der Kriegsteilnehmer, d.h. von in den besten Jahren stehenden Leuten sind. In hohem Grade gilt das natürlich von der akademischen Jugend, den Studenten. In welchem Umfange diese vor 20–40 Jahren sich der Arbeiterpartei zugesellt und ihr mit Aufopferung die Wege gewiesen und welches der Komplex von Gründen war, aus denen heraus sie dann allmählich andere Wege wandelten, das habe ich unlängst an anderem Orte ausführlich geschildert.[17] Heute darf man die Behauptung aufstellen: fast die gesamte Studentenschaft des Landes ist fascistisch gesinnt (die Professoren sind im ganzen zurückhaltender). Wir deuteten es bereits an: der Fascismus ist eine Partei intellektueller Frontkämpfer. Der Arditismus (Bewegung der Arditi, d.h. der Vorkampftruppen, die sich nach dem Kriegsende dann um D'Annunzio scharten) hat die Seele des Fascismus geformt. Daher der stürmische Mut der Jugend, welcher ihn kennzeichnet und der es ihm leicht gemacht hat, die in ihrem innersten Kern unkriegerischen sozialistischen Arbeitermassen, die dem Kriege auch räumlich fern gestanden hatten und die durch das antiheroische Prinzip des entwicklungshistorischen, dialektischen und fatalistischen Marxismus und den Sentimentalismus des an sich hochstehenden ethischen Sozialismus im Geiste der De Amicis und der Prampolini (trotz der kurzen Parenthese der Fabrikbesetzung im Herbst 1920) butterweich geworden waren, mühelos über den Haufen zu rennen. Gerade die entschlossensten Elemente unter den Sozialisten waren es, die empört über die Mattigkeit und Hoffnungslosigkeit ihrer Partei und enttäuscht über die verfehlte Gelegenheit der Besitzergreifung der Macht nach der an sich erfolgreichen Besitzergreifung der Fabriken der Partei den Rücken kehrten und sich dem Fascismus anschlossen. So wurde dieser zu einer Elite der Mutigen, während den Sozialisten in der Hauptsache nur die Feigen übrig blieben. Die Parteien teilten sich in Fascisten und Fifa-Fascisten (solche, die vor den Fascisten Angst hatten). In den Kämpfen kam es zu seltsamen Paniken. Waren die Fascisten ausnahmsweise in der Minderzahl, so siegten sie über die Massen der Gegner, die sie, auch wenn unbewaffnet, wie Schafherden auseinandertrieben und demütigten. Einige dieser Sprengungen sozialistischer Massenversammlungen durch eine eingedrungene Handvoll Fascisten wurden von diesen durch mitgebrachte Phonographen aufgenommen und später zur ewigen Schande der Bolschewistenmassen agitatorisch ausgenutzt. Der Sieg des Fascismus über den (italienischen) Bolschewismus ist ein Sieg jugendfrischen Ungestüms.

In diesem Charakterzug der Jugend der fascistischen Partei liegen Fehler und Gefahren, jugendlicher Brausemut, Nichtachtung des Gewordenen, Unduldsamkeit gegen Andersdenkende (man wäre fast versucht zu sagen Andersgläubige); ferner in der Taktik Draufgängertum, Sinn für groteske Komik, die z.B. im Abschneiden der Bärte und im Zwang politisch verhaßter Gegner zum Rizinusöltrinken, wie in anderen Dummjungenstreichen zum Ausdruck kommt; überhaupt der Charakter des Überschnellen, der aus Worten und Handlungen spontan hervorbricht und auch auf außenpolitischem Gebiete die Gefahr von Verwickelungen in sich birgt, wie das Auspfeifen und die Jagd auf französische Generäle in Uniform, die sich aus offiziellen Anlässen nach Italien begeben hatten (Herbst 1921), oder das Herunterholen von Wappenschildern an jugoslawischen, griechischen oder französischen Konsulaten und was dergleichen Dummejungenstreiche mehr sind.

Die Geschichte des Fascismus hat gelehrt, daß es aber verfehlt wäre, auf Grund dieser Prämissen von den nunmehr regierenden Fascisten eine Politik der Handstreiche erwarten zu wollen. Die Regierung eines großen Staates übt einen seltsam assimilierenden Einfluß aus auf die Gesinnungen und, mehr noch, auf die Handlungen der zur Macht Gekommenen. Das Beharrungsprinzip mit seinen abkühlenden Tendenzen, die zum Teil in der Individualpsychologie mit ihrer Saturierungstendenz für die ans Ziel Gelangten, teils in den immanenten Attributen der Staatskunst, welche Stetigkeit und Verantwortlichkeit erfordert, liegen, ist von jeher ein Nagel am Sarg der Abstrakt-Logischen und Kohärenten gewesen, wie es umgekehrt einmal eine Quelle der Freude, für die ängstlichen Gemüter unter den Zuschauenden, dann aber auch eine Beruhigung für die Freunde des organischen und evolutiven Werdegangs in der Geschichte darstellt.

b) Der Fascismus als Renouveau

Der Fascismus enthält eine Reihe von sittlichen Postulaten. Schon zu Beginn der Bewegung verständigte er die jungen Leute, die im Begriff standen, ihm beizutreten, davon, daß die ihnen gestellten Anforderungen sehr hohe seien: è relativamente facile diventare fascisti, è piuttosto difficile rimanere. Es ist verhältnismäßig leicht, Fascist zu werden. Es ist aber schwer, es zu bleiben. Die Lebensregeln der Fascisten sind auf die Forderung absoluter Reinheit, mystischen Glaubens an das Ideal der Einheitlichkeit (Negierung eines Widerspruches von Familien-, sozialer, politischer Moral) gestimmt. (...)

Eifersüchtig wacht der Fascist über die Einhaltung dieser Moral und greift, wenn es sein muß, zur Vornahme indianerhafter Bestrafung. Mitglieder der fascistischen Miliz, welche sich Diebstahl hatten zuschulden kommen lassen, wurden, bevor am Morgen zur öffentlichen Degradation geschritten wurde, am Vorabend an Pfähle angebunden und die ganze Nacht über in dieser Lage gelassen. Auch auf anderen Gebieten ist die erzieherische Tendenz unverkennbar. Die dem Ärztestande angehörigen fascistischen Abgeordneten haben sich zu einem Fascio Medico Fascista zusammengeschlossen, der unter der Leitung des Prof. Cirincione steht, und beschlossen, einen Gesetzentwurf einzubringen, nach welchem die Standesbeamten die Verpflichtung haben sollten, von den Eheschließenden ein ärztliches Gesundheitszeugnis einzufordern, bei dessen Nichterbringung die Erlaubnis zur Eheschließung zu verweigern wäre.

Freunde des Fascismus, die diesem aber aus theoretischen Gründen nicht beitreten, vermeinen, daß, auch wenn alles andere an ihm im Sande verlaufen sollte, eines bleiben würde: die Erneuerung des italienischen Gemütes. Daß die Tatsachen härter sind, als die Wünsche und es nun neben der »brennenden Jugend« auch fascistische Revolutionsgewinner gibt, ist natürlich unvermeidlich.

c) Der Führer

Der Fascismus ist absolut carlylisch. Selten hat die lange und krause Geschichte des modernen Parteiwesens uns ein so prototypisches Beispiel für die inneren Bedürfnisse der Masse zu heroworship gegeben, wie es der Fascismus bietet.[18] Absolutes, blindes Vertrauen und glühende Verehrung bringt diese Partei ihrem Führer, dem Duce, entgegen.

Das größte an Mussolini ist aber doch wohl, daß er trotz kräftigster und selbstherrlichster Sprachführung weder ein politischer Spekulant, noch ein Freund großer radikaler Sprünge ist, noch der entgegengesetzten Tendenz der Erschlaffung verfällt, dem die meisten großen, Herrscher gewordenen revolutionären Eroberer anheimfallen. Er ist sich seiner Aufgabe bewußt, daß er nun, ans Ruder der Regierung gelangt, tempo secondo einhalten muß. Indes hofft er zuversichtlich, daß der Tempowechsel zu keiner Stockung führe. Sein Inkubus ist das Sich-Übernehmen, das böse Beispiel des russischen Maximalismus; sein politisches Prinzip lautet: nulla dies sine linea.[19] Langsam und stetig vorwärts, ohne das Ziel aus den Augen zu verlieren.

Das Wesentliche ist eben, daß der Fascismus in Benito Mussolini eine Führernatur großen Stiles gefunden hat, der ein glückliches Temperament mit scharfer Intuition für das Mögliche und Erreichbare, heiligen Glauben an sich selbst[20] und seine Mission und eine außergewöhnliche Suggestion auf die Massen mit wirklich seltener Kühnheit verbindet.

Italien lechzte politisch nach einer starken Hand. Nun da die Fascisten am Ruder sind, heißt es vorläufig in weiten Kreisen mit tiefem Aufatmen: »Endlich eine Regierung!«

Daß die Maschinerie des italienischen Staatswagens heute besser funktioniert, ist unbestritten. Post und Eisenbahn tun ihre Pflicht. Die Bahnbummelei ist auf einen relativ geringen Rest reduziert. Auch die Unsicherheit, das Stehlen im großen Stil auf Wasser- und Eisenwegen hat aufgehört. Die Ausländer sind sich einig in der Feststellung: mit einer ganz ungewohnten Disziplin und einem überraschenden Arbeitseifer gehen die Beamten heute an ihre Aufgaben. Es herrscht wieder Ordnung im Lande. Auch im Währungswesen. Die italienische Lira vermag als so gut wie stabilisiert gelten. Indes wäre es auch wieder ein Fehler, sich vorstellen zu wollen, daß die bürgerlichen Parteien plötzlich völlig im Fascismus aufgegangen wären. Beträchtliche Teile der Liberalen stehen noch schmollend abseits. Die alten Liberalen, die an Rechtmäßigkeit gewöhnt sind, können den Fascisten ihre Illegalität nicht so schnell verzeihen. Aber sie sind durch langjährige Mißwirtschaft im Land vorläufig aussichtslos kompromittiert. Es ist jedoch bemerkenswert, daß gerade die kleine Schar unentwegter Konservativer im alten Sinne den Fascismus warnen zu müssen glaubt, das Parlament allzusehr außer acht zu lassen. Der Staatsrechtslehrer und Politiker Gaetano Mosca, der 1913 der einzige Abgeordnete war, der gegen die Erweiterung des Stimmrechtes das Wort ergriffen hat, erweist sich heute als besorgt ob der um sich greifenden Tendenz, die Geschäfte des Staates auf dem Wege der Diktatur zu erledigen. Der fein equilibrierte Geist des Staatsrechtlers offenbart sich in glänzender Weise in den Schlußbetrachtungen seines großen Werkes über die Politik als Wissenschaft (1896), das 1923 in zweiter Auflage in Turin erschienen ist. Das theoretische Gebäude Moscas weist in mancher Hinsicht, ähnlich wie die Konklusionen der »Soziologie des Parteiwesens« des Unterzeichneten (1911) sowie des »Traité de Sociologie« von Vilfredo Pareto (1916), auf die Notwendigkeit der Zurechtweisung der Demokratie in ihre Schranken hin und räumt mit den Vorurteilen und Selbstüberhebungen der Demokratie auf. Es gipfelt in einer rücksichtslosen Kritik des der Demokratie zugrundeliegenden Prinzips selbst. Den überhandnehmenden Tendenzen nach einer Diktatur mehr oder weniger unverantwortlicher kleiner Gruppen willensstarker, aber unruhiger, nicht vorbereiteter Personen gegenüber hält es Mosca indes dennoch für notwendig, seine warnende Stimme zu erheben. Nicht darauf komme es an, die Demokratie und die Volksvertretung zu zerstören, sondern sie zu verbessern; denn sie zu zerstören hieße nichts anderes als entweder einem bureaukratischen Despotismus, wie er dem russischen Zarismus eigen gewesen sei, anheimfallen, oder aber der Tyrannis einer

Minorität von Arbeiterdemagogen, wie sie die heutige Sowjetregierung darstelle, oder einem sich selbst zerfleischenden ständischen Regime zustreben. Der Krieg hat, wie an allen anderen Einrichtungen der Geschichte, auch an den Grundfesten des Verfassungslebens gerüttelt und das Vertrauen der Völker in die Volksherrschaft selbst erschüttert. Was vorher zu blinder Anerkennung fuhrte, fuhrt heute zu blindwutiger Kritik. Wenn das wissenschaftliche Gewissen Mosca zuerst zu objektiv schärfster Kritik an der Demokratie bewogen hat, so gebietet ihm sein politisches Gewissen heute wiederum doch auch, auf der demokratischen Vergangenheit aufzubauen und vor allen Sprüngen ins Dunkle abzuraten.[21]

Die voraussichtliche Ruhe gilt auch auf dem Gebiet der auswärtigen Politik. Das italienische Volk ist ein überlegtes, sachliches, arbeitsames, friedfertiges Volk. Ganz abgesehen davon, daß der italienischen Außenpolitik natürlich finanzielle Grenzen gezogen sind und eine verwegene Expansion sich mit den reellen Sparsamkeitsabsichten der neuen Regierung schlecht vertrüge, würde das italienische Volk, dessen Geschichte im ganzen betrachtet eine Geschichte des Kampfes um eigene und fremde Freiheit gewesen ist, selbst jedes Heraustreten aus den gegebenen Kreisen politischer Vernunft zu verhindern wissen. Was natürlich eine energischere Wahrung italienischer Interessen im Ausland durch die neue Regierung keineswegs ausschließt. Auch hier heißt es: *Tempo secondo.*

Die größte Gefahr liegt in dem Reiz der Nachahmung, welchen die Methode und der Erfolg der Gewinnung der Macht durch den Fascistenputsch auf andere außeritalienische Parteien notwendigerweise ausübt und dem auch eine erstarkende Kommunistenpartei in Italien selbst später einmal (wir sind heute sehr weit davon entfernt) unterliegen dürfte. Was aber das heutige Italien anbetrifft, so wird, wenn nicht alle Zeichen trügen, der Fascismus, der sich über seine staatspolitische Qualifikation, obgleich er sich auf verschiedenen Gebieten bereits über alles Erwarten gut bewährt hat, natürlich erst noch ausweisen muß (denn das letzte Wort hat immer die Geschichte selbst), kein Element internationaler und vielleicht auch nicht einmal mehr ein Element nationaler Unruhe bedeuten.

Anmerkungen

1 Vgl. meine Abhandlung »Über die Versuche einer Besetzung der Betriebe durch die Arbeiter in Italien (Sept. 1920)« im Archiv für Sozialwissenschaft Bd. XXVIII, Heft 2, p. 469–504.

2 Konzentrationstheorie und Verkehrsmitteltechnik. In ihren Kämpfen mit den Kommunisten haben sich die Fascisten durch die Zusammenziehung ihrer Truppen aus den »zugewandten Orten« stets vereint geschlagen und folglich auch dort die »größten Bataillone« gehabt, wo die Sozialisten am Ort die Mehrheit besaßen (GIOVANNI ZIBORDI: Critica Socialista del Fascismo, erschienen in den zum Studium des Fascismus außerordentlich wichtigen Studi sul Fascismo, herausgegeben von Prof. Rodolfo Mondolfo, 2 Bde., Bologna 1922, Cappelli, p. 44).

3 DINO GRANDI: Le Origini e la Missione del Fascismo. Bologna 1922. Cappelli, p. 64.

4 Fasci Italiani di Combattimento, Orientamenti teorici, Postulati pratici. Milano 1919. Sede Centrale, p. 7–10; MAFFEO PANTALEONI: Il Ministero Mussolini, in der Vita Italiana, Anno X, fasc. 119, p. 360.

5 Einer Soziologie der Symbolik gibt der Fascismus reiche Ausbeute. In Anlehnung an die Sturmtruppen der Arditi ist zum Erkennungszeichen des Fascismus das schwarze Hemd geworden (camicia nera). Die Nationalisten, die praktisch den Fascisten sehr nahe standen, aber mehr aristokratisch, imperialistisch und prinzipiell monarchistisch gerichtet waren (sie haben sich seit Februar 1923 mit den Fascisten vereinigt) trugen als Abzeichen ein blaues Hemd (camicia azzurra). Endlich gab es noch vereinzelte republikanische Patrioten garibaldinischer Observanz, die an dem alten roten Hemd (camicia rossa) festhalten. In der Zeit des aufkommenden und der ersten Periode des aufgekommenen Fascismus haben diese drei Hemden in lebhaftem oft mit den Waffen ausgefochtenem Gegensatz gestanden. In Mailand wurden Haufen roter Hemden sequestriert.

6 MAFFEO PANTALEONI: Bolcevismo italiano. Bari 1922, Laterza p. 214.

7 FRITZ SCHOTTHÖFER, Il Fascio. Sinn und Wirklichkeit. Frankfurt a.M. 1924, Societätsdruckerei S. 93.

8 Vgl. PANTALEONI, l.c. p. 252 ff., sowie die beiden Werke von G. PREZIOSI: Cooperativismo Rosso Piovra di Stato, Bari 1922. Laterza, und Uno Stato nello Stato (La Cooperativa Garibaldi della Gente di Mare), Firenze 1922, Valecchi.

9 Das dürfte zumal nach der Verschmelzung der Fascisten mit den Nationalisten, die seit jeher heftige Gegner des Freihandels gewesen sind, nicht verwunderlich sein.

10 Der undemokratische Charakter des Fascismus wird in zwei sehr klugen, aber vielleicht dem Fascismus doch nicht völlig gerecht werdenden Büchern vertreten. LUIGI SALVATORELLI: Nazionalfascismo, Torino 1923, und FRITZ SCHOTTHÖFER: Il Fascio, l.c.

11 VILFREDO PARETO: Testamento Politico. Pochi punti d'un futuro ordinamento costituzionale, in Giornale Economico I, Nr. 18 (Rom, Sept. 1923).

12 Rede im Palazzo Chigi, Nationalzeitung, Basel, 7.11.1923.

13 VINCENZO GIOBERTI: Pensieri sull' Italia. Venezia 1848. Gattei p. 65.

14 Orientamenti p. 25.

15 Livio Livi: Gli Ebrei alla Luce della Statistica, Firenze. 1921. Valecchi, p. 231 ff.

16 Giovanni Preziosi: Gli Ebrei nelle amministrazioni dello Stato Italiano, in der Vita Italiana, V. Heft 116 (Aug. 1922) p. 106.

17 In meinem Buche: Le Prolétariat et la Bourgeoisie dans le Mouvement Socialiste Italien. Paris 1921, Marcel Giard.

18 Vgl. meine Soziologie des Parteiwesens. Leipzig 1911, Klinkhardt (zumal p. 21–76).

19 Benito Mussolini: Paragoni, in der von ihm geleiteten Zeitschrift Gerarchia (Januar 1923).

20 Mussolini selbst hat vor Jahren in einer Abhandlung über den deutschen Dichter Klopstock ein interessantes Bild vom Wesen der Beziehungen zwischen Führer und Massen entworfen. Ihm zufolge sind die großen Männer letztlich reaktionäre Konservative. Das Bewußtsein, in einem gegebenen Momente plötzlich die auserwählten Vertreter einer Nation zu sein, bringt sie dazu, sich prophetische Allüren zu geben und in dogmatischen und fanatischen Ton zu verfallen. So kommen sie dazu, der Zukunft ihres Volkes den Weg und das Ziel zu weisen, von dem es nicht abgehen darf bei Strafe der Exkommunikation. Denn die Führer, die über die anonyme Masse herrschen, vergessen, daß sie ihre Macht aus jener ableiten (Benito Mussolini: Le Poesie di Klopstock, in den Pagine Libere, Lugano (herausgegeben von Arturo Labriola und Francesco Chiesa) Vol. II, N. 21 (1908), p. 1231.

21 Gaetano Mosca, Elementi die Scienza Politica. 2. Ed. Torino 1923, Bocca, p. 402.

12
Über die Kriterien der Bildung und Entwicklung politischer Parteien

a) Der charismatische Führer

Wenn der Führer über so hervorragende Eigenschaften verfügt und in seiner Wirksamkeit so erfolgreich ist, daß sich die Massen die Ursachen des Erfolges nicht vorzustellen vermögen und bewußt oder unbewußt an das Spiel oder doch Mitspiel übernatürlicher Kräfte glauben, beginnt die Führung zu einer charismatischen zu werden. Diese Charismatik braucht im äußeren Parteigewande nicht notwendigerweise wahrnehmbar zu sein. Sie kleidet sich umgekehrt häufig in ganz einfache und allgemeine Formen. Ferdinand Lassalle, der Führer der »Lassalleaner«, war offiziell nur Präsident, freilich Präsident auf Lebenszeit, des Allgemeinen Deutschen Arbeitervereins. Er gefiel sich selbst darin, seinen Anhängern über die Idolatrie, zu deren Gegenstand ihn die begeisterten Massen machten, ausführlich zu berichten, und freute sich der weißen Ehrenjungfrauen und ihrer Blumensträuße und Chorgesänge kindlich. Der charismatische Glaube an sich selbst war indes bei Lassalle nicht nur die Frucht eines lebhaften Vorstellungsvermögens und einer bis zur Megalomanie gehenden Eigenliebe, sondern er entsprang zugleich einer theoretischen Auffassung von den Pflichten und Rechten des Führertums. In seiner vor rheinischen Arbeitern gehaltenen Ronsdorfer Rede sagt er: »Wohin ich gekommen bin, überall habe ich von den Arbeitern Worte gehört, die sich in den Satz zusammenfassen: Wir müssen unserer aller Willen in einen einzigen Hammer zusammenschmieden und diesen Hammer in die Hände eines Mannes legen, zu dessen Intelligenz, Charakter und gutem Willen wir das nötige Zutrauen haben, damit er aufschlagen könne mit diesem Hammer!« Und er fügte hinzu: »Die beiden Gegensätze, die unsere Staatsmänner bisher für unvereinbar betrachteten, deren Vereinigung sie für den Stein der Weisen hielten, Freiheit und Autorität –, die höchsten Gegensätze, sie sind auf das innigste vereinigt in unserem Vereine, welcher so nur das Vorbild im kleinen unserer nächsten Gesellschaftsform im großen darstellt!«[1] Die Diktatur des Präsidenten wird von Lassalle also nicht nur als harte momentane Notwendigkeit einer Kampfesorganisation, sondern schlechtweg geradezu als Endziel der Arbeiterbewegung selbst empfunden.

Später, als die Massen in den Angelegenheiten der Partei, dem »Parteiwesen«, wenigstens das Vorhandensein eines Simulacrum von demokratischen Einrichtungen und Volksherrschaft forderten und zumal die gewaltige Eifersucht in der immer zahlreicher werdenden Führeroligarchie keine Einzeldiktatur mehr aufkommen ließ, waren die großen Individualitäten unter den Parteiführern, wie z.B. Jean Jaurès und August Bebel, gezwungen, sowohl die Massen wie die Mitführer möglichst zu schonen. Dabei haben wir es sonst in den beiden erwähnten großen Parteiführern mit zwei charakterologisch und charismatisch sehr verschiedenen Typen zu tun; der eine, Sohn aus guter Bourgeoisfamilie, Südfranzose, Universitätsprofessor, der andere Waise eines pommerschen Unteroffiziers in Deutz. Letzterer, gebieterischen Tones und mit abwechselnd diktatorischen und gutdemokratischen Allüren, vielfach durchaus preußisch und wilhelminisch (daher das Spottwort Kaiser Bebel, das Gustave Hervé ihm anheftete); ersterer der gottbegnadete Redner ohnegleichen, gleichzeitig Romantiker und Realist, welcher die Probleme durch Typisierung sukzessive zu meistern versuchte.[2] Indes waren die beiden feindlichen Brüder trotz ihrer radikalen Artverschiedenheit außer durch das Bindeglied ihres feurigen Glaubens an die heilbringende Kraft des Sozialismus auch durch ihr unbändiges Selbstvertrauen und den Glauben an ihren Führerberuf verbunden. Daher auch die unendlich suggestive Kraft, die von ihnen ausging und die Verehrung, zu deren Mittelpunkt sie wurden, der Deutsche mehr in seinem Leben, der Franzose mehr nach seinem Tode. Heute steht dem soziologischen Forscher noch ein anderes Bild eines Gläubigen und Propheten im Parteigewande anschaulich vor Augen, das Benito Mussolinis. Mussolini ist indes von den beiden genannten großen Parteiführern durch zwei Elemente geschieden: er ist erstens der sozusagen einzige unumstrittene Führer einer großen Partei; er ist zweitens zugleich auch das diktatorische Haupt eines großen Volkes und Staates. In ihm hat die Maxime der Einssetzung von Führer und Staat (L'état c'est moi) mit ihren Attributen des Verantwortungsgefühles und der Arbeitsenergie das Maximum ihrer Entwicklungsmöglichkeit in der Praxis erreicht. Es ist sehr lehrreich zu sehen, wie die italienischen Massen selbst diese Einssetzung empfinden. Als Mussolini schon wenige Stunden nach dem auf dem

Campidoglio durch eine Engländerin an ihm verübten Attentat noch mit verbundenem Kopf die vieltausendköpfige Menge vom Balkon des Palazzo Chigi aus anredete, indem er auf die Gefahren hinwies, die Italien aus der Politik seiner, Mussolinis, Feinde erwüchsen, wurde er von einem Mann aus dem Volke unterbrochen, der ihm unter dem begeisterten Applaus der Menge die Worte zurief: No, sei tu l'Italia! Nein, Du bis Italien! Mit anderen Worten, die Masse wollte es nicht zugeben, daß zwischen ihrem Vaterlande und ihrem geliebten Duce ein Unterschied bestehe; so groß ist das Charisma des Mannes. Der Führer selbst gab bei Gelegenheit eines weiteren Attentates die missionäre Quintessenz seines Charisma kund, indem er kurz nach dem Mordversuch in Bologna an seine faszistischen Parteifreunde in jeder Stadt ein Telegramm sandte, in welchem er ihnen versicherte, er sei sicher, völlig sicher, daß ihm nichts Ernstes zustoßen könne, bevor er nicht seine Mission zu Ende geführt habe. Eine solche Auffassung birgt gewiß Gefahren für die Person und das Land, welches sie hegt, in sich. Aber andererseits ist sie nicht ohne Dynamis. Der große Saint-Simon hat auf seinem Totenbette die Schüler ermahnt, stets der Tatsache eingedenk zu sein, daß, wer Großes vollbringen wolle, von edler Leidenschaft gepackt sein müsse. Nur der von Leidenschaften erfüllte vermag leidenschaftlich zu wirken. Leidenschaft ist ein massenpsychologisches Stimulans. Darin, Leidenschaft zu besitzen, liegt der politische Vorteil der charismatischen Parteien vor den Programmparteien und den Klasseninteressenparteien. Bei letzteren vermag sich zwar auch Leidenschaft zu entwickeln, doch ist sie bei den Klasseninteressenparteien zu sehr auf materielle Objekte gerichtet, und bei den Programmparteien zu sehr auf Abstraktionen eingestellt. Ihre an sich mögliche und historisch beweisbare Stoßkraft nimmt jedenfalls nicht die warme, metaphysische Art an, die vom menschlichen Charisma ausgeht. Der politische Nachteil der charismatischen Parteien liegt hingegen darin, daß sie an die natürliche Begrenztheit der Leidenschaft im Raum und in der Zeit gebunden sind. Der Enthusiasmus allein gibt nur eine gebrechliche Basis ab. Dabei werden die rein persönlichen Parteien häufig dem Zerfall überliefert, sobald sie die Führer verlieren. Aber das braucht nicht immer der Fall zu sein. Einmal deshalb nicht, weil der Führer eine durch feste Interessengemeinschaft verbundene Gruppe vertrat, oder auch weil sich, wenigstens insoweit die Führerpartei tatsächlich zur Macht gelangt war, so starke gemeinsame Anschauungen gebildet und konkretisiert haben, daß die Führer zur weiteren Konsistenz des Ganzen nicht mehr unentbehrlich sind. Sie werden dann nach ihrem Tode kanonisiert, ohne daß ihre Theorien die Mengen der Gläubigen mehr wirksam inspirieren. Das ist z.B. der Hergang nach Lenins Tode, von dem soviel Sachkenner annahmen, daß er das Ende des Bolschewismus bedeuten sollte, gewesen und wird möglicherweise auch der Hergang in Italien sein, falls Mussolini etwas Menschliches passieren sollte. Es ist deshalb verständlich, daß der Selbsterhaltungstrieb die charismatischen Parteien dazu treibt, sich auch in den Tatsachen und den Interessen von Klassen und Berufsständen organisatorisch, wenn nicht gar organisch zu verankern.

Wie bereits die gewählten Beispiele anzeigen, vermag sich das Charisma den verschiedensten Weltanschauungen und politischen Parteien beizugesellen. Im allgemeinen wird sich aus fachlicher Affinität das Charisma vorzugsweise bei jungen, kampfesfreudigen und autoritär gerichteten Parteien vorfinden; aber auch antiautoritäre Parteien brauchen keineswegs des Charisma völlig zu entbehren. Zumeist sind die charismatischen Führer ihrer Partei gegenüber das primäre Element. Sie waren vor der Partei da; die Partei hat sich um sie gruppiert. Indes kennt die Geschichte der politischen Parteien auch andere Prozesse, in denen die Führer zeitlich den sekundären Faktor darstellen, indem sie erst in die (bereits bestehende) Partei hineinwachsen oder aus ihrem Schoße herauswachsen. Die Verspätung nimmt den charismatischen Führern nichts von ihrer inhärenten Kraft, falls nicht das Vorhandensein anderer, mehr oder weniger gleichwertiger Führer in der Partei ihren Einfluß schmälert.

b) Die Unentbehrlichkeit der Masse

In der Nachkriegszeit sind auf der Grundlage der politischen Minderheitsbegriffe Auguste Blanquis und der wissenschaftlich ausgearbeiteteren und verfeinerten Theorien des französischen Syndikalismus, die Georges Sorel formulierte[3] und sein Freund Vilfredo Pareto in ein System gebracht hat, zwei große neue Parteien entstanden. Beide fußen auf dem Elitegedanken und dem radikalen, absoluten Kontrast zu den landläufigen Begriffen der Demokratie und ihren elektionistischen Methoden. Mit unerhöhrter Gewalt hat sich in Rußland der Bolschewismus der Staatsmacht bemächtigt und die proletarische Minderheit zur Diktatur erhoben. In Italien hat der Faszismus mit der gleichen Lebensenergie die Gewalt den schwachen Händen seiner Vorgänger entrissen, indem er, namens des Vaterlandes, die ewige Minderheit der tatkräftigen und mutigen Männer unter seine Banner rief.

Was den Einen als Ende der Demokratie und bedauernswerter Verzicht auf demokratische Grundprinzipien erscheint, erscheint Andern als Durchbruch eines heilsamen Gesetzes, demzufolge jedes gemeinsame Handeln der Menschen auf dem konzentrischen Willen des Führers aufgebaut sein muß, dessen sich selbst die volksmäßigste Partei nicht entraten kann, und demzufolge die Massen in ihrem zwangsläufigen Verhältnis zum Führer zwar die Auswahl zwischen Mißtrauen und Vertrauen haben, letzteres von beiden aber die konstruktivere und vornehmere Methode darstellt.[4]

Indes vermag auch die antidemokratische und theoretisch minoritäre Elitepartei sich nicht völlig vom Massenprinzip zu emanzipieren. Der Liberalismus, die Demokratie und der Sozialismus haben sich über ein Jahrhundert lang, wenn auch in verschiedener Gradstärke, unermüdlich mit ihrer Agitation an das Volk, an alle Volksklassen gewendet. Auch der seinem Wesen nach revolutionäre und der Vergangenheit gegenüber schonungslose Patriotismus hat seinen Ursprüngen wie seiner Taktik entsprechend stets bis in die letzten Molekülen der nationalen Gemeinschaft hinein aufrüttelnd und hinreißend gewirkt. Bis zur Revolution ist z.B. Frankreich nur eine lose Zusammenfassung schlecht vereinter und sich gegenseitig fremder Völkerschaften gewesen. Trotz einer konstanten Tendenz zur Einheit schien das Frankreich des Ancien Régime in seiner Buntheit seinen Zeitgenossen den Anblick eines Chaos geboten zu haben. Den dreihundert verschiedenartigen, häufig einander widersprechenden Gesetzgebungen entsprach die Wirrnis in der Rechtsprechung, im Heerwesen und im Gemeindewesen. Um in diesem disparaten Lande das Bewußtsein eines gemeinsamen Vaterlandes entstehen zu lassen, mußten die Patrioten zu ganz Frankreich reden, und so mußte allen Franzosen das Wort gegeben werden. Die Cahiers des Jahres 1789 sind in Qualität und Quantität der Reflex dieser Massenerscheinung.[5]

Die erwähnte hundertjährige Bearbeitung der Kleinbürger-, Bauern- und Arbeitermassen hat aber nun die Wirkung hervorgebracht, daß sich heute keine Elite mehr im Besitz der Macht zu halten vermag ohne den ausdrücklichen oder doch mindestens schweigenden Konsens der Massen, von denen sie abhängt. So entsteht denn zwischen der monopolistischen und den Staat bis zur völligen Durchdringung und Absorption beherrschenden Partei einerseits und den Massen, selbst den ihrer sogenannten politischen Rechte beraubten Massen, auf der anderen Seite, eine beiderseitige contrainte sociale. Darum wird z.B. in Italien die Elitepartei nicht müde, um die Sympathien der Massen zu werben und sie sich zu erhalten. Und zu dieser Politik ist der Faszismus übrigens gleichzeitig auch aus den Geboten des europäischen Milieus heraus gezwungen. Er ist von bureaukratischen und majoritären Staaten in Europa umgeben, denen er stets von neuem den Beweis liefern muß, daß er zwar minoritär ist, aber dennoch den vollen, autochthonen und authentischen

Volkswillen repräsentiert.[6] Aus diesen Zusammenhängen ist die faszistische Konsenstheorie entstanden, welche die Volkswahl verwirft, sich aber auf die öffentliche Meinung stützt, weniger insoweit sie in der gezähmten und eingezäunten Presse, als wie sie in der Zahl seiner politischen und wirtschaftlichen Verbandsmitglieder und dem direkten und spontanen Jubel des Volkes zum Ausdruck kommt. So ist es denn die öffentliche Meinung, welche den Eliteparteien ihre mit Gewalt erworbenen Rechte rechtfertigen soll. Damit verliert freilich die Elitepartei ihre ursprüngliche theoretische Reinheit. Denn eine Elite genügt logisch sich selbst, sie bedarf keines Konsenses der Massen und ist völlig unabhängig von der Zahl. Aber die Antinomie von der Demokratie gestaltet sich zu einer Art Dilemma, dessen äußere Auswirkung sich nur in der Gestalt einer Ziehharmonika darstellen ließe. Die Eliteparteien beschreiben nämlich in ihrer politischen Praxis eine beständige Pendelbewegung. Sie gehorchen abwechselnd zwei Zweckmäßigkeitserwägungen: den Erinnerungen und Ermahnungen ihrer eingeborenen Doktrin und ihren allgemeinen politischen Interesssen. Abwechselnd erweitern sie ihre Reihen, bis zum Versuche, die gesamte Nation zu fassen, und rühmen sich dann plötzlich ihres alten Prinzipes wieder zu erinnern und ihre Partei zu bereinigen, um wieder zur Schar der Auserwählten zu werden. Zwischen diesen beiden äußersten Grenzen, deren eine durch die Unentbehrlichkeit der Autorität der Zahl und deren andere durch die Notwendigkeit der Wahrung des Prinzipes der Homogenität und der aus ihr zu erwartenden Kraft gebildet wird, schwankt bei ihnen der Pendel hin und her.[7]

Die politischen Parteien sind mithin zwei Gesetzen unterworfen. Als eines derselben möchten wir die zentrifugale Tendenz bezeichnen, derzufolge die politischen Parteien sowohl in ihren Programmen und theoretischen Grundlagen als auch in den Äußerungen ihres täglichen Lebens zur Differenzierung neigen. Das andere Movens besteht in einer weiteren, im ganzen kräftigeren Tendenz nach der Auswirkung des Gesetzes der Zahl, der zentripetalen Tendenz, welche ihrerseits letztendlich nur dem Ausdruck des Grundstrebens der Partei nach der Eroberung und Erhaltung der Macht im Staate entspricht.

Anmerkungen

1 Ferdinand Lassalle, Die Agitation des Allgemeinen Deutschen Arbeitervereins und das Versprechen des Königs von Preußen. Ferdinand Lassalles Politische Reden und Schriften. Leipzig, Pfau, Bd. II, S. 40.
2 Charles Rappoport, Jean Jaurès. L'Homme – Le Penseur – Le Socialiste. 2. Aufl. Paris 1916, L'Emancipatrice. p. 366.
3 Über die gleichzeitigen Beziehungen von Sorel zum Bolschewismus und zum Faszismus vgl. Max Ascoli, Georges Sorel. Paris 1921, Delesalle; Gaétan Pirou, Georges Sorel. Paris 1927, Rivière.
4 André Maurois, Dialogues sur le commandement. Paris 1925, Grasset, p. 170.
5 A. Aulard, Le patriotisme français de la renaissance à la révolution. Paris 1921, Chiron, p. 93, 85.
6 Siehe das politische Programm Paretos (Testamento politico).
7 Roberto Michels, Corso di Sociologia politica, Milano 1927, p. 95.

Personenregister

Karl Hans Bergmann

Blanqui

Ein Rebell im 19. Jahrhundert

1986. 688 Seiten mit 9 Abbildungen. Gebunden mit Schutzumschlag.

ISBN 3-593-33593-x

Dieses Buch ist die erste deutschsprachige Blanqui-Biographie. Auguste Blanqui (1805–1881) zog sich den Haß aller Regierenden zu, egal ob monarchistisch, republikanisch oder kaiserlich: viermal zum Tode verurteilt, verbringt Blanqui mehr als 34 Jahre seines Lebens im Kerker, die fast 10 Jahre des Exils und der polizeilichen Überwachung nicht mitgerechnet.
Jedoch handelt es sich bei Blanqui nicht um einen bloßen Verschwörer, sondern weit mehr um den konsequenten Verfechter einer Weiterentwicklung der revolutionären Errungenschaften der Französischen Revolution von 1789. Ausgehend von den durch Babeuf und Buonarotti entwickelten Gedanken zur Schaffung einer egalitären Gesellschaft, will Blanqui den proletarischen Massen einen gerechten Anteil am nationalen Reichtum sichern als Vorstufe zu dem von ihm erträumten Fernziel einer »geregelten Anarchie«, die allen Menschen ein Höchstmaß an sozialer Sicherheit mit einem Höchstmaß an persönlicher Freiheit ermöglichen soll.
Blanquis Bewegung, der seine Zeitgenossen den Namen »Blanquismus« gaben, behauptete sich – und das im Wettstreit mit dem Marxismus – auch nach seinem Tod innerhalb der internationalen Arbeiterbewegung und bis in die Gegenwart.

Autor: Karl Hans Bergmann (geb. 1910) lebt als freier Schriftsteller in West-Berlin. Er studierte Geschichte, Romanistik und Theaterwissenschaften in München, Berlin und Zürich. Während des Nationalsozialismus verbrachte er fünf Jahre in Gefängnissen und Konzentrationslagern und drei Jahre als politischer Flüchtling in der Schweiz. Von 1945 bis 1949 Redakteur in Ost-Berlin beim Verlag *Neuer Weg*, Direktor der DEFA und Leiter des Deutschen Filmverlags; danach Mitarbeiter der *Neuen Zeitung* und Herausgeber der Zeitschrift *Cinema* in West-Berlin; Dozent der Berliner Volkshochschule; von 1952–1968 Geschäftsführer der Freien Volksbühne Berlin. Zahlreiche Publikationen, u.a. die bekannte Biographie: *Babeuf, Gleich und Ungleich*, Köln/Opladen 1965.

Campus Verlag · Myliusstraße 15 · 6000 Frankfurt am Main